U0925889

中国易学文化传承解读丛书

斗转星移

——解开奇门遁甲之谜

尹锋　著

中国商业出版社

图书在版编目(CIP)数据

斗转星移：解开奇门遁甲之谜／尹锋著. —北京：中国商业出版社，2009. 4

ISBN 978-7-5044-6418-7

Ⅰ. 斗… Ⅱ. 尹… Ⅲ. 奇门遁甲—研究 Ⅳ. B992. 2

中国版本图书馆 CIP 数据核字（2009）第 044482 号

责任编辑　孙启泰

*

中国商业出版社出版发行

010-63180647　www.c-cbook.com

（100053 北京广安门内报国寺 1 号）

新华书店总店北京发行所经销

北京龙跃印务有限公司印刷

*

2010 年 4 月第 2 版　2010 年 4 月第 1 次印刷

710×1000 毫米　16 开　28.75 印张　390 千字

定价：56.00 元

* * * *

(如有印装质量问题可更换)

《中国易学文化传承解读丛书》出版前言

中国传统文化以诗、书、易、礼、春秋为源头经典。《三字经》上曾讲“诗、书、易，礼、春秋，号六经，当讲求”，又说“有连山，有归藏，有周易，三易详”。在这六种（其中礼，有周礼、礼记二种）经典中，又以易经为最重要的经典。儒家将其列为群经之首，道家将其列为三玄之冠。因此，武汉大学哲学学院博士生导师唐明邦教授将易经称之为“中华文化的源头活水”。

易经文化的传承，一向分为两大部分，一部分是义理的传承，主要从哲学、政治学、社会学、伦理学等人文科学的方面进行阐释、发挥，以指导现实社会发展的方方面面；另一部分就是数术的传承，主要从未来学、预测学、咨询文化的角度进行阐释、发挥，乃至创新、改造，以适应现实社会生活和各色人等的心理咨询需求。

该套丛书，虽然也有部分文章着重从义理方面进行阐发解读，但大部分著作主要是从数术角度进行传承，进行解读。这十几部书涉及到数术中的绝大部分种类，既有古代称之为“三式”的太乙、奇门、六壬，又有八卦、六爻、梅花易数以及四柱命理等，都是作者近几年最新的研究和实践成果。

数术文化，源远流长。中华传统文化从本质上讲是一种没有宗教的文化(所谓本土宗教道教，也是在佛教等外来宗教传播的形势下，才以道家老子为鼻祖而新创的一种宗教)，而易经数术文化在中国历史上在一定意义上发挥着“准宗教”的作用，起着抚慰广大人民心灵的作用，换言之，发挥着社会心理学的作用。这就是它“野火烧不尽，春风吹又生”，能够顽强生存下来，得到持久传承的原因。即使到现代科学如此昌明的今天，有人称之为电子时代，信息化社会，但它不仅未能消亡，反而仍然在生生不息地传承着。

当今社会上人们对数术文化有着不同见解和看法。有人将它斥为“封建迷信”，有人将其视为“预测学”或“民俗学”，也有少数人盲目痴迷它，但大多数人处于不了解的状况。

为了使广大读者能够深层次地了解传统文化中的数术文化，以便独立地确定自己的意见和见解，我们出版了这部“中国易学文化传承解读丛书”，参与解读的作者都是个人研究的心得和实验的成果，正确与否，只是一家之言，一得之见。广大读者可以从中辨别真伪，或赞同，或批判，或质疑，或否定。

本丛书的很多内容讲的是预测及占筮技术。对此，我们比较赞同著名作家柯云路先生的观点，他在给本丛书之一的《梅花新易》一书的序中写到：“占筮技术在当今的实际应用则是该谨慎的。一个，是因为这种占筮技术本身的作用还是有其限度的，现代人该更多依靠科学决策。另一个，这一行良莠不齐，很容易给各种江湖骗子可乘之机。所以，对于一般大众来讲，我的告诫常常是：命一般不算，起码要少算。算错了，被误导，就真不如不算，那很有损害。而要真正使自己活得好，倒是该从大处掌握《易经》中的道理，那就是乾卦讲的‘天行健，君子以自强不息’，还有坤卦讲的‘地势坤，君子以厚德载物’。大的道理是十分简易的，再加上做事中正，为人诚信，与时偕行，知道进退，《易经》的大道理就都有了”。

目　录

序　一

费秉勋

1994年，有六位学易者在郑州向我举行了拜师仪式。岁月匆匆，其后，他们有的忙于本职无暇学易；有的则对易学畏难而退；也有的与我失去联系。至今已历十四五载，六人中业易精进有成者，惟尹锋一人而已。

1995年秋，我曾去河西尹锋的故里小住，那时他还在乡间务农，但因以易为人解难，数年后便在山丹县城立业。尹锋断易不打妄语，不故弄玄虚，一切以学理为依归，故信任者益众，不久即全家移居张掖市。

前者，尹锋已出版《掌上奇门》一书，颇得好评。尹锋则加紧学习，谨慎实践，探颐索隐，夙夜匪懈，今又成《掌上乾坤》、《斗转星移》二书，我初读原稿，心里非常高兴。

尹锋的这两部新作，比起《掌上奇门》来，有了很大的深化，进一步揭示了奇门遁甲深邃的中国文化背景。他做学问不浮不躁，细心吸纳了古籍中天文律历的重要论述，采撷了古今学者的有关易图，广泛借鉴了当代天文历法的研究成果。搜集资料之全，见出治学的沉稳澹定。尹锋出身风水世家，可以肯定，从知识层面来说，他已经超过先辈，视野亦较先辈开阔，这一方面是时代的赋予，一方面也是自己努力的结果。

近年来，坊间常常可以看到从事术数操作者所写的书。这些书良莠不齐，不谈易理则罢，一谈易理，往往捉襟见肘，等而下之者，则显出浓重的江湖气，常用虚妄之说，愚弄读者。尹锋多年注意以知识武装自己，故提笔为文，心地畅亮，引文引自何处，明确标出。这是学人应有的传统学风。明确标示引文出处，一是尊重原作者劳动，一是说明其来有自，既非道听途说，也非无端冥想。由此联想到一位教授在上世纪90年代初写出的一本标为“指南”的书，全书原封不动地抄了我著作中八段文字，书后的参考书目罗列了三十种，却不敢提我的书。像这样的教授这样做学问，比起自修成长却严肃写书的青年来，真应当好好自省一番。

宇宙无垠，易道深邃，永远难以穷尽其奥，任何时候都不能满足，以永记此理与尹锋及读者诸君共勉。

2008 年 10 月　费秉勋

费秉勋，1939 年生，陕西蓝田人，著名学者，国学、易学大家。研究涉及易学、史学、古典文学、语言学、音韵学、舞蹈史、文艺评论、书法、古琴等诸多领域，且俱至臻境，鲜有能望其项背者。出版专著十五部，发表学术论文 130 余篇。专著《贾平凹论》获第三届中国当代文学研究奖，《中国舞蹈奇观》获陕西省首届艺术科学研究成果优秀专著奖。

现为西北大学中文系教授，中国易学院院长，中国舞蹈家协会理论委员会委员、西安文史馆馆员，享受国务院特殊津贴。

序　二

俞长江

前几年，读到尹锋先生所著《掌上奇门》一书，非常惊奇一个青年才俊何以能把奇门遁甲之术研究得如此深透，运用得如此娴炼。尔后相交，继而深谈，得知尹锋先生家学渊源，系风水世家，五代习易，在陕甘宁一带，颇负盛名，更得西北大学教授、易学造诣玄深的费秉勋先生耳提面命之教，才有《掌上奇门》一书的深刻见解。尹锋先生作为一个酷爱易学的年轻学子，不含任何功利目的，潜心奇门遁甲之术的研究，在短短几年的时间里又相继完成了将近六十万字的《掌上乾坤》、《斗转星移》二部书稿，现在即将付梓。凡是受过文字折磨之苦，有搜索枯肠、呕心沥血撰写书稿经验的人都会知道，假如不是尹锋先生数年如一日，迎接晨霜晓露，伴随午夜青灯，一壶浓茶、一本黄卷、心无旁骛地进行钻研写作，完成二部具有真知灼见的专著，那无疑是痴人说梦，根本没有可能。尹锋先生其情可敬，其功可贺，其志可嘉！

中国历史上作为广义易学的数术，诸如奇门遁甲、卜筮、星命、相术、太乙、大六壬、星占、堪舆等等，多达数十种。人们习惯于把其中掌握起来难度极大的奇门遁甲术与太乙数、大六壬术合在一起，统称“三式”，在历史上既有“精通三式乃为神”之说，可见人们对于三式，尤其是对奇门遁甲术崇拜的程度和它本身繁难玄微的蕴藉。

据我国目前官方认可的惟一易学科研机构“中国易经研究会”科研课题调查，中国六大图书馆，即国家图书馆、首都图书馆、中国社科院图书馆、北京大学图书馆、上海图书馆、宁波天一阁，馆藏易学书籍，上迄先秦，下止辛亥革命的 1911 年，即达二千七百余种，其中包括隋、唐、宋、明、清有关奇门遁甲术的书籍一百一十九种。易学包括奇门遁甲的书籍，不但卷帙浩繁，著注之家，雀跃蜂起，再加之语言艰涩、故弄玄虚、扑朔迷离、鲁鱼亥豕之讹误，比比皆是，读懂已非易事，何况研究？自古以来，青丝读经，皓首空归而不得堂奥深旨者确实不少。像尹锋先生这样，在奇门遁甲之术研究上，昆山之巅取玉，骊龙之口撷珠，在当前奇门遁甲研究领域，不说凤毛麟角，也属业有专攻，独树一帜。所以如此，盖因尹锋先生是一位敦厚诚孚、言辞谨切、远浮却躁、潜心务学之人。

读尹锋先生新作《掌上乾坤》《斗转星移》，二书对奇门遁甲的论述分析深刻简老，张弛有度，古朴率真，箴锋内寓。尤其是对奇门排局布式的天文律历背景，论证透彻，条理明晰；对实际应用的决策方法，科学规范，理法兼顾。内容广泛而又剔除哗众取宠的乖戾之谈，取象环宇，汪洋恣肆，然而如六辔在手，纵策翻腾不失王良造父之道。在众多奇门遁甲研究著作中，尹锋先生与他的老师费秉勋教授的著作堪称翘楚。

我亦研易习易几十春秋，20 世纪 80 年代，当易学尤其是奇门遁甲术尚为禁忌出版物时，我即以《遐思苦耕录》的冠名，出版六部包括奇门遁甲术在内的易学专著，也算粗浅涉猎，但每与尹锋先生谈及奇门，论及遁甲，终感汗颜。我也书写过学易者箴言百条，其中有一条，也想倚老卖老赠给后学者，那就是：学易者必须克服多躁、多畏、多欲、多言、多勇、多虑、多疑之短，多躁者必无沉潜之识，多畏者必无卓越之见，多欲者必无慷慨之节，多言者必无笃实之心，多勇者必无文化之雅，多虑者必无果断之决，多疑者必无生死与共之友。只有像尹锋先生那样，沉潜、卓越、慷慨、笃实才是易者之本。

言长纸短，就此止笔。

2008 年 10 月　俞长江

俞长江，1939 年生，祖籍浙江绍兴，号会稽山人，著名学者，国学、易学大家。师承国学、经学大师黄寿祺老先生（清光绪状元，经学大师尚秉和先生嫡传弟子）及著名美学、哲学大家李泽厚先生，著述、主编出版著作

32部，共约1800万字，世所罕见。2003至2004年在美国芝加哥大学、旧金山大学、伊利诺州大学、南加州大学等六所高等学府，向美国汉学家及学界鸿儒讲授《易经》、《道德经》，影响巨大。

现为中国社会科学院一级研究员、教授、博导，中国易经研究会副会长、中国硬笔书法协会副会长、中国易学院首席顾问。

序 三

刘一恒

《周易》是一部按照模拟宇宙自然统一规律的“象数模型”来阐发义理，并指导人们实践的决策学经典。由易理衍生的《奇门遁甲》，严格遵循《周易》“法天象地”这一要旨，依据天道左旋、地道右转和太乙下行九宫的天体运行模式进行排局布式和推演判断。局象构式三重，上层象天，排列九星，中层象人，开列八门，下层象地，排布八卦；随冬夏二至立阴阳二遁，一顺一逆，布列“三奇”、“六仪”；观察其所临之处，以推断天、地、人事之吉凶。由此可见，奇门有着浓厚的天文背景和确切的历法依据。因此，通晓奇门之天文背景，把握历法之自然规律，明辨局象之生克关系，是正确掌握奇门要领、科学推断局象之关键。著名易学专家尹锋先生 2004 年出版的《掌上奇门》大作，之所以能在易学界引起强烈反响，在易学万花苑中独秀一枝，正是由于抓住了奇门之精髓和灵魂。

《掌上奇门》出版之后，尹锋先生又广泛搜集深藏坊间及师传口授的有关奇门之“孤本”、“秘诀”及古天文历法方面的典籍、资料，继续深入细致地探讨奇门之天文背景与推演之历法规律。最近，他综合近几年奇门研究的最新成果，并佐以大量的实证案例，著成奇门新作《掌上乾坤》、《斗转星移》。这必将为易学研究的现代发展，为奇门应用的模式更新，更好发挥其在现代社会生活中的决策咨询功能，产生积极的推动作用。余为序。

2008 年 12 月 10 日

刘一恒，1944 年 6 月生，祖籍陕西乾县。原空军某基地司令员、高级工程师，西安交通大学兼职教授，科学易研究专家。

现为中国易学院首席顾问，中华易学大会副主席。

前　言

1999年笔者完成了《掌上奇门》一书的写作，由于当时各种因素的影响，未能及时付梓印行，延至2004年1月才得以出版。此书出版后，笔者本想将多年研究风水的有关心得与资料整理出版，一则琐事繁多，无暇顾及，二则看过此书的好多热心易友建议在奇门方面再写一两部更有深度的作品，所以在易友们的鼓励下，只能“不负厚望，再接再厉”了，拖拖拉拉几年过去了，时至今日才将《掌上乾坤》与《斗转星移》二书诚惶诚恐地呈现在读者诸君面前。

《掌上乾坤》是在《掌上奇门》一书的基础上完成的，除增加了不少内容以外，原有的大部分内容都进行了重写，强调基础性的东西较多，对奇门遁甲学中最权威的两部经典《烟波钓叟歌》与《奇门遁甲总序》进行了解读，对古籍中有关的具体实用方法进行了归类与分析，尽量使其具有条理清晰、论述透彻的特点。案例部分由于是当时的实录，这次在整理时，在不动原始记录的基础上，对其不规范甚至是错误的地方进行了补注，尽量使其更加完善。二书的共同点是对奇门遁甲的各种法则进行了归类、分析、整理、挖掘，将繁杂的推演程序简单化、规范化，放在掌上进行推演，将操作推断从繁杂的过程中解脱出来，实现了古人“若能了达阴阳理，天地都来一掌中”的初衷，尽量体现出“易则易知，简则易从”的易学思维原理。

《斗转星移》是《掌上乾坤》的姊妹篇，二书互有联系，又各自独立。《斗转星移》可视为笔者对奇门遁甲研究上升到更深层次的一部著作，尤其是对奇门遁甲产生的天文历法背景、科学思维模式、实用决策方法进行了更进一步的探索研究。案例部分，一是对古籍中已发现的案例进行了整理，并对古人在具体应用中所使用的方法与思路进行了分析探讨；二是笔者自己的实践案例，在整理时将原始记录中有几种方法同时占断的验案收录了不少，这样一则体现了《周易》信息预测在占断方式、方法上信息同步的可行性，二则也为易学预测方法提供了一种横向联系、综合归纳的研究方向，与现代科学研究中的“信息融合”技术颇多相似之处，这对完善易学预测体系不无裨益。在“经典荟萃”一章中，将古籍中最具代表性的精华篇章抽录出来，进行了校点整理，使读者能有一个可靠明了的范本，以期引领读者窥探奇门遁甲之堂奥。

二书在论证奇门遁甲的天文背景方面，部分文字略有重复，这是行文的需要，要引用古今有关资料，只能这样，决非笔者有意为之，在此说明，以期读者的理解。

尹　锋

2008 年 12 月 2 日于西安

第一章　奇门遁甲概述

一、奇门遁甲概说

“奇门遁甲”又简称“奇门”或“遁甲”，是由《周易》发轫的一部古老而富有传奇色彩的时空哲学与决策学著作，历来为封建王朝的钦天监、司天台、太史令所掌管并被列为天文算学者的必修课，用于军事上的排兵布阵和天地万物变化规律的推演和判断，在历史上都被誉为“帝王之学、天府石室之秘文”，与太乙、六壬并称为“古传三式”，在古代术数史上被称为三大绝学，不少古今中外的贤哲对其进行过探索与研究，并给予无数的赞誉。清代四库全书在撰写《遁甲演义》的提要中称“奇门遁甲于方技之中，最有理致”。《中国神秘文化百科全书》中称《奇门遁甲》是“中国方术中式占的集大成者”。奇门遁甲融周易、天文、律历、地理、数学、阴阳五行学说等于一体，涉及古代术数中的诸多门类，蕴涵了先哲关于模拟宇宙万物运动变化规律的丰富智慧，是我国劳动人民千百年来认识世界和改造世界的智慧结晶，是反映天地人生变化规律，决断吉凶，防患于未然的一门预测科学。它将时间，空间、数理相互融合，运用《周易》中的三才之道，将十干、八门、九星、九宫、八卦、八神等多种机能，组合为天，地，人三盘。以其阴阳顺逆，五行迭运之理，推断吉凶，上层象天而置九星，共奇仪而一时一易，中层象人，以开八门，断人事之吉凶，下层象地，以分八卦，而置九宫，奇仪五日方移，法地道之贞静。将天时，地利，人和，三者之间的关系，巧妙的运用于三盘之中，建立起了一种模拟宇宙万物运动变化规律的象、数、理时空模型，由此而推演出事物的兴衰与人事的吉凶，使易学原理得到了充分的运用和高度的发挥。

当代研究证明：奇门遁甲是我国古代先贤“仰观俯察”的智慧结晶，其阴阳局是在日月运行、九星悬朗、寒往暑来、节气推移的天文历法背景中产生，象数模型则是在八卦与河图、洛书的基础上构建而成的，是先哲宏观把握世界运用太极原理的高度体现。

二、奇门遁甲源流

考遁甲之源流，在现有流传的古籍中，都云遁甲之学源自黄帝时代，并附其古老的神话传说，在涿鹿之战中，黄帝偶梦九天玄女授以法诀，而后登台致祭，战败蚩尤，这时洛水中有神龙背负河图而出，彩色的凤凰衔着洛书从天空中抛下，黄帝命大臣风后推演成文，并创始奇门。关于奇门遁甲的流传及完善过程，历来都是各陈其说不尽相同。经典《烟波钓叟歌》中“一千八百当时制，太公删成七十二，逮于汉代张子房，一十八局为精义。”言其奇门遁甲的传承与发展史，创于黄帝、风后，演一千零八十局；后经姜太公（吕尚）改良为七十二局；到汉代又经张良（张子房）精简为一十八局，即现在我们所看到的阳九局、阴九局合为一十八局。以上之说无确凿的历史记载，应属伪托。

据有明确记载的史料分析，遁甲的产生至少不晚于汉代，《后汉书·高获传》中说：“获素善天文，晓遁甲，能役使鬼神。”又据《后汉书·赵彦传》云：延熹三年（公元 160 年）叔孙无忌作乱，朝庭封南阳宗资为讨冠中郎将，领兵讨伐叔孙无忌，赵彦“推遁甲，教以时进兵，一战破贼，燔烧屯坞，徐兖二州一时平夷。”并运用遁甲中的“以孤击虚之法”。又据《后汉书·方术传序》中载：“仲尼称《易》有君子之道四焉，曰：‘卜筮者尚其占’。占也者，先王所以定祸福，决嫌疑，幽赞于神明，遂知来物也。若夫阴阳退步之学，往往见于坟记矣。然神经怪牒，玉策金绳，关扃于明灵之府，封縢于瑶台之上者，靡得而窥也。至乃河洛之文，龟龙之图，箕子之术，师旷之书，纬候之部，钤决之符，皆所以探抽冥赜，参证人区，时有可闻者焉。其流又有风角、遁甲、七政、元气、六日七分、逢占、日者、挺专、须臾、孤虚之术，及望云省气、推处妖祥。时亦有以效于事也。而斯道隐远，玄奥难原，故圣人不语怪神，罕言性命。”这是史书上第一次将遁甲列为术数中的一种，并且把遁甲排在了第二位。

奇门遁甲布局的基础是洛书九宫，据清代《四库全书》编纂者在《遁甲演义》一书提要中说：“言遁甲者，皆祖洛书。然河图以图名，当有奇偶之象；洛书以书名，当有文字之形。故班固以为六十五字（见《汉书·艺文志》），刘向以为三十八字，刘歆以为二十字（并见《尚书正义·洪范》篇），是皆先汉以来洛书无图之明证。若无宋以后所传四十五点之状，与河图不殊，则当洛图不名洛书矣。考《大戴礼》载明堂古制，有二九四七五三六一八之文，此九宫之法所自仿，而《易纬乾凿度》载太乙行九宫尤详，遁甲之法实从此起。方技家不知求其源，故妄托也。”以上所引《大戴礼记》、《易纬乾凿度》是汉代之书，也是最早记载。

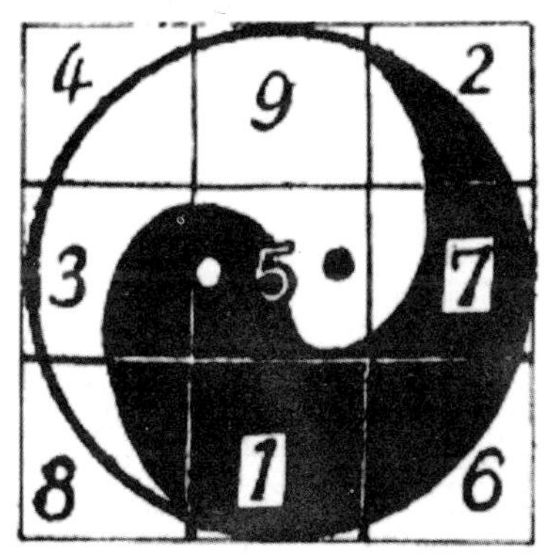

太极九宫图（常秉义《易经图典精华》）

有关九宫之说的书籍。更进一步能够证明九宫之说在汉代已存在的证据是：1977 年春，在安徽阜阳县双古堆发掘的西汉汝阴侯墓，在出土文物中，有一面“太乙九宫占盘”，《文物》1978 年第八期《阜阳双古堆西汉汝阴侯侯墓发掘简报》说：“太乙九宫占盘的正面，是按八卦的五行属性（水、火、木、金、土）排列的。九宫的名称和各宫节气的日数与《黄帝内经·灵枢经·九宫八风篇》篇首图完全一致。小圆盘的刻划则与《河图洛书》完全符合。”在小圆盘上通过圆心划四条等分线，在每条等分线两端刻“一君”对“九百姓”，“二”对“八”，“三相”对“七将”，“四”对“六”，与洛书布局完全符合。“九上一下，三左七右，以二射八，以四射六”，也与《易纬·乾凿度》相合。由此说明洛书至迟于西汉时期已经形成，从而结束了学术界持续九百年的河洛真伪之争。当然这也是遁甲之学不晚于汉代的有力证据。

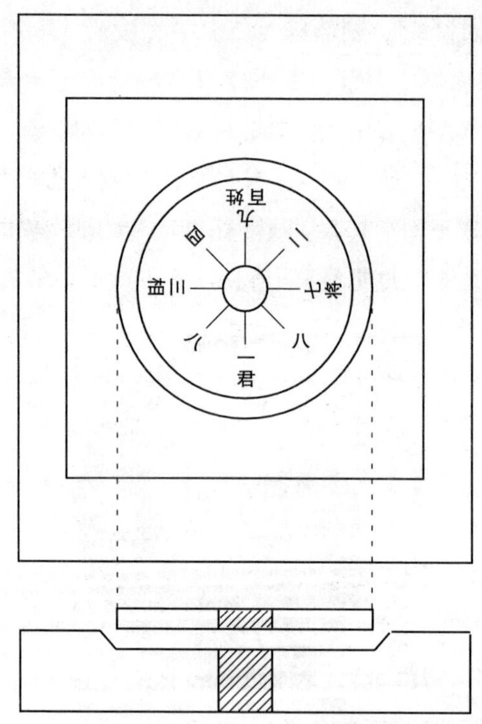

太乙九宫占盘图（田合禄《周易真原》）

注：以上是安徽阜阳双古堆西汉汝阴侯墓出土的古式九宫占盘复原图。

另据古籍《奇门统宗大全》中的源流之考证，虽为一家之言，但其说在理，今录其原文如下：

奇门之说，论者谓始于黄帝，删于吕望、张良。汉以前往往散见于他书，至于《隋志·艺文》专书，始有一十三家。唐益倍之，则其学之来亦不在近矣。《阴符经》曰："爰有奇器，是生万象，八卦甲子，神机鬼藏。"张良注云："六癸为天藏，可以伏藏。"由是言之，即奇门之权舆也。《大戴礼记·明堂篇》曰："明堂者，古有之也。凡九室，九一二四六八三七五，盖即河图之义。"而奇门之九宫耳。汉《艺文志》有明堂、阴阳二十三篇，又明堂阴阳五篇。宣帝时魏相上表，采易阴阳及明堂月令，言五帝所司各有时：东方之卦不可以治西方，南方之卦不可以治北方，乃以八卦方位配明堂之九室。后汉张衡传郑玄既注九宫之说，而《南齐·高帝本纪》云："九宫者，一蓬二芮三冲四辅五禽六心七柱八任九英，皆有大过不及之占。"唐会要元宗三载十月，术士苏嘉庆上言请于京城，置九宫坛，五数为中，戴九履一，右七左三，二四为上，六八为下，符于遁甲。武宗会昌二年正月，左仆射王起等奏按：黄帝《九宫经》及萧吉《五行大义》所谓一曰天蓬卦坎行水方白者，与今奇门之言星而无异，抑显晦各有时也。宋之仁宗以洗马杨维德纂《六壬》则曰《神应经》，纂《奇门》则曰《符应经》，今亦不得见其全。得毋好古之士，尚有什袭而藏者乎？明之宸濠称乱，王守仁收览异术，乃有孝成君者，进以《奇门真传》，今之所谓李氏奇门也。仇鸾门下士有林士徵者，以奇门占兵，屡有奇验。锦衣陆炳序其书而传之，呼为林氏奇门。陶仲又以李林二氏之书，参以他书而缪紊之曰《陶真人遁甲神书》。盖胜国以奇门著见者，三家而已。昔之奇门之序出于都天《撼龙经》八十一论者凡九，其一曰《都天九卦》，二曰《人地三光》，三曰《行军三奇》，四曰《造宅三白》，五曰《遁形太白之书》，六曰《入山撼龙之诀》，七曰《转山移水九字元经》，八曰《建国安基万年金经》，九曰《元宫八福救贫生仙产圣》。今所传者，《造宅三白》耳，外俱不得见闻，或者名山石室之藏精光不得终磨。更有取而修明者，庶几拭目俟之矣。

三、研究奇门遁甲的现实意义

《奇门遁甲》在古代原用于军事上的排兵布阵、行军打仗，其中包含有天文、地理、数学、农学、民俗、经济、军事等多方面的知识，是中华传统文化的精典，也是是易学里面层次最高的决策学著作。当代诸多研究发现，奇门遁甲以其“天人合一”的全息原理，运用《周易》学中的“三才”之道，揭示了宇宙生化运动的全息周期规律。在天文背景上，以日月运行规律为基础，二十八宿为参照背景，北极星辰为运转枢机；在自然机理上，以八卦、河图、洛书为框架，五行生克制化理论为依据，时空变化规律为法则；在应用上，以其系统模拟的信息演示功能，排局布式的自然科学模式，分析判断的辩证哲学原理，实际应用的普适决策方法。为现代人们整体把握宇宙自然变化的基本规律与“天人合一”的全息对应关系，提供了具有普遍意义的“象数模型”和有机联系的多维信息。

奇门遁甲类归于“术数”学，其原理依据是，人为自然界的产物，人在天地间生存、运动；宇宙万物都在时间与空间中运动，天、地、人及宇宙万物的运动无一不受着一种“无形力量”的制约，这种无形力量，古人称之为“数”，那么“数”是否客观存在着？“数”的种存在形势是什么？是点？是线？是力？是波？是场？是联系？是规律？这是当代易学研究者必须探索的一大课题，也是急需解决的中心问题。有待于我们的共同努力，获得科学的发现和认识。

在历史上，中国“术数”学为天文学、气象学、数学、哲学、军事学、医学都曾发生过启示性和开拓性的作用。但同时也应看到，作为“术数”学中的高层次学说奇门遁甲，与其他“术数”学一样，在历史的长河中，由于历代统治者及江湖术士的穿凿附会，其中有大量的神秘主义和迷信色彩。因此，对奇门遁甲的学术价值和科学价值，应以辩证法的观点去分析和研究，才能揭开长期以来覆盖着的神秘面纱，披沙拣金，取其精华，弃其糟粕。

著名学者、易学大家费秉勋教授说："奇门遁甲其所以值得研究，首先是由于它的哲学涵蕴和文化价值。奇门遁甲的结构模式，是先哲关于宇宙状态和万有运动变化的一种哲学表述，体现了中国人整体直观把握世界的思维特征。奇门遁甲的模式构架，主要有四大特征，即整体直观性、多维运动性、模型性和唯象性。整体直观性指通过八诈门和天、地、人四层活盘，映示整个宇宙中万事万物的座标位置、性状和相互关系。定局之后，可以根据奇门推勘的律则审度任一人、物、事件的处境和前景。模型性指四层盘的不同组合便在各个宫中形成不同的'格'，这些'格'是总体的局部，成为组成总的格局的肢体。唯象不但包括着三奇、六仪、九星、八神各有形态、性情、和人格身份的含蕴，而且像'青龙回首'、'朱雀投江'、'玉女守门'、'天网四张'等等吉凶格，都成为一幅物象图景。奇门遁甲的上述特征，都和中国传统思维的基本特征是相一致的，其优长和缺点都是值得深入研究的，这里我只对奇门遁甲模式构架的多维性做一点说明，奇门遁甲的模式构架是多维的、立体的、运动的，是时间、空间、数理很深的渗透和融合。"

第二章　奇门遁甲的理论基础

一、奇门遁甲的天文背景

奇门遁甲是我国古代先贤“仰观俯察”的智慧结晶，是一门以天文历法为背景、象数理论为基础的决策科学。其天文背景是以日月星辰的运行为依据而进行的推演和判断，古人通过对日月运行、九星悬朗、寒往暑来、节气推移、昼夜交替等一系列现象的仰观俯察，以《周易》中的“观象授时”之法为指导，建立起一种思想理论框架，并以此探索天体演化、时空流转、空间结构、阴阳组合、岁差置闰、斗转星移、生物起源等宇宙万物的运动变化规律，形成了一个结构宏大的理论体系。现代天文学研究证明，中国古代天文学的许多思想是非常优秀的，也是非常有价值的，充分体现了古代先哲宏观把握世界万物的宇宙观和方法论。

1. 以日月运行规律为基础

奇门遁甲采用的是阴阳合历。阴历是根据月亮的圆缺变化周期（即朔望月）制定的，在古代，月亮又称作太阴，所以说这种历法又称作太阴历，简称阴历。阴历把朔望月作为历月的长度，朔望月的长度是 29.5306 日所以阴历历法规定单月为三十天，双月为二十九天，平均每月的天数为二十九天半。十二个月为一年，共 354 天，而十二个朔望月的的时间是 354.3671 天，比实际阴历年长 0.3671 天，三十年共长出 11.013 天，所以阴历以每三十年为一个置闰周期，用以调整时间与季节的关系。阳历是以地球绕太阳公转作为依据制定的历法，其运行周期为一回归年，即春、夏、秋、冬四季循环的变化周期，同时也是地球上太阳直射点从赤道开始徘徊于南北回归线之间的周期。一回归年的长度为365.2422天，回归年的日数是朔望月日数的12.368倍，也就是说一个回归年不是朔望月的整倍数，它多于十二个朔望月，少于十三个朔望月。为了使历年的平均值与回归年的日数接近，阴阳合历平年为十二个月，闰年为十三个月，多出的一个月为闰月。经计算可知，十九年加七个闰月与实际情况相符。阴阳合历又称阴阳历，是兼顾太阳、月亮两种运动规律而制定的历法，以回归计年，朔望计月，以大小月及置闰之法与自然周期相合，是最为精确实用的一种科学历法。我国从殷商时期就开始使用简单的阴阳历，由于春夏秋冬与二十四节气的变化周期与农业生产紧密相联，所以又称作农历。

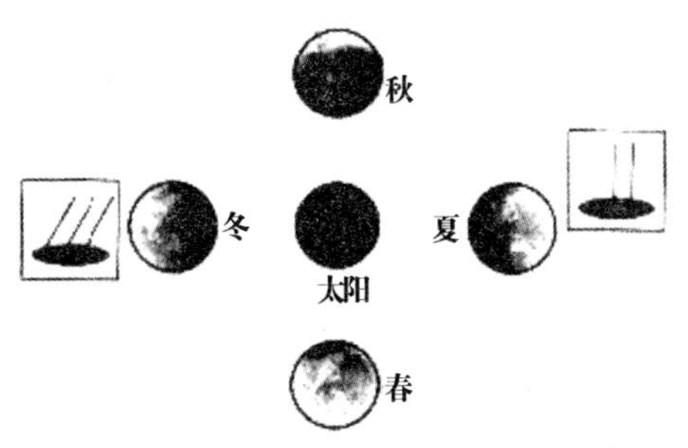

地球上四季变化的原理（刘学富主编《基础天文学》）

历法是根据天象变化规律来计量时间，判别气候，划分季节的一种法则。我国古代先贤通过长期对日月星辰的观察，逐步了解和掌握了地球、月亮和太阳的运行规律，根据四季变化及月亮圆缺变化的周期（即朔望月），计算出每月长度及回归年长度，并根据气候变化制定出相应的二十四节气，这是中国历法所特有的创造与发明。它曾经历了一个十分漫长的发展过程，起初大约仅有二至（冬至、夏至）和二分（春分、秋分），一直到战国时期才逐渐形成完备的二十四节气系统：由冬至起算，每经一年的1/24日交一个节气，其名称分别为冬至、小寒、大寒、立春、雨水、惊蛰、春分、清明、谷雨、立夏、小满、芒种、夏至、小暑、大暑、立秋、处暑、白露、秋分、寒露、霜降、立冬、小雪、大雪。此中奇数统称为中气，偶数统称作节气。二十四节气分别标志着太阳在一周年运动中的24个大体固定的位置，是对太阳周年运动位置的一种特殊的描述形式，同时又能较好地反映一年中寒暑、雨旱、日照长短等变化的规律。所以，二十四节气不但具有重要的天文意义，而且对于农业生产有着重大的指导作用。二十四节气自战国时期得以完备之后，一直成为我国传统历法的重要内容之一，至今保持着旺盛的生命力。

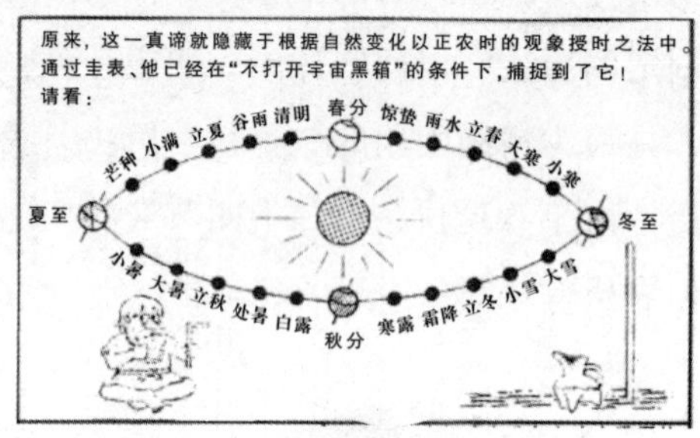

观象授时图（周春才《易经图典》）

二十四节气是节气与中气的总称，节为月令之开始，气为月令之中气。据《尚书·尧典》中记载：“日中星鸟，以殷仲春”，“日永星火，以正仲夏”，“宵中星虚，以应仲秋”，“日短星昴，以正仲冬”。以上记载中的日中、日永、宵中、日短，就是后来的春分、夏至、秋分、冬至四节气。二十四节气的制定是根据地球绕太阳公转的运动规律而制定，因此每一个节气都能真实的反映太阳所在的位置。地球绕太阳运行的轨道不是圆形的，也不是轴线平行的，而是椭圆形的，且倾斜66度34分，绕太阳一周之后，在其赤度上下留一条∽形的轨迹，也就是太阳在天空中周日视运动的轨道称为黄道，∽形的两个波峰一个为

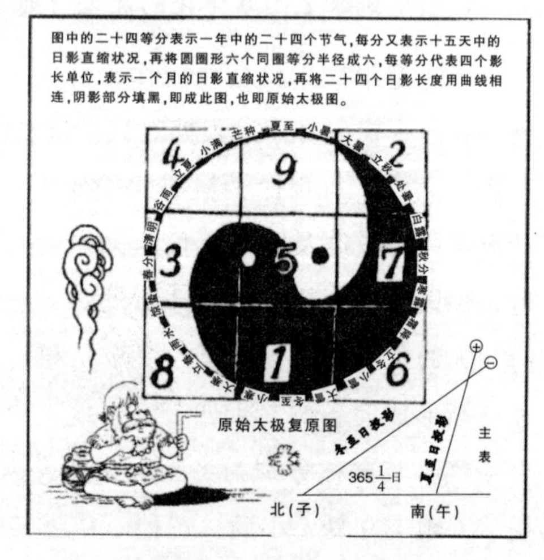

原始太极复原图（周春才《易经图典》）

“冬至”节气，坎宫一阳始生之地，标志着奇门阳遁局的开始，显示出阳气自冬至开始而递次增强。另一波峰为“夏至”节气，离宫一阴始生之地，标志着奇门阴遁局的开始，显示出自夏至之后阴气递次增强。其中包含“阴极阳生、阳极阴生”的太极原理。地球绕太阳一周为 360 度，二十四节气的春风点为零点，将黄道等分为二十四段，每段 15 度，太阳每行够 15 度就表示到了一个节气。每宫管 45 度故一宫有三节气，八宫合二十四节气。

奇门在二十四节气的基础上又进一步将每一个节气分为上、中、下三元，每一元五日，三元十五日为一节气，实为古天文历之“七十二候”，奇门《烟波钓叟歌》中“太公删成七十二”即为此说。在古典名著《三国演义》中，诸葛亮与东吴鲁肃论及“用兵之道”时说：“《七十二候图》，成图于周公，将节气周天三百六十日，分类别之。五日为候，三候为气；六气为时，四进成岁。将一年之中的节气更替，万物衰荣一一道明；何时虹藏不见，何时雷始收声，何时土润溽暑，何时雾霾蒸腾……如此只须谙熟于胸，融汇于心，运用得当，便可胜于百万雄兵！”真可谓：运筹帷幄之中，决胜千里之外。奇门遁甲便是以二十四节气和七十二候为基础建立起来的一种时空坐标系，用以推断天地万物的生成变化规律。

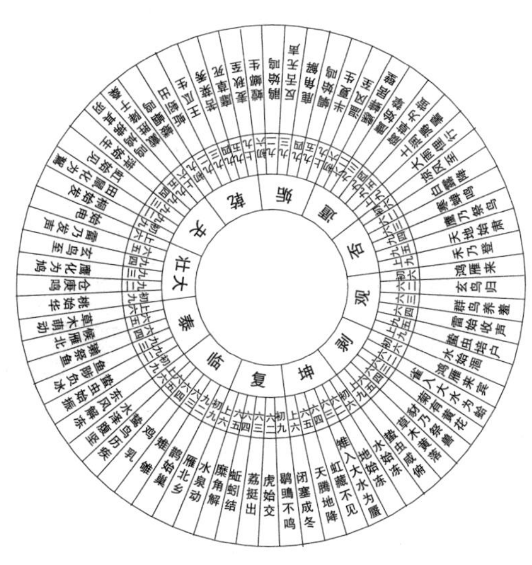

孟长卿卦气七十二候图（赵定理 1992）

“太阳视运动运行一度为一日，运行三百六十五度需三百六十五日又二十五刻，所谓‘以周天之度，凡三百六十五度四分度之一也’为一年。上半年为阳长阴消阶段，下半年为阴长阳消时期。前者为天渐温、昼渐长的开天门时，后者为气渐凉、昼渐短的入地户候，从而分别作为奇门遁甲阳遁、阴遁划分的标准，即取其‘阳主出，阴主入’之意。故《遁甲经》曰：六戊为天门，六己为地户。即指出遁甲分阴阳与太阳的阴阳升降密切相关。”（《中华五千年科学经典》扬力著）

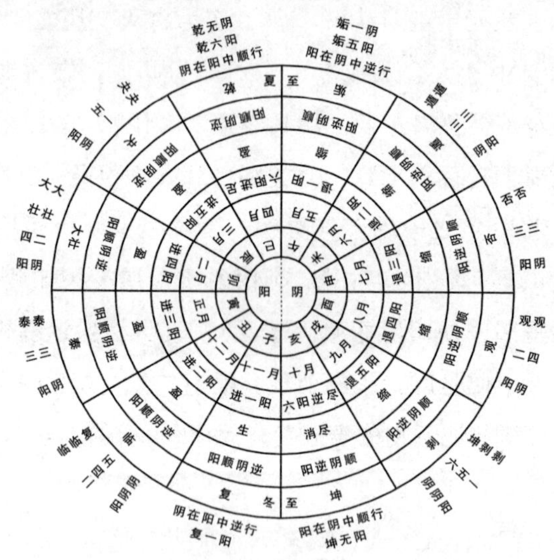

阴阳顺逆太阳升降盈虚图（杨力《中华五千年科学经典》）

常秉义先生在《周易与历法》一书中云：“易学是一门同天文、历数、气象、物候等科学相结合的综合性实证科学。《周易》是占筮书。筮，数也，筮法源于古历法，而历法本身就是一种准确的预测”。他又说：“奇门遁甲占测术共四千三百二十条，六壬占术共三千多条，纳甲筮法共四千零九十六条，加之月建、日建、时辰及六爻占辞，其信息量之巨是难以想像的。不论何种占法，都与天文历数密切相关，如奇门、六壬、太乙、纳甲、风水等等皆离不开河洛数理九宫八卦及节气律历星宿度数。一言以敝之，离不天文历法的时空背景”。

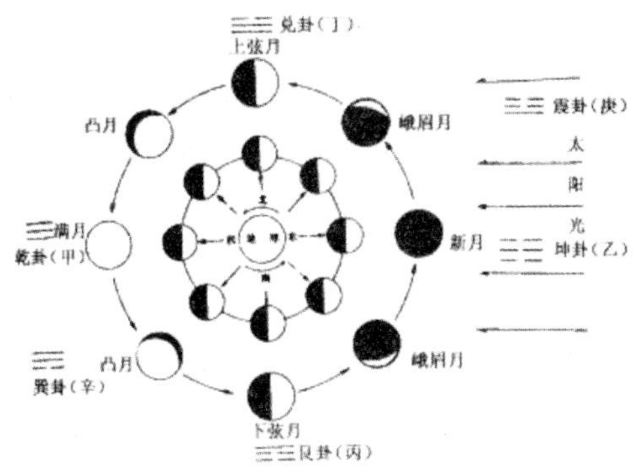

日月地周期八卦图（王大有《太极辨证法》）

我国著名科学家刘子华先生，1940年以法文博士论文《八卦宇宙论与现代天文》一书在巴黎出版，第一个向世界宣布：太阳系肯定存在第十颗行星，并命名为“木王星”。1978年刘子华博士经过反复运算第十颗行星的周期后，写出论文《太阳系必然存在第十颗行星》，并预测该星将于1982年前后出现。1981年美国合众国际报道：美国海军天文台发现太阳系存在第十颗行星。1987年11月5日南京《世界科技译报》说：“美国宇航局发言人宣称：第十颗行星可能正环绕太阳运行。”还说：“虽然这颗行星离九大行星很远，但它存在是勿庸置疑的。”这一事实引起了全世界的震惊。刘子华博士论证的依据便来源于包含河洛易理的古代天文历法。欧洲哲学权威荣格在英文《周易》再版序言中说：“世界人类唯一的智慧宝典，首推中国的易经。在科学方面，我们所得的定律常常是短命的，或被原来的事实所推翻，惟独中国的《易经》亘古常新，相延六千年之久，仍然具有价值，而且与最新的原子物理学颇多相同的地方。”

2. 以二十八宿为参照背景

古代在进行天象观测时，为了描述日、月、五星的运行规律及方位，创建了一个坐标体系，称之为二十八宿，所谓“二十八”是源于月亮朔望周期（29.53日）与恒星周期（27.32日）的近似平均值。朔望周期是指日月合朔之日数，初一为日月合朔，十五为中天满月，由于朔望月为29.53日，所以古人在制定历法时大月为三十日，小月为二十九日，大小月交替，在十七个月中连一个大月而进行调整。恒星周期是指月亮在太空中所处的某一点开始绕地球运行一周所需之日数，月球绕地球一周的时间是 27.32 天，每日平均运行 13.18 度。古人认为日月为天地之精华，日为阳之精，月为阴之精，日月运行，寒往暑来，是为天道。

二十八宿又称二十八舍或二十八星。《史记·律书》云："舍者，日月所舍"，由此可见"宿、舍"是居住停留之意。二十八宿是古代星空区划体系的主要组成部分，是先哲为了比较日、月、五星的运动在黄道和赤道之间选择的二十八个星官，而作为观测的标志。二十八宿是恒星，在天空中的位置是相对不变的，太阳在"天球"上的视运动轨迹称为"黄道"。因为太阳系中各行星是围绕太阳在一个近似同一平面上作周天运动，所以黄道不仅是太阳视运动的轨迹，就连月亮和其它行星也都在黄道附近移动。二十八宿是太阳以黄道及赤道的两侧，绕天一周所取的观象坐标。它按照东、南、西、北四个方位平均分为四组，每组七宿，分别称之为东官、西官、南官、北官，并且据其联缀组合所成之形和苍龙、朱雀、白虎、玄武四种动物形象相匹配，称为四象。《尚书传》中云："四方皆有七宿经，可成一形。东方成龙形，西方成虎形，皆南首而北尾；南方成鸟形，北方成龟形，皆西首而东尾。"二十八宿与以北斗斗柄所指角宿开始自西向东排列，与日、月视运动的方向相同，它们的具体名称、方位和四种动物的对应关系是：东方苍龙七宿：角、亢、氐、房、心、尾、箕。北方玄武七宿：斗、牛、女、虚、危、室、壁。西方白虎七宿：奎、娄、胃、昴、毕、觜、参。南方朱雀七宿：井、鬼、柳、星、张、翼、轸。当代学者郭扬先生在《易经求正解》一书中认为：日、月、五星、二十八宿为易学的渊源。

古人仰观天象，俯察地理，探索宇宙，审视八方。根据日月往来、寒暑相推的四时变化和阴阳消长原理，确定星宿位置而定天时、推历法。"当立春之时，地球正当位于柳、星诸宿——所谓黄道，实则是地球绕太阳公转轨道与'天球'相交的轨迹，立春时地球运行到柳星诸宿宿位——在此时的夜半，柳、星二宿位于天空正中（'中天'），而角、亢诸宿位于东方，觜、参诸宿位于西方，牛、女诸在下（背向地球）为北方，井、鬼诸宿在上为南方。所以角亢诸宿定为东方，觜参诸宿定为西方，牛女诸宿定为北方，井鬼诸宿定为南方。以此布列，东春木，南夏火，西秋金，北冬水，中长夏土。土性平，于阴阳中持中，故居中。于是有东方木星、南方火星、西方金星、北方水星、中央土星，（土星）又名镇星又名填星。填者，直方大，填中空；镇者，居中摄临四方。以一年中四时天之阳生于子、盛于午中、尽于子中的时序，春→夏→长夏→秋→冬，对应木、火、土、金、水，得五星五行相生之序，由此而五星定位、定序、定性、定时。”（引自《天人合一养生》王大有著）

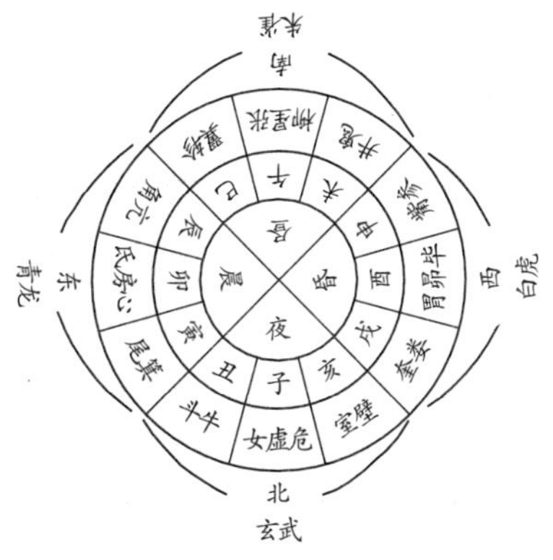

中国古代赤道二十八宿图

在中国古代文献记载中，早期载有二十八宿的可靠文献是《吕氏春秋》、《礼记·月令》、《周礼》等书，它们的时代最早的大约在战国中期（公元前四世纪)。1978年，在湖北省随县发掘出一座战国初年的古墓，其中有一件漆箱盖，上面有二十八宿的名称及青龙、白虎的图像。这不但把二十八宿出现的文献记载时代提前了，而且证实四象与二十八宿相配的起源年代至少在公元前五世纪。还有学者认为，二十八宿在创立之初是沿赤道分布的。经计算表明：二十八宿与天球赤道相吻合的年代距今约五千年前。这可认为是二十八宿体系创立时代的最早时期。二十八宿系统的建立，为日、月、五星以及若干天象发生位置的确定，提供了一个统一的和定量化的背景依据，是为这一时期天文观测定量化和系统化的重要标志之一。

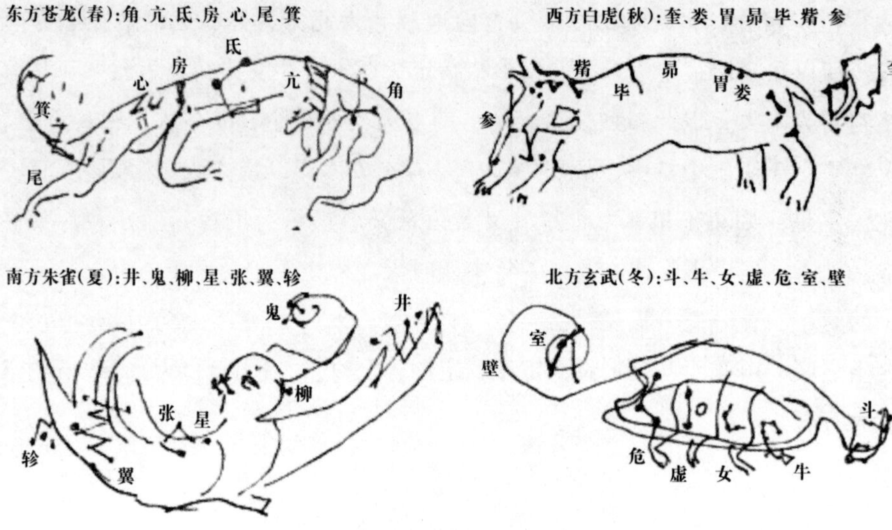

二十八宿对应图

先哲在观测日月五星运行周期的漫长过程中，以二十八宿在天空中的位置作为参照标志。二十八宿为北极天顶周围的星组，合为周天三百六十五度四分度之一，以成额定度数。古代名医张景岳说："角、亢、氐、房、心、尾、箕，为东方七宿，位应苍龙，共订七十五度；斗、牛、女、虚、危、室、壁，为北方七宿，位应玄武，共九十八度四分度之一；奎、娄、胃、昴、毕、觜、参，为西方七宿，位应白虎，共八十度；井、鬼、柳、星、张、翼、轸，为南方七宿，位应朱雀，共一百一十二度。"其周天二十四方位坐标体系由干支、八卦及洛书九宫结合而产生，五方配天干：东方甲乙木，南方丙丁火，西方庚辛金，北方壬癸水，中央戊己土。《内经·灵枢·卫气行》曰："子午为经，卯酉为纬。天周二十八宿，而一面七星，四七二十八星，房昴为纬，虚张为经。是故房至毕为阳，昴至心为阴，阳主昼，阴主夜。"这是中国古代对周天的一种划分法，也是古人对周日视运动的观察，大抵是沿天赤道从东向西将周天等分为十二个部分，用地平方位中的十二地支名称来表示，即：子、丑、寅、卯、辰、巳、午、未、申、酉、戌、亥。它与二十八宿星相对应：子为正北，午为正南，卯为正东，酉为正西，以子午为经，卯酉为纬，辰、戌、丑、未、寅、申、巳、亥居乾、坤、艮、巽

(指后天八卦方位）四维之地，分别列于西北（后天之乾卦)、东北（后天之艮卦)、西南（后天之坤卦)、东南（后天之巽卦）四方。在伏羲六十四卦方图中，乾位在西北、坤位在东南，以乾坤为天门地户。正如《易传》所云：“是故阖户谓之坤，辟户谓之乾，一辟一合谓之变。”而六十四卦圆图中的乾坤之位则是宇宙万物阴阳消长进退规律的体现，也是奇门遁甲阴阳遁排局布式的依据。

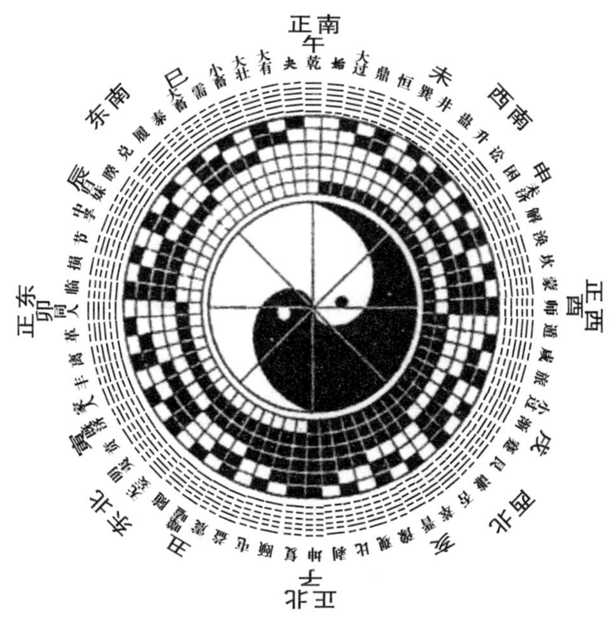

伏羲太极六十四卦时刻方位图（李仕徵《叙说八卦太极图》)

“二十八宿既是天区划分的标志，也是阴阳消长的象征。如《遁甲经》曰：‘六戊为天门，六己为地户。’即以戊己分天门地户，作为天门（入阳）地户（入阴）的划分，亦如《素问·五运行大论》所曰：‘所谓戊己分者，奎壁角轸，则天地之门户也，夫奎壁临乾，当戊土之位，角轸临巽，当己土之位。‘即从奎壁往南，曰行阳道，故曰开天门，自角轸而北，曰就阴道，故曰入地户，奎壁的位置在西北角，角轸的位置在东南角，与使伏羲六十四卦方位的乾位西北、坤处东南相吻合，故乾、坤二位为开天门地户的方位。奇门遁甲的阳遁阴遁的的划分虽然不是以乾、坤方位而是以坎离方位为准

的，但其阴阳进退的原理是一样的。”（引自《中华五千年科学经典》1426页杨力著）

3. 以北斗星辰为运转枢机

古人在观测天象的过程中将星体命名并加以区分，在命名时有的直接反映了当时游牧时代的生产生活情况，并与古文字的象形有关，如牛郎、织女星及二十八宿中的箕（簸箕）、斗（盛酒器具）、奎（大猪）、娄（牧畜之苑）、毕（带网的猎具）、张（逮鸟之网）、翼（鸟翼）、轸（鸟尾）星等。在历史发展过程中由于等级社会的产生，星体命名中逐渐出现了太子、后妃（勾陈）、天牢、华盖等象征国家机构、建筑等的星名。先哲将天空中位置相对不变的星体称之为恒星，并以此为参照，借以观察天体运行的基本规律。古人认为，满天星斗都排列有序地由东向西运行，只有北极星不动，似乎其他星辰都在围绕着它旋转，正如《论语》中孔子云：“为政以德，譬如北辰，居其所而众星拱之。”孔子之言便源于对天象的观察，而比拟于人伦朝刚。

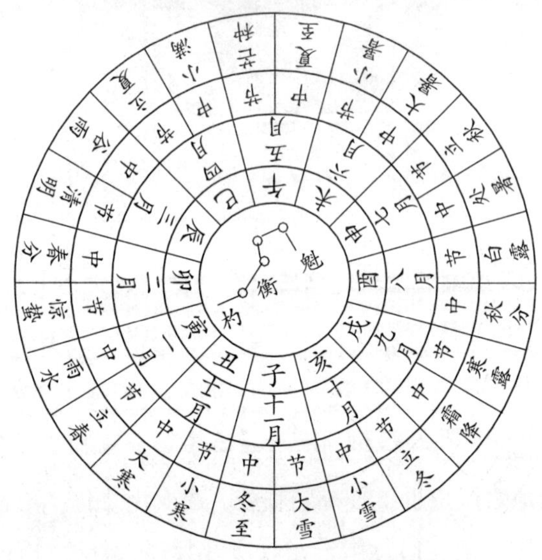

二十四气斗纲图（明·张介宾）

当夜幕降临的时候，北方天空群星之中，有七颗明亮之星连袂组成的酒斗形状显得格外引人注目，这就是著名的北斗七星。北斗七星在二十八宿之中，位于大熊星座，悬于北天绕北极星运行。中国最早的历书《夏小正》中记载：“斗柄指东，天下皆春；斗柄指南，天下皆夏；斗柄指西，天下皆秋；斗柄指北，天下皆冬。”北斗七星以其斗柄旋转的授时功能而被附会为天帝御驾。《史记·天官书》中云：“斗为帝车，运于中央，临制四乡，分阴阳，建四时，均五行，移节度，定诸纪，皆系于斗。”北斗之斗柄运转，每行十五度为一节气，环行三百六十度一周，二十四节气毕矣。正如《易经·彖传》中所言：“观乎天文，以察时变。”除了辨四时、定节气之外，在古代北斗还是正刚纪所参照之星辰，当斗柄在天空中划上一个圆圈时，便完成了一个周年视运动。古人将一年中斗纲旋指十二辰的变化称之为斗纲建月，明·张景岳在《类经图翼》中云：“一岁四时之候，皆统于十二辰。十二辰者，以斗纲所指之地，即节气所在之处也。正月指寅，二月指卯，三月指辰，四月指巳，五月指午，六月指未，七月指申，八月指酉，九月指戌，十月指亥，十一月指子，十二月指丑，谓之月建。天之元气，无形可观，观斗建之辰，即可知矣。”

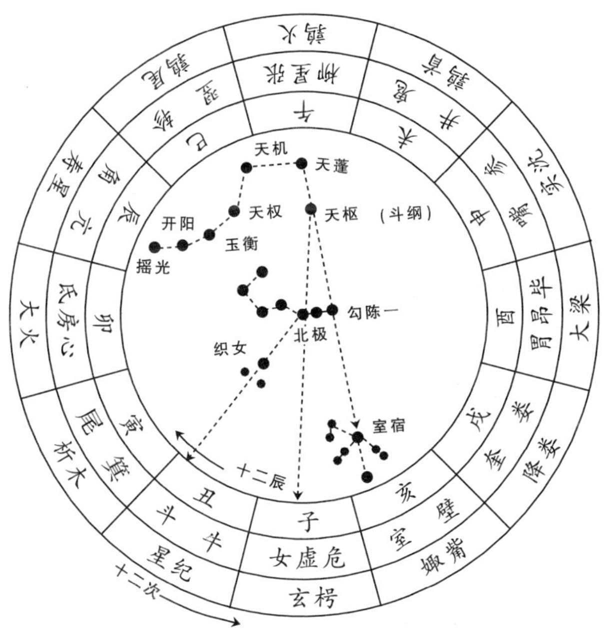

斗纲十二辰次图（江国梁·1990）

《淮南子·天文训》中说："十五日为一节，以生二十四之变，斗指子则冬至；加十五日指癸则小寒；加十五日指丑则大寒；距冬至四十六日而立春；加十五日指寅则雨水；加十五日指甲则惊蛰；加十五日指卯，中绳（指昼夜相等），故曰春分；加十五日指乙则清明；加十五日指辰则谷雨；加十五日则春分尽，故曰有四十六日而立夏；加十五日指巳则小满；加十五日指丙则芒种；加十五日指午则阳气极，故曰有四十六日而夏至；加十五日指丁则小暑；加十五日指未则大暑；加十五日而夏分尽，故曰有四十六日而立秋；加十五日指申则处暑；加十五日指庚则白露；加十五日指酉，中绳（指昼夜相等），故曰秋分；加十五日指辛则寒露；加十五日指戌则霜降；加十五日则秋分尽，故曰有四十六日而立冬；加十五日指亥则小雪；加十五日指壬则大雪；加十五日指子，故十一月日冬至。"这正与奇门九星落宫相对应，如冬至在后天坎卦（正北方、先天坤卦）天蓬之宫，纯阴之地，阴极阳生，阳遁局之始，统冬至、小寒、大寒三节气；立春在后天艮卦（东北方、先天震卦）天任之宫，统立春、雨水、惊蛰三节气；春分在后天震卦（正东方、先天离卦）天冲之宫，统春分、清明、谷雨三节气；立夏在后天巽卦（东南方、先天兑卦）天辅之宫，统立夏、小满、芒种三节气；夏至在后天离卦（正南方、先天乾卦）天英之宫，阳极阴生之地，阴遁局之始，统夏至、小暑、大暑三节气；立秋在后天坤卦（西南方、先天巽卦）天芮之宫，统立秋、处暑、白露三节气；秋分在后

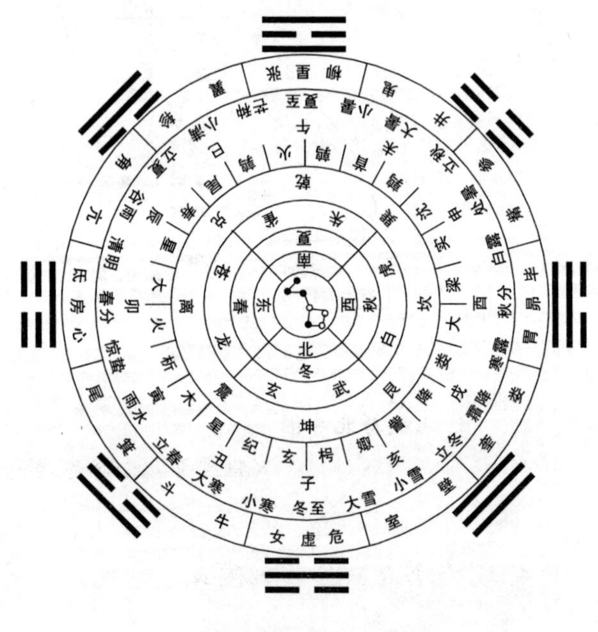

斗纲先天二十四向图

天兑卦（正西方、先天坎卦）天柱之宫，统秋分、寒露、霜降三节气；立冬在后天乾卦（西北方、先天艮卦）天心之宫，统立冬、小雪、大雪三节气；而四时、八方、二十四节气一周年完成，并由此而年复一年，往复循环。

北斗七星（九星）在天文学上，其亮度、光谱和磁场强度有着周期性变化规律。正如著名哲学家、经学家曹升之先生所说："中国古代已知宇宙为一有机体，此有机体以太乙为中心，北斗为枢纽，譬如太乙为发电机，北斗为变电站。如以太乙为上帝之脑，则北斗为上帝之手，创造宇宙万有，支配各星球之运动与进化。故知宇宙之能力，乃有根源、有重心、有最高权力、有机组织、有自然秩序。"现代天文学证实：恒星与行星有明显区别，行星不是发光实体，如金、木、水、火、土五星及地球、月亮；恒星是燃烧发光体，是气团，是原子核反应堆，如太阳及北斗七星（九星），它发光发热，发出物质流，要消耗能量，像气功师发功消耗自已的能量一样。恒星发射能量的大小方向不同，对地球人类生存有着吉凶的影响。古人根据这一天文现象，创造出一种模拟天体运行规律的模型，对各星赋予其不同的特性，且与地之九宫、八方、九州分野相对应，反映出古人万物一体和天人感应的整体思想。

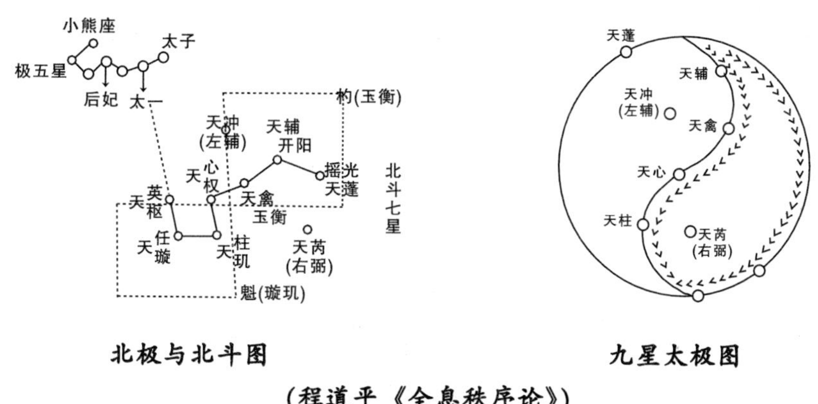

北极与北斗图　　**九星太极图**

（程道平《全息秩序论》）

4. 以洛书九宫为生成模式

奇门结构模式是基于古天文观天左旋而地右旋和太一（又名太乙，以下同）下行九宫的模式而建立起来的，阴阳局中逆布六仪顺布三奇与顺布六仪逆布三奇，就是遵循着天地相对运行的规律和太乙下行九宫的自然模式。六仪代表天和地的背景格局，三奇代表日、月、星，即太阳、月亮和金、木、水、火、土五大行星。从古天文观来看，天地运行有逆顺，人居天地间，下观地动为顺（顺天而行），上观天动为逆，即与地动方向相反，反过来，从太空观察地球，则天动为顺，而地动为逆，这便是阴阳局奇仪顺逆的天文背景。

“九星”是指《黄帝内经·素问》中“九星悬朗”的九星。清江慎修著《河洛精蕴》中云：“北斗七星，一枢、二机、三璇、四权为魁、五衡、六开阳、七摇光为杓，开阳、摇光之旁有小星，左为辅、右为弼，合为九星。”奇门遁甲中又将九星命名为天蓬、天芮、天冲、天辅、天禽、天心、天柱、天任、天英，并与地之九宫相对应。《南齐书·高帝纪》中说：“九宫者，一为天蓬，以制冀州之野；二为天芮，以制荆州之野；三为天冲，其应在青；四为天辅，其应在徐；五为天禽，其应在豫；六为天心，七为天柱，八为天任，九为天英，其应在雍、在梁、在扬、在兖。”

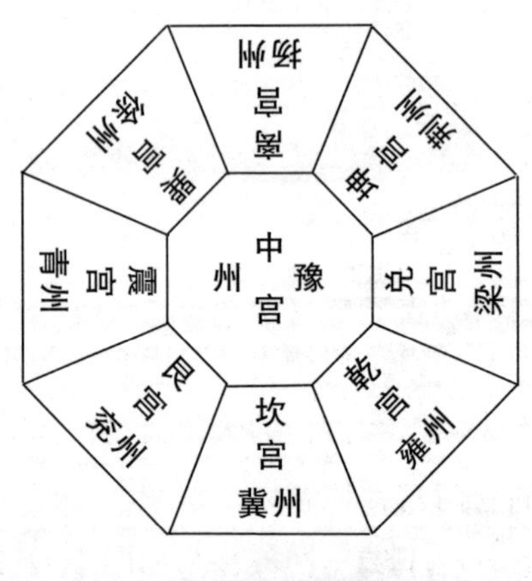

九宫八卦图

先哲在观测天象时发现，北斗七星（九星）绕北极星顺时针左旋一周为一年。古人以北极星为体，北斗为用，以北斗为北极帝星所乘之车，北斗绕北极而旋转，就是北极帝星乘车临御八方之象，谓：“太乙下行九宫”。根据太乙游宫斗柄旋指的八宫方位，便能推知四时、八节及二十四节气的节令转移和气象变化。《灵枢·九宫八风篇》中云："是故太乙入徙，立于中宫，乃朝八风，以占吉凶也。"《易纬·乾凿度》中又说"易一阴一阳合为十五之谓道。阳变七之九，阴变八之六，亦合于十五，则彖变之数若一。阳动而进，变七之九，象其气之息也。阴动而退，变八之六，象其气消也。故太乙取其数以行九宫，四维四正皆合于十五。"郑玄注："太乙者，北辰之神名也。居其所曰太乙出入所游，息于紫宫之内外，其星因以为名焉。四正四维，以八卦神所居，故亦名之曰宫。太乙下行八卦之宫，每回还于中央，中央者，北辰之所居，故因谓之九宫，故因谓之九宫。天数大分以阳出，以阴入，阳起于子，阴起于午，是以太乙下九宫，从坎宫始，坎中男，是以言开始也；自此而从于坤宫，坤母也；又自此而震宫，震长男也；又自此而巽宫，巽，长女也；所行者半矣，还息于中央之宫；即又此而从于乾宫，乾，父也；自此而从于兑宫，兑，少女也；又自此而从于艮宫，艮，少男也；又自此而从于离宫，离，中女也；行则周矣，上游息于太乙天一之宫。"由此可见太乙（天一）运行与地之九宫的对应关系。

《灵枢·九宫八风篇》中云："太乙常以冬至之日，居叶蛰之宫四十六日，明日居天留四十六日，明日居仓门四十六日，明日居阴洛四十五日，明日居上天（又叫天宫）四十六日，明日居玄委四十六日，明日居仓果四十六日，明日居新洛四十五日，明日复居叶蛰之宫，曰冬至矣。"据此可以推出，太乙下行九宫与地球方位季节的对应关系为：从冬至日开始，北斗七星的斗柄正好对着北方坎位的叶蛰宫，而地上正值冬至、小寒、大寒三个节气，为期四十六日；然后依次是：东北艮位的天留宫，值立春、雨水、惊蛰，为期四十六日；东方震位的仓门宫，值春风、清明、谷雨，为期四十六日；东南方巽位的阴洛宫，值立夏、小满、芒种，为期四十五日；南方离位的上天宫即中宫（中宫是虚位），值夏至、小暑、大暑，为期四十六日；西南方位的玄委宫，值立秋、处暑、白露，为期四十六日；西方兑位的仓果宫，值秋风、寒露、霜降，为期四十六日；西北乾位的新洛宫，值立冬、小雪、大雪，为期四十五日；最后回到叶蛰宫，周而复始。

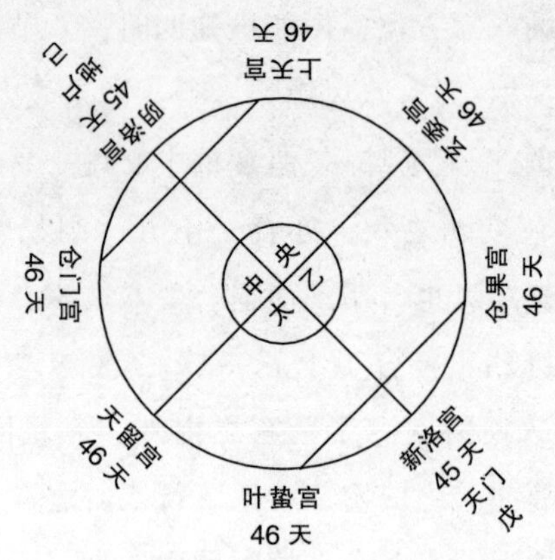

九宫应日图（天门地户图）（田合禄《周易真原》）

《灵枢·九宫八风篇》还说："太乙日游，以冬至之日居叶蛰之宫，。数所在日，从一处，至九日，复返于一。常无是无已，终而复始。太乙移日，天必应之以风雨，以其日风雨则吉，岁美民安少病矣。先之则多雨，后之则多旱。"由此可见太乙除每四十六日或四十五日居八宫之一外，还有每天游一宫之说，且与自然界的气候变化有着对应关系。由"从一处，至九日，复返于一"可知，太乙日游必合洛书九宫之飞宫法，当第一日在叶蛰坎一宫，第二日则飞行到玄委坤二宫宫，第三日则飞行到仓门震三宫，第四日则飞行到阴洛巽四宫，第五日则飞行到中央招摇宫，第六日则飞行到新洛乾六宫，第七日则飞行到仓果兑七宫，第八日则飞行到天留艮八宫，第九日则飞行到上天离九宫，然后回归叶蛰坎一宫。往复三次可知太乙在第二十八日、三十七日、四十六日都居叶蛰宫。这样就会推出太乙"明日居天留宫四十六日"之说。然后顺行至仓门、阴洛、上天、玄委、仓果、新洛等宫。从太乙在八宫分布的日数可知，阴洛巽宫与新洛乾宫只有四十五日，这样运行一周的日数为366日正应一岁之日数。因阴洛、新洛夏至、冬至二节之前，古人为了对历法的周年日数作出综合调整，所以在二至日之前除去一日以作平衡。由上述推论可知太乙游行八宫时，虚其中宫，但太乙日游时，在每一节令都飞行九宫，而对应"太乙入徙，立于中宫，乃朝八风"之说，因此才能"以占吉凶也"。这一飞行路线便是奇门遁甲飞宫之法的根源所在。

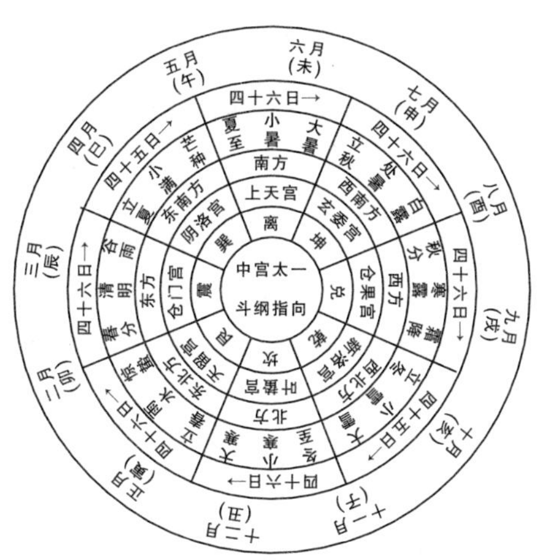

太乙游宫示意图（常秉义《易经图典精华》）

田合禄先生在《周易与日月崇拜》一书中说“……为什么阴洛宫和新洛宫只停留 45 天呢？这是因为古人用立杆测影的方法，以冬至、夏至为校对时间的标准，如《乾凿度》郑玄注所说‘阳起于子，阴起于午的缘故。在冬至日中日影最长时测日影，到夏至日中日影最短时为上半年的时间段，如果阴洛宫还用 46 天，就要超过夏至日中的时间，即超过半年 183 天的时间，故校正只用 45 天。同理新洛宫也只用 45 天。这跟刘尧汉发掘出的彝族十月太阳历在冬至、夏至过大小年是一个道理。说明这两种历法的应用年代是比较早的。这同是奇门遁甲术中阳遁和阴遁所分的时间段的分法。由此可知，奇门遁甲术是根源于《九宫八分篇》的理论的。”

同时奇门历法运用干支六十甲子历，结合太乙日游九宫之法，按节气日游，《素问·六节藏象论》中说：“天以六六为节，地以九九制会；天有十日，日六竟而周甲，甲六复而终岁，三百六十日法也。……五日谓之候，三候谓之气，六气谓之时，四时谓之岁，而各从其主治矣。”六六为节者，一年 365.25 日，进位则为 366 日，合九宫八卦历一年周期；九九制会者，洛书九宫也。当奇门局为阳遁时，如甲子在坎一宫，乙丑则顺飞行到坤二宫，依次为丙寅震三宫，丁卯巽四宫，戊辰中五宫，己巳乾六宫，庚午兑七宫，辛未艮八宫，壬申离九宫，癸酉又回至坎一宫；而后甲戌又飞行到坤二宫，……如此顺飞九宫，则甲申到震三宫，……甲午到巽四宫，……甲辰到中五宫，……甲寅到乾六宫，……最后癸亥落乾宫。六十甲子周矣。如此第二轮甲子将从兑七宫开始，依次行宫……癸亥落震三宫。第三轮甲子将从巽四宫开始，……癸亥落离九宫，完成了三个甲子周期。然后甲子又到坎宫，为一七四宫甲子周期规律。当甲子在坤二宫时，当完成三个甲子周期，为二八五宫甲子周期规律；当甲子在震三宫时，当完成三个甲子周期，为三九六宫甲子周期规律；最终可得出一七四、二八五、三九六、四一七、五二八、六三九、七四一、八五二、九六三宫等甲子周期规律，正与奇门阳遁三元之说相合。当奇门局为阴遁时，如甲子在离九宫，乙丑则逆飞行到艮八宫，依次为丙寅兑七宫，丁卯乾六宫，戊辰中五宫，己巳巽四宫，庚午震三宫，辛未坤二宫，壬申坎一宫，癸酉又回至离九宫；而后甲戌又飞行到艮八宫，……如此顺飞九宫，则甲申到兑七宫，……甲午到乾六宫，……甲辰到中五宫，……甲寅到巽四宫，……最后癸亥落巽宫。六十甲子周矣。如此第二轮甲子将从震三宫开始，依次行宫……癸亥落兑七宫。第三轮甲子将从乾六宫开始，……癸亥落坎一宫，完成了三个甲子周期。然后甲子又到离宫，为九三六宫甲子周期规律。当甲子在艮八宫时，当完成三个甲子周期，为八二五宫甲子周期规律；当甲子在兑七宫时，当完成三个甲子周期，为七一四宫甲子周期规律；最终可得出九三六、八二五、七一四、六九三、五八二、四七一、三六九、二五八宫等甲子周期规律，正与奇门阴遁三元之说相合。在古籍《奇门五总龟》中的三元歌道：

冬至小寒及大寒，天地人元一二三。
立春雨水并惊蛰，依艮顺增八九一。
春分清明并谷雨，但起震宫三四五。
立夏小满芒种气，四五六兮依此列。
夏至小暑及大暑，九八七兮还退数。
立秋暑处并白露，从二却行于一九。
秋分寒露及霜降，七六五兮依此向。
立冬小雪及大雪，六五四兮依此诀。

以上歌诀中，运用阴阳局阳顺阴逆之法运行九宫，可得出三元甲子周期之数。并按照《易纬·乾凿度》中所说的太乙下行九宫“阳起于子，阴起于午”的法则，且与二十四节气相为表里。如冬至开始“阳起于子”，子属坎一宫，为阳遁一局，其上、中、下三元为一七四周期之数；小寒上元进至坤二宫，为阳遁二局，其上、中、下三元为二八五周期之数；大寒上元再进至震三宫，为阳遁三局，其上、中、下三元为三九六周期之数；由此可知“冬至小寒及大寒，天地人元一二三”之奥妙，一卦统三节，“一二三”者，冬至、小寒、大寒三节上元之数，阳气递次顺进之时也。夏至开始“阴起于午”，午属离九宫，为阴遁九局，逆行之气始，其上、中、下三元为九三六周期之数；小暑上元退至艮八宫，为阴遁八局，其上、中、下三元为八二五周期之数；大暑上元再退至兑七宫，为阴遁七局，其上、中、下三元为七一四周期之数；由此可知“夏至小暑及大暑，九八七兮还退数”之奥妙，一卦统三节，“九八七”者，夏至、小暑、大暑三节上元之数，阳气减而阴气增，为逆行之气，故有“还退数”之说。其上、中、下三元组合为逆行周期之数。知此六节，其他各节之气数则通矣。

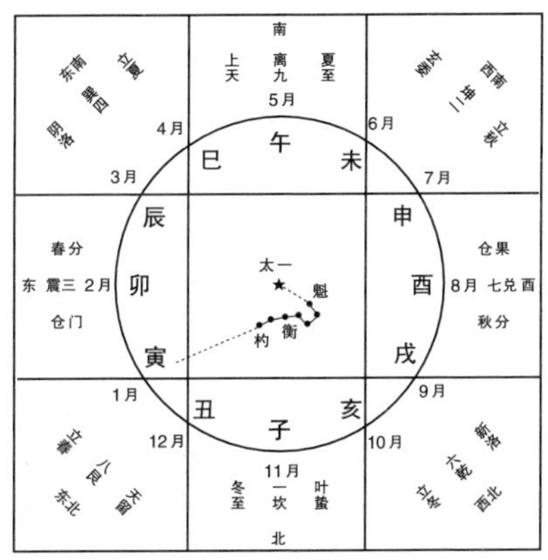

洛书历图（杨力《中华五千年科学精典》）

奇门在二十四节气的基础上，将每一个节气分为上、中、下三元，每一元五日，三元十五日为一气，一年共七十二元，实与古天文七十二候相对应。由于“元”与标志四时座标的二十四节气相联系，每一节气的某元，就决定了所用活盘的阴阳与序数。每个节气上、中、下三元便有三局，根据具体时间（日辰所属的节气和干支）就确定了用某盘活局，这样就建立了时间与空间的具体联系。确定用某局活盘的依据是当日的干支和所属的那个节气。使用活盘时，盘上的干支就代表当日的具体时辰。在根据日辰所确定的活盘上，时间与空间的联系是静态的，如冬至上元阳遁一局活盘，甲子戊在正北坎一宫，甲戌己在西南坤二宫，甲申庚在正东震三宫等等。但如果将具体时辰输入活盘，除地盘之外的其他三层就一起运动变化，从而形成新的格局。一个时辰有一个总的格局，与时间相联系的活盘局数，同时也与空间密切联系着，这个空间的数理分布便是洛书九宫，在九宫基础上确立具体的活盘局数。由此可见，奇门遁甲的天盘是围绕地盘而运行变化的，地盘结构的基础是八卦九宫。这就表明，整个奇门遁甲的排局布式是融天文、律历、八卦、太极、洛书为一体的整体结构，从而体现了天地万物蕴藏的阴阳五行普遍原理及相互间的联系与影响。

二、奇门遁甲的自然机理

《周易·系辞上》中说：“河出图，洛出书，圣人则之。”由此可知，先哲据河洛之图，得其奥理而作易。《系辞传》中又云：“易有太极，是生两仪，两仪生四象，四象生八卦。”易者，日月之象也，内含太极、两仪。太极、两仪为阴阳（日月）之体，阴阳（日月）相互交感而生四象，象征日月运行，寒往暑来，四时变化，万物生成，而后“八卦成列，象在其中矣”。奇门遁甲正是在此基础上，以八卦河洛为框架、五行理论为依据、时空规律为法则，运用天人合一的整体思维与自然万物的全息原理，为人们提供了一种认识把握世界万物规律的宇宙观和方法论。

1. 以河洛八卦为框架

在上古传说中，黄河出现龙图，洛水出现龟书，圣人效法“河图”作八卦、效法“洛书”作九畴。古往今来，无数学子为此作出了种种的推理、推测与论证，更有人推测是外星洛书人在远古时期在地球上留下的杰作，是穿越时空的千年智慧，是中华文明的源头活水。

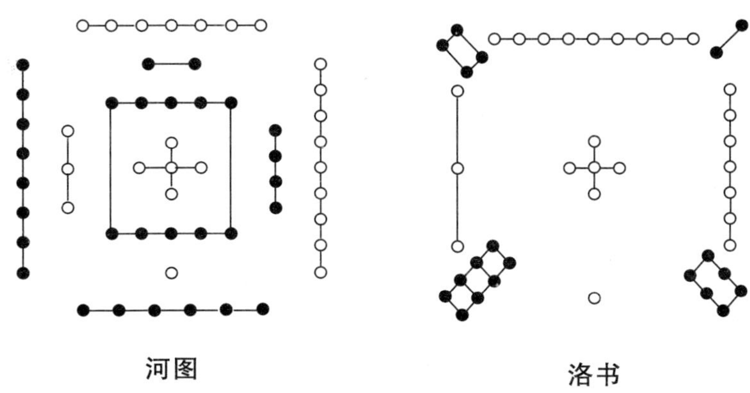

河图　　洛书

河图、洛书分别是中国古代的天文与地理方位图。奇门专家张志春先生在其专著《神奇之门》中说：“空间符号主要是河图、洛书、先天八卦和后天八卦。以后天八卦和洛书九宫相配，表示地面上的九个方位，即东、南、西、北、东南、西北、西南、东北和中央；以先天八卦和河图相配，表示上下左右、正转反转、天高地卑、山泽通气、风雷相搏、水火不相容的立体动态球形空间。”

河图反映的是以地球为中心的宇宙空间结构，为先天本体宇宙模式，或称广义宇宙图。河图中共有代表“天地之数”的五十五数，以白点为单数为阳，代表天；以黑点为双数为阴，代表地。一阳六阴，位于宇宙之北，二阴七阳位于宇宙之南，三阳八阴位于宇宙之东，四阴九阳位于宇宙之西，五阳十阴位于宇宙之中，即人类生存的地球。又以一二三四五为生数，六七八九十为成数。北方，阳气初生之地，“天一生水，地六成之”。东方，日出之处，阳气渐长，“天三生木、地八成之”。南方，阳气盛极而阴生，“地二生火，天七成之”。西方，日落之处。阴气渐增。“地四生金，天九成之”。中央为中心太极，“天五生土、地十成之”。奇数得阳而合，偶数得阴而居，说明天地之道孤阴不生，独阳不长，而必须阴阳相合，互根互存，其左旋(顺时针方向）表示五行相生，一六水生三八木，三八木生二七火，二七火生五十土，五十土生四九金，四九金生一六水，四正之数相对表示生中有克，寓克于生，体现出奇偶相配，生成相依，阴阳聚会的特点。

据易医学家邹学熹先生研究认为：“河图乃据五星出没的天象时节而绘制。五星古称五纬，是天上五颗行星，木曰岁星，火曰荧惑，土曰镇星，金曰太白星，水曰辰星。五星运行，以二十八宿舍为区划。由于它的轨道距日道不远，古人用以纪日。五星出没各有节候，一般按木→火→土→金→水的次序，相继出现在北极天空，每星各行72天，五星合周天360度。……水星于每天一时（子时）和六时（巳时）见于北方；每月一、六（初一、初六、十一、十六、二十一、二十六）日月会水星于北方；每年十一月、六月夕见于北方。故曰一六合水，或天一生水，地六成之。火星每天二时（丑时）和七时（午时）见于南方；每月逢二、七，日月会火星于南方；每年二月、七月夕见于南方。故曰二七合火，或地二生火，天七成之。木星每天三时（寅时）和八时（未时）见于东方；每月逢三、八，日月会木星东方；每年三月、八月夕见于东方。故曰三八合木，或天三生木，地八成之。金星每天四时（卯时）和九时（申时）见于西方，每月逢四、九，日月会金星于西方；每年四、九月夕见于西方。故曰四九合金，或地四生金，天九成之。土星每天五时（辰时）和十时（酉时）见于中央；每月逢五、十，日月会土星于天中；每年五、十月夕见于天中。故曰天五生土，地十成之。”（引自邹学熹《中国医易学》）

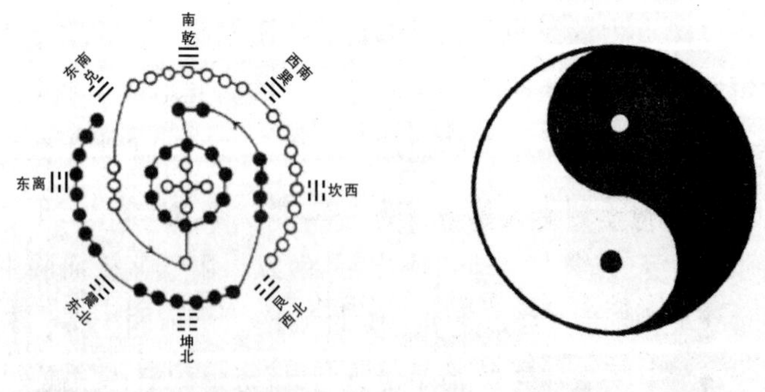

河图先天太极旋臂图　　左旋先天太极图

（王大有《宇宙全息自律》）

按王大有先生的研究：“河图为宇宙模式，象征天，不论作方图，还是作圆图，按 1—3—7—9 和 2—4—6—8 联线，都是周流不息的 S 太极共和曲线旋臂结构，这是天道自身运行轨迹。地球自转和太阳公转，都是左旋，即自西向东转，逆时针转。”

清代经学家江永在《河洛精蕴》中认为：河图本为先天八卦之本。然水北、火南、木东、金西，已含后天八卦之位，后天八卦即由河图变生而来。五行论其常，水、火、木、金、土各二；论其变，则水火以精气为用，故专于一，木金土以形质为用，故分为二。如此，则河图一为水，为坎，六并之；二为火，为离，七并之。东方八，进居东南隅位，为巽阴木；西方九，退居西北隅位，为乾阳金。东北隅位、西南隅位为虚空，于是中央五、十入用。五随三阳，位于东北，为艮阳土，十随三阴，位于西南，为坤阴土。以二土为界，二金与二木相克，水与火对克，故河图又为后天八卦之本源。

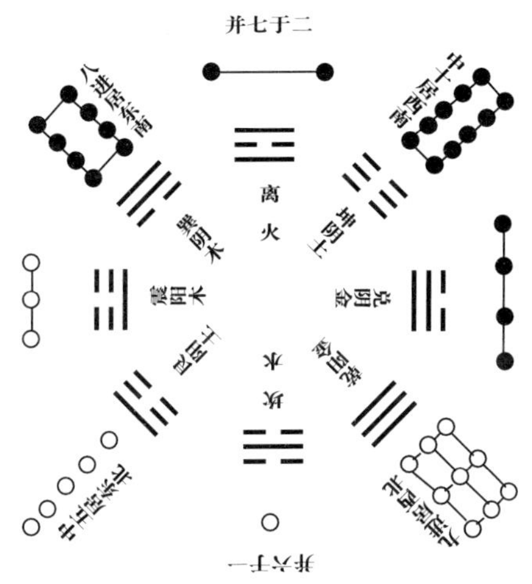

河图变后天八卦图（清·江永《河洛精蕴》）

洛书为后天宇宙模式，或称狭义宇宙图。洛书是由河图演化而来的，将河图中的四九与二七易位则形成洛书，近代易学大家杭辛斋先生说：“后天离日震出，震居先天离位，而离火本天亲上，升居乾位。太一紫宫，离纳甲数九，河图南位二与七合，积极数本九，后天分体为用，以二纳坤，乃以西九移南，与七互易，遂成洛书西南一面六七二九之序。其何以七九之必互易者，则所谓变理阴阳，酌盈剂虚，以成易道之妙用者也”。（《易数偶得》）也就是说，河图中的西方四九之金与南方的二七之火互换位置，便可形成洛书。河图之体，二七火居南方，四九金居西方，先天八卦离在东方，后天八卦震居先天离位，离火炎上而升至先天乾位而数九，河图南方二七本九，后天则分而为用，以二纳于坤，西方之九移于南方，九七互易，则形成洛书图式。其“易位”之道，体现出阴阳相济，生生不息的太极学原理。

河图主常，洛书主变。即河图为体，洛书为用。河图之数为十，数至十而全，为数之常、数之体；洛书之数为九，数之变始于一而终于九，为数之变、数之用。南宋朱子（朱熹）的弟子、易学大家蔡元定在《易学启蒙》中说：“河图以五生数统五成数而同处其方，盖揭其全以示人而道其常，数之体也。洛书以五奇数统四偶数而各居其所，盖主于阳以统而肇其变，数之用也”。《启蒙》又云：“河图主全，故极于十，而奇偶之位均，论其积实，然后见其偶赢而奇乏也。洛书主变，故极于九，即其位与实，皆奇赢而偶乏也，必皆虚其中也，然后阴阳之数均于二十而无偏耳”。河图体现的是五行相生之次序、洛书体现的是五行相胜之次序。河洛二图生数一、三、五所处方位皆同，二、四所处方位不同，因而其成数七、九所处方位亦不同。洛书生数二居西南，四居东南，河图二居南、四居东。“盖阳不可易，而阴可易，成数虽阳，固亦生之阴也”。蔡氏之妙论可谓，道河洛之精蕴，释八卦之本源。

洛书的天文背景前面已有论述，在此不作赘述。洛书结构为“戴九、履一、左三、右七、二四为肩、六八为足、五居中央、龟背之象也。”（《易楔图书》蔡元定语）。图式总数为四十五数，其纵横对角之数的和均为十五数，以一、三、七、九为奇数，奇数为阳；以二、四、六、八为偶数，偶数为阴。阳数为主，位居四正，以示天气；阴数为辅，位居四维，以示地气；五居中央，为土之气，土能生万物，为五行之祖，位居中宫，为太极，是天地之和的象征，在五行中起调和作用。洛书图式体现了事物阴阳平衡，得其中和，来复反转，生化不已的天道运行规律，阳气由北方始生，按顺时针方向左旋转，阳气递增，至东方渐盛，达南方后极盛，阳极则阴生，至西方阴气渐盛，达北方后阴气盛极，阴极则阳生。与奇门遁甲阴阳局的转换完全相合，如此阴阳变化，反映了事物运动升降往复的周期性，成为世界万物不断变化、发展、更新的自然法则。

4	9	2
3	5	7
8	1	6

洛书九宫格图

欧阳红先生在《易图新辩》中说："洛书之'四正四维皆合于十五'数阵，在易学发展中影响甚广，渗透颇深。自《易纬》首配八卦，到《内经灵枢》成八宫九风篇，《内经太素》有九宫八风图，其后象数易家以及纳象数解易之义理易家，无不广采其说，数术易如奇门遁甲术，兵家易如九宫八卦阵，莫不源于此。"他又说："洛书用数为九，河图用数为十，较洛书多一数即十。河图用十，是突出生化（生成变化）。0为基，1为初，9为极，10为满；满则进，进而再生，再生又为零。在十进制中，进位的是0，是新一轮的0。因此河图用10，是易理周而复始之义，即再生再造。再生就是复归，转化、升华，是物质之不灭。洛书用九，1为始，9为终，9不进，复为1，是突出循回、周始、孕育、旧的终结为新的诞生之交接。河洛数理宏观论、整体论与微观论、个别论的统一。"

清代经学大家钱澄之在《田间易学》一书中阐河洛精蕴，道遁甲之源，今录其说于下，悟其道者识之。他说：

"大传曰：吾观奇门遁甲之说，而知后天卦位，圣人之好生而恶杀也。木居东震，为生八卦，皆以护生。庚居西兑，为杀八卦，皆以制杀。故遁甲本'河图'而用'洛书'，一依文王之卦位也。夫甲为干首，何以云遁，畏庚而遁也。'河图'以一、六为水，二、七为火，三、八为木，四、九为金，五、十为土也。'洛书'除十不用于北一之水，东三之木，皆仍其旧，而移西九之金于南，移南七之火于西，金、火易位，使金伏火地，火入金乡，所以柔庚之刚威而护甲也。文王画卦，离南而兑西，则直以九金予火，以七火予金矣。于是以二居西南为坤土，二犹火也，庚籍坤土以生，当其生之，即以制之。以六居西北为乾金，六本水也，庚赖乾金为辅，阳为辅之，阴以泄之。是其泄制之法，早用之于父母胎性之内矣。北一之坎水，甲之恩地也。东北之八，本震宫也，艮土居之，以兵冲弟，妨其市恩于仇也。东南之四，本兑宫也，巽木居之，以妹嫁仇伺其阴谋于室也。于是离火得位于正南，而甲始安居东，三以称帝，斯庚无能为矣。《阴符》曰：甲以乙妹妻庚，以丙男丁女御庚，称为三奇。今由后天卦位按之则卦卦皆奇也。奇门以离为景门，甲所仰也。坎为休门，甲所养也。乾方为甲木之生地，而曰‘开门’。巽方为庚金之生地，而曰‘杜门’。易称亥巳为天门、地户，开天门，塞地户，义严矣哉！艮方为甲木之得禄，而曰‘生门’。坤方为庚金之得禄，而曰”死门”。凡所以奉甲而备庚者，详且尽矣。兑曰‘惊门’，惊防已者之众也。震曰‘伤门’，盖甲以伤害之虑终其身也。故甲始终遁也，即以九色星征之，三碧四绿，震、巽之本色也，兑七为赤，则非金之色而火之色也。金固白色也，其星最吉，不以予兑，而以予乾、坎、艮三宫。然犹以乾、艮两宫者为白奸，以乾宫暗藏有戌之金，艮宫暗藏有丑之金。盖畏庚如虎，防之不遗余力耳。吾因《阴符》之说合诸后天之卦位，而知其道可以养生，可以修身，可以治国，可以行兵，而区区传为握奇阵法，犹其一端者耳。”

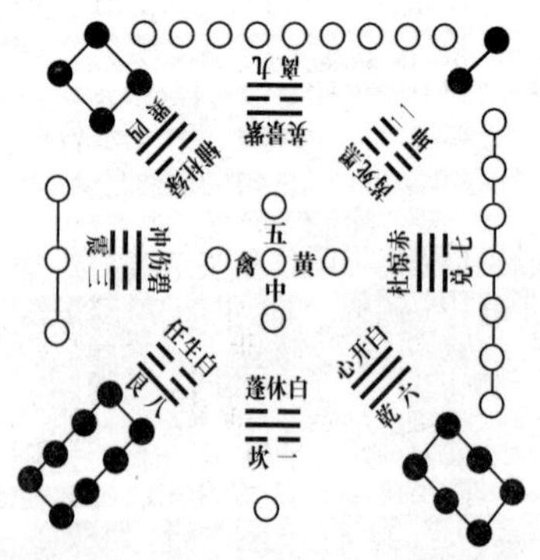

奇门遁甲用后天图（清·钱澄之）

由此可见，由《周易》发轫的奇门遁甲学说，体系精微，深奥玄妙，不但可以用于排兵布阵、趋吉避凶，而且是修身养性、治国安民的济世宝典。在其构建理论体系中，四时八方、节气推移、九星运转等，莫不以八卦、九宫、河洛为依据。古人在仰观天象、俯察地理，发现了宇宙万物的迁移交换，万物兴衰过程，了解到天地间有一定的规律存在，并根据易理的统计、分析、归纳、在八卦、河图、洛书九宫的基础上找出了一条可寻的轨迹，建立了一种独特的奇门时空数理模型，这是古人时空观念模型化，系统化的体现。

2. 以五行理论为依据

五行学说运用《周易》“方以类聚，物以群分”的思想，把宇宙万物化分为五种基本属性金、木、水、火、土，随着河图而产生出了天地生成之数，“一曰水，二曰火，三曰木，四曰金，五曰土。”（《尚书·洪范》）其功能属性为“水曰润下，火曰炎上，木曰曲直，金曰从革，土爰稼穑。润下作咸，炎上作苦，曲直作酸，从革作辛，稼穑作甘。”（《尚书·洪范》）先哲門五行功能属性划分事物，而探求宇宙自然万物的本源。

隋·萧吉在《五行大义》中精论道：“夫五行者，盖造化之根源，人论之资始，万品禀其变易，百灵因其感通。本乎阴阳，散乎精象，周竟天地，布极幽明。子午卯酉为经纬，八风六律为刚纪。故天有五度以垂象，地有五材以资用，人有五常以表德。万有森罗，以五为度。过其五者，数其变焉。实资五气，均和四序，孕育百品，陶铸万物。善则五德顺行，三灵炳曜；恶则九功不革，六漓互兴。原始要终，靡究萌兆。是以圣人体于未肇，故设言以筌象，立象以显事。事既悬有，可以象知。象则有滋，滋故生数，数则可纪，象则可形。可形可纪，故其理可假而知。可假而知，则龟筮是也。龟则为象，故以日为五行之元；筮则为数，故以辰为五行之主。若夫参辰伏见，日月盈亏，雷动虹出，云行雨施，此天之象也。二十八舍，内外诸官，七曜三光，星分岁次，此天之数也。山川水陆，高下平污，岳镇河通，风回露蒸，此地之象也。八极四海，三江五湖，九州百郡，千里万顷，此地之数也。礼以节事，乐以和心，爵表章旗，刑用革善，此人之象也。百官以治，万人以立，四教修文，七德阅武，此人之数也。因夫象数故识五行之始末；藉斯龟筮，乃辨阴阳之吉凶。是以事假象知，物从数立。”先哲之圣言认为，天道运行，日月盈亏，人论刚常，自然万物，四时流转，阴阳变化等等，莫不以五行规律为法度，阴阳五行构成了万物的本质。火越先生在《五行思维解读》中曾谈到，我们现在看到自然界生存的动物，无论是哺乳类，还是两栖类；无论是食肉类，还是食草类；无论是野兽，还是家禽，其骨骼均有五个分支。如鸟，虽然其头部加上两脚为三，而加上双翼又是五数，可见大千世界奇妙的五维进化规律。

《史记·天官书》中说：“仰则观象于天，俯则法类于地。天则有日月，地则有阴阳。天有五星，地有五行。”五星者，金、木、水、火、土五星也。邹学熹先生认为：“河图乃据五星出没的天象时节而绘制。五星古称五纬，是天上五颗行星，木曰岁星，火曰荧惑，土曰镇星，金曰太白星，水曰辰星。五星运行，以二十八宿舍为区划。由于它的轨道距日道不远，古人用以纪日。五星出没各有节候，一般按木、火、土、金、水的次序，相继出现在北极天空，每星各行 72 天，五星合周天 360 度”。五星的会合周期，即行星连续两次与太阳相合的时间，元代测算为：木星 398.880 日，火星为 779.929 日，土星为 378.092 日，金星为 583.903 日，水星为 115.876 日，与现代观察结果误差分别为：木星-0.004 日，火星-0.008 日，土星无误差，金星为-0.019 日，水星为-0.002 日。由此可见古代天文学已达到了很高的成就。河图便是根据五星出没的天象绘制而成，同时也是五行之来源。在每年十一月冬至，水星出没于北方，寒冬时节，水结为冰，是为水行；三月春风，木星现于东方，冬去春来，一元复始，草木萌生，是为木行；七月夏至，火星现于南方，烈日炎炎，是为火行；九月秋风，金星现于西方，万物凋谢，尽现萧瑟之气，是为金行；五月之时，土星现于中天，其他妒四星皆以此为中心，木火金水引起四时气候之变化，都是从地面上体现出来的，土星与地相应，是为土行。河图左旋（顺时针方向）表示五行相生，即一六水生三八木，三八木生二七火，二七火生五十土，五十土生四九金，四九金生一六水，循环往复。四正之数相对表示五行相克，坎水克离火，兑金克震木。表示生中有克。寓克于生。

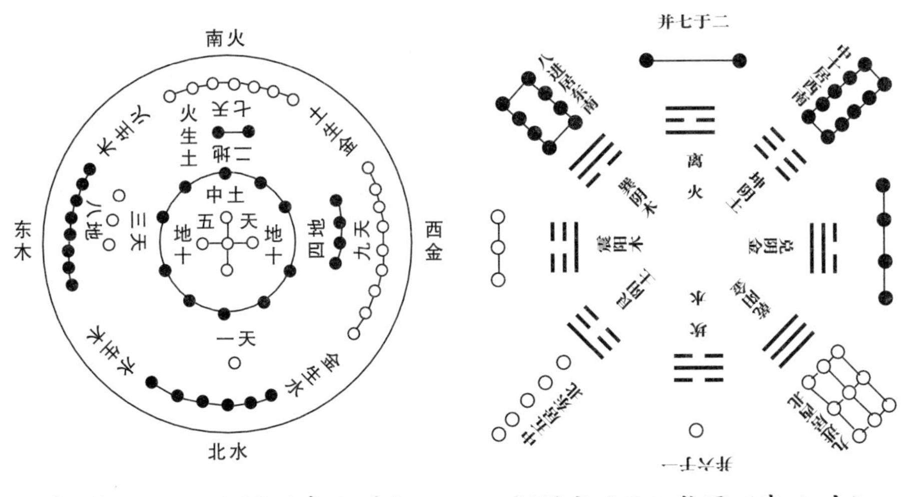

河图配阴阳五行图（清·江永） **河图变后天八卦图（清·江永）**

洛书“右旋（逆时针）体现五行相胜之理。一六水克二七火，二七火克四九金，四九金克三八木，三八木克中五土，中五土克一六水。其四正四隅相对，表示五行相生。一与九相对，六与四相对，九四金生一六水；二与八相对，三与七相对，三八木生二七火。克中有生，寓克于生。象征阳的奇数是三相乘得来，1×3=3，3×3=9，9×3=27，27×3=81……表示阳气升已而降；象征阴的偶数是以二相乘得来，2×2=4，4×2=8，8×2=16，16×2=32……表示降已而升。如此阴阳升降，反映了事物运动升降往复的周期变化规律。中央五数为土，在洛书五行中起到调和作用，致使纵横斜数合和为十五，体现万物相对平衡、相对稳定状态，同时有生机藏于中的意思。奇数居正位，偶数居隅位，反映阳主动、阴主静，阳化气、阴成形的含义，体现阴阳分居、生成分离的特点。”（引自《易学大辞典》张其成主编）

洛书九宫方位又与后天八卦相对应，清代易学大家杭辛斋先生在《易楔》中说：“水、火、木、金、土，分阴分阳，有柔刚，各有配偶，共为十象，旧称八卦。土金木皆有二，惟水火各一，实未知震兑各具水火之用也，震兑为阴阳出入之门，日月往来之路，不啻五行生化之原，故后天与坎离皆居中位，坎离居先天乾坤之位，震兑即居先天坎离之位，参观内经，则阴阳升降，五行生化之作用，更显著矣。”

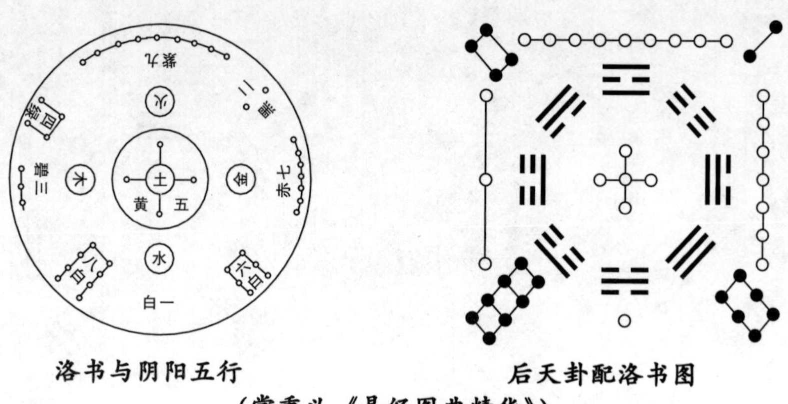

洛书与阴阳五行　　后天卦配洛书图

(常秉义《易经图典精华》)

古代先贤认为，太极分为阴阳，阴阳者清浊之气也，二气升降而成天地，二气交感则成五行，五行备而万物生。五行之气流行，则有四时之变化。东西南北中，五方配五行，春夏与秋冬，五行配四时，构建起了一个统一的时空框架，成为万物生成的基本法则。并通过对日月五星的天象观察将阴阳学说与五行学说揉合起来，在易学上建立起了庞大而精密的象数体系。五行学说的形成，对古代天文、历数、医学等自然科学的发展起到了积极的作用。

“古人始终认为，万事万物的变化无不依循同一个规律进行，这个规律就是阴阳五行，阴阳五行是宇宙万事万物的全息元。洛书九宫讲天盘、地盘、人盘，是典型的全息盘！其内含阴阳五行生克机蕴，变化莫测，不可一端。只有把它看作为多维的、立体的宇宙空间造型，才能入其奥窍。八卦正是一个内含‘六虚’的模拟天球，人事万物皆在其中。为什么古代各种预测都以洛书九宫为图式，正是基于这种全息观念，从中把握时空节律点上的吉凶。”（引自《周易与历法》常秉义著）。五行理论不但是易学文化的一个重要组成部分，同时也是奇门遁甲学说的重要理论依据。构成奇门遁甲的基本框架是河洛八卦，河洛八卦依附五行之理，才能显其功用。在奇门遁甲的基本模式中，天、地、人三盘中的奇仪、八门、八神、九宫、九星等符号系统，其属性无一例外的都包含在金、木、水、火、土五行之中。由于五行之间的生克制化关系，才能体现出事物的运动、发展与变化。

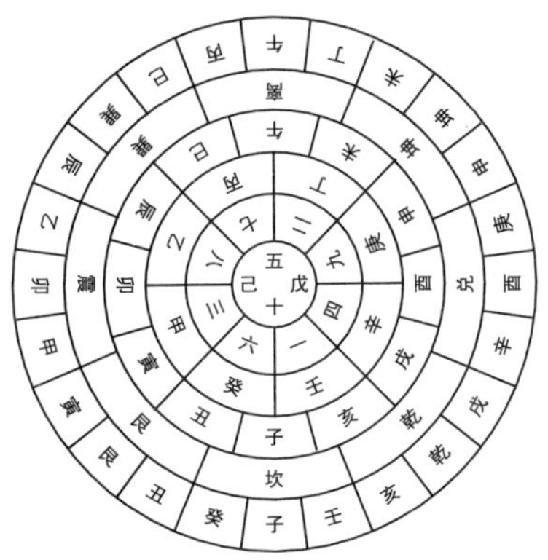

（清·江永《河洛精蕴》）

河图与洛书（后天八卦）含八干四维十二支二十四向图

四时八方，合于八卦；阴阳消长，见于九宫。世界万物莫不遵从五行之法则，五行的结构原理与功能属性在奇门遁甲中的合理运用，为现代人们把握宇宙万物运行的周期节律性提供了一种宏观整体的思维模式和方法。

3. 以时空规律为法则

古人仰观天象俯察地理，详推宇宙万物的迁移变化、兴衰演化过程，发现宇宙万物变化的自然规律，在观测实践的基础上，根据易理统计、分析、归纳，建立了一种独特的奇门时空数理模型，这是古人时空观念模型化、系统化的体现。时间和空间的概念来自古天文学，没有天体的空间坐标位置，便不会有时间概念的产生。而任何一门科学都离不开时空。现代科学证明：时间的周期性变化对人类的生存活动有着重要的影响，空间随时间的周期性变化对人类的生存与活动亦有着重要的影响。“周期性不仅是一种普遍存在的现象，很可能是宇宙运动的最基本形势。两千多年前，我国思想家庄子说，天道循环，周而复始。而本世纪继爱因斯坦之后最伟大的物理学家霍金曾假设，宇宙如果一直膨胀，就会冻死，如果一直收缩，就会热死。宇宙只有周期性的膨胀、收缩，才能保持活力，人类最古老最现代的精英都从周期性的角度思考着宇宙的本质。”（《春去春又回——地球上的周期性现象探密》代敏著）。

列宁说：“世界上除了运动着的物质，什么也没有，而运动着的物质只有在空间和时间之内才能运动。”物质运动的速度只能以时间作为衡量标准，物质运动的规模区域只能以空间来衡量，时间和空间都具有无限性，时光不会倒流，空间不能重复，《论语》中“子在在川上曰：逝者如斯夫!”流传几千年的圣言，道出了过去的将永远过去，不复重来，时空在不断更新的真理。时空规律是宇宙间各种物质的规律，反过来说，各种物质的规律就是时空的规律，要认识自然间各种事物的规律，首先要认识时空规律。昼夜交替，日往月来，四季变换，无不与我们的生活息息相关，而日月运行、暑往寒来是宇宙星体随着时空运转的结果，空间方位相同，而时间不同，则体现出完全不同组合。当某一事物在某一时空坐标里产生和发展，它就是这个时间与空间的一个子系统。它是一种物质，是时空的成分，那么此事物的发展规律就是时空的规律，时间产生于天体运动，天体运动的结果则体现在时间坐标上，时空之间相互联系又彼此对应。在构成奇门遁甲的体系中，以天、地、人三盘作为时空全面考察的基本框架，这是易学文化特有的时空观，实际上也是一种数学上的坐标矢量概念，以时空坐标点进行运算；在此运算体系中，奇仪、八门、八卦、九宫、九星等，随着时空的变化而变化。将时间概念与空间方位紧密的联系起来，系统之间相互作用，总体性的包罗了宇宙万象及其变化规律。

先圣仰观俯察，悟太极，观河洛，绘八卦，探索物质运动的时空关系。《系辞传》曰：“易有太极，是生两仪，两仪生四象，四象生八卦。”就时间而言，阴阳两极代表着昼夜交替，子时阴极而阳生，午时阳极而阴生；一年之中四季交替，冬至一阳生，夏至一阴生。就空间而论，阴极主北方，阳极主南方，阴极与阳极之间为东方，阳极与阴极之间为西方。四维之方东北、东南、西北、西南合四正东、南、西、北是为八方，八方与八卦相合，八卦与八节相衔，冬至、立春、春分、立夏、夏至、立秋、秋分、立冬与坎、艮、震、离、坤、兑、乾八卦相合，八卦类天地万物。“生生之谓易”，太极、两仪、四象、八卦之间运动变化，相互涵蕴，不可分割，体现出宇宙时空的统一规律。当代易学大家常秉义先生说：“我们已知，每年冬至，地球距太阳最远，夏至则与此相反，距太阳最近，从而形成一寒一暑的气候反相。而春分和秋分则气温适中，于是出现了一年四季分明的特点。古人为此总结了春夏秋冬、八节（二至二分和四立）、十二月、二十四节气、七十二候的变化规律。一寒一暑、一昼一夜……无不具有严谨的周期性。这种周期节律，以‘一分为二’的方式展开，亦即太极（一气）、两仪（阴阳）、四象（五行）、八卦（八极）……乃至六十四卦的‘周流六虚’、‘六位时成’的时空结构关系过程”。天文周期作用于地球及人类，便会产生各种效应。广义的来说，宇宙世界的万事万物变化，都离不开天文周期这一大背景，如太阳引起的磁暴和天气变化，行星公转引起的地极移动，行星和地球卫星引起的地震、气象变化等，都是天文周期各种作用的结果。而奇门遁甲学说体系中，阴阳遁局、九星运转、八门布式等，莫不与四时、八方、二十四节、七十二候等天文周期规律相依相成，互若契合。

四季五方、年、月、时、气候太极综合示意图（马平 2000 年）

笔者注：此图与奇门阴阳遁局的关系极为相符

在河图图式中：“一与六共宗，二与七为朋，三与八成友，四与九同道，五与五相守”。（西汉杨雄《太玄·玄图》语）晋范望注：“一与六共宗，在北方也；二与七共朋，在南方也；三与八成友，在东方也；四与九同道，在西方也；五与五相守，在中央也”。《太玄·玄数》又云：“三八为木，为东方，为春；四九为金，为西方，为秋；二七为火，为南方，为夏；一六为水，为北方，为冬；五五为土，为中央。”可见河图数理含有四时、五方与五行之规律。

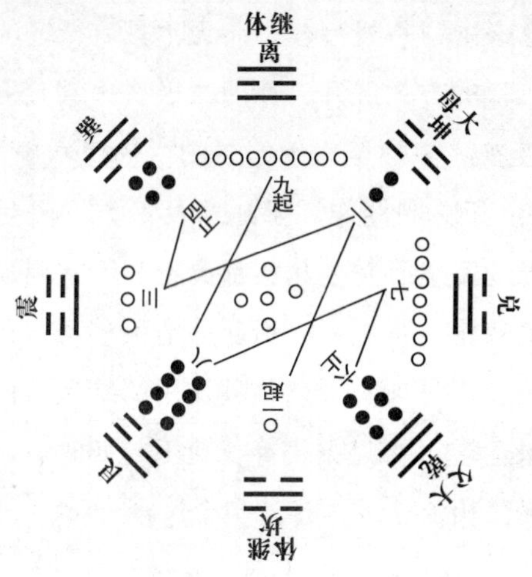

后天卦配洛书图（清·陈梦雷）

洛书与后天八卦重合，又被称为“后天八卦之数”。洛书九与离卦配，一与坎卦配，三与震卦配，七与兑卦配，二与坤卦配，四与巽卦配，六与乾卦配，八与艮卦配。火上水下，故九数为离，一数为坎。燥火生土，故八次九而为艮。燥土生金，故七、六次八而为兑、为乾。水生湿土，故二次一而为坤。湿土生木，故三、四次二而为震、为巽。以八数与八卦相配而合后天之位。以奇数“一”在北方，表示阳气初生；“三”在东方，表示阳气逐渐增长；“九”在南方，表示阳气盛达顶峰，一阴始生；“七”在西方，表示阳气逐渐衰退，阴气愈强；复又至坎宫一阳始生之地，周而复始。描绘出时空运转，八卦相荡，万物一体的宇宙世界。我国著名天文学家赵定理教授指出：“……古天文的时空是时与空的统一，一一对应的时空。坐标系选择在观测地的地面，因地球自转和公转，这个古天文坐标系，是一个有加速运动的非惯性坐标系。由于坐标系中心，取为地面古天文观测者，因而，坐标系决定的时空，是时、空、人三者结合成一体的。也正因为如此，阴阳说才有因时、因地、因人而别的说法。不知有此者，可以说不明阴阳之理。”（《中华自然哲学的数理原理》赵定理著）。古人的时空观与现代唯物辩证观点是十分吻合的。这就是世界是运动的、发展的、变化的，但却是有规律可循的。人为天地作用的产物，与天地合为一体，应顺应这种自然万物的大道规律，而不能违背它，改变它，但却可以利用这种规律，指导人生、趋利避害、设计未来。

奇门时空数理模型，是建立在八卦及河洛九宫之上的，是古人综合模拟天道、地道、人道的宇宙巨大的系统模型，是反映未来世界趋势的一种造型，从宏观上看，它力求全面探讨天、地、人三才之道，在特殊的环境依照一定的推理依据，输入系统，判断或预测出事物的发展前景，进而选择最佳行动方案，体现了周易变易思维的应用，在处理信息的过程中，特别重视天、地、人三盘之间的一切有关信息，天盘代表天时，地盘代表地理方位，人盘代表人事，将所测事物的信息输入相关的时间与空间之中，作出合乎情理的推演。奇门的整体性要求，在描述宇宙宏观和微观事物中，九宫、八方的分系统和子系统是纳入系统的整体目标，即系统的分项指标具有整体性，各个组成部分的九星、八门、九宫、奇仪、八神之间的互相联系，服从奇门数理模型的整体的目地要求，服从整体功能 ，在整体功能的基础上展开系统符号（九星、八门、九宫、奇仪、八神）之间的活动，这种活动的总和，形成了奇门时空数理模型的有机体，这就是奇门系统的整体性，它全面的说明了宇宙万物对立统一的变化规律。

著名学者、易学大家、西北大学教授费秉勋先生（笔者的恩师）说：“可以看出，在构成奇门遁甲模式构架的三大要素——空间、时间、数理当中，每一要素都渗透着其他两种要素，空间中有时间和数理，时间中有数理和空间，数理既是时间也是空间。这还是就静态而言的，如果将具体的时辰输入盘中，天盘上的时空数，都按照固有的自然法则，一齐运动飞转，构成千汇万状的格局，反映了世界的复杂性。而且奇门遁甲的任何一个方位都不是固定的，而是游动的，不是绝对的而是相对的。即以中央这个方位来说，同一时间它可以是地球上甚至宇宙中的任一点，随着中央的游动，其他八方也相应的发生游动和变化。如以洛阳为中央，西安为西为兑宫，郑州为东为震宫；但若以开封为中央，西安、洛阳、郑州都成为西方兑宫了。所以我们说奇门遁甲的结构模式是立体的、多维的、运动的，因而它可以演示复杂世界万事万物的运行变化及其相互关系，对自然科学、社会科学、人体科学等的研究，在思维上都会有模式启示的意义和价值。”（引自《飞盘奇门遁甲》费秉勋著》）。

第三章
奇门遁甲的科学原理与应用价值

一、天人感应的全息思维模式

《周易·系辞上》云："易有太极，是生两仪，两仪生四象，四象生八卦，八卦定吉凶，吉凶生大业。"这种一分为二的推演法，同时又是建立在八卦归四象，四象归两仪，两仪归太极的合二为一的归纳法基础之上的。体现了古人万物一体的整体思维模式。

《周易·说卦》云："有天地然后有万物，有万物然后有男女，有男女然后有夫妇，有夫妇然后有父子。"先哲认为人是天地的产物，人与自然相通、天地相合，人与天地万物本来就是一个有机统一的整体，天地之道与人合为三才。《周易·系辞下》云："易之为书也，广大悉备，有天道焉，有人道焉，有地道焉。兼三才而两之，故六；六者非它也，三才之道也。"《易传》中以五、六两爻象征天，初、二两爻象征地，中间三、四爻象征天人。《周易·说卦》又云："昔者圣人之作易也，将以顺性命之理。是以立天之道，曰阴与阳；立地之道，曰柔与刚；立人之道，曰仁与仪；兼三才而两之，故易六画而成卦。分阴分阳，迭用柔刚，故易六位而成章。"这充分说明天地之道与人道所遵循的法则是一致的，均以阴阳、刚柔、仁义作为变化的法则，它们之间对立统一、和谐共处，有着共同的运行规律，因此可以天人相通，万物相感。天、地、人三才的整体思维模式把人与自然合为一体，不可分离。

我们知道，海潮的涨落是受日、月引力的影响而发生的。同时日、月引力与人体也有着关联，如月亮对女性月经周期的影响，月经来潮与满月时的月引潮力有着一定的关系，这是天体运行周期与人和自然万物之间的关系。科学家通过对天体运行的研究探索，发现了自然界许多事物变化的规律性，如日、月引力与地震，据有关资料分析，地震发生的次数与太阳活动兴衰的十一年和二十二年周期相关。此外，统计分析还得到地震存在13.65的周期，这与月球位置运动的半周期相关，说明地震和月球的位置有关，即日月引潮力可能对地震的发生起到重要的触发作用。另外还有，火星与人的体能，太阳黑子和耀斑活动的高峰期与洪、涝、高温等灾害，厄尔尼诺现象与异常气候，流行病及某些疾病的死亡率等存在着周期性的关系。等等现象表明，人作为地球上有生命的物体(太极宇宙整体的组成部分)，天体中的星辰(至少是太阳系中的行星）能够强烈的影响人体的生物周期与节律。然而，日、月等星体引力，即对人类有危害的一面，也有造福人类的一方。在刘新亭主编的《大病大难预测》一书中说：“从宏观上看，假如在太阳系里，星体引力都消失了，地球可能会离开太阳，不知掉到何处，我们地球上现在的生存环境就不复存在，一年四季、水、空气可能都没有了，人类可能会像恐龙那样灭绝，甚至，可能还不如恐龙，因为，恐龙灭绝后，还演变成了现在的化石，人类可能连演变化石的条件都没有。由此看来，星体引力对于人类是何等的重要。然而，我们人类总希望在现有的条件下，尽可能把自己的生存环境搞好一点，让自己的生活更舒适一些。比如，美国的一位科学家曾经指出，希望把月亮毁掉，从而改变地球的倾斜，使地球上没有春夏秋冬之分，常年只有温暖的气候。诚然，按照地球上现有的科学技术水平，把月亮炸碎是可能做到的。那么，在月亮被炸碎以后，地球也就失去了自己惟一的卫星。这样，地球首先遇到的问题是，晚上没有了月光，月亮的碎块可能会撞到地球上，核弹爆炸可能严重影响地球环境……除此之外，从星体引力角度，地球失去了近三分之二的被引力，地球、地球生物和人类，将会发生多种多样的灾难性变化。美国太空工程师谢鲁·皮尔逊博士在论述月地关系时也曾指出，当太阳系最初形成的时候，月亮即受到地球的吸引，成为地球的卫星。由于月亮对地球的吸引作用，地球上的海洋出现强烈的海汐。海水的这种起伏引起的巨大摩擦力，使地球气温剧增，导致地心熔化，熔化后的岩浆，在巨大引力之下，出现旋转式滚动，随之产生了地球磁场。而这种磁场又成了地球的‘保护盾’，减少了太空辐射对地球的侵袭。如果没有这个保护盾，太空辐射线会将地球上最初出现的生命幼苗全部杀死。所以，谢鲁·皮尔逊认为，月亮对地球所产生的影响，远比太阳大的多（笔者注：太阳及其他星球对地球的影响也绝不可忽视，如地球的自转受着太阳活动的间接影响），没有月亮，地球上可能根本不会有生物存在。我们觉得，无论这种认识的可信程度有多大，而月亮对地球都不是可有可无的，它很可能就是地球的一颗保卫之星，月亮消失之日，或许是人类灭顶之灾到来之时。”从以上的论述中可以看出，天地之间不是孤立的，而是互相感应的，宇宙星辰影响着地球，地球同样也影响着相关星球（如地球对月亮的作用），天地之间的相互感应又影响着自然变化及人类活动。《黄帝内经》中说：“人生于地，悬命于天，天地合气，命之曰人。”又言：“人以天地之气生，四时之法成。”由此表明，在易学思想“天人合一”的整体思维模式中，非常重视天地之道与人类的关系，寓人于天地之中，天人相通，万物相感，突出了人与天地之间的整体互联关系。

日、月、五星图（《基础天文学》143页，刘学富主编）

现在我们引用有关资料，以月相变化对人体影响的关系为例，作一简略的论述。月球绕地球的公转是由西向东而行的，当月球在绕地球公转的同时随着地球一起绕太阳公转，所以地球上的人类观看到的月亮有周期性的变化。月亮的这种盈亏变化名为月相，月相变化的周期叫朔望月。当月球运行到太阳与地球中间时，地球、月亮、太阳基本上处在同一条直线上，即月亮和太阳都在地球的同一侧，太阳光照射不到的月球的半球对着地球，所以从地球上看不到月亮，这时为“朔”也叫新月，此时太阳和月亮对着地球方向的引力汇聚在一起，对地球形成了同一方向的巨大引力。随着地球的公转，被太阳照射的那半个月面逐渐开始朝向地球，由于月亮对着地球的一面，正好有一半被太阳照亮了，所以从地球上看到的月亮，其形为为向右凸出的弯镰形，被称为“上弦”月相，这时月亮与地球的连线和太阳与地球的连线呈九十度的夹角，其综合引力小于朔、望期的引力。上弦之后，从地球上逐渐看到越来越大的月面，当太阳直射的月球那半球正对着地球时，看到的将会是一轮满月，这是由于月亮对着地球的一面，被太阳全照亮了，这种月相被称为“望”也叫满月，此时地球处在太阳与月亮的中间，日、地、月基本上处在一条直线上，使得处在日、月中间的地球受到的引力强于平时。过了望之后，看到月亮的部分又会逐渐变小，看到左边明亮的半圆时，称为“下弦"月，这时月亮与地球的连线和太阳与地球的连线呈二百七十度的夹角，其综合引力小于朔望、期的引力。之后，又逐日减小，成弯镰形，称为“亏月”也叫残月，接着是下个月朔的开始，以此周而复始。

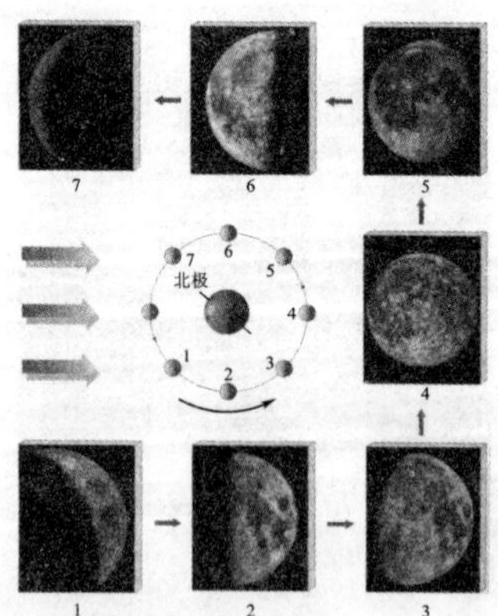

月相变化图解（《基础天文学》117页，刘学富主编）

被称为中国古代医学经典的《黄帝内经》中早以认识到了月相对人体周期性的影响，有关这方面的记载道：“月廓满，则血气实，肌肉坚；月廓空，则肌肉减，经络虚，卫气虚，形独居，是以因天时而调血气也……月生无泻，月满无补，月廓空无治，是谓得时而调之。……月生而泻，是谓脏虚；月满而补，血气扬溢，络有留血，命曰重实，月廓空而治，是谓乱经。”（《素问·八正神明论篇》）。《灵枢经》中亦云：“人与天地相参也，与日月相应也，故月满则海水西盛，人血气积，肌肉宽，皮肤致，毛发竖，腠理郄，烟垢著，当是之时，虽遇贼风，其入浅不深。至其月廓空，则海水东盛，人气血虚，其卫气去，形独居，肌肉减，皮肤纵，腠理开，毛发残，腠理薄，烟垢落，当是之时，遇贼风则其入深，其病人也卒暴。”（《灵枢·岁露》）先哲的探索研究与现代科学不谋而合，例如由刘新亭先生主编的《大病大难预测》一书中，通过科学论证，实例分析，阐述了月、日引力与人类疾病、自然死亡、自杀、恐怖事件、空难、人的出生、人体变化等的相应关系。现代科学还证明：太空中日、月、星辰等星体引力作用，不但影响着地球上的人类，而且对其他事物同样也有着巨大的影响，包括植物与非植物，生物与非生物，有形和无形，动态与静态等等，而且这种引力影响还有着不同周期的交错重合，出现一系列的“准周期”。以太阳活动周期为例，短时7~9年为周，长时15~17年一周，多数是11·8年周，而从六亿年的地质纹层考定，则平均为11·2年。有关专家分析认定木星的标准周期为11·8622年，是与天海会合标准周期171·4年相叠加的结果，基本上接近于十二地支周期。又如土星木星会合周期是19·86年，而会合黄经要前移242·7度，会合三次等于两个圆周，达到了原来的黄经位置，这就是六十年相似的天文背景，而六十年周期又与天干、地支组合的天文干支纪年六十纳音相一致，同时地球上的气候变化和地震也有六十年周期。由此可见，天地之间不是孤立的，是相互感应的，地球的运动同时受到日、月及其他星辰的影响，而作为天地精华的人类当与其休戚相关。天地人相互影响、彼此相关，互为一个统一体，由于相互之间存在着物质、能量和信息的流通，从而形成天地万物的自然规律，只有掌握了这种大道规律的人，才能够“与天地合其德，与日月合其明，与四时合其序，与鬼神合其吉凶。先天而天弗违，后天而奉天时。”（《周易·文言》）

生命得已维持的最关键之点是它能够吸收能量，用能量创建复杂性和秩序，这表观上和热力学第二定律矛盾，因为这个定律声称宇宙中的无秩序程度（熵）总是增加的。然而，生物代表的局部熵减少总能被其他某个地方更大的熵增加所抵消。对地球上的生物来说，我们这个减少了熵的泡是用太阳内部产生我们所需能量的变化造成的大量熵增加予以补偿的。……近来，一些科学家从一个不同角度的看待生命，提出了关于总体宇宙的新观念。1970年代，詹姆斯·拉夫洛克（James Lovelock）提出整个地球可看成一个生命体（盖亚）的假说。这个观念（虽然）是有争议的，但它促进了新的思维方式，对维持我们这类生物在地球上的合适生存条件的各种反应的作用也已经有了新的悟力。纽约锡拉丘兹大学的李·斯莫林将这种类比外推，提出整个星系也可以看成生命系统：“旋涡星系的物理过程中看来存在某种生态体系，通过这一体系，导致恒星形成的结构物——旋臂和与之相连的气体尘埃云——能够以比相关动力学时间尺度长的多的时间尺度维持住……它们必定包含我们在各种非平衡状态以及生物系统中看到的那种自我组织的物质及能量的循环。”斯莫林将这个类比进一步外推，提出整个宇宙也许可能看成有生命的，而且已经进化成功（严格的达尔文进化论意义上）了好几代早期宇宙。安德列·林德也设想过达尔文式的宇宙演化情景。……正如盖亚假说促使地球科学家从不同角度考察我们居住的行星一样，这个“生物学范例”至少鼓励了天文学家以新的洞察力来思考宇宙和它的内容物。天文学家开始使用生物学中诸如进化和种群动力学等概念了，尽管他们小心谨慎地强调这些都“只是隐喻”而已。进化群种思想，比如，已经改变了我们对星系形成和演化的认识。（引自《大宇宙百科全书》，［英］约翰·格里宾著，黄磷译。2001年海南出版社）

从上面的引证可以看出，当西方理性科学走入绝境的时候，其微观思维模式只有向中华传统文化中的“天人合一”宏观整体思维模式靠拢，在这种中西文化撞击与溶合之中，才会产生最伟大的科学壮举。

常秉义先生在《周易与历法》一书中说：“八十年代，我国科学界发现了地球与人体相一致的经络和穴位系统，从而首创了地球经络穴位结构理论，在国际科学界引起轰动。这一理论的意义在于，地球经络、穴位结构不仅与人体经络、穴位结构完全相对应，而且与《周易系辞》中天、地、人‘三才之道’正相吻合。这就有力的证明了古人‘天人相应’、‘人与天地参’等命题完全是科学的概念。”

奇门遁甲遵循“天人合一”的哲学观，将阴阳五行与四时八方相结合，构成了一个动态的模拟天地万物的系统，由于这个系统的各个子系统每一宫中（天、地、人、神四盘）都包含着整体的全部信息，且分别具有阴阳五行性质，阴阳五行在天、地、人三盘的框架中发展变化，达到“合一”（信息感应沟通），这种以天人感应为核心的“天人合一”理论，是通过阴阳五行四时八方的组合而构成体系的，是以物类的相似和数的机同为感应基础。站在当代科学的高度和辩证法的高度，我们就会发现，奇门遁甲时空数理模型是建立在科学基础上的，它的理论是唯物的，思维方法是辩证的，从多维立体时空的整体角度，对宇宙万物进行全方位综合分析与论证，体现出天人相应、天人合一、对应平衡、中和一致等思维方式，这种思维方式是科学的，是符合客观实际的。

“古老的东方哲学至今还散发着青春的活力，而它那全息思想的萌芽却刚刚引起为数不多的人们的注意。阴阳八卦中那些先天的模式决定了宇宙万物的先天构造，而那些变化万端的排列组合反映了宇宙万物万事的显现，这说明阴、阳两爻和太极图反映了宇宙中无所不在的阴阳——两仪与宇宙万物的全息关系。从阴阳整体看，它与由万事万物构成的宇宙整体信息，从万事万物以不同的方式和不同的程度分有阴阳，阴阳又是宇宙万事万物的最小全息元。因为宇宙万事万物都是由‘阴阳’产生、决定的，就是说‘阴阳’中潜在着宇宙万事万物，而后者是前者的展开或曰显现。前者潜在的包含着后者的一切信息，后者显现出前者的全部内涵，是谓二者全息。由‘阴阳’这最小的全息元，八卦、六十四卦及所有卦又都依次成为大小不同的宇宙万事万物的全息元，因为从阴阳开始，上至八卦及所有卦象所代表的基本元素都是宇宙万事万物之不同层次上的本原，都在一定层次上不同程度地决定着宇宙万事万物的存在和变化。另外，既然每一事物都包含着‘阴阳’、‘八卦’，就说明万事万物之间乃至万事万物同整体宇宙之间存在着全息对应关系，而《周易》的高妙之所在，大概也就在于它在一定程度上直觉、深刻而又朴素地把握了宇宙万事万物中的内在的全息对应关系。”（《宇宙全息统一论》第4页王存臻、严春友著1995年山东人民出版社）中华传统文化中蕴藏着超前的人类智慧，只要我们认真的探索、研究、挖掘、借鉴，能够与现代科技有机结合，就会成为现代科学发展与人类文明进步的巨大力量。

正如王大有先生所言：“宇宙万物皆有生命，皆有生命轨迹，皆有生命周期，同时展现在同一个太极球状宇宙中。宇宙是一个全息胚，每个人一个全息胚；甚至一只手、一个耳朵、一张脸等等，也是一个全息胚；任何无机物、有机物，都是一个全息胚；任何一种植物、一种果实、一种动物，也都是一个全息胚。宇宙大道皆涵于其中。”（王大有著《宇宙全息自律》中国时代经济出版社2006年）

二、系统模拟的信息演示功能

奇门遁甲的全息宇宙观来源于太极阴阳学说及八卦三才论，先贤认为，太极生两仪，两仪生四象，四象生八卦，一阴一阳之谓道，阳极阴生，阴极阳生，成象之谓乾，效法之谓坤，生生之谓易。方以类聚，物以群分，同声相应，同气相求，以类万物之情，以通神明之德。八卦成列，象在其中，日月运行，寒暑相推等而形成了一种宇宙生成的模式框架体系，宇宙万物万象生生不息，化生万物新陈代谢，新老交替，消息盈虚；整个宇宙万物处在一个能量信息转化的体系之中，这就是宇宙时空结构的全息模式。

世界上任何事物都都可看作一个系统，系统是普遍存在的。大到太空宇宙，小到微观粒子，都有其系统存在，例如从宏观上看，整个银河系是一个系统，它是由无数星体组成；太阳系是一个系统，它由太阳及九大行星等其他星体组成；地球也是一个系统，它是由地球上万事万物组成；社会是一个系统，国家也是一个系统。从微观角度看，任何物质的组成也是一个系统，物质由分子组成，是一个系统，原子同样也是一个系统，它由电子和原子核组成。由此可见，从世界万物到宇宙星辰，从人类社会到人类思维，从无机到有机，从自然科学到社会科学，宇宙万物都自成体系，互成系统。世界上的万物和过程是复杂的，是由于多种因素或子系统的相互作用所构成的，因此需要用系统的方法进行识别与分析，而奇门遁甲的理论体系正是把事物对象视为有机整体，再用分项功能去分析事物运动变化的规律，从各种子系统的相互作用中认识和发现规律，通过归纳和演绎，分析现状，把握未来，面对各子系统之间的变化，调整方案，从而选择最佳实施方案和达到最佳功能目标。

任何信息必以一定的物质为载体，因为信息出自物质。以奇门遁甲来说，符号便是主要的物质载体。而这种物质载体的主要特点则是符号之间运算的辩证科学性，其间包含了宇宙万象及其运动变化的客观规律，其原因就在于符号系统中蕴藏着深奥的哲理。这种哲理就是由天盘、地盘、人盘三盘相加而模拟宇宙自然运动和社会变化规律。物质是信息的载体，通过对物质现象的演绎归纳与分析，类推比拟出未知领域的变化。这种模拟方法已成为现代科学技术研究中的常用方法，例如现代仿生学就是以生物的许多灵巧、快速、高效的导航、识别、计算、生物合成和能量转换系统为原型，与人造机器进行类比、模拟、仿制而成的。著名逻辑学家格·克劳斯说：“一般说，获得正确类比推理的可能性是基于自然界本身是一个合乎规律的体系，其各个部分都是相互联系的。”

在上世纪三、四十年代兴起的系统论、控制论、信息论的研究，为类比推理方式从事物共有的系统、信息、结构、功能等方面沟通各个领域，为实现不同学科的整合创造了条件。在探讨天体演化、生物起源、物质结构之谜时，它已经开始在分子、原子乃至基本粒子水平上运用东方文化的传统思维对微观世界与宏观世界、生物界与非生物界进行重新认识和研究，并借助类比推理方式，从总体上把握不同物质、不同体系、不同形态的各种学科系统。上世纪 60 年代以来，闻名于世的十四项重大科研成果，其中有十二项与周易的理论思维不谋而合，如耗散结构理论、浑沌理论、分形几何、一元数学、物元分析、生物全息等等……。国外科学家通过研究周易原理，启发出了许多新观点，新思路，创立出了许多新学说。周易学中蕴藏的深刻哲理、思维模式，为现代科学的高速发展起到了推波助澜的作用。

“宇宙中的一切层次上的系统皆为全息系统，系统之所以能控制子系统，在于系统与子系统、子系统与子系统相互全息，换言之，系统对子系统或系统间的控制是全息控制；事物的进化、相互作用是全息协同效应；通过涨落或突变而出现的新的组织决不是无中生有，而只是潜在信息在全息协同作用中的显化，无序只是潜在的有序。相似论所研究的只是外在的共同点，即近似性，这只是一种外在的类比，相似性的内在根据则在于全息性，相似性只是全息律的显态表现；泛系方法论主要是一种系统方法，是系统论的泛化研究，研究的对象主要是事物之间的相互关系。全息论则不仅研究事物间的相互关系，而且还研究关系的本质及形成，并从内在与外在、潜在与显在相统一的角度在信息基础上真正把关系与实体、相似和相异统一起来了。”（《宇宙全息统一论》62 页王存臻、严春友著 1995 年山东人民出版社）信息系统是现代科学的一个重要范畴和研究领域，信息是客观存在的，与漫长的人类社会共生共存。信息是可以识别、存贮、转移和传递的，中国的先哲早在几千年前已经认识到了系统的整体思维，并在易学等领域得到了集中体现，如八卦六十四卦的组合，以及爻位、爻辞等方面，都体现出了高度的系统思维精华，而奇门遁甲的所设计的符号系统则更全面的为人们展现了一个互动流转的信息演示过程。当我们把问测时间看作是符号系统的“指令输入”，而后紧接着便会产生一系列的逻辑推演程序：首先是确定阴阳局数按时辰推盘演局，相当于信息传递过程中的“指令编码”，然后根据各宫中天、地、人三盘的组合关系及宫与宫之间的生克关系进行推演，它相当于信息反馈过程中的“数码演算”与“推理解码”，最后得出结果解疑释惑，即“显示信息”。由此可见，在奇门遁甲里系统中出现的符号成了信息互动流转的物质载体，体现了奇门遁甲在信息演示过程中将象数、时空、数理融为一体的宏观思维模式。就是因为其中包含着微妙玄通的深刻哲理，并且由天、地、人三盘模拟天道、地道、人道而探索宇宙万象及其运动变化规律，并向自然宇宙及社会万物的各个领域无限延伸，正是这种玄妙深奥的哲理为人们求取信息带来了方便。

西方系统论创始人贝塔朗菲对系统的定义是：“系统的定义可以确定为处于一定相互关系中并于环境发生关系的各组成部份（要素）的总体(集)”。我国著名科学家钱学森教授认为，系统就是“相互作用和相互联系的若干组成部分其他结合而成的具有特定功能的整体”。奇门遁甲综合模拟天道、地道、人道的系统联系和相互影响，建立起了一个客观反应世界万物变化的统一系统模型，每个系统都是由两个以上的要素按一定方式组成，这些要素本身也自成系统，组成系统的各个要素（干支、九宫、八门、九星等）之间相互联系，相互制约，其中某一要素的在特定时空的变化，都会影响其他要素和整体系统。系统在特定的时空环境中，其之间的生克制化就是物质、能量和信息的提取。将奇仪、八门、九星、八神等动态的时空符号系统全面展开，对天道的运行、时空的流转，阴阳的变化、万物的影响，进行整体统一推演，为人们提供了一个从时间、空间、环境、条件等方面直观认识事物、分析问题的思维与推测模式。

奇门遁甲运用符号系统的直接目的不仅仅是为了预测吉凶，而且更是通过九宫八方的时空组合进行各种有利的选择，各种事件现象必伴随着某种信息，通过问测进入信息输入系统，再经过对反馈信息演绎归纳，推算出所要的结果。如《奇门灵机变用篇》中云：“但一见一闻怪异之事，俱可为吉凶之兆，或听人言语几声、几字，或金鼓不时乱鸣几声，或乐器不时远近响动几声，凡事物遇目一见，皆可取占卜之应，在吾一心活泼变通”。其系统中各种符号便是信息的载体，通过空间位置的确立与时间概念的定位以及阴阳遁局的产生，宫与宫之间以及各宫中代表天、地、人三盘的各种符号之间，通过阴阳五行生克制化等运算过程，最终显示出信息结果。使人能“与日月合其明，与四时合其序，与鬼神合其吉凶，先天而天弗违，后天而顺天时。”(《周易·系辞》语）在处理事物的过程中，掌握其本质与规律，审时度势，进退自如。

“人们发现，系统、结构、环境、功能、信息、控制、反馈等概念不仅在自然科学、工程技术研究中是有价值的，而且在社会科学领域也得到了广泛的应用，它具有科学认识论和方法论意义。现代系统科学的发展创造性的超越了简单的线性加和关系，以及机械分解的思维模式，用系统论和有机论的思维模式来认识事物的整体性质，强调部分和要素之间的有机联系是系统显现整体性质的内在根据，从系统自身阐明了系统整体的本质属性。系统论、控制论和信息论称之为‘三论’，为现代科学的系统思维方式的发展奠定了基础”。（《科学思维方法》35 页甘肃人民出版社）由此可见，现代科学的思维方法与奇门遁甲的结构模式有共通之处。奇门遁甲是以天体运行，四季变化以及时间空间变化的自然规律，把宇宙万有纳入特定的时空范畴中去，判断其与自然规律协合到什么程度，决断其宜于不宜，凶与吉。其结构模式是把客观环境看作是天时、地理、人和，即天、地、人三才之道的巨系统，支配这个巨系统运转的各种因子便是天、地、人三盘中星、仪、门、神等要素，通过对各要素之间的生克制化，进行综合分析，就会对客观环境及事物有清醒的认识和理智的行为，自然也就可以起到决策的作用。

三、实际应用的普适决策方法

奇门遁甲学说，是我国劳动人民千百年来认识世界和改造世界的智慧结晶，是反映天地人生变化规律、决断吉凶，防患于未然的一门预测科学，它将时间、空间、数理相互融合，运用十干、八门、九星、九宫、八卦多种机能，组合为天、地、人三盘，以其阴阳顺逆，五行迭运之理，推断吉凶。上层象天而置九星，共奇仪而一时一易，象天之旋转；中层象人，以开八门，时时易位，象人事变化之多端；下层象地，以分八卦，而置九宫，地盘九星与奇仪五日方移，法地道之贞静。将天时、地理、人和三者之间的关系，巧妙的运用于三盘之中，反馈出事物的兴衰和人事的吉凶。《周易系辞》云：“《易》之为书也，广大悉备，有天道焉，有地道焉，有人道焉。”“易与天地准，故能弥纶天地之道。”蕴藏了古人探索宇宙自然的经验，并教给人类适变、知变、应变的方法。不但启示事物发生的微妙契机，而且指引人们临机应变，避凶趋吉。因而不是消极的占卜，而是积极的处世智慧、生活指南。

古人把世界万物取象比类，分为五种属性，并认为它是宇宙自然现象运动变化的根源，而阴阳之气又是构成世界万物的基本条件，整个宇宙只是阴阳五行的组合。而八卦代表的各种物象，是由阴爻和阳爻组成，阴阳爻不同次序的排列而产生了六十四卦，表现出的是阴阳相感的结果，体现出了宇宙发展变化基本模式，而奇门遁甲的布式结构模型中，阴阳、五行、八卦、天干、地支、八门、九星以及天、地、人三盘之间的互动相感，反映出了宇宙万物的全息秩序。在奇门遁甲的运行系统中，通过对系统目标的确定，把事物的各个部分、各个方面、各种因素、各种联系和相互作用结合起来全面地加以分析，从不同的侧面、不同的层次和不同的状态进行综合研究，然后分析系统目标可能采取的手段、方法和途径，以最少的能量消耗，占据有利的时间和空间方位，最大限度的实现总体性目标。这样以来，即可以认识事物，又可以解决问题，即可以研究现状，又可以预测未来。其整体性、动态性、综合性、模型化、程序化是奇门系统模型的基本特点，也是其系统的基本原则，整体性是奇门模拟系统的根据和出发点，这完全符合系统方法论，最优化是系统方法的基本条件，离开了最优化，系统方法也就失去了现实意义，奇门模型是实现最优化的主要手段和途径，也是奇门系统的最重要组成部分。程序化作为奇门系统方法解决问题的逻辑推理过程，由于其系统模型的科学性，也是优于其他传统决策方法的显著特点，同时是一种解决问题的最佳决策方法。

列宁说："世界上除了运动的物质以外，便没有别的东西。而运动的物质若不在时间和空间中，便无运动的可能。"著名科学家敦俊义教授在其专著（与刘英教授合著）《易经与广义预测》一书中写道："任何事与物，包括预测的任何事与物，它的发展皆在一定的时间与空间中进行。时间与空间是事物发展和变化的形式之一，既不能设想离开时间和空间的事物变化，又不能设想事物的发展变化离开时间和空间。时间是事物运动的顺序性、间隔性、持续性、时间是一维的，时间的流逝是依次相继，永远向前，一去不复返的。空间是事物本身的伸张性、广延性。任何物体的存在都占有一定位置，具有一定的体积和一定的形状，空间就是表示物体彼此间的并存关系和变化状态，表示物体的体积、形状、位置和排序。在客观世界里，事物发展变化的惟一存在形式就是时间和空间，相应的时间和空间离不开物质的运动，离开物质运动的时间和空间是不存在的。”奇门遁甲的结构模式，将空间、时间与物质运动联系起来理解，把它们之间的不可分离性作为不言而喻的前题，并运用九宫中的各种组合因素作出推理，不能不说是正确的。这种时空数理模型本身就是一种统计学和几何学，因为它是依照自然法则，由假设到求证，都有科学的推理方法，对判断宇宙万物的发展变化，荣枯得失，将会起到指导性的意义。

哲学告诉人们，事物的发展是偶然的，也是必然的，各种事物有其偶然的动因，诸多因子有其相互的联系和制约，因果之间有其必然的规律性。当人们形成了某种意念，构成该意念有诸多有利和不利的因素，便反馈出诸多信息，奇门遁甲以其特定的信息为依据，科学的推新出一种必然的结论，并以此为选择最佳的时间和方位的依据，以取得最佳效果。在当今特别强调效益的时代，选择最佳时间与方位，应该说是最廉价的投资，因此这个原则是应该运用于各个领域之中，在实践中进一步得以发展，使之形成新的生产力，就会产生其更好的社会效益和经济效益。

著名国学、易学大家费秉勋教授说：“奇门遁甲之所以值得研究，是因为它作为一笔祖国的文化遗产，在认识世界和把握世界的方法和思路上是不平凡的。它将时间、空间、数理互相融通，总体性地、多维地展示出万物的存在形势，即任一事物性状及其与之相关事物的联系性，这对于哲学及科技的发展，在思维方面是有积极的启发意义和范式价值的。这是我们祖先把握客观存在世界的一种迥异于西方文化的认知和学科。”（《奇门遁甲新述》费秉勋著 1991 年版）因此，在尊重客观规律的前题下，以科学的辩证的态度和方法研究这一古老的传统文化，弘扬其内在的合理性与科学性是十分必要的。

第四章 奇门遁甲符号系统的万物类象

笔者按：奇门类象在《掌上奇门》及《掌上乾坤》二书中均有归类分析，此处引用是为了读者在应用时方便查阅。

一、天干类象

【甲】（天福）

其质也为劲，其性也为真，其为色也青，其为味也酸，其为声也浊，其为体也方与长，其为用也萌与动。得时则为栋梁，失令则为废材。克战太过则为腐蚀无用，生旺太过则为漂泊无依。其性过于自负，不能闲于事故。

天时：火星、雷、旭日、春天、和风、早晨、新星、温暖等。

地理：森林、大路、桥梁、栋柱。风水的左龙砂等。

建筑：楼梯、电梯、首都、闹市、办公室、名人住宅、宫殿、塔、高楼大厦等。

人物：元首、统帅、贵族、家长、主将、主角、楷模、兄长、董事长、师长、医师、法官、高人、君子、劳工等。

性情：威严、刚健、正直、积极、愉快、木讷、顽固、自负、天真、不拘小节、有名望、第一、好大喜功等。

身体：胆、头面、胡须、声音、脑神经、痉挛、抽搐、躁症、呃逆、呕吐、酸胀等。

食物：美味佳肴、高档食品等。

事物：创始、政治、总务、农林、木材业、建筑业、监督、起动、虚惊、鼓噪等。

植物：松树、柏树、杉树、带壳果实、花生、栗子、瓜子、竹子、牧草等。

动物：布谷鸟、鹤、云雀、狮、虎、豹、鹿、蟒蛇、蜥蜴、麒麟、龙虾、螃蟹等。

器物：萧、鼓、笛、音响器材、手杖、棍棒、织机、农具、盾牌、甲胄、交通工具等。

其他：青绿色、三数。为“青龙”、“值符”。五行属木、其性为阳。

【乙】（日奇·天德）

其为质也润，其为性也曲，其为色也碧，其为味也酸甘，其为声也婉转，其为体也柔嫩，其为用也无差。得时则繁华，失令则枯朽。其性矫揉造作，依附世情。

天时：月亮、和风、丽日、春天、清晨等。

地理：公园、草地、山谷、观光胜地、风水的左龙砂等。

建筑：门窗、梁柱、出入口、花店、美容院、艺术馆、剧院、美观建筑等。

人物：高士、贤人、文人秀士、医生、妻子、贵夫人、苗条女子、驼背人、船员、旅行者、僧道九流、家母、姊妹、媒妁、副将、画家、音乐师等。

性情：柔而韧、婉转、仁爱、敏感、脆弱、能伸能屈、逆来顺受、矫揉造作，依赖、平和等。

身体：肝脏、肠道、淋巴、男女生殖器、输精管、输卵管、泪腺、毛发、手指、股部、嗅觉、灵魂、颈部、神经系统、晕眩、过敏症、骚痒、酸胀等。

食物：味涩食品、平常食品等。

事务： 园艺、手工业、中介业、婚姻介绍所、交易所、教育系统、印刷业、出版业、旅游业、私事、和解、说合等。

植物： 兰蕙、中草药、茶、杨柳、爬山虎、牵牛花、有香气的植物等。

动物： 鸳鸯、鹤、鸡、蝴蝶、蜻蜓、飞娥、蚕、毛毛虫、蚯蚓、蛇、龙、长颈鹿等。

器物： 手工艺品、扇子、勺子、盒子、床席、藤制品、装饰品、弯曲之物、门窗、管道、楼梯、假发、芳香剂、丝绸、缎带、文具、香料等。

其他： 碧绿色、黄绿色、八数。为“六合”。占婚姻，为女家。其性属阴、五行属木。

【丙】（月奇·天威）

其为质也廉，其为性也烈，其为色也紫赤，其为味也苦辣，其为声也苍雄，其为体也果与腹，其为用也抑与扬。得时则辉煌，失令则灰槁。有可大之材而不能有恒，有转变之功而不可干犯。其性刚愎自用，惟好趋承。

天时： 木星、太阳、阳光、电光、天气晴朗、夏天、大热天、时至中午等。

地理： 观光风景区、干旱之地、风水的朝案等。

建筑： 窑灶、冶炼厂、游乐场、剧场、城门、香火祠堂、宫室等。

人物： 情人、文人墨客、脾气暴躁之人、正职领导、法官、原告、鉴定师、化验师、锅炉工、体态丰满之人、美容师、眼科医生等。

性情： 外刚内柔、公正廉洁、猛烈、性急、虚荣、喜怒无常、好趋承、刚愎自用、果断、宽容等。

身体： 小肠、眼睛（视网膜）、心脏、肩、斑点、血压、发炎、发热、出血、烫伤、灼伤、晒伤、不孕、流产等。

食物： 苦味食品、干燥食品等。

事务： 文书、考试、词讼、信息、口舌是非、礼品业、美容业、娱乐业、航空业、服饰业等。

植物： 辣椒、胡椒、莲花、果梨、瓜类、紫苏、当归、川首、牡丹花等。

动物：马、驴、雉、孔雀、喜鹊、麻雀等。

器物：锦旗、礼服、闪光灯、光学仪器、化妆品、传真机、复印机、摄像机、太阳能、发电机、电视、计算机、容器等。

其他：红色、紫色、七数。为“朱雀”。其性属阳，五行属火。

【丁】（星奇·玉女）

其为质也媚，其为性也顺，其为色也淡红，其为味也爽快，其为声也清亮，其为体也秀而扬，其为用也便而捷。得时则能消融暴戾，洞察好邪；失令则为穷愁呻吟，幽人荡妇。投其机则似可狎，当其锐则不可挫。其性柔佞，不可测识。

天时：金星、老人星、祥云、月光、晴天、夏天、闷热等。

地理：丁字路口、十字路口、风水的朝案等。

建筑：厨灶、后门、小门、房檐、屋角、高塔等。

人物：女性朋友、媒妁、画家、演员、考生、说客、漂亮女人、情人、妾、妓女、寡妇、司机、历史学者等。

性情：友好、忠心、柔顺、内热外冷、工于心计、不服输、不易捉摸、叛逆性、孤立、别扭等。

身体：心脏、乳房、眼球、阑尾（盲肠）、血球、骨质增生、骨刺、意识、脉搏、疔疮、麦粒肿（针眼）、唇、气、男性生殖器等。

食物：香味食品、烧烤食品等。

事务：花卉业、烹饪业、美容化妆、陶瓷业、火锅店、烧烤店、邮政快递、索取等。

植物：带刺植物、麻、芍药、玫瑰、蔷薇、肉桂、含羞草、仙人掌、松树、红豆、五彩椒、芙蓉等。

动物：萤火虫、蝉、蚯蚓、瓢虫、虎头蜂、蝎子、蚊子、虱、蚤、虻、蝇、刺猬、毒蛇、蜥蜴等。

器物：微波炉、电滋炉、烤箱、燃料、能源、发光的物体、灯饰、玩偶、炊具、磁器、盒子、朱砂、票据、文章、证件、印刷品、打火机、钉子、针、首饰等。

其他：淡红色、二数。为“螣蛇”、鬼火。其性属阴，五行属火。

【戊】（天武）

其为质也烈燥，其为性也耿介，其为味也甘辛，其为声也刚雄，其为体也厚而深，其为用也鲁而粗。得时则豪雄果敢，失令则柔懦痴愚。其性执拗，不可强制。

天时：土星、霞、雾、霜、阴天、季节与气候的转折点等。

地理：山岭、堤防、麦田、砂石场、荒地、坟地、陵园、风水的结穴等。

建筑：墙垣、庭院、客厅、寺庙、百货店、财务室、停车场等。

人物：财务人员、银行职员、长官贵人、狱吏、买主、敦厚体胖之人、中证之人、宽厚守信之人、和事佬、丑女人、担保人等。

性情：耿直、固执、坚定、朴实、憨厚、迟缓、保守、孤立。得时则豪雄果敢，失时则柔懦痴愚等。

身体：胃、舌、消化系统、眼下、鼻、牙龈、胁、背、关节、胆固醇、皮肤、颊部、脊椎等。

食物：甜食、新鲜食物、荤腥、面食、干粮等。

事务：财务、保险、信托、国防、关防、土建、仓储、地产买卖、保证书、中央控制系统等。

植物：番瓜、冬瓜、草果、无核的果子、肉质多的果子、黄瓜、芋头、硬木、大米、黍、玉米等。

动物：牛、驴、骡、骆驼、狗、熊、企鹅、黄鼠狼、黄蜂、黄蚁、田鼠、黑嘴鸟等。

器物：手提钱包、包装纸、雨具、零件、附件、陶器、皮衣裳、资本、毛衣、家具等。

其他：黄色、五数。为“勾陈”、“天空”，居中央，寄艮宫，为财神。其性属阳，五行属土。

【己】（明堂·地户）

其为质也博厚，其为性也坦真，其为味也甘辛，其为声也婉切，其为体也沉而静，其为用也顺而柔。得时则陶熔品汇，失令亦品质坚贞。其性宽弘，而不凝滞于物。

天时：阴天、云、雾、烟、湿气、低气压等。

地理：低洼地、坑、沟、污秽之地、平坡、平原。田园、墓地。风水的结穴（球檐胎息）等。

建筑：女居室、卧室、剧场、产房、天井、厕所等。

人物：主妇、妻、产妇、农民、土建工人、打字员、脱售者、失业者、服务员、策划者、形体单薄之人、丑貌之人等。

性情：温和、懒惰、沉重、忧愁、卑微、柔顺、贪心、吝啬等。

身体：嘴巴、脾脏、胰脏、肌肉、脂肪、食道、腹部、肛门、小腿、眼翳、结石、自闭症、产厄、营养不良、黄肿、疮疽等。

食物：甜食、谷物、腊肉、调味品等。

事务：辎重（军需供给）、都市计划、地政、幼教、妇产科、护理、发酵工业、粮食物资等。

植物：稻谷、棉花、芝麻、地黄、白术、黄精、山药、甘薯、土豆、龙眼、秋天的农作物等。

动物：牛、猫、熊、驴、骡、蛇、黑蚁、蜜蜂、蜘蛛母马、蟾蜍、乌鸦、鸭子等。

器物：泥制品、垃圾、内衣裤、毛巾、卫生纸、卫生棉、肥皂、袜子、鞋子、垫子、袋子等。

其他：土黄色、十数。为“天乙”、“太常”，居中央，寄坤宫。其性属阴，五行属土。

【庚】（天狱）

其为质也刚劲，其为性也急锐，其为味也辛辣，其为声也雄尖，其为体也硬直，其为用也暴戾。得时逞其专制，失令失其雄伟。可柔以化之，不可刚以制之。其性坚执，能屈人而不能屈于人。

天时：秋天、雷电、暴雨、金星等。

地理：潮汐、湖池、风水的右虎砂等。

建筑：走廊、铁路、钢厂、金属矿、机械、祠庙等。

人物：祖父、军警、劲敌、黑社会头目、恐怖分子、检察官、外科医师、雕刻家、导演、武术家、屠夫、行刑人、被告、间谍、醉汉、形体瘦长之人等。

性情：敏感、多情、刚强、勇敢好杀、能屈人而不能屈于人、粗犷等。

身体：大肠、脐轮、骨骼、月经、瘰疬、甲状腺肿大、毛细孔、更年期、组织硬化、骨折、脱臼等。

事物：稽查、改变、疾病死丧、交通事故、军事、狱政、汽车业、钢铁业、矿业、伐木业、逃亡等。

食物：辣味食品、甘制食品等。

植物：姜、蒜、葱、韭、薤、洋葱、大麦、菊花、木果、萝卜、芹菜等。

动物：虎豹、狮子、鲨鱼、白蚁、蝗虫、蚱蜢、甲虫、猿猴、猩猩、蝼蛄、蟋蟀、啄木鸟、蛹等。

器物：石制品、刀剑、钟、锣、铙钹、矢箭、斧子、锯子、汽车、钻、运动器材、金属制品等。

其他：白色、九数。为“白虎”。占婚姻为男家。其性属阳，五行属金。

【辛】（天庭）

其为质也键锐，其为性也柔刚，其为味也苦辣，其为声也铿锵，其为体也沉静如锥处囊，其为用也坚耐似玉出璞。得时则金钟，失令则瓦缶。必持秋风，方能扶摇直上。

天时：紫照（月之近地点）、傍晚、秋霜、冰雹等。

地理：石块、水泥、盐田、半岛、风水的右虎砂等。

建筑：银楼、锁店、神坛、门窗、磨坊、金属加工厂、工艺厂、妓院、白塔等。

人物：女警、罪犯、少女、娼妓、变性人、体型修长、皮肤白嫩之人、丑角、外亲、农夫、木工等。

性情：冷酷、凌厉、决断、外柔内刚、温润而清、灵秀等。

身体：肺脏、牙齿、咽喉、股骨、胸腔、新陈代谢系统、刀伤创痛、老化症、僵硬、畸形、痨瘵、疙瘩、骨刺、粉刺等。

事务：革新、开发、中介业、命相业、阴私暗昧、女人之事、行刑、针灸、开刀手术等。

食物：辣味食品、酱制食品等。

植物：小麦、天麻、辛夷、银杏、桑白皮、杏仁、葱、蒜、韭、芥等。

动物：鹰、猎犬、蜈蚣、蛤蚧、羚羊、犀牛、白虎、甲壳虫、蛀虫、杜鹃等。

器物：工艺品、珠宝、环、钮、铃、铎、钥匙、印章、保险柜、五金器具、针、药杵、塑料制品、皮制品等。

其他：白色。四数。为“太阴”。其性属阴，五行属金。

【壬】（天牢）

其为质也润，其为性也淫，其为味也咸，其为声也洪，其为体也圆活，其为用也流通。得时则济物利人，失令则妨贤病国。其性柔险，可与共忧，不可与共乐。

天时：计都（月之降交点）、月蚀、银河、冬天、疾风暴雨、天王星等。

地理：河川、湖泊、沟渠、瀑布、泉水、风水的来龙（脉）等。

建筑：隧道、小路、地铁、门扇、机场、车站、码头、会所、演艺厅、军营、牢狱等。

人物：舟子、骑兵、三姑六婆、孕妇、奶妈、母、白衣裳人或黑衣裳人、士兵、盗贼、厨师等。

性情：现实、圆滑、热情、聪明、淫佚、浮泛、爽快、任性、能容忍、外柔内刚等。

身体：膀胱、输卵管、输精管、血管、淋巴系统、胫、乳腺、怀孕、胎动、泻痢、腰痛等。

食物：咸食、炒过的食物、乳品、饮料等。

事务：交通运输、造船、水利工程、消防、鱼业、环保作业、冷作业、广告宣传、劳工、廉政、性行为等。

植物：大豆、黑豆、人参、黄芭、桑椹、溪藜、芦荟、橡胶树、有刺的植物等。

动物：飞行动物及水中动物、燕子、蝙蝠、狐狸、鼠、猫头鹰、飞狐、鱼、虾、海象、河马、海豚等。

器物：冰箱、冷气机、舟船、自来水、饮水机、水管、吸管、吸尘器、面霜、发油、润滑油、珠玉、水晶等。

其他：黑色、一数。为“天后”。其性属阳，五行属水。

【癸】（天藏）

其为质也重，其为性也阴，其为味也浊，其为声也亮，其为体也沈厚，有沈溺由己之情，其为用也浅，略无包容涵蓄之类。得时则从龙变化，失令则摇尾乞怜。其性憨直，不知察好烛弊。

天时：罗喉（月之升交点）、黑洞、日蚀、深夜、冬天、春雨、春露、凝冰、海王星等。

地理：海洋、海岛、聚水处、地沟、风水的来龙（脉）等。

建筑：污水处理厂、浴厕、水池、地下室、仓库、牢狱、庭应、后门后路等

人物：博士、隐士、心理学家、测量人员、潜水员、侦探、间谍、捕鱼人、醉人、小儿、乞丐、矮小丑陋之人等。

性情：憨直、多情、念旧、敏感、沉默、至弱、胆小怕事、阳奉阴违、多愁善感、潜力丰富等。

身体：肾脏、生殖系统、内分泌系统、耳（听觉、耳涡液体）、大脑、

骨髓、足、平衡系统、记忆力、唾液等。

食物：淡味食品、酱菜等。

事务：参谋、调度、设计、策划、测量、阴谋、逃亡、流动、变化、艰难、婚期、遗失、收藏、密码、暗号等。

植物：梅花、水仙、水稻、茶花、雪莲、玄参、天门冬、麦门冬、藻类。

动物：企鹅、水獭、北极熊、貂、猪、牡蛎、鲍鱼、海鸥、蝌蚪。

器物：网罟、水平仪、滤水机、伞笠、帐幕、笔墨、冥纸、棺材、清洁剂、腌渍物、液体物品等。

其他：淡黑色、六数。为“玄武”、鬼神、冥府。其性属阴，五行属水。

二、地支类象

地支类象在奇门遁甲中用的不多，现择其大要，详细解说笔者将在六壬专著中论述。

【子】

为水、为河、为池井、为沟渠、为后宫；于人：为妇人、为盗贼、为乳妇；于物：为鼠、为燕、为蜗；于事：见吉神为聪明，见凶神为淫佚。

【丑】

为土、为桑园、为桥梁、为宫殿、为坟墓；于人：为君父、为尊长、为贵人；于物：为牛、为骡；于事：见吉神为喜庆、为迁官，见凶神为诅咒、冤仇、讼狱、忧离、远行、疾病。

【寅】

为木、为神像、为山林、为桥梁、为公门；于人：为丞相、为夫婿、为道人、为贵人、为公吏、为家长、为宾客；于物：为虎豹、为猫；于事：见吉神为文书、财帛、信息，见凶神为口舌、失财、疾病、官事、是非。

【卯】

为木、为门窗、为街土；于人：为妇、为兄弟、为姑母、为盗贼；于物：为舟车；于事：见吉神为门户，舟车安危无事，见凶神为口舌官事、追呼分离，虽遇奇门不可避形。

【辰】

为土、为岗岭、为表地、为奇观、为土堆、为坟墓、为田园；于人：为丑妇、为僧道、为恶人、为屠宰；于事：见吉神为医人、药物，见凶神为屠宰、争竞。

【巳】

为火、为炉冶、为镂；于人：为妇人、为乞丐；于事：见吉神为文书，见凶神为梦寐、疾病。

【午】

为火，为厅堂、为菜食；于人：为宫女、为使者、为亭长、为蚕姑；于事：见吉神为信息、文章，见凶神为惊疑、口舌。

【未】

为土、为庭院、为墙垣、为井、为坟墓、为茶房；于人：为父母、为白头翁、为寡妇、为师巫、为放羊人、为道人；于物：为羊、为鹰；于事：见吉神为酒食、宴会、喜庆，见凶神为官事、孝服、毒药、争竞，疾病。

【申】

为金、为仙堂、为神堂、为道路、为碓为磴、为城宇、为祠庙、为湖池；于人：为公人、为贵客、为行人、为军徒、为凶人；于物：为猴猿、为狮子；于事：见吉神为行程奔走，见凶神为口舌，车碾、道路、损失、疾病。

【酉】

为金、为碑碣、为街巷、为塔；于人：为外亲、为婢、为妇女、为阴贵人、为卖酒人；于物：为鸽、雉；于事：见吉神为净，恬淡、和合，见凶神为失财、疾患、离别。此方遇奇门，可以藏形遁迹。

【戌】

为土，为虚堂、为牢狱、为坟墓、为寺观、为冈岭、为厕圂、为死尸；于物：为驴犬；于人：为僧道、为善人、为孤寒、为狱吏、为屠夫；于事：见吉神为僧道，见凶神为虚诈不实及走失、争竞、牢狱之灾。

【亥】

为水，为牢狱、为庭，为厕坑、为寺院、为江湖、为楼台、为仓房；于人：为盗贼、为小儿、为乞丐、为赶猪人、为罪人；于事：见吉神为婚姻、乞索，见凶神为争斗、产难。

地支配五脏六腑：子属膀胱水道耳，丑为胞肚及脾乡，寅胆发脉并两手，卯本十指内肝方，辰土为脾肩胸炎，巳面齿咽下尻肛、午火精神司眼目，未土胃脘膈脊梁，申金大肠经络肺，酉中正是小肠藏，戌土命门腿踝足，亥水为头及肾囊。

三、八卦类象

【乾卦】

天时：冰、雹、霰、日。

地理：西北方。京都、大郡、形胜之地、高亢之所。

人物：君、父、大人、老人、病人、长者、宦官、名人、高僧、公门人、孝服人。

人事：刚健武勇、果决、多动少静、高上下屈。

身体：首、骨、肺、右腿、男性生殖器。

时序：秋、九十月之交，亥年月日时、金年月日时。

动物：马、天鹅、狮、象。

静物：金玉、宝珠、圆物、木果、刚物、冠、镜。

屋舍：公所、楼台、高堂、大厦、西北向之居。

饮食：马肉、珍味、多骨、肝肺、干肉、木果、诸首之物、圆物、辛辣之物。

疾病：头面之疾、肺疾、筋骨疾、上焦疾。

姓字：带金傍者，商音。

五色：火赤色、玄色、白色。

五味：辛、辣。

数目：一、四、六、九。

【坎卦】

天时：月、雨、雪、露、霜、水。

地理：北方。江湖、溪涧、泉井、卑湿之地、沟渎、池沼、有水之处。

人物：中男，江湖之人，舟人，盗贼、匪、乞丐、酒徒。

人事：阴险卑下，外示以柔，内序以利，漂泊不成，随波逐流。

身体：耳、血、肾、膀胱、泌尿系统、生殖系统、内分泌系统、肛门。

时序：冬十一月、子年月日时，一、六月日。

静物：水代子、代核之物、弓轮、矮柔之物、酒器、水具、栋、丛棘、藜、桎梏、盐、酒。

动物：猪、鱼、水中之物、狐、水族。

屋舍：向北之居、近水、水阁、江楼、茶酒肆、宅中湿地之处。

饮食：猪肉、酒、冷味、海味、汤、酸味、宿食、鱼代血、代核之物、水中之物，多骨之物。

疾病：耳痛、心疾、感染、肾疾、胃冷水泻、涸冷之病、血病。

姓字：点水傍之姓氏。

五味：咸酸。

五色：黑、白。

数目：一、六。

【艮卦】

天时：云、雾、山岚。

地理：山径、路径、山城、丘陵、坟墓、东北方、门阙。

人物：少男、闲人、山中人、童子。

人事：阻隔、守静、进退不决、反背、止住、不见。

身体：手、指、骨、鼻、左腿、脚趾、乳房、脾胃、结肠。

时序：冬春之月，丑寅年月日时，七、五年月日，土年月日时。

静物：土石、瓜果、黄物、土中之物、闾寺、木生之物、藤生之物。

动物：虎、狗、鼠、百兽、黔啄之物、狐。

屋舍：东北方之居、山居近石、近路之宅。

饮食：土中物味，诸兽之肉，墓畔竹笋之属，野味。

疾病：手、指之疾、脾、胃之疾。

姓字：代土傍之姓氏。

五味：甘。

五色：黄色、棕色、咖啡色、白色。

数目：五、七、八、十。

【震卦】

天时：雷雨、雷鸣、地震、火山喷发。

地理：东方。树林、闹市、大途、竹林、草木茂盛之所。

身体：足、肝、发、声音、左肋。

人物： 长男、活动家、舞蹈家、驾驶员、司法人员、笔客、商人、木匠、舟子、狂人、壮士。

人事： 起动、怒、虚惊、鼓噪、多动少静。

时序： 春二月、卯年月日时、四、三、八、月日。

静物： 林竹、苇、乐器（竹木）、花草繁鲜之物、核。

动物： 龙、蛇、百虫、马鸣、鲤鱼。

屋舍： 东向之居、山林之处、楼阁。

饮食： 蹄、肉、山林野味、鲜肉、果酸味、蔬菜、鲤鱼。

疾病： 足疾、肝经之疾、左肋之疾、惊恐不安。

姓字： 代木性之人。

五味： 甘、酸味。

五色： 黑青、绿、碧。

数目： 四、八、三。

【巽卦】

天时： 风。

地理： 东南方之地，草木茂秀之所，花果菜园。

人物： 长女、秀士、寡妇、山林仙道、僧道。

人事： 柔和、不定、鼓舞、利市三倍、进退不果。

身体： 肱、股、气管、神经、左肩。

时序： 春夏之交、二、五、八月日、三月、辰巳年月日时。

静物： 木香、绳、直物、长物、竹木、工巧之器、鸡毛、帆、扇、臼。

动物： 鸡、百禽、蛇、山林中之禽虫。

屋舍： 东南向之居、寺观楼台、山林之居。

饮食： 鸡肉、山林之味、蔬果酸味。

疾病： 股肱之疾、风疾、肠疾、中风、寒邪气疾。

姓字： 草木傍姓氏。

五味： 酸味。

五色：青绿、碧、洁白。

数目：五、三、八、四。

【离卦】

天时：日、电、虹、霓、霞。

地理：南方、干亢之地、窑炉之所、刚燥厥地、地之阳面。

人物：中女、文人、目疾人、甲胄之士、锅炉工。

人事：文化之所，聪明才学、虚心、书事、美丽。

身体：目、心、上焦、头部、小肠。

时序：夏五月、午年月日时，三、二、七日。

静物：火、书、文、甲骨、干戈、槁木、缟衣裳、干燥之物。

动物：雉、龟、鳖、蚌、蟹、凤凰、仙鹤、萤火虫。

屋舍：南舍之居、阳明之宅、明窗、虚室。

饮食：雉肉、煎炒、烧炙方物、干脯之体、熟肉。

疾病：目疾、心疾、上焦疾、夏占伏暑、时疫。

姓字：代次或立人傍姓氏。

五色：赤、紫、红。

五味：苦。

数目：二、七、九、三。

【坤卦】

天时：阴云、雾气、冰霜。

地理：田野、乡里、平地、西南方。

人物：老母、后母、农夫、乡人、众人、老妇人、大腹人、医生、裁缝。

人事：吝啬、柔顺、懦弱、众多、小人。

身体：腹、脾、肉、胃、右肩、女性生殖器。

时序：辰、戌、丑、未月，未申年月日时，八、五、十月日。

静物： 方物、柔物、布帛、丝绵、五谷、舆斧、瓦器。

动物： 牛、百兽、牝马、猫。

屋舍： 西南方、材居、田舍、矮屋、土阶、仓库。

饮食： 牛肉、土中之物、甘味、野味、五谷之味、芋笋之物、腹藏之物。

疾病： 腹疾、脾胃之疾、饮食停滞、谷食不化。

姓字： 代土姓人。

五色： 黄、黑。

五味： 甘。

数目： 八、五、十、二。

【兑卦】

天时： 雨、泽、新月、星。

地理： 泽、水际、缺池、废井、山崩地裂之地、其地为刚卤。

人物： 少女、妾、歌妓、伶人、译人、巫师、奴仆、婢。

人事： 喜悦、口舌、诋毁、谤说、饮食。

身体： 舌、口、喉、肺、痰、涎、右肋、肛门。

时序： 秋八月、酉年月日时、金年月日时、二、四、九月日。

静物： 金刀、金类、乐器、废物、缺器之物、带口之物、毁折之物。

动物： 羊、泽中之物、鸡、鸭、豹、豺、猿猴、兔子。

屋舍： 西向之居、近泽之居、败墙壁宅、户有损。

饮食： 羊肉、泽中之物、宿味、辛辣之物味。

疾病： 口、舌、咽喉之疾、气逆喘疾、饮食不餐。

姓字： 带口带金字傍姓氏。

五色： 白色、赤色。

五味： 辛、辣。

数目： 四、二、九、七。

四、八门类象

【休门】

天时： 苦寒、细雨、冬天、雪、白云、甘露。

地理： 洼地、江河、溪涧、大海、陷井、危险地区等。

建筑： 坎宅门路、江楼、水榭、茶楼、酒肆、浴场、干休所、休闲室、娱乐厅、疗养院等。

人物： 离退休人员、二线老干部、护士、中男、间谍、盗贼、贵人、官吏、思想家、船员、潜水人员等。

性情： 思考、知觉、灵感、懒散、外柔内刚、深谋远虑、忧虑不安、睿智、危机意识、淫荡、顽冥不灵等。

身体： 肾、耳、骨髓、生殖系统、排泄系统、循环系统、血症、耳痛、忧郁症、肾病水肿、腹泻、冷感症、伤寒等。

食物： 酒、乳、饮料、羹汤、生鱼片、植物油、酱油等。

事物： 婚姻、求财、面君谒贵、选将兴师、竖造修方、上官选举、出行、安坟。

植物： 水中植物、西瓜、蒺藜、荆苏、人参、黄芭、海藻、昆布、天门冬、麦门冬、忍冬、梅花、山茶花。

动物： 水栖动物、鱼类、猪、燕子、蝙蝠、青蛙、企鹅、海豚、北极熊、猫头鹰、蝌蚪、牡蛎。

器物： 舟船、轮胎、钓具、冷气机、饮水机、自来水、笔墨、毛刷、清洁剂、洗发精、洗衣机、各种运输工具。

其他： 坎卦、一白水。黑色。

【生门】

天时： 黄沙、狂风、冬春之交、云雾、山岚。

地理：田园、坟墓、帝陵、草原、山岳、山径、禁区、小巷等。

建筑：艮宅门路、寺庙、门阙、砂石场、托儿所、幼儿园、山庄等。

人物：新郎、少男、幼童、闲人、山中人、婴儿、侏儒、驼子、仁者、高僧、樵夫、猎人、宅主等，鼻直唇厚之人。

性情：静、自我约束、怡然自得、谨慎、保守、执着、稳重、忠实、不合群。

身体：胃、鼻、口、手指、脊背，痈毒、伤目、风湿关节症、腰痛、左足病。

食物：蔬菜、水果等。

事务：贿赂、嘱托、警卫、保全、禅定、旅馆业、房地产业、中介业、保险业、畜牧业、宗教业等。

植物：瓜类（藤生之瓜）、甘草、蕃薯、何首乌、芋头、马铃薯、多节植物、蔓生植物。

动物：狗、鼠、虎、狼、狐狸、兔、黑嘴的鸟类、骆驼。

器物：日用品、皮衣、毛衣、沙发、手套、零件、金库、石器、寝具、小器具、安全帽、手提箱。

其他：属艮卦、八白土。

【伤门】

天时：风云、暴雷、雨雹、春天、强风、疾风、狂风。

地理：大路、森林等。

建筑：震宅门路、农场、闹市、楼阁、木屋、车厢、果菜市场等。

人物：长男、王子、诸侯、大臣、继承人、讨债人、公安、军警、兄长、政府官员、盗贼、歌手等，有伤之人、丑陋之人等。

性情：活泼、直爽、急躁、惊恐、好大喜功、威武、多动少静。

身体：胆疾、肝病、足疾、歇斯底里、风寒、心胸烦闷、失声、耳鸣、颤抖、伤口、伤疤、伤痕等。

食物：动物肉类等。

事务：掌刑狱、发号令、打猎、捕鱼、索债、春耕、赛跑、竞争、射击、警卫、追捕。

植物：竹、仙人掌、芦苇、刺梅、菠菜、豆芽、槟榔、椰子、荔枝、松柏、杉、桧、柠檬、凤梨。

动物：鹿、鹤、善鸣的鸟、蟒、善鸣的马、布谷鸟、鲤鱼、响尾蛇。

器物：刀、剑、能使人受伤的器物、开裂、开口、开洞、不完整器物、箫、笛、鼓、音响、电话、发电机、马达、车、闹钟、麦克风有声音的器物等。

其他：震卦、三碧木。碧绿色、黑青色。前途、出征、往返、地震、爆炸。

【杜门】

天时：风、虹霓、赤霞、云雾、春夏之交、微风、和风、清风。

地理：花园、菜圃、山谷、高处等。

建筑：巽宅门路、公园、市场、堤坝、围墙、避难所等。

人物：长女、贵妇、文人、名士、秃子、手工艺师、商人、新娘、乞丐、荡妇、技术员、档案员、警察等。

性情：廉洁、贞洁、正直、犹豫、疑惑、善感、和缓。

身体：肝、眉、股、气喘、中风、寒邪、肠疾、秃掉发、鸡眼、狐臭、过敏症神经系统、循环系统不畅等。

食物：马、鱼等。

事务：阻塞、困难、法律、命令、友谊、嫁娶、掩捕逃亡、诛凶、填坑截路、避邪躲灾等。

植物：桑树、白杨、白茅、杞柳、浮萍、桃李、杏、樱、香花等。

动物：鸡、穿山甲、鱼、蝴蝶、蚕、蜻蜓、飞娥、鸿雁、鸳鸯、鹅等。

器物：文具、书籍、绳墨、矩尺、门窗、杵臼、斧柯、凿柄、秤、扇子、编织品、床、丝织品、线、股票、信物、奖状等。

其他：巽卦、四绿木。青绿色、白色。

【景门】

天时：赤日、虹霓、热风、彩霞、紫气、夏天、午时、热、闪电。

地理：向阳之地、干亢之地、火山、沙漠等。

建筑：离宅门路、窑炉、繁华区、娱乐场、影剧院、法院等。

人物：中女、文人、美人、律师、化验师、鉴定师、美容师、摄影师、形象代言人、秘书、检察官、军人、空中小姐等。

性情：公正、热情、虚荣、外刚内柔、附和、烦躁、急性、虚诈。

身体：目疾、心脏、中暑、时疫、疽疾、伤食、不孕、精神异常、灼伤、烫伤、肠炎、血液病等。

食物：糕饼、年糕、煎炒烧烤之物等。

事物：军事、上书、建议、遣使、招贤、请求、见贵、文书消息、美容化妆、化验、鉴赏等。

植物：枯木、干燥花、红色的果实、艳丽的花、肉桂、当归、川芎、盆景等。

动物：母牛、斑马、梅花鹿、羽毛美丽的禽鸟、红色的虫和鸟、甲虫等。

器物：灯笼、蜡烛、烤箱、防弹衣、枪炮、电视、眼镜、传真机、干燥剂、文章、图片、抽象画、证书等。

其他：离卦、九紫火。红色、橙色、紫色。

【死门】

天时：阴风寒冷、冰霜、夏秋之交、霾、燥热、污染空气等。

地理：地皮、墓地、效区、田地、疆界、地方行政区等。

建筑：坤宅门路、暗房、贫民区、牢狱、殡仪馆、医院、刑场等。

人物：老母、平民、寡妇、病人、守财奴、保姆、助产士、护士、农人、村女、道姑、算卜巫师、尸体、狱警、犯人等。

食物：蛋糕、面包等。

性情：坚实、顽固、吝啬、贪心、慈爱、包容、柔顺、忍辱负重、安宁、服从、求生欲。

身体：膨胀、硬块、脾胃疾、生殖系统病、产厄、营养不良、发热、便秘、疮疽、皮肤病、癌症等。

事务：文章、权柄、谜、凝聚力、民间团体、吊丧、行刑、捕鱼、打猎、缢死。打字、排版、作文、生产线、交易田产、储蓄、埋葬、人的本能等。

植物：地黄、黄精、白术、龙眼、使君子、柿子、花生、五谷杂粮。

动物：牛、猿猴、象、蚂蚁、蜘蛛、母马、乌鸦、袋鼠、绵羊、猩猩、动物尸体等。

器物：布帛、货车、陶器、釜缶、床铺、袋子、有柄的器物、垫子、毛巾、卫生纸、面纸、卫生巾、墓碑、雕塑、凶器、医疗器械等。

其他：坤卦、二黑土。

【惊门】

天时：狂风暴雨、秋天、金星、慧星、凉爽、霜、傍晚等。

地理：湖泊、井泉、池塘、鱼塘、畸零地、沼泽、水库、盆地、断层地带、岩石、洞穴等。

建筑：兑宅门路、闹市区、娱乐场所、妓院、司法机关、军工厂等。

人物：歌星、演艺人员、律师、军人、外交官、少女、娼妓、巫师、卜者、前辈、是非人、小人、牙科医生等。

性情：喜悦、决断、锐利、巧言令色、虚伪、幽默等。

身体：跛足、缺唇、肺疾、牙病、腮肿、性病、喉症、肢体伤残、伤口、老化、退化、衰竭等。

事务：演艺、演说、翻译、捕盗、赌博、打斗、定罪、虚惊、官司、诉讼、祭祀、卜巫、秋收、行刑、汇兑、贬谪、破坏、革新等。

食物：酒食、野味等。

植物：银杏、含羞草、桔梗、麦，秋天的花草、农作物等。

动物：虎、豹、羊、蜈蚣、、蛀虫等。

器物：电话、手机、发声之物、刀叉、铜器、铁器、赌具、祭品、斧、锯钳、夹子、针、钻、钉书机、装饰品。

其他：兑卦、七赤金。

【开门】

天时：寒水、晴天、秋冬之交、高天压、凉爽。

地理：首都、高原、矿山、田地、平原等。

建筑：乾宅门路、领导办公室、宫殿、皇陵、高级住宅区、豪门富室、广场、飞机场、车站、寺、庙等。

人物：元首、父亲、圣贤、董事长、权贵人事、老人、僧道、君子、鳏夫、武士。

性情：刚健、积极、高尚、尊严、有恒、守信、独断、夸大、虚妄、奢侈、好高骛远等。

身体：头、骨、额、汗、气、皮肤、肺疾、喉症、舌症、脑炎、骨病、肋膜炎、脑出血、老人痴呆症、精虫稀少症等。

食物：谷物、煮熟之物等。

事务：考试、上任、谒贵、嫁娶、求财、上诉、受理、远行、举谋、远图、营造、买卖、迎敌、遣使等。

植物：核桃、菊花、苹果、芒果、梨、木瓜、石榴等。

动物：骏马、老马、狮子、熊、鲸鱼、天鹅、大鹏、赤贝、龟、龙等。

器物：名贵物品、金玉贵器、时钟、镜子、钟鼎、计算机、佛具、球、奖品、王冠、高级品、轿车、嫁妆等。

其他：乾卦、六白金。

五、九星类象

笔者按：九宫象意与九星象意一样，取九宫象意时参考九星象意即可。

【天蓬星】

天蓬属水，属坎宫。宜安抚边境，修筑城池，不宜入宫见贵，嫁娶移徒，贸易安营。辰戌丑未月加二、五、八宫利为主，申、亥、子月加九宫利为客。为贪狼星。古诀云："讼庭争竞遇天蓬，胜捷威名万事同，春夏用之皆大吉，秋冬用此半为凶，嫁娶远行皆不利，葬埋修造亦闲空，次得生门同丙乙，用之万事皆兴隆"。

天时：乌云、怪气、阴雨天，霜雪天、冬天、寒冷之时。

地理：江河、圳沟、海洋、洼地、危险地带、港口、水产市场等。

建筑：坎宅门路、浴厕、地下室、淫秽场所等。

人物：中男，盗贼、黑社会、男仆、间谍、猛将、消防人员、清洁人员、嗜酒之徒、娼妇、妓女、船员、运输业者、娱乐业者等。

性情：沉滞、勇猛、忧虑、不宁、阴险、怀疑、外柔内刚、忍耐、贪欲等。

身体：血气失调、失眠、惧冷、生殖系统、耳、肾、忧郁症、糖尿病、水肿。

事务：密行之事、阴谋之事、潜伏之事、水电业、水利工程、水灾、危机、运输业、酿酒业等。

食物：鱼干、火腿、酒、乳汁、毒药、酱油、粥、食油、羹汤等。

植物：梅花、人参、雪莲、天门冬、麦门冬、忍冬花、山茶花、海藻、蒺藜、水果、水生植物等。

动物：猪、燕子、蝙蝠、猫头鹰、企鹅、北极熊、青蛙、鱼类、水族动物等。

器物：舟船、笔墨、胶水、浆糊、耳挖子、吸管、自来水管、饮水机、酒具、油漆、渔具等。

其他：属坎卦，一白水。数为一、六，色为黑色、蓝色等。

【天芮星】

天芮属土，居坤宫。宜屯兵固守，保障封疆，训练士卒，从师受业，兴土木，利于悠久之事。四季辰、戌、丑、未月及申、酉月日，加一宫利为客；加三、四宫利为主。为巨门星，古诀云："授道结交宜芮星，出行用事最为凶，用兵争讼均致败，修造安坟发祸刑，盗贼惊惶忧小口，吉事逢奇也虚名。"

天时：阴 、夏秋之交、雾气、沙尘暴、闷热天等。

地理：天井、贫民区、垃圾处理场、田园、牧场等。

建筑：庭院、屋脊、坤宅门路、后门、学校、农舍、矮房、道馆、佛堂、书店、医院、会馆等。

人物：老师、学生、大夫、图书管理员、房地产商、老母、平民、群众、贪官污吏、寡妇、病人、产妇、女婢、秘书、村干部、农夫、妊妇等。

性情：固执、忍耐、贪心、吝啬、退缩、卑贱、勤勉、迷惘、随和、消极等。

身体：肠胃病、瘦弱、腹疾、皮肤病、胸肋痛、虚热、高血压、产厄、妇科病、疮癞、肥胖症、颊、皮肤病等。

事物：打字、写作、聚众生事、审计、民意测验、利息核查等。

食物：腊肉、药丸等。

植物：农作物、荞麦、五谷、土豆、龙眼、苔藓、柿子等。

动物：牛、羊、母马、家禽等。

器物：菩萨、地图、书籍、炊具、布匹、货车、内衣裤、袋子、容器、空箱等。

其他：坤卦、二黑土。数为二、五、十。为黄、黑色。

【天冲星】

天冲属木，居震宫。宜选将出师交战，宜鸣金击鼓，呐喊摇旗。春夏巳、午月日加二、八宫利为客；加六、七宫利为主，为禄存星。古诀云：“战争解怒春夏胜，嫁娶安营产女惊，修造移徙皆不利，利客利主须分清。

天时：雷电、地震、风沙、春天、温暖等。

地理：森林、果园、田野、大路、果品市场、农场、靶场、运动场等。

建筑：窗户、震宅门路、军营、车站、高台、高楼大厦。

人物：长男、运动员、兄长、晚辈、警察、军人、证人、挑衅者。

性情：奇巧、善辩、怒恶、急躁、勇敢、好大喜功、鲁莽冲动等。

身体：神经、肝胆、脚气病、失声、肩肘、麻痹、呃逆、颧、心房、三焦气穴等。

事务：体育裁判、运动、春耕、征伐、育林、捕猎、斗殴等。

食物：水果、野味、蹄肉等。

植物：竹、芦苇、牧草、槟榔、椰子、甘庶、柠檬、蔬菜、谷物等。

动物：善鸣的动物、鹿、鹤、蜥蜴、蟒蛇、布谷鸟等。

器物：电话、音响、发电机、农具、车子、枪炮、炸药、箫、笛、鼓、钟、棍棒、棺木等。

其他：震卦、三碧木。数为三、八。色为碧绿。

【天辅星】

天辅属木，居巽宫。宜修道设教，化育万民，选将出师，捣巢破阵。春夏寅、卯、巳、午月日加二、八宫利为客；加六、七宫利为主。为文曲星。古诀云：“天辅之星远行良，葬埋起造福绵长，上官移徙皆吉利，喜溢人才万事昌。”

天时：风、虹霓、祥云、春夏之交、软风、微风。

地理：草地、树林、棉花田、花坛、墓地等。

建筑：巽宅门路、公园、花园、书店、学校、文昌庙、邮局等。

人物：文人、老师、政工人员、长女、僧尼、木匠、邮差、儒将、美女、贵妇、新娘、隐士、难民、乞丐、流浪者、主考官、名人等。

性情：庄严、温顺、温文儒雅、廉洁、正直、守信、进退不果、优柔寡断等。

身体：肝病、气喘、风邪、中风、反胃、下痢、腰肋痛、雀斑、狐臭、秃发、手臂伤痛、股、眉、肝、胆等。

事务：友谊、婚姻、园艺、旅游、教化、文学艺术、船运、证券业等。

食物：蔬菜、茶叶、面点等。

植物：棉花、浮萍、蒲公英、兰蕙、灵芝、菌类、花草、杨树、柳树、桃、李、杏、樱、藤等。

动物：鸡、蛇、蚯蚓、蝴蝶、蜻蜓、长颈鹿、斑马、穿山甲、蚕、鸠、带鱼、飞蛾、鸳鸯、鹅等。

器物：风筝、风车、风扇、手工艺品、窗口、杵臼、秤、尺子、纽扣、针、线、笔、墨、信等。

其他：巽卦、四绿木。数为三、四、八。色属绿。

【天禽星】

天禽属土，居中宫。宜选将出师，交锋大战，鸣金击鼓，呐喊摇旗，四时皆吉，不战用谋，敌人自服。加一宫利为客，加三、四宫利为主。为廉贞星。古诀云："天禽远行偏宜利，坐买行商俱称意，投谒贵人两入怀，更兼筑造皆丰裕。"

天时：晴岚、甘露、天灾地变、慧星、台风、严寒等。

地理：荒野、绝壁、墓地、废墟、火葬场、古战场、垃圾场、沙漠等。

建筑：正堂、中央、废屋等。

人物：凶手、盗贼、疯子、骗子、摊贩、死刑犯、文物商、权威人物等。

食物：腐烂食物、霉变食品等。

性情：正直、忠良、贤淑、端庄、顽固、残忍、自满、狡猾、豪爽、暴躁、野蛮、迷信、占有欲、权力欲等。

身体： 病毒、癌症、肿瘤、脑出血、发高烧、疮疡、痴呆、昏迷、疯狂、瘟疫、中毒、吸毒、怪病、蛊毒等。

事务： 画符念咒、祈祷、走私、贩毒、高利贷、逼迫、反抗、暴乱、战争、抢劫、破产、倒闭等。

植物： 罂粟、夹竹桃、曼陀罗、大麻、附子、有毒植物、烟草、等。

动物： 猛兽、毒蛇、蝎子、蜈蚣、跳蚤、虱子、蚊子、蛆等。

器物： 廉价物、旧物、旧衣物、传家之宝、法器、凶器、腐物、祭品、殉葬品、毒品、禁药等。

其他： 中宫、五黄土。数为五、十。色属黄。

【天心星】

天心属金，居乾宫，宜疗病、合药、嫁娶、竖造、埋葬、逐邪驱祟、上官、应举、受封远行、商贾。又宜选将出师、交锋大战、捣巢破敌。秋冬申、酉、亥、子月日加三、四宫利为客；加九宫利为主，为武曲星，古诀云："求仙合药见天心，商贾求谋皆宜人，嫁娶营造人丁旺，凡事遇之福禄荣"。

天时： 雷电、冰雹、寒光、赤霞、晴天、白气、秋冬之交、太空、凉爽。

地理： 首都、高原、郊野、天文台、广场。

建筑： 乾宅门路、墙、领导办公室、宫殿、国会大厦、寺庙、教堂等。

人物： 父亲、领导、医生、富豪、高僧、高道、牧师、慈善人、顾问、军事长官、运动健将等。

性情： 忠厚、雄辩、积极、恒心、思维敏捷、攻于心计、好高骛远、高尚、奢侈、大方等。

身体： 额、督脉、骨骼、头、心脏、脑神经衰弱、高血压、肺炎、脑出血、肺气肿、脑炎、骨病、右足外伤、伤寒、精神病等。

事务： 立法部门、金融财政、领导层、慈善机构、动力工程、机械工程等。

食物：干肉、骨头、饭团、丸子等。

植物：种籽、菊花、柑橘、橘子、柚子、果树、核桃、橙、木瓜、蓍草等。

动物：马、猪、狗、狮子、老虎、熊、大鹏、鲸鱼、珍贵动物等。

器物：金、银、珠宝、玉、水晶、钟表、镜子、球、轿车、日历、计算机、奖品、金融卡、贵宾卡、帽子、王冠、贵重之物等。

其他：乾卦、六白金。数为四、六、九。色属白。

【天柱星】

天柱属金，居兑宫。宜屯兵固守、训练士卒，坚壁筑垒养锐，待为客之时方可动。秋冬申、酉、亥、子月日加三、四宫利为客；加九宫利为主。为破军星。古诀云："天柱藏形谨守宜，不宜远行及营为，商贾行事皆不利，动作立刻见凶危。"

天时：雷电、寒霜、冰雹、秋天、凉爽等。

地理：湖泊、沼泽、山崩地裂等。

建筑：门户、门阁、厕所、兑宅门路、妓院、烟筒、水塔、柱子等。

人物：少女、叔父、巫婆、律师、检察官、军警、教师、娼妓、演员、妾、妹、渔夫等。

性情：决断、冷漠、多情、巧言令色、严厉、斗讼、妩媚、幽默、外悦内狠、狡猾阴险等。

身体：大肠、颈椎、腰椎、手指、脚趾、阴部、肺疾、喉症、眇目、缺唇、跛足、牙病、性病、口腔病、下痢、刀伤、凶死、残障、老化、退化等。

食物：水果、供品等。

事务：收获、口舌是非、诉讼、谗言、破坏、翻译、屯兵、训练、宴会喜庆、决裂等。

植物：麦、银杏、桔梗、竹、苇、姜、蒜、葱、韭、薄荷等。

动物：鸡、羊、犀牛、虎、豹、鹰、鸟、鱼、蟋蟀、蝗虫、甲虫、白蚁、蛀虫等。

器物：乐器、发声之物、刀叉、五金、赌具、玩具、字典、美工刀、针、钳子、夹子、缺损之物、报废之物、锅、斧、碗、杯、桶等。

其他：兑卦，七赤金。数为四、七、九。色属白。

【天任星】

天任属土，居艮宫。宜立国邑，安社稷、化人民、纪大义、选将出师、交锋大战、四时皆吉，得地千里。又宜嫁娶、上官赴任、应试中举、面君谒贵、求财、一应俱吉。竖造、埋葬、斩草、破土若与奇门相会、百事大吉。为左辅星。四季辰、戌、丑、未月日加一宫利为客；加三、四宫利为主。古诀云：“天任吉星事皆通、祭祀求官嫁娶同，斩绝妖邪移徙事、商贾造葬喜重重。”

天时：云雾、风沙、阴天、冬春之交等。

地理：山脉、山峰、山地、道路、矿区、化石等。

建筑：艮宅门路、百货公司、仓库、公寓、大厦、宗庙、治安机关、假山、雅石、盆栽等。

人物：少男、道士、隐士、僧道、小学生、幼儿、孙子、军警、保安、闲人、矿业者等。

性情：谨慎、仁慈、消极、退却、虚伪、好静、笃实、迟滞、自制、保守、无欲等。

身体：脾、胃、鼻、手指、左足、腰背病、风湿关节症、便秘、结石、经血失调等。

事务：修行、隐遁、拖延、储蓄、戒严、拒绝、孤立、治国、背叛、阻隔等。

食物：素食、肥肉、野味等。

植物：农作物、瓜类、葡萄、灌木、蔓生植物等。

动物：牛、狗、狐狸、兔子、狼、骆驼、驴、骡等。

器物：桌椅、沙发、金库、零件、小器物、手提包、背包、桌几等。

其他：艮卦、八白土。数为五、八、十。色属黄。

【天英星】

天英属火，居离宫。宜面君，见贵、上策、干求、升迁、应举、求财、上官、嫁娶。于巳、午月日加六、七宫利为客；加坎一宫利为主。为右弼星。古诀云：“上官应举用天英，远行饮宴一般同，嫁娶商贾并移徙，阴阳主客要分清。”

天时：彩霞、晴岚、彩虹、闪电、烈日、夏天、闷热等。

地理：商业区、繁华街道、闹市等。

建筑：离宅门路、明堂、法庭、厨房、冶炼厂、图书馆、美术馆、电影院等。

人物：空军、文人、画家、导演、检察官、中女、孕妇、美容师、模特、空姐等。

性情：洒脱、忠诚、正直、虚心、明察秋毫、豁达、热情、急躁、虚伪等。

身体：心、眼、小肠、肠病、麻面、斑点、稀发、血症、烫伤、乳病、发烧、失眠、精神病等。

事务：军事、检验、旅行、比较、火灾、战争、选美、摄影、审判等。

植物：高粱、艳丽的花，红色的果实、葵花、莲花、开花的植物等。

食物：脏腑、海苔、肉干等。

动物：龟、蚌、螺、雉、孔雀、羽毛美丽的禽鸟、斑马、比目鱼、梅花鹿、母牛等。

器物：太阳能、烤箱、灯具、蜡烛、人造花、电视、电脑、眼镜、传真机、影印机、朱砂、讼状、抽象画、防弹衣、飞机、地图、香烟、安全套等。

其他：离卦、九紫火。数为二、七、九。色属红。

六、八神类象

【值符】

禀东方甲木之气，为天乙之神，贵人之位，诸神之首，能育万物，大将利居其下，所到之处百恶消散。主有委用之事、管理之类。

天时：晴朗、风和日丽、温和等。

地理：风水地形（起伏、去向、结聚）、大路、森林、闹市等。

建筑：宫殿、豪门巨室、桥梁、高楼大厦、寺庙等。

人物：领导、主考官、贵族、高僧、高道、专家、名人、明星、产妇、长男、王子、继承人、企业老总等。

性情：端庄正直、清高厚重、气度轩昂、积极热情、康慨大方等。

身体：头、面、心、手、肝胆病、神经痛、躁症、喉疾、胃痛等。

事务：消灾解厄、安抚百姓、表彰、修行、宴会、哭泣、愁闷、冤仇、祸患、胎孕等。

食物：水果、蔬菜等。

植物：松柏、木果、竹、君子兰、玫瑰等。

动物：禽王、兽王、珍贵动物、蟒、布谷鸟、鹤。

器物：金银、珠宝、首饰、王冠、印章、调令、证书、箫、鼓、笛、琵琶、吉他、胡琴、钢琴、手杖、农具、织机、丝麻、布帛等。

其他：黄白色、青绿色，数为一和八。为龙神。

【螣蛇】

禀南方丁火之气，为虚诈之神。司惊恐怪异之事，火盗之惊，相生为阴私之利，相克为阴私之害，临景门主火灾，临惊门主灾害。

天时：雷电、虹霓、太阳、阳光、慧星、流星等。

地理：荒地、荒野、墓地、风水的路、明堂、案山、河流、山脉等。

建筑： 窑灶、小门、后门、厕所、厨房等。

人物： 妇女、奴婢、中介人、乞丐、荡妇、主帅、受难者、媒婆、巫师、魔术师、狡猾之人、挑拨之人、捣鬼之人、疑心之人等。

性情： 虚伪、狡诈、惊怪、轻狂、工于心计、外冷内热、口是心非、标新立异、机灵等。

身体： 心脏、眼睛、血管、脉膊、神经、经络、舌、乳房。斑点、疤痕、中暑、脱水、牙痛、恶梦、血光等。

事物： 胎产、婚姻、怪异、诬陷、唆使等。

食物： 粉状食品、干燥食品等。

植物： 肉桂、芍药、滕、瓜秧、玫瑰、蔷薇、红豆、蔓类植物等。

动物： 龙、蛇、蜂、蝎、苍蝇、蚊子、蚯蚓等。

器物： 契约、钱、砖瓦、盒子、微波炉、烤箱、图画、绳索、针、腰带、项链、手链、被缠绕物、为核能、原子弹、化学、光亮等。

其他： 五行属火、红赤色、二数和三数。

【太阴】

禀西方辛金之气，为阴佑之神。性阴匿暗昧，太阴之方可以藏形，避难。所临之宫，主有阴私之事，妇女之非、相生者吉、相克者凶，生合者主得阴人之利，相克者主有阴人之害也。

天时： 月亮、云雨、霜雪、冰冻、阴云、寒冷等。

地理： 阴地、洞穴、石头、悬崖、风水的穴情等。

建筑： 塔、磨坊、街苍、佛寺、酒坊、碑碣、书房、凉亭、地下室、厕所、暗室等。

人物： 高官、文人、第三者、偷情者、卖酒人、外亲、阴贵人、少女、赌徒、护士、画家、书家、媒人、地下工作者、纪检政法人员、暗自流泪者等。

性情： 旺相主正直无私、喜悦；休囚为淫滥、忧疑欺诈、阴失、哭泣、诅咒、口舌、深谋远虑等。

身体：肺、喉、口、齿、唾液、耳门、爪甲、容貌、肺痨、骨质疏松、皮肤病、性病等。

事务：旺相为喜庆恩泽、赦免、结亲、交易财产；休因为暗谋、密约、私通、走失、责罚、小人暗算、书画、艺术等。

食物：酒水、饮料等。

植物：小麦、银杏、姜、蒜、葱、藤等。

动物：蚁、蛀虫、鸽子、羊、有角和牙齿锐利的动物、夜间出没的动物等。

器物：雕刻品、金银器、钗钏、纸币、珍珠、刀、针、夹子、赃物、铜器、酒、乳品、字迹等。

其他：五行属金、黄白色、其数三和九。

【六合】

禀东方乙木之气，为雷部雨师，护卫之神。性和平，司婚姻，交易中介人之事，六合之方宜于合和之事。加景门主酒食，或僧道、艺术。

天时：和风、丽日、温暖、雷、雨等。

地理：森林、街道、风水向道、公园、花园、商场、娱乐场、交易场等

建筑：剧场、旅馆、酒店、寺庙、门楼等。

人物：得令为子女、兄弟、亲友、贵族、高人隐士、占婚为女方媒人；失令为娼女、匠工、艺妓、僧道、术士、书客、牙客、逃犯、庸医等。

性情：旺相为善良、温和、合和、好贤乐施；失令为虚诈、阴私、诱惑等。

身体：肝、胆、眉、泪、手指、脚趾、麻疹、腹痛、心痛、神经痛、晕眩、狐臭、过敏症等。

事务：旺相为艺术、婚姻、通讯、交易、胎产；休因为财物纠纷、阴人缠绕、胆怯等。

食物：马肉、鱼肉等。

植物：小树、花草、桃、李、杏、竹、灵芝、果类等。

动物： 兔、鸳鸯、蝴蝶、蛇、长颈鹿、鸡、虫、燕子、蜂等。

器物： 衣物、伞、印章、书契、盒子、礼品、羽毛之品、交通工具、文具、丝线、彩帐、舟船等。

其他： 五行属木、色黄赤、数为六和七。

【白虎】（下有勾陈）

禀西方庚金之气，为凶恶刚猛之神。司兵戈、争斗、杀伐、病死、道路不通之事。下有勾陈，禀中央土气，主惊恐、怪异、妖言惑众，田土争讼、词讼勾连之事。二神所临之宫，主有丧亡、疾病、词讼、口舌、杀生。临死亡、惊门更凶。

天时： 冰雹、闪电、狂风、迅雷、暴雨、浓雾、阴霾、地震等。

地理： 风水的祖山、罗城、右砂、道路、路口、麦田、土堆、田园、森林、狩猎场等。

建筑： 收费站、磨坊、牢狱、军营、岗岭、寺观等。

人物： 匠工、科技人员、侍卫、军警、奴婢、丑妇、农夫、牧童、屠夫、巫婆神汉等。

性情： 猛烈、威雄、欺诈、好斗、虚伪不实、果敢、执拗、判逆性、顽固性等。

身体： 胸、颧骨、筋、肺、大肠、皮毛、脓疮、翻胃、呕吐、道路伤亡、跌伤、出血、不孕症、肥胖症等。

事务： 争讼、滞留、迟滞、节外生枝、杀伐、竞赛、拘捕、事多折磨、道路惊恐等。

食物： 动物肉类等。

植物： 草果、谷类、姜、蒜、葱、大麦、小米、高粱、瓜类、伤人的植物等。

动物： 虎、豹、犬、狼、甲虫、爬虫类、骆驼等。

器物： 刀剑、弓箭、利器、凶器、武器、金银财帛、风石、网罗、又为磁器、锁钥、文镇、桌椅等。

其他：五行属金、土、青黑色、白色、其数为七与五。

【玄武】（下有朱雀）

禀北方之水气，为刑戮奸谗之神。司盗贼逃亡之事，玄武之方宜提防奸细盗贼。玄武下有朱雀，禀南方丙火之气，司口舌阴谋之事，得地则有文书印绶之喜。

天时：热风、彩霞、海洋、烈日、雨天、阴天、黑夜等。

地理：风水的明堂、朝案山、来去水、河流、海洋、阴沟、井、下水道、城门、道路、市场、干亢地带等。

建筑：窑灶、店铺、厕所等。

人物：文人、代书者、演艺人员、导演、妇女、奸商、娼妓、光棍、小人、醉汉、骗婚者、盗贼、军警等。

性情：聪明、急躁、善辩，反复无常，偷奸取巧、巧言善辩、惊恐、口舌、伪装、奸诈险邪等。

身体：肾、耳、尿、骨、心、眼、肩、小肠、精神异常、口苦咽干、斑疹、不孕、灼烫伤等。

事务：谒贵、求谋、词讼、啼哭、梦想、别离、遗失、诽谤、挑唆、欺骗、考试、检查、火灾等。

食物：蛋、浸渍于酱油的食品等。

植物：水草、海带、蔬菜、胡椒、辣椒、牡丹、干燥花、枯木等。

动物：龟、虾、鱼类、水族动物、孔雀、鸿雁、甲虫、萤火虫、喜鹊等。

器物：印章、文具、图片、信件、摄影机、衣裳架、化妆品、瓶、缸、罐等。

其他：五行属水、火、赤色、黑色、四九之数，其形缺。

【九地】

坤土之象，万物之母。为坚牢之神，性柔好静，九地之方可以屯兵固守。所临之宫，主有田土之事，安逸之兆。

天时：云、阴冷、苦寒、雾天等。

地理：风水的穴星、平地、田地、乡村、贫民区等。

建筑：尼姑庵、仓库、银行、产房、地铁、地下管道、地基、地窑等。

人物：母亲、老妇、平民、乡农、村姑、狱警、寡妇、病人、医生、婚姻时的女方、大腹人、孕妇等。

性情：柔顺、吝啬、贪心、沉默、卑贱、阴险等。

身体：脾、颊、腹、肌肉、胃、肠、尿、阴部、阴症（暗症、怪病），营养不良等。

事务：农业、牧业、暗闷、哭泣、刑狱、死丧、贿赂、聚众、挖土、耕种、柔顺、谦恭之事等。

食物：地中之物等。

植物：五谷、柿、棉花、洋芋、中草药等。

动物：牛、虎、母马、猿猴、象、猫、驴等。

器物：布帛、中药、货车、古董、旧物、地毯、拖鞋、赃物、容器、尸体、符、药饵等。

其他：五行属土、其色黑、其数八与二。

【九天】

乾金之象，万物之父。为显扬之神，性刚好动，九天之方可以布阵扬兵。得门得奇，万福咸集，不得奇门而畏凶墓所临之宫。主显扬之事高尚之人，武旺之事，不忍之事，为天神之象。

天时：太空、北极星、雾、晴空、明朗、雷电、寒冰、初冬、高气压等。

地理：风水的朝对、屏障、首都、郊野、明堂等。

建筑：寺院、学校、车库、健身房、大厦、飞机场等。

人物：元首、领导、长辈、父亲、老人、武士、圣贤、君子、高僧、高道、医卜者等。

性情：刚强、公正、深不可测、诚信、轩昂大方、虚张声势、好高骛远、奢侈、果断等。

身体：头、额、毛、发、胸、肋、肺、肠、大脑、精力。伤寒，精神异常（落魄）、老人痴呆、男性精虫稀少等。

事务：积德、修行、扬善、远行、谋望、博弈、运动、欢悦之事等。

食物：高级营养品等。

植物：苹果、木瓜、梨、橘、一切木果、高原植物等。

动物：马、狮子、大鹏、天鹅、龙等。

器物：金玉、宝石、剑戟、兵器、水晶、轿车、飞机、文书、佛具、时钟、钱、镜、圆形物、高档物品等。

其他：五行属金、其色赤白、其质坚，数为一与六。

第五章　奇门遁甲应用技法研究

一、掌上快速起局法

笔者在多年的研究过程中，将奇门遁甲的各种法则进行了归类、分析、整理、挖掘，将繁杂的推演程序简单化、规范化，放在手掌上进行推演，这种方法既快又准，并省去了查表用盘等工序，况且制作的盘无法推出九宫飞星。掌上奇门排局布式的方法，将操作推断从繁杂的过程中解脱出来，实现了古人“若能了达阴阳理，天地都来一掌中”的初衷，充分体现了“易则易知，简则易从”的易学思维原理。此法在《掌上奇门》第三章的“烟波钓叟歌新解”中已有解释，这次单独提出来系统详解，以便于学习者加深影响。

1. 掌上排九宫

《烟波钓叟歌》中云：“先须掌上排九宫，纵横十五在其中。”第一步便是要将八卦九宫定位于手掌之上，以便于推演。一宫为坎居北，二宫为坤居西南，三宫为震居东，四宫为巽居东南，五居中宫，六宫为乾居西北，七宫为兑居西，八宫为艮居东北，九宫为离居南。洛书九宫，戴九、履一、左三、右七、二、四为肩、六、八为足、五居其中。九宫纵横之数的和，俱为十五数，为洛书之奇妙性。

四 巽	九 离	二 坤
三 震	五 中	七 兑
八 艮	一 坎	六 乾

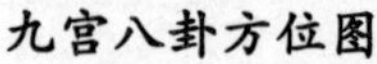
九宫八卦方位图

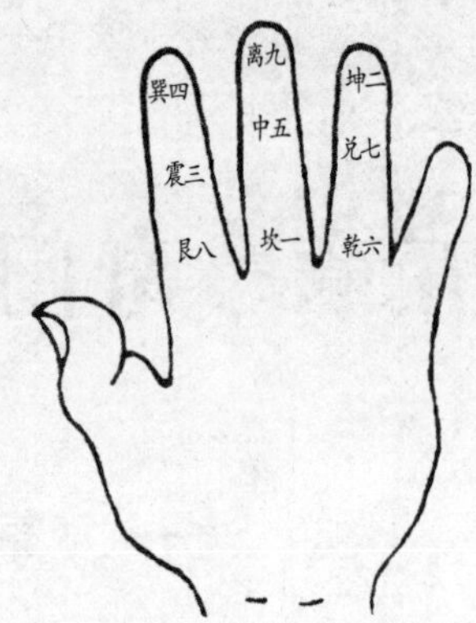

掌上八卦九宫图

2. 掌上排二十四节气

奇门将二十四节气统于八卦的八个方位，一卦管三节，则三八正好合二十四节气，以应一年之全局，坎宫为一阳始生之地，离宫为一阴始生之地。冬至一阳始生，在坎宫，一卦管三节，坎宫为冬至、小寒、大寒三节；艮宫为立春、雨水、惊蛰三节；震宫为春分、清明、谷雨三节；巽宫为立夏、小满、芒种三节。离宫一阴始生，为夏至、小暑、大暑三节；坤宫为立秋、处暑、白露三节；兑宫为秋分、寒露、霜降；乾宫为立冬、小雪、大雪三节。

阳遁九个局所用的是顺飞九宫方位，阴遁九局所用的是逆飞九宫方位，如下图所示。

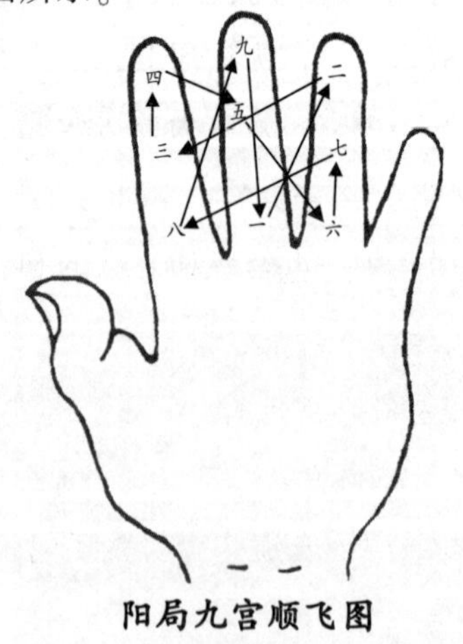

阳局九宫顺飞图

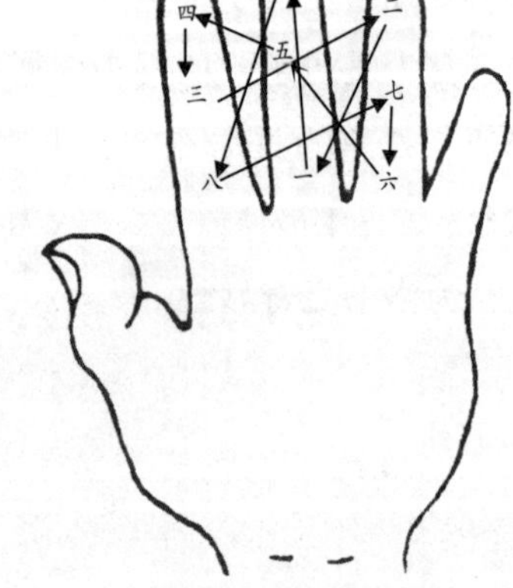

阴局九宫逆飞图

由于奇门排局与二十四节气密切相关，其坎宫三节气冬至、小寒、大寒，表明为阳局顺飞之序，冬至在坎宫，上元为阳遁一局；小寒次之，则顺飞一位至坤宫，上元为阳遁二局；大寒居小寒之后再顺飞一位，上元为阳遁三局，如下图所示，阳局仿此。

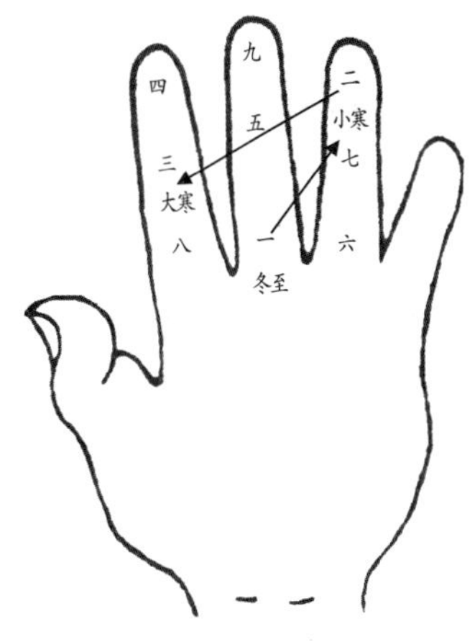

冬至三节气上元局图

夏至三节气上元图

阴遁局则表现为逆飞之序，如离宫三节气为夏至、小暑、大暑，夏至上元为阴遁九局，小暑上元则逆飞一位，为阴遁八局，大暑上元再逆飞一位为阴遁七局。如上图所示，阴局仿此。

《奇门五总龟》中有一歌诀，备录于此，以作参考。

冬至小寒及大寒，天地人元一二三。
立春雨水并惊蛰，依艮顺增八九一。
春分清明并谷雨，但起震宫三四五。
立夏小满芒种气，四五六兮依此列。
夏至小暑及大暑，九八七兮还退数。
立秋处暑并白露，从二却行于一九。
秋分寒露及霜降，七六五兮依此向。
立冬小雪及大雪，六五四兮依此诀。

真正掌握了奇门演局的规律后，就会省去许多麻烦，而不去死记硬背这些歌诀，掌上一推，便可一目了然。

3. 掌上排上、中、下三元

从阳局九宫顺飞图和阴局九宫逆飞图中所示的运行路线，每局的地盘三奇六仪便依此规律而定，阳遁局顺布六仪，逆布三奇；阴遁局逆布六仪，顺布三奇。其为戊（甲子戊）、己（甲戌己）、庚（甲申庚）、辛（甲午辛）、壬（甲辰壬）、癸（甲寅癸），丁、丙、乙。如阳遁一局与阴遁九局之地盘图示，余局仿此。

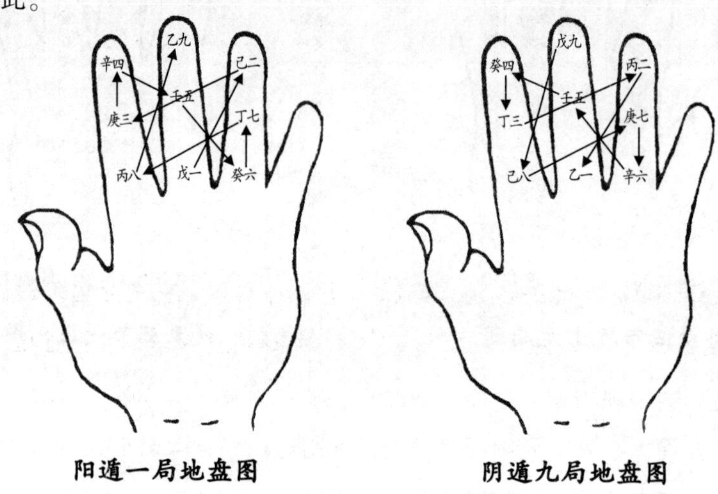

阳遁一局地盘图　　阴遁九局地盘图

上面所示的奇门演局规律中，仅可以推出每节气的上元局数，其中、下元局数的推演规律则为，阳遁局中元在上元的基础上顺飞六宫，下元在中元的基础上顺飞六宫。例如冬至上元阳遁一局，中元在上元坎一宫的基础上顺飞六宫，到兑宫，为阳遁七局；下元在中元兑七宫的基础上再顺飞六宫，到巽宫，为阳遁四局，如下图所示，阳遁仿此。

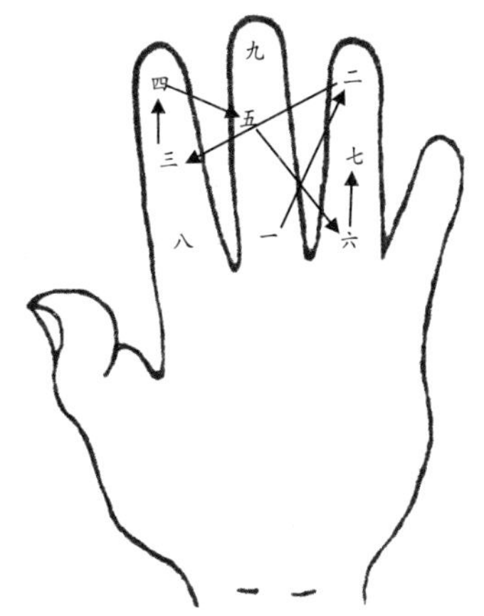

冬至中元在上元阳遁一局的基础上，从坎宫向前飞进六宫到兑宫，则为阳遁七局，如上图所示。

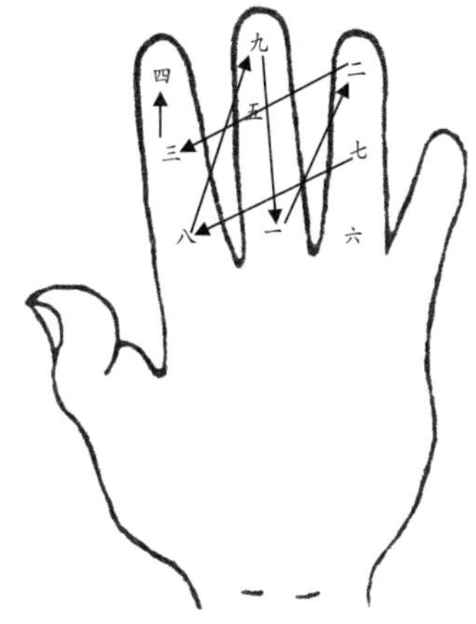

冬至下元在中元阳遁七局的基础上，从兑宫向前飞进六宫到巽宫，则为阳遁四局，如上图所示。

阴遁局的中下元局数与阳遁相反，其规律是中元在上元的基础上逆飞退六位，下元在中元的基础上逆飞退六位。例如：夏至上元为阴遁九局，中元在上元离九宫的基础上逆飞退六位，到震宫，为阴遁三局；下元在中元震三宫的基础上再逆飞退六位，到乾宫，为阴遁六局。如图所示，阴遁仿此。

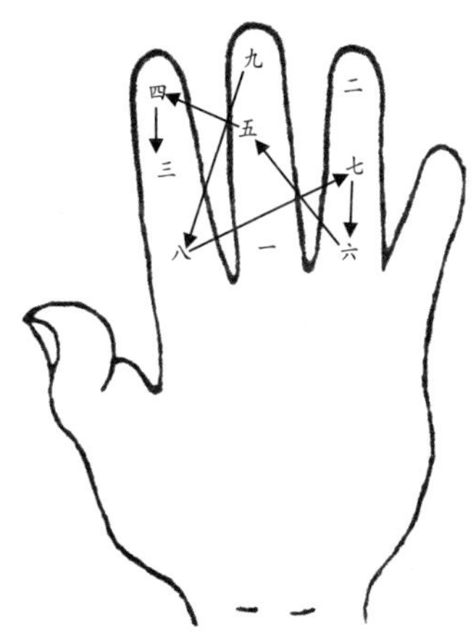

夏至中元在上元阴遁九局基础上，从离宫逆飞后退六宫到震宫，则为阴遁三局，如上图所示。

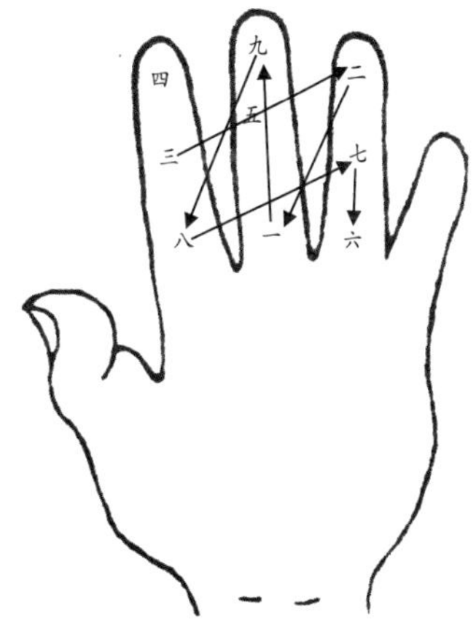

夏至下元在中元阴遁三局的基础上，从震宫逆飞后退六宫到乾宫，则为阴遁六局，如上图所示。

阳局顺推六宫，阴局逆退六宫，究其原因为，一局为五天，一天十二个时辰，一元即一局，正好六十个时辰，六十个时辰在排局时十个为一组，分为六组，即六个旬头，排局时每一旬占一宫，为同一值符和值使。一旬十个时辰一换宫，一局六十个时辰正好占六个宫位，所以上元到中元，中元到下元，阳遁顺进六宫，阴遁逆退六宫。

4. 掌上排地盘九星与八门

九星分列九宫，天蓬属水，居坎一宫，天芮属土，居坤二宫，天冲属木，居震三宫，天辅属木居巽四宫，天禽属土居中宫，天心属金居乾六宫，天柱属金居兑七宫，天任属土居艮八宫，天英属火居离九宫，此地盘九星之分布。

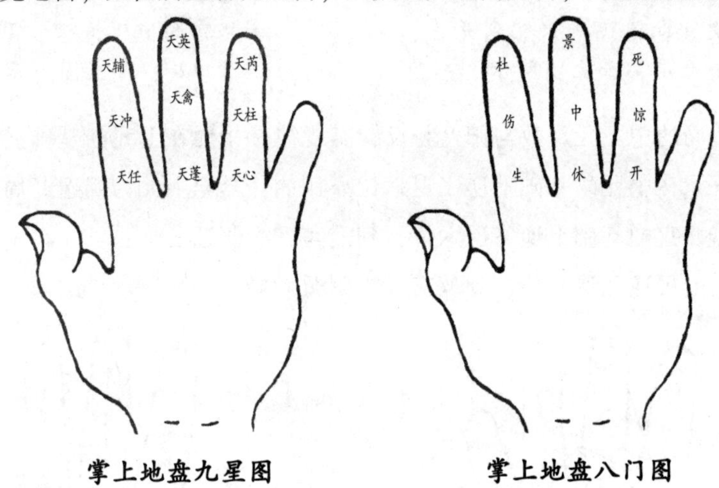

掌上地盘九星图　　掌上地盘八门图

八门分配八方，休门属水坎方，生门属土居艮方，伤门属木居震方，杜门属木居巽方，景门属火居离方，死门属土居坤方，惊门属金居兑方，开门属金居乾方，此地盘八门之排列。

5. 求值符与值使

《烟波钓叟歌》云："九宫逢甲为值符，八门值使自分明。符上之门为值使，十时一位堪凭据。"值符为每个时辰的六甲旬头所对应的宫中之星。值使则为每个时辰的六甲旬头所对应的宫中之门，若旬头到中宫，则寄二坤宫，以死门为值使。

例如：阳遁一局，从坎宫开始起甲子时，以甲子为旬头的十个时辰——甲子、乙丑、丙寅、丁卯、戊辰、己巳、庚午、辛未、壬申、癸酉的值符即为天蓬星，值使则为休门，甲戌到坤二宫，以甲戌为旬首的十个时辰的值符即为天芮星，值使为死门。如（图 A）所示，阳遁局仿此。

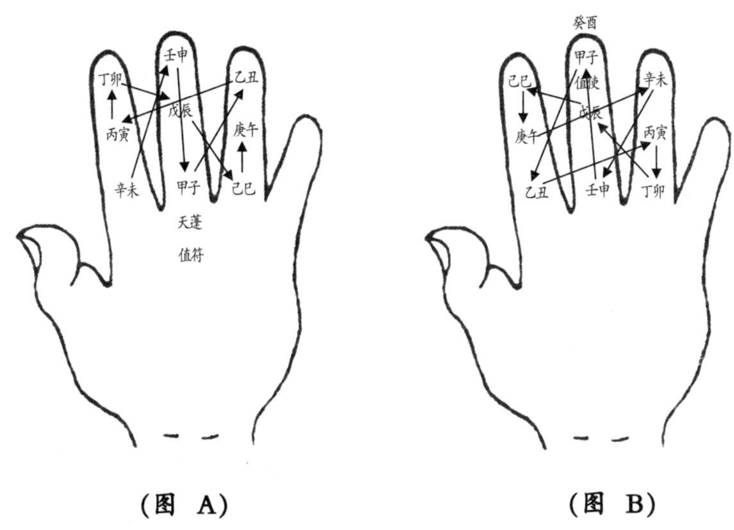

（图　A）　（图　B）

又如：阴遁九局，从离九宫开始起甲子时，以甲子为旬首的十个时辰的值符即为天英星，值使则为景门，甲戌到艮八宫，以甲戌为旬首的十个时辰的值符即为天任星，值使则为生门。如（图 B）所示，阴遁仿此。

因每个值符和值使都管十个时辰，满十个时辰之后，下一符头又移入另一宫，又成为另一旬首的十个时辰，值符，值使随之又起变化，此为“十时一位”之意。

6. 求天盘奇仪落宫

《烟波钓叟歌》中云：“值符常遣加时干”。值符确定之后，再加到地盘时干所居之宫，如阳遁一局甲、己之日甲子时，天蓬为值符，加坎一宫甲子戊上，乙丑时即将值符天蓬星加时干乙奇所居之离宫位上，余仿此。

确定了天盘值符之宫后，天盘奇仪之变化在此举例说明，例如：阳遁一局甲、己之日丙寅时，天蓬为值符，对应的地盘宫为坎一宫，今将天盘值符加时干丙奇于艮八宫，依后天八卦乾、坎、艮、震、巽、离、坤、兑的排列循环关系，则坎宫之干加于艮上，艮宫之干加于震上，震宫之干加于巽上，巽宫之干加于离上，离宫之干加于坤上，坤宫之干加于兑上，兑宫之干加于乾上，乾宫之干加于坎上，阳遁局仿此。如下图所示：

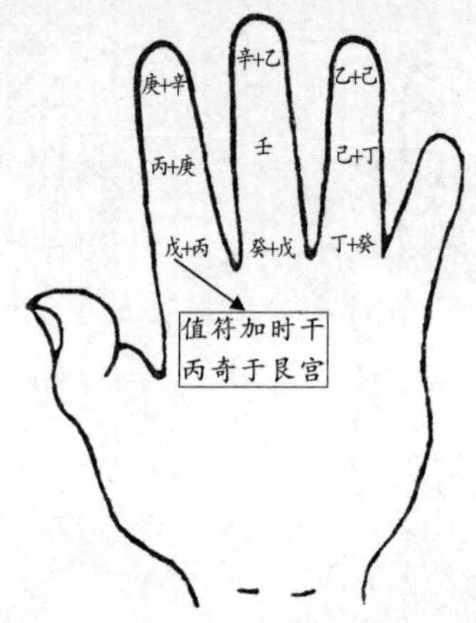

阳遁一局丙寅时天地盘奇仪组合关系图

又如：阴遁九局甲、己之日丙寅时，天英为值符，对应的地盘宫为离九宫，将天盘值符加时干丙于坤二宫，依后天八卦之序，离宫之干加坤上，坤宫之干加兑上，兑宫之干加乾上，乾宫之干加坎上，坎宫之干加艮上，艮宫之干加震上，震宫之干加巽上，巽宫之干加离上，如图所示。阴遁局仿此。如下图所示：

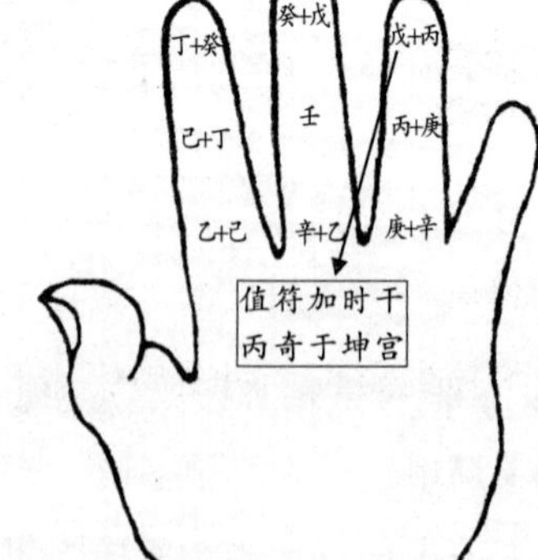

7. 求天盘九星

掌握了天地盘奇仪的推演方法后，再推出飞盘九星的落宫。首先要记清楚阳遁、阴遁九星的顺飞、逆飞之序，阳遁顺飞九星；蓬、芮、冲、辅、禽、心、柱、任、英周而复始；阴遁逆飞九星；英、任、柱、心、禽、辅、冲、芮、蓬周而复始。

例如：阳遁一局甲、己之日丙寅时，值符天蓬加时干丙奇于艮八宫，顺飞九星，则天芮到离宫，天冲到坎宫，天辅到坤宫，天禽到震宫，天心到巽宫，天柱到中宫，天任到乾宫，天英到兑宫。阳遁局仿此，如下图所示：

注：笔者九星用飞盘，与其他活盘奇门法有别，详细论述请参看《掌上奇门》或《掌上乾坤》。

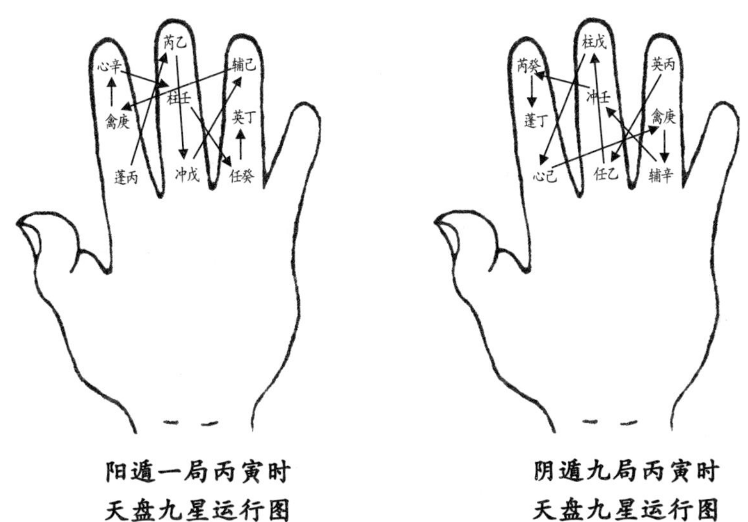

阳遁一局丙寅时
天盘九星运行图

阴遁九局丙寅时
天盘九星运行图

又如阴遁九局甲、己之日丙寅时，值符天英加时干丙奇于坤宫，逆飞九星，则天任到坎宫，天柱到离，天心到艮宫，天禽到兑宫，天辅到乾宫，天冲到中宫，天芮到巽宫，天蓬到震宫。阴遁局仿此，如上图所示：

8. 求人盘八门

人盘八门的定位，是从地盘值使（值符）之宫开始，按阳遁顺飞九宫，阴遁逆飞九宫的原则，飞到所值时辰落宫，再将值使之门加于其宫，按休、生、伤、杜、景、死、惊、开之顺序，顺时针方向顺行八方，周而复始。

例如：阳遁一局甲、己之日丙寅时，属甲子旬首，从坎一宫（地盘值使值符之宫）起甲子顺飞，丙寅到震宫，将值使休门加震宫之上，则生门到巽，伤门到离，杜门到坤，景门到兑，死门到乾，惊门到坎，开门到艮。阳遁仿此，如下图所示：

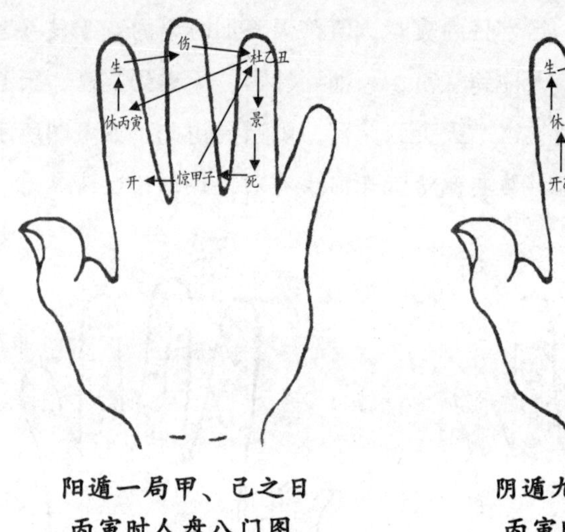

阳遁一局甲、己之日丙寅时人盘八门图

阴遁九局甲、己之日丙寅时人盘八门图

又如阴遁九局，甲、己之日丙寅时，属甲子旬首，离宫（地盘值使值符之宫）起甲子逆飞，乙丑到艮宫，丙寅到兑宫，将值使景门加兑宫之上，则死门到乾，惊门到坎，开门到艮，休门到震，生门到巽，伤门到离，杜门到坤。阴遁局仿此，如上图所示：

9. 求神盘八神

神盘八门是从天盘值符宫开始，阳遁顺行八方，阴遁逆行八方。其顺序为值符、螣蛇、太阴、六合、白虎（下有勾陈）、玄武（下有朱雀）、九地、九天。

如阳遁一局甲、己之日丙寅时，天盘值符天蓬星加地盘丙奇于艮宫，即从艮宫起值符顺行八方，震宫螣蛇、巽宫太阴、离宫六合、坤宫白虎、兑宫玄武、乾宫九地、坎宫九天。阳遁局仿此，如下图所示：

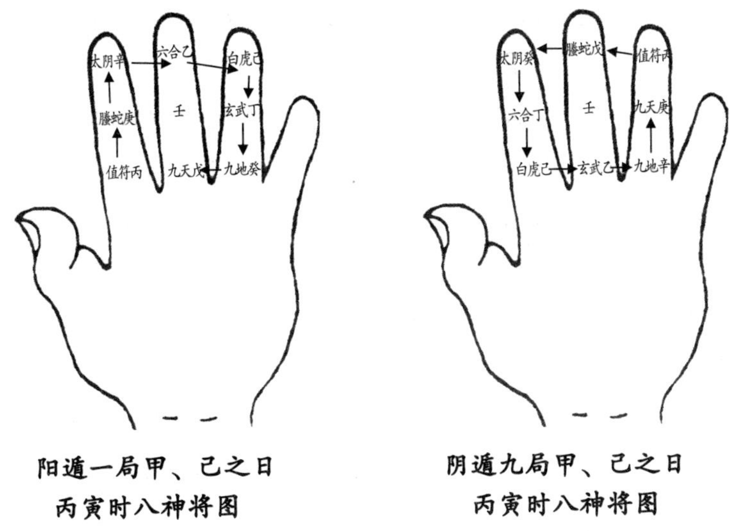

阳遁一局甲、己之日丙寅时八神将图

阴遁九局甲、己之日丙寅时八神将图

如阴遁九局甲、己之日丙寅时，天盘值符天英星加地盘丙奇于坤宫，即从坤宫起值符逆行八方，离宫螣蛇、巽宫太阴、震宫六合、艮宫白虎、坎宫玄武、乾宫九地、兑宫九天。阴遁局仿此，如上图所示：

通过以上一步一步的推演方法分析，就可以掌握其中的规律，只要多加演练，就能熟中生巧，随时随地就可在掌上进行奇门布局了。

二、奇门预测的方法与思路

在奇门遁甲中，由于天、地、人三盘的组合要素比较多，显象也较为复杂，与其他占测方法相比，则显的难度相对要大，尤其是对初学者，当看一个局时，往往有无处下手之惑，如生门代表的象意，在方位上属东北，又主少男、钱财、田园、手指、左足、狗……等多种象意，所以在判断中要把相关的人事信息准确定位，抓住主要矛盾，合理取象，象、理、数结合，才能提高测事的准确度。

奇门象数取法，实际上直观整体，表里分明，其分析判断事物的思路天、地、人同参，其结构以八卦九宫为基础，五行生克为法则，主客之分为提纲，可将繁杂的事物清晰化，只要分析判断事物的思路正确，运用得当，就能使操作者能够在实际应用中游刃有余，应用自如。

由于奇门遁甲有天、地、人三盘，其中有八卦的万物类象，也有先后天之数，有奇仪之象，也有八神、九星之象，其信息量之大，在术数门类中为最，对于事物的描述，应期的确定，都非常有效。在实际应用中，关健的一步是要抓主要矛盾，因为奇门显象过多是优点，但也往往会使人云里雾里无从下手，所以首先记住的第一点是要将用神取准确，第二点是主客要分清，第三点是要抓住时空方位这一要素，第四点是取象要准确，然后以五行的生克制化、旺相休囚、旬空入墓等来作为判断人事状态的准则，决断出事物的成败吉凶，再将用事宫中的各种显象进行分析，使事物更具体化、明晰化，找出其有利与不利因素，因势利导，按规律办事。下面逐一用实例进行分析，以期抛砖引玉。

1. 取准用神

在任何一门易学术数门类中，取用神是必须掌握的要素之首，如用神取错，则断事无准验，断出的结果往往南辕北辙，牛头不对马嘴。因取用神是入式的第一步，是测事之起点，好比一个人出行要到南方去，却搭乘上了去北方的车，那样将背道而驰，永远到达不了目的地。同时在取用神上不但要求准确，而且要有灵活性，对所测事物要进行全盘的分析与考虑，如在笔者所著的《掌上奇门》一书中有一例，王某要测其子女之事，首先当取时干为用神，但其子因犯盗窃罪正处判刑阶段，要看其结果则又要以甲午辛为用神，甲午辛为罪人，开门为法院，综合判断，看时干、甲午辛、开门三者之间之生克关系，以断其结果，这样才不至于顾此失彼。下面举一例再进行分析。

1994 年农历八月初一日，我村旁边的李桥水库里面发现一具女尸，被牧羊人打捞出来。邻村楼园庄的好多人从死者的面部特征辨认，认为是本村村民田某的妹妹，田某的母亲听到此言后，赶往现场，看后也认定是自己的女儿，伤心晕倒。因其女儿与丈夫关系不和，前不久与其夫吵架闹矛盾而出走，至今未归。又因女尸在水中已浸泡数日（后得知死者是农历七月二十六日跳进水库的），面目已浮肿。后经警方来人，将田某妹妹的照片拿去与死者对照，并将其夫也找来辨认，虽有相似之处，但也不能下最后的定论。警方的意见要田家人先将人埋了再做处理，但田家人却又怕埋错了人，一直拖着。八月初四日下午四点多，田某来找我，要我测一下其死尸究竟是不是自己的妹妹，以做下一步打算。我以问测之时起局预测。

干支历为：甲戌年，癸酉月，戊戌日（空：辰、巳），庚申时（空：子、丑），白露上元阴遁九局，天辅值符落兑宫，杜门值使落兑宫。

六合　天蓬 乙+甲寅癸 休　巽	太阴　天心 甲戌己+甲子戊 生　离	螣蛇　天任 丙 丁 +　甲辰壬 伤　坤
白虎　天英 甲午辛+丁 开　震	天芮 甲辰壬 寄二坤　中宫	值符　天辅 甲寅癸+甲申庚 杜　兑
玄武　天禽 甲申庚+甲戌己 惊　艮	九地　天柱 丙 甲辰壬　+乙 死　坎	九天　天冲 甲子戊+甲午辛 景　乾

分析：

1. 兄测妹以月干为用神，今月干甲寅癸临兑宫为值符之宫，天辅吉星相临，人平安无凶。杜门临兑宫，兑主西方，杜门隐遁藏形，其人必躲藏在西方兑宫之地。

2. 死门临坎宫空亡之地。九地、天柱临坎宫，天柱主少女，死者必是未婚女子。九地主遁迹藏形。年柱甲戌己在离宫，与死门落宫相冲，年干主父母，太阴、天心临离，太阴主母，天心主父，可断死者是与父母发生矛盾而自寻短见的。

3. 死门临坎，坎主水，是人死在水里的标志。坎又主北方，死者之家必在正北方向，阴遁坎宫为外盘，坎之先天数为六，六十里之外。

4. 死门临坎为落空，填实之日（庚子日），案情必会水落石出。

根据以上分析，我对田某说，死者不是你的妹妹，而是一个未婚少女，可能是与父母发生矛盾而寻短见的，其家在北方六十里左右的地方，可能是县城附近的人（县城在李桥水库正北方，相距三十一公里）。田某听我之言，回去将预测结果告诉了家人及亲友，大家都松了一口气。

此后，公安部门通过媒体报道，至八月初六日（庚子日），山丹炭黑厂职工陈某夫妇前来辨认，才知是自己的女儿。原因是与父母发生争执而出走的，找了多日，一直未找到，还以为是躲到外地的同学家去了，没想到却走上了绝路。

过了一段时间，再次见到田某时，他说，他妹妹已经回来了，当时一气之下离家出走，在外面找了一处打工的地方，没有与家里联系，以致发生了这种误会。

从上面的分析可以看出，问测人首先问的死者是不是自己的妹妹，故取月干为用神，看其月干落宫的情况以定吉凶，由于月干临值符天辅吉星，又临杜门主躲避，虽值符加庚为飞干格，值符为六甲，甲庚相冲为出走之象，不在本地，急则从神，临值符宜于逃避。兑宫主西，故人在西方，甲申庚加甲寅癸，寅申相冲，寅申为道路之所，也是人逃走的象意。首先得出人平安的结论，然后取象得出人逃避而走的结果与方位。同时乙落巽宫克庚之落宫艮宫，又是夫妻不睦的象征。

既然确定死者不是问测者的妹妹，再次取用神，因死门主死尸，故以死门为用神断其事体之原由，死门临坎宫，坎主水库，投水之象，临九地为死丧，临天柱为未婚女子，坎主一、六之数，可断其远近，坎水克离火，离宫为太岁甲戌之落宫，太岁主父母，故死者是与父母发生矛盾而寻短见的。

以上案例说明在取用时要灵活变通，不可执一死法，细心的同道在其中还能根据不同的人取不同的用神，找出另外一些象意来，还望多加体悟！

2. 分清主客

《奇门秘笈大全》中云："凡主客，动静不定，变化莫测。故主客，不定之象。或以先动为客，后动为主；或以动为客，静为主；或以先声为客，以后声为主；或以天盘为客，地盘为主……或以阳为客，阴为主；或反客为主，反主为客……故善用奇门者，先分主客，然后再明占法。"又云："奇门之应候，时有先后，应有主客，以彼此、人我而推之……干谒访友之类是我为客，彼为主。如有人来求我，或通知我，而我未知，是彼为客我为主。"可见分清主客是奇门用事与预测的关键所在。主客以阴阳、动静、刚柔等辩证关系演绎出事物的发展规律与体系，主客之分，是用辩证统一的方法准确描述事物的本体。所以在实际应用中，掌握了主客之法，就可以因时因地，动静攸分，知进退之机，显刚柔之道，夺天地之造化，

奇门主客的取用，贵在灵活通变，下面用实例分析，望读者能够举一反三。

1993年农历三月初八日戌时，堂兄问测，说他的同学马某在嘉峪关承包工程，找他去带工，能否去，财利如何？

癸酉年，己卯月，庚戌日（空：寅、卯），丙戌时（空：午、未），清明上元阳遁四局，天心值符落坤宫，开门值使落艮宫。

九地　天任 丙 甲戌己+甲子戊 生　巽	九天　天辅 甲午辛+甲寅癸 伤　离	值符　天心 丙 甲申庚+甲戌己 杜　坤
玄武　天柱 甲寅癸+乙 休　震	天英 甲戌己 寄二坤　中宫	螣蛇　天芮 丁+甲午辛 景　兑
白虎　天冲 甲子戊+甲辰壬 开　艮	六合　天禽 乙+丁 惊　坎	太阴　天蓬 甲辰壬+甲申庚 死　乾

我灵机一动，运用主客之法，现在是别人来找，故对方为客，我方为

主，按方位主方在客方的东南方属巽宫。巽为主，为地盘，天盘为客，天盘天任星带六丙加地盘六甲于四宫，构成“飞鸟跌穴”之吉格，谋为百事大利，六甲生六丙，甲食丙禄，同心合力，两方皆宜，且生门临巽更利于求财、巽为四数，天盘天任星为八数，两数之和为十二数，生在巽宫受克，其数减半为六数，必得财在六仟元左右，。我告诉他，此次求财必得，应马上去，不必疑虑，秋末果然满意而归，一切开支之外，纯利六千余元。

从上面的分析可以看出，首先在主客的取用上要清楚一点，是对方来找，故我方为主，对方为客，对方在我方的西北方，我方在对方的东南方，这时就要搞清楚以主方的宫位来分析事物的前景，而不能以对方的宫位来判断，然后再以主方宫位的地盘为主，天盘为客进行分析判断，得出最终的结论。

由于这是当时的预测纪录，在分析判断上还有点漏洞，地盘甲子戊严格意义上不为甲而是戊，因此时属甲申旬，六甲隐于六庚之下，巽宫地盘六戊得天盘六丙所生、六己比和，故主客皆利。天盘天任星受地盘天辅星之克，利于主，其他判断思路如上所述。

3. 运用时空

奇门时空数理模型，是古人综合摩拟天道、地道、人道的宇宙巨大的系统模型，是反映未来世界趋势的一种造型，从宏观上看，它力求全面探讨天、地、人三才之道，在特殊的环境依照一定的推理依据，输入系统，判断或预测出事物的发展前景，进而选择最佳行动方案，体现了周易变易思维的应用，在处理信息的过程中，特别重视天、地、人三盘之间的一切有关信息，天盘代表天时，地盘代表地理方位，人盘代表人事，将所测事物的信息输入相关的时间与空间之中，作出合乎情理的推演。奇门的整体性要求，在描述宇宙宏观和微观事物中，九宫、八方的分系统和子系统是纳入系统的整体目标，即系统的分项指标具有整体性，各个组成部分其他的九星、八门、九宫、奇仪、八神之间的互相联系，服从奇门数理模型的整体的目地要求，服从整体功能 ，在整体功能的基础上展开系统符号（九星、八门、九宫、奇仪、八神）之间的活动，这种活动的总和，形成了奇门时空数理模型的有机体，这就是奇门系统的整体性，它全面的说明了宇宙万物对立统一的变化规律。

时空规律是空间中各种物质的规律，反过来说，各种物质的规律就是时空的规律，要认识自然间各种事物的规律，首先要认识时空规律。当某一事物在某一时空坐标里产生和发展，它就是这个时间与空间的一个子系统。它是一种物质，是时空的成分，那么此事物的发展规律就是时空的规律，时间产生于天体运动，天体运动的结果则体现在时间坐标上，时空之间相互联系又彼此对应，古人的这一观点与现代辩证观点是十分吻合的。这就是世界是运动的、发展的、变化的，但却是有规律可循的。人为天地作用的产物，应顺应这种自然的客观规律和社会规律，而不能违背它，改变它，但却可以和利用这种规律，指导人生、趋利避害、设计未来。

奇门遁甲是以时空来模拟事物的变化及发展规律，定位时空坐标尤为重要，在实际预测当中，时间有时可以用事发时间为准，也可以用问事时间来测，又可以用报数的方法取时，亦可用其他方法进行取时，总之在于一心活泼变通。而方位的取法，也是多样化，即可以用实际方位为准，又可以物物一太极的原理，根据预测者或被测者的前后左右八方定位，也可用数字、颜色、声音、人体部位、物象等进行定位。通过预测者的灵感与实践经验，找到信息的切入点为原则。如我与一位好友在一起看电视聊天，他说朋友介绍一生意前景如何，这时电视上正播放一战争片，他指着电视说，你看一个团的部队全军覆没了。我听此言以外应取象断事不成，同时又以奇门预测，以电视为离卦，看其离宫为甲子戊日柱临死门，生门在坎宫落空又克日柱宫，与所测事体完全对应。

但须强调的一点是，在实际选择用事应用当中，如趋避，选方、择吉、军事等方面，必须以实际用事时间与方位进行操作，因为实际的时间和方位是受天体运行的支配，所体现的规律也正好是宇宙自然规律，任何事物的发展必须遵循这一规律。

下面举一预测实例进行分析，希望能提高读者对奇门时空预测的认识。

2001年农历11月23日中午11.20分，某银行运钞公司副总刘某与计财部长王某找笔者预测流年运气，刘某坐坤宫，王某坐乾宫。

辛巳年，辛丑月，甲戌日（空：戌亥），庚午时（空：戌亥），阳遁四局，天辅值符落乾宫，杜门值使落坎宫。

庚午时	甲日为五不遇时	
白虎　天芮 甲申庚+甲子戊 惊　巽	玄武　天柱 丁+甲寅癸 开　离	九地　天英 丙 甲辰壬+ 甲戌己 休　坤
六合　天蓬 甲午辛+乙 死　震	天冲 甲戌己 寄二坤　中宫	九天　天禽 乙+甲午辛 生　兑
太阴　天心 丙 甲戌己 +甲辰壬 景　艮	螣蛇　天任 甲寅癸+丁 杜　坎	值符　天辅 甲子戊+甲申庚 伤　乾

分析：

1. 甲日庚午时为五不遇时，奇仪反吟，事主反复不顺，单位内部不团结。

2. 刘某坐坤宫，壬加丙为“水蛇入火”格，凡事不利，求谋反凶。壬加己为“天地刑冲”格，顺守可吉，妄动必凶。九地主静，强动招咎，休门为吉，韬光养晦，但不可强为。太岁、月柱甲午辛临天蓬、死门于震宫，克刘某所坐之坤宫，辛加乙主猖狂，天蓬主霸道，死门主死心眼一门心思，由此可见刘某受同行及上级领导的排挤与制约，且坤宫临月破，主刘某处境不好。

3. 王某坐乾宫，值符加庚为“值符飞宫”格，本伤枝亡，四面楚歌，动辄招咎之象。临伤门主所属行业为司法性质。甲子戊主资金，正合计财部长的身份。王某所坐之乾宫克太岁、月柱落宫，犯太岁与领导不和，克月柱与同事有矛盾，既然是克对方，必然有牵制对方的一面。

4. 刘某所坐之坤宫生王某所坐乾宫，刘某支持王某的工作，两人工作上配合也很好。

5. 太岁、月柱辛金在震宫凶象重重，辛加乙主猖狂，天蓬主霸道，死门加伤门，官动而刑之象，2005 年乙酉太岁临生门于兑宫旺地，克甲午辛之落宫，必因钱财之事引火烧身。

笔者将预测结果告知对方后，他们说，单位去年新来了一位一把手，来之后与一副总互相串通，很猖狂，且有营私舞弊之嫌，总是想排斥他们几个老人手，但他们的不合理开支受王某之制约，所以他们很是不满。我说，你们单位领导如执迷不悟，将来会出问题的！

结果：2005 年秋季，其单位领导与一副总因挪用公款之事被撤职，与局象所反馈的信息完全一致。

从以上分析可以看出，被测者两人所坐的宫位不同，根据不同的宫位却能反映出事体的实际状态和规律，由此可见奇门时空数理是模拟万事万物发展趋势的一种模型。

4. 一局多断

在现在出版的各种术数资料及网络文章中，关于一卦多断、一课多断、一局多断等案例非常多，往往使人望而却步，惊叹其卦技的高明，细心推断考证，就会发现大多是牵强附会，迎合读者的心理，很难让人信服，硬是将好多不相干的事情往上套，套来套去使人云山雾罩，不知所云，丈二和尚摸不着头脑，反而影响了占断的准确性，问东家之事却扯到了西家。有一次笔者为一女士占测，她问自己小孩的事情，站我身旁的一位同道看到局中乙庚落宫相冲克，马上便说其婚姻不好，使这位女士很恼火，说自己夫妻关系很好，并质问他为什么要说这样的话，并且一再声明自己要问的是孩子的事，搞的这位同道非常尴尬！就在同一时辰，又来了一位女士问婚姻，笔者便直断其婚姻不好，并言其丈夫在 1994 年或 1995 年有生死大灾，且证实了预测的准确。这一案例对我们易学预测者也是一个很好的启示，又如就在笔者整理书稿期间回老家一趟，有两位女士来找笔者求测，一女士问婚姻，我回答美满，反馈正确；而另一女士同时又问女儿正谈一男友能否成，我问其双方年命，说是同年八四年癸亥年生，我看到局中癸加丁上，癸丁相冲，便直言最近双方闹矛盾，最终不成，与实际情况完全相符。同是问婚姻，切入点不一样，结果就不同，这就是说任何一种预测方法都有其针对性，首先要搞清楚的是问测者的来意或所关心的事体，这是第一信息，也是预测的切入点，抓住这一主要矛盾，在此基础上展开分析，并将其他与之相关信息调动起来，围绕主要矛盾而展开一局多断，这样才不至于偏离主题，使预测趋于完美。下面再举一例，与同道共同研讨。

2002 年 2 月 21 日申时，贾某丁未命，坐坤宫问测。1. 今年流年及今后运气；2. 事业在何地发展较好；3. 近两月内有无大的变化，自己怎样应变；4. 看祖坟情况怎样，何时立碑为宜？

壬午年，壬寅月，庚申日（空：子、丑），甲申时（空：午、未），阳遁二局，天辅值符落巽宫，杜门值使落巽宫。丁未命。

值符　天辅 甲申庚+甲申庚 杜　巽	螣蛇　天英 丙+丙 景　离	太阴　天芮 甲子戊　甲子戊 甲午辛 + 甲午辛 死　坤
九天　天冲 甲戌己+甲戌己 伤　震	天禽 甲午辛 寄二坤　中宫	六合　天柱 甲寅癸+甲寅癸 惊　兑
九地　天任 丁+丁 生　艮	玄武　天蓬 乙+乙 休　坎	白虎　天心 甲辰壬+甲辰壬 开　乾

分析：

1. 今年流年及今后运气？

日柱甲申庚落巽宫伏吟，伏吟主欲动不能，庚加庚为“太白同宫”之凶格，官讼刑狱，兄弟相残之象，临杜门主杜塞不顺，岁干甲辰壬临开门于乾宫克日柱落宫，流年不顺，开门主工作单位，克日柱主工作压力大。日主所坐之方坤宫也主其运势，坤宫临死门主受困，临天芮须防脾胃腹部之疾。年命丁未，六丁临生门于艮宫，生门主财，艮宫临马星，宜于动处求财，艮宫为日柱空亡之宫，丁临艮又为入墓，2003~2004 年太岁临未、申临坤冲其艮宫破墓而实，动起马星必有转机。

2. 事业在何地发展较好？

休门临乙奇于坎宫生日柱宫，命干丁火临生门于艮宫，宜于北方发展，阳遁坎宫、艮宫为内卦，宜近不宜远。

3. 近两月内有无大的变化，自己怎么应变？

大局满盘伏吟，伏吟主静，不会有大的变化，壬寅月干壬临开门、白虎于乾宫克日柱宫，开门主工作，白虎主伤残，工作宜防工伤事故。癸卯月干临惊门于乾宫克日柱宫，惊门主口舌，宜防口舌相侵。

4. 看祖坟情况怎样，何时立碑为宜？

大局伏吟，主无地气。死门主坟墓，死门与天芮星落坤宫，天芮主有问题，宫中戊、辛伏吟为凶格，也是风水不好的标志。太岁亦主先辈祖坟，今太岁宫临白虎克日柱宫，也是风水对后辈不利的信息。

戊为明堂临死门落空，主明堂低陷不聚气；丙为朱雀临离宫落空，前无案山，不利功名；青龙白虎落巽宫临杜门，龙虎高压必逼穴。风水不佳，立碑何用，宜找好风水早日迁坟。

以上的分析结果贾某很满意，他说：自己是搞建筑的技术员（日柱临杜门主技术），这几年情况确实不理想，有脱离现在的公司与别人合作的想法，但现在的公司拖欠自己工资数额不小（甲子戊临死门落空之故），如果离开那些钱就会被勾销（开门克日柱，被单位牵制），真是进退两难！祖坟的风水情况，与卦中显示的基本一致，但迁坟之事由于牵扯面大，恐怕一时难以办到！

从上面可看出，求测者问的事情较为复杂，基本属于一局多断的范畴，针对求测者的提问遂一进行了分析，并引申出一些其他的信息，这些引申都是针对求测者所关心的问题为中心，在此基础上展开多层面分析，如果偏离了主题，而去主动断求测者不关心的问题，往往会有不验之惑，点滴感受，望同道者切记。本书中还有其他类似的案例，有兴趣的易友可留心细看，触类旁通。

5. 奇门演卦

奇门演卦之法有四种，现代易学家卢泰先生对此深有研究，探索其久已失传的参伍筮法即遁甲筮法，并对《左传》、《国语》上的二十二条筮例进行了验证，且在理论及考证上进行了深层次的探讨，使久已失传的遁甲筮法复明于世，可谓功莫大焉！有志于此者，可阅读研究卢老先生的《周易信息库》、《周易参伍筮法》、《周易筮解》等几部专著，这样不但对奇门的认识更为深刻，而且掌握了奇门筮法对提高测事的准确率也是颇有裨益的。下面介绍几种传统的奇门演卦方法，提供给大家作为参考。

(1) 符使演卦法

符使演卦法有两种，一是以地盘值符落宫为内卦，值使落宫为外卦。如1998年8月11日巳时，为立秋下元阴遁八局，干支历为戊寅年，庚申月，庚寅日，壬午时，地盘值符天柱在兑宫为内卦，值使门惊门落艮宫为外卦，组成《山泽损》卦，余皆仿此。这种方法存于古籍《奇门遁甲统宗大全》之中。

值符 天柱 甲戌己+甲辰壬 休 巽	九天 天冲 甲申庚+乙 生 离	九地 天禽 丙+ 丁 甲午辛 伤 坤
螣蛇 天心 丁 甲午辛 +甲寅癸 开 震	天任 甲午辛 寄二坤 中宫	玄武 天蓬 甲子戊+甲戌己 杜 兑
太阴 天芮 乙+甲子戊 惊 艮	六合 天辅 甲辰壬+丙 死 坎	白虎 天英 甲寅癸+甲申庚 景 乾

另一种方法是以天盘值符落宫为内卦，值使落宫为外卦，组成主卦；值符星所属之卦与落宫中之门所属之卦组成变卦。如上局中，天盘值符天柱落巽宫为内卦，值使惊门落艮宫为外卦，主卦组成《山风蛊》；值符宫中，值符星天柱属兑为外卦，休门属坎为内卦，组成变卦《泽水困》，卦象为《蛊》

之《困》，这时可用《易经》中的卦爻辞或《焦氏易林》中的卦辞推占吉凶。余皆仿此，这种方法存于《奇门遁甲天地全书》之中。

(2) 门方演卦法

以地盘九宫的后天八卦方位为内卦，所临的人盘八门为外卦，这样每一方位都会组成一组卦象。卢泰先生尊从这一方法，且考证为古之遗法。如2008年3月3日巳时，为雨水中元阳遁六局，干支历为戊子年，甲寅月，壬寅日，乙巳时，起局如下：

九地　天英 甲戌己+丙 惊　巽	九天　天禽 甲子戊+甲午辛 开　离	值符　天柱 甲辰壬+甲寅癸乙 休　坤
玄武　天任 甲寅癸乙+丁 死　震	天蓬 乙 寄二坤　中宫	螣蛇　天冲 甲申庚+甲戌己 生　兑
白虎　天辅 甲午辛+甲申庚 景　艮	六合　天心 丙+甲辰壬 杜　坎	太阴　天芮 丁+甲子戊 伤　乾

休门值使临坤宫组成《水地比》卦；生门临兑宫组成《山泽损》卦；伤门临乾宫组成《雷天大壮》卦；杜门临坎宫组成《风水涣》卦；景门临艮宫组成《火山旅》卦；死门临震宫组成《地雷复》卦；惊门临巽宫组成《泽风大过》卦；开门临离宫组成《天火同人》卦，余局皆仿此。一时八方各有一卦，根据其每一方位的动静、主客、外应等信息，以其卦象进行吉凶推断。

(3) 天甲地将演卦法

《郭氏元经·遁甲八卦篇第七十六》云：

变事变动别有机，天甲将来地甲归。
假如乙丑加辛未，风泽中孚会者稀。
甲乙雷风壬癸水，庚辛乾泽丙丁火。
戊山己地分两卦，遁甲八卦理玄微。

其法以用时之干与值使所到之宫的地下之干配成六十四卦，以决吉凶休咎。十干配卦法为：甲为雷为震卦；乙为风为巽卦；丙丁为火为离卦；戊为山为艮卦；己为地为坤卦；庚为天为乾卦；辛为泽为兑卦；壬癸为水为坎卦。

如阳遁一局甲子日，子时在坎宫起甲子，坎宫有子为甲子，二甲组成《震》卦；乙丑时到坤宫，坤宫有未、申二支，以甲子旬而论干支组合为辛未、壬申，因乙丑属阴，辛未亦属阴，故取辛未相加，组成《风泽中孚》卦；丙寅时到震宫，震宫地将为丁卯，丙加丁为《离》卦；丁卯时到巽宫，地将有戊辰、己巳，取己巳为用，丁加己为《火地晋》卦；戊辰时到中宫，中寄二坤宫，坤宫有辛未、壬申，取壬申相比，戊加壬为《山水蒙》卦；己巳时到乾宫，乾宫有甲戌、乙亥，取乙亥相比，己加乙为《地风升》卦；庚午时到兑宫，兑宫有癸酉，庚加癸为《天水讼》卦；辛未时到艮宫，艮宫有乙丑、丙寅，取乙丑相比用，辛加乙为《泽风大过》卦；壬申时到离宫，离宫有庚午，壬加庚为《水天需》卦；癸酉时到坎宫，坎宫为甲子，癸加甲为《水雷屯》卦；甲戌时又到坤宫，这样循环组成卦象进行演绎，判断吉凶。如下图所示：

丁卯 戊辰、己巳	壬申 庚午	乙丑、甲戌 辛未、壬申
丙寅 丁卯	戊辰 辛未、壬申	庚午 癸酉
辛未 乙丑、丙寅	甲子、癸酉 甲子	己巳 甲戌、乙亥

以上各种方法演出之卦象，可以根据六爻纳甲、梅花易、焦氏易林法等进行断占，以自己之所长与经验应用即可。

6. 卦象总断

通过以上对奇门演卦方法的介绍，下面将古籍《断易大全》中六十四卦断辞摘录出来，以备应用时查阅参考。

《乾为天》

六龙御天之卦，广大包容之象。天道西往，水脉东流；求事未遂，心常怀忧；争讼宜止，可用和休。

《坤为地》

生载万物之卦，博厚无疆之象。乃顺承天，万物资生；用动则浊，用静则清；所作有顺，万物皆成。

《水雷屯》

龙居浅水之卦，万物始生之象。如常之事，先易后争；时方屯难，切忌远行；婚姻即吉，谋望不亨。

《山水蒙》

人藏蝈草之卦，，万物始生之象。蒙以养正，山下有泉；回旋反复，迷闷相连；多忧过失，病患相缠；欲进欲追，疑惑不前。

《水天需》

云霭中天之卦，密云不雨之象。云行于天，见险不前；身将有厄，恐必勾连；大事欲至，忧虑悬悬；光亨贞吉，利涉大川。

《天水讼》

从鹰逐兔之卦，天水相违之象。天道西往，水脉东流；求事未遂，心常怀忧；争讼宜止，可用和休。

《地水师》

天马出群之卦，以寡服众之象。独行越师，最不宜动；君子有命，小人勿用；其相克伐，政道成讼。

《水地比》

众星拱北之卦，水行地上之象。水行于地，本性和柔；先仁制礼，以亲诸侯；元永贞吉，百事无忧。

《风天小畜》

匣藏宝剑之卦，密云不雨之象。密云不雨，夫妇反覆；信息不通，出行却伏；求事不成，迟而未速。

《天泽履》

如履虎尾之卦，安中防危之象。坚冰之患，戒慎兢兢；安中防危，忧中望喜；眇而能视，跛而能履。

《地天泰》

天地交畅之卦，小往大来之象。天地交泰，阴阳和光；麒麟悉出，凤凰来翔；小人道灭，君子道昌；求谋顺遂，恶事消亡。

《天地否》

天地不交之卦，人口不圆之象。夫妇不和，别离南北；君子道消，小人道长；人物乖违，不通之象。

《天火同人》

游鱼从水之卦，管鲍分金之象。同心之言，其嗅如兰；二人同心，其利断金；所求皆得，无不称心。

《火天大有》

金玉满堂之卦，大明中天之象。柔得尊位，官禄日实；掩恶扬善；丰财和义，广纳包容；成物之美；自天佑之，吉无不利。

《地山谦》

地中有山之卦，仰高就下之象。谦而受益，满而受亏；谦谦君子，尊人自卑；利用谦逊，万事无违。

《雷地豫》

鸾凤生雏之卦，万物发荣之象。雷出于地，开蛰鼓翼；天地顺动，日时不戒；凡事无疑，上下悦泽。

《泽雷随》

良工琢玉之卦，如水推车之象。改故鼎新，众美俱至；士子得官，宜增禄位；百事顺遂，吉无不利。

《山风蛊》

三蛊食血之卦，以恶害义之象。三虫在器，阴害相连；暗昧之事，其疾难痊；求谋欲起，虑恐相干。

《地泽临》

凤入鸡群之卦，以上临下之象。内柔外和，人非欺诈；居官进升，文才和雅；纵有灾害，不能相惹。

《风地观》

云卷晴空之卦，春风竞发之象。观国之光，风立地上；万物荣昌，财不破散，爵禄加彰。

《火雷噬嗑》

日中为市之卦，颐中有物之象。饮食之事，聚会相延；财爻持世，求之不难；所为事理，内外俱安。

《山火贲》

猛虎负隅之卦，光明通泰之象。光彩喧赫，火色含丹；文章交错，应杂其间；进退荣益，束帛萎萎。

《山地剥》

去旧生新之卦，群阳剥尽之象。阴道将盈，阳道衰弱；卦临九月，霜叶情落；人离财散，求官失爵。

《地雷复》

淘沙水金之卦，反复往来之象。内悦外顺，举动无违；世应相合，迁官益财；失而复得，往而复来；婚姻占得，夫妇和谐。

《天雷无妄》

石中蕴玉之卦，守旧安常之象。天雷震响，惊怖如摧；痛勿与药，虽凶可为；百凡谋望，居安虑危。

《山天大畜》

积小成高之卦，龙潜大壑之象。居官食禄，建立其功；诉讼有益，道里亨通；利涉大川，后吉先凶。

《山雷颐》

龙隐深潭之卦，近善远恶之象。谨言节食，能养其身；震动艮止，万物皆春；恶事消散，不害于人。

《泽风大过》

寒木生花之卦，本末俱弱之象。事卒难明，两刑两克，所求不成；枯杨惜生，自灭之征。

《坎为水》

船渡金滩之卦，外虚中实之象。出入艰险，随坎不已；阴悉伏匿，共相谋计；千里辞家，始免述否。

《离为火》

飞禽遇网之卦，大明当天之象。光明美丽，不利出师；二鸟同飞，雄失其雌；婚姻未合，易起官非；口舌相侵，财散人离。

《泽山咸》

山泽通气之卦，至诚感神之象。天地感应，万物和平；男女感应，夫妇康宁；感应之事，无有不亨。

《雷风恒》

日月长明之卦，四时不忒之象。长久安静，不动为良；日月运转，普照其光；君子以立，不易其方。

《天山遁》

豹隐南山之卦，近善远恶之象。外遁之时，阳道欲亏；恶事即起，善事欲衰；欲进欲退，疑惑难为。

《雷天大壮》

先顺后逆之卦，羝羊触藩之象。羝羊触藩，其道难全；令人刚强，已成过愆；非利勿贪，善莫大焉。

《火地晋》

龙剑出匣之卦，以臣遇君之象。居官益位，祸灭福生；利见王侯，任意必亨。

《地火明夷》

凤凰垂翼之卦，出明入暗之象。君子在厄，三日不食；文王之难，困于丛棘；凡百谋望，且宜止息。

《风火家人》

入海求珠之卦，开花结子之象。阴阳得位，夫妇兴隆；田禾增广，财入本宫；婚姻之道，以存始终；不求自合，家庆融融。

《火泽睽》

猛虎陷井之卦，二女同居之象。志不相得，作事乖违；口舌相争，财散人离；病者难痊，行者不归。

《水山蹇》

飞雁衔芦之卦，背明向暗之象。利往西南，不利东北；向暗背明，多有壅塞；求事未遂，尚多疑惑。

《雷水解》

春雷行雨之卦，忧散喜生之象。出于险难，恶事消散；狱讼可解，共相歌赞；婚不和谐，人如隔面；久患在床，今当冰释。

《山泽损》

凿石求玉之卦，握土为山之象。损上益下，后易先难；本非走私，事主忧官；必损自己，何以为安。

《风雷益》

鸿鹄遇风之卦，滴水成河之象。小人达情，刑狱之愆；君子位变，水善则迁；利有攸往，行人速还。

《泽天夬》

神剑斩蛟之卦，先损后益之象。乾兑相刑，恶闻其声；文字契约，事未易成；必须刚断，始得吉亨。

《天风姤》

风云相济之卦，君臣会合之象。以阴遇阳，以柔遇刚；本无所望，卒然值之；不期而遇，占者得之，所谋无不吉也。

《泽地萃》

鱼龙会聚之卦，如水就下之象。内外喜悦，上下俱柔；万事蓄息，利禄悠悠；求谋有济，解释忧愁。

《地风升》

灵鸟翱翔之卦，显达光明之象。积小成大，升进而上；宜见土公，褒奖赞赏；出合向明，亨通之象。

《泽水困》

河中无水之卦，守而待时之象。君子困穷，小事滥盈；三山幽谷，向暗背明；占者有难，守而勿争。

《水风井》

珠藏深渊之卦，守静安常之象。安身勿动，守道无亏；所作于人，且宜修之；逃亡难得。应没还期。

《泽火革》

豹变为虎之卦，改旧从新之象。时有不遇，并宜改革；守旧则凶，从新则吉。

《火风鼎》

调和鼎鼐之卦，去旧取新之象。鼎象九州，和羹之器；变生为熟，以成香味；鼎乃易溢，不宜争事；官鬼持世，求官最利。

《震为雷》

震惊百里之卦，有声无形之象。无事之者，愕然而惊；求谋和遂，官爵难成；空间其响，不求其形。

《艮为山》

游鱼遇网之卦，积小成高之象。纯艮危危，安静无亏；时止则止，时行则行；失在小儿，求之不得，东北宜之。

《风山渐》

一山植木之卦，积小成大之象，动静皆宜。食无求饱，款曲施为；婚姻和合，行人将归。

《雷泽归妹》

浮云蔽日之卦，阴阳不交之象。天地不交，闭塞不通；有殃有咎，无始无终；所作不顺，必见其凶。

《雷火丰》

日丽中天之卦，背阴向明之象。水中见日，无所取呈；求财未得，事卒难明。

《火山旅》

如鸟焚巢之卦，乐极哀生之象。长途落落，羁旅凄凄；如鸟焚巢，无枝可栖；虽然先笑，后有悲啼。

《巽为风》

风行草偃之卦，上行下效之象。乃顺承天，动用相尚；消息交通，无诸蔽障；所作随顺。进达之象。

《兑为泽》

江湖养物之卦，天降雨泽之象。泽润万物，恩惠兆民；居上爱下，悦而忻忻；利有攸往，无不亨贞。

《风水涣》

顺水行舟之卦，大风动物之象。逐波随水，患难将消；恶事离身，狱讼出牢；利涉大川，丹楫遥遥；出入无滞，福德滔滔。

《水泽节》

船行风横之卦，寒暑有节之象。节以制度，俭以丰盈；内忧外悦，不出户庭；于身谨节，无不康宁。

《风泽中孚》

鹤鸣子和之卦，事有定期之象。天地养育，万物安居；泽被草木，信及豚鱼；利涉大川，厄难消除。

《雷山小过》

飞鸟遗音之卦，上逆下顺之象。进则有咎，退则无愆；多忧过失，疾病相缠；出入不利，必有凶险。

《水火即济》

舟楫济川之卦，阴阳配合之象。往渡得船，成功必济；所求必成，所欲必遂；斯不失时，谓之即济。

《火水未济》

竭海求珠之卦，忧中望喜之象。水火不交，刚柔失位；求事未成，多有壅滞；如狐渡水，必濡其尾；积小成大，谓之未济。

第六章　奇门遁甲应用案例赏析

一、事业案例

实例一

2002 年农历 7 月 19 日下午 16.42 分，笔者好友王某打电话，说他一位朋友是某工程处处长，想调离原单位到别的单位去，能不能调成？调动后前景如何？要我测一下。我测后打电话对王某说：“调动不成，是现任领导不让走，从局象看你是支持调动的。”他说：“的确是这样，能不能调成我想让他再跑一下试试看。”我说：“那就试试吧！”

壬午年，戊申月，丁卯日（空：戌亥），戊申时（空：寅卯），阴遁一局，开门值使落坤宫，天心值符落坎宫。

玄武　天英 丙+丁 死　巽	白虎　天禽 丁+甲戌己 惊　离	六合　天柱 乙 甲戌己+甲寅癸 开　坤
九地　天任 甲申庚+丙 景　震	天蓬 甲寅癸 寄二坤　中宫	太阴　天冲 乙 甲寅癸+甲午辛 休　兑
九天　天辅 甲子戊+甲申庚 杜　艮	值符　天心 甲辰壬+甲子戊 伤　坎	螣蛇　天芮 甲午辛+甲辰壬 生　乾

分析：

1. 测朋友之事，以月干为用神，时柱主事体，今月柱、时柱六戊临艮宫落空，主朋友对调动前景心中不实，没有把握，九天主高远，月柱宫又冲开门宫，想离开原单位，戊下临庚为阻隔，杜门主杜塞，想走有难度。天辅加临，有学历。

2. 值符甲辰壬（太岁）落坎宫，甲辰壬（太岁）加甲子戊（月柱），辰子半合，合为绊住，太岁值符主领导，甲子戊月柱主被测人，是现单位领导暂时不让走。

3. 日柱为问测者，今日柱六丁落离宫生月柱宫（离火生艮土），说明问测者对朋友的调动持支持态度。

结果：王某的朋友费了很多周折跑调动，但由于他所在岗位的重要性，暂时无人替代，现任领导不让走，最终被搁置了下来。

实例二

2002年阴历九月初六日，笔者侄子的同学小王问测准备考研，并且想考兰大的研究生，能否考上？我让其报数，报3数，取寅时而测之，干支历为：

壬午年，庚戌月，壬子日（空：寅、卯），壬寅时（空：辰、巳），寒露上元阴遁六局，天冲为值符落坤宫，伤门为值使落巽宫。

（一）奇门预测：

太阴　天禽 甲寅癸+甲申庚 伤　巽	螣蛇　天蓬 丙+丁 杜　离	值符　天冲 甲午辛+甲辰壬 甲戌己 景　坤
六合　天辅 甲子戊+甲午辛 生　震	天心 甲戌己 寄二坤　中宫	九天　天任 甲申庚+乙 死　兑
白虎　天英 乙+丙 休　艮	玄武　天芮 甲辰壬 甲戌己+甲寅癸 开　坎	九地　天柱 丁+甲子戊 惊　乾

分析：

1. 年、日、时柱同落坎宫，壬水临旺相之地，壬、癸相加比和，开门到宫生之，玄武临宫，有关系，熟悉内部情况，上下照应。

2. 丁奇为文章，落乾宫休囚之地，不旺，成绩不是上好，但生日柱，且丁加戊为“玉女龙神”之吉格，最终能考取。

3. 兰州大学在家的东南方，属巽宫，癸加庚为“太白入网”之凶格，不利，景门为学校，在坤宫，克日柱宫，必为西南方的学校录取。

后果被西南方的青海医学院录取。

(二) 四柱分析：

乾造：**庚申　戊子　戊午　壬子 (子丑空)**

大运：己丑　庚寅　辛卯　壬辰　癸巳　甲午　乙未　丙申

9岁　19　29　39　49　59　69　79

始于：1989　1999　2009　2019　2029　2039　2049　2059

流年：己巳　己卯　己丑　己亥　己酉　己未　己巳　己卯

分析：

日主现行庚寅运、壬午流年。

日柱戊土生于仲冬，金寒水冷土冻，柱中水旺，取日支午火印星暖局，月柱戊土帮身为宜，柱中申子半合水局，二子冲午，有损用神印星，财旺身弱之象，所幸大运、流年与柱中合拱寅午印星火局助身，命局平衡，宜于考学。

实例三

笔者按：此文在2008-10-20日（正式投票前十六天）在中国易学院网站上以《2008谁将入主美国白宫》为标题发表。

随着时间的推移，美国总统大选已近尾声，谁主沉浮，成为人们关注的焦点，笔者于今天上午即2008年10月19日10点多，从凤凰网发现一则刚发的消息，称美国大选仅剩16天，对两党阵营来说，丑闻攻势、政策比拼以及轰轰烈烈的拉票运动都已经进入冲刺阶段。18日，麦凯恩和奥巴马阵营又互相指控猖獗且普遍的选举舞弊行为，同时就哪些人有资格在总统大选投票展开法律攻防战……笔者有感而动，遂测麦凯恩和奥巴马在竞选中谁将胜出。

戊子年，壬戌月，壬辰日（空：午、未），乙巳时（空：寅、卯），月将辰，阴遁三局，天任值符落巽宫，生门值使落兑宫。奥巴马 1961 年生，辛丑命；麦凯恩 1936 年生，丙子命。

（一）奇门预测：

值符　天任 甲辰壬+乙 惊　巽	九天　天辅 甲子戊+甲午辛 开　离	九地　天心 乙+甲戌己 丙 休　坤
螣蛇　天柱 甲申庚+甲子戊 死　震	天英 丙 寄二坤　中宫	玄武　天芮 甲午辛+甲寅癸 生　兑
太阴　天冲 丁+甲辰壬 景　艮	六合　天禽 甲寅癸+甲申庚 杜　坎	白虎　天蓬 甲戌己 丙　+丁 伤　乾

分析：

1. 奥巴马辛丑命，其命干丙火天地盘落宫情况及综合分析为：

天盘命干辛金下临癸水于兑宫，金水通源主智慧，兑宫为辛金禄旺之乡，为得地，会得到选民的较大支持；生门到宫，主有生机，人气旺，生门又为值使之门，有值班当差之意，为得位之象；玄武到宫，灵活机动，有策略；天芮临宫，美中不足还有点问题。

地盘命干辛金落离宫，离主高亢，离为先天之乾位，乾为首为君，引申为总统；太岁戊土临于命干辛金之上，太岁有人君之象，主一国之尊；九天到宫，气势如虹，是登上总统位置的象征；开门到宫，开门象征竞争的总统位置，到宫则为必得之象。

2. 麦凯恩丙子命，其命干丙火天地盘落宫情况及综合分析为：

地盘命干丙火落坤宫，坤为卑下、平民之象；天盘乙临丙上，看似为吉，但九地到坤，九地为下、为阴，是竞争中下落之象；休门到宫，事已休矣，大势所去。

天盘命干丙火落乾宫，乾为贵人位，又主君位，丙下临丁，看似吉象，但丙临乾却为墓地，入墓休囚吉事危，逢生不起；伤门在乾受克，不利竞争；白虎、天蓬到宫，有手段强硬，气势凶猛之象。

（二）六壬预测：

官 丙戌 虎
父 乙酉 空
父 甲申 青

后 贵 空 虎
寅 卯 酉 戌
卯 辰 戌 壬

	蛇	朱	合	勾	
	辰	巳	午	未	
贵	卯			申	青
后	寅			酉	空
	丑	子	亥	戌	
	阴	玄	常	虎	

分析：

课体斩关，正合双方竞争激烈之象；龙虎入传，程龙虎相争之局。

奥巴马命与行年俱为丑土，太岁子水加临其年命丑土之上，太岁有人君之象，是登上九五之尊的象征；三传会金局生其年命丑上之神太岁子水，太岁子水又与其年命丑土相合，奥巴马占尽天时、地理、人和之象，在竞争中必将胜出。

麦凯恩年命子上临亥水，行年寅上临丑土，与奥巴马命与行年上临太岁相合比较，所占条件与奥巴马相差甚远。

综合以上两种预测方法分析，得出结论：奥巴马将成为美国历史上的第一位黑人总统！

实例四

2002 年农历 7 月 12 日早晨 9.30 分，某部队质检站总工王某找笔者，坐巽宫问测，说原来的站长要调走，看自己有无希望进取这个位置，如果位置不能升，自己将面临着转业。

壬午年，戊申月，庚申日（空：子丑），辛巳时（空：申酉），阴遁八局，天柱值符落中宫寄二坤宫，惊门为值使落离宫。

太阴　天心 乙+甲辰壬 死　巽	螣蛇　天芮 丁 甲午辛　+乙 惊　离	值符　天辅 丁 甲戌己+　甲午辛 开　坤
六合　天禽 甲辰壬+甲寅癸 景　乾	天柱 甲午辛 寄二坤　中宫	九天　天英 甲申庚+甲戌己 休　兑
白虎　天蓬 甲寅癸+甲子戊 杜　艮	玄武　天冲 甲子戊+丙 伤　坎	九地　天任 丙+甲申庚 生　乾

分析：

1. 局中日柱甲申庚加甲戌己于兑宫，甲戌己值符加甲午辛于坤宫，甲午辛加乙奇于离宫，成“白虎猖狂”之凶格，脱离原单位之象意。

2. 以巽宫看被测者所处之境遇，临死门主受困之象，乙加壬合“日奇入地”格，凡为不实，临太阴暗中策划，天心吉星临巽为休地，吉处不吉。

3. 以日柱落宫为被测者，今甲申庚加甲戌己于兑宫合“官符刑格”之凶，休门主休养生息，不宜竟取，九天加临，思想好高骛远，不切实际。九天主动，休门主休养，离职之象。

4. 时柱主事体，甲午辛落离宫相刑之地，辛加乙为“白虎猖狂”之凶格，螣蛇主变化，天芮有问题，时柱落宫（离宫）又克日柱落宫（兑宫），事情的发展对被测者不利。

5. 太岁主上级组织部门领导，太岁落宫在震宫，日柱落宫（兑宫）冲克太岁落宫（震宫）为犯太岁，有犯上之嫌，主某方面得罪了上级领导，对自己不利。

6. 月柱为竞争对手。月柱甲子戊落坎宫加六丙之上，合“青龙反首”之吉格，动作大利，名利皆亨。伤门、天冲临之，利于竞争，玄武又主阴谋欺满之象，月柱宫（坎宫）生太岁落宫（震宫），竞争者与上级领导暗中有密切联系，会得到领导的支持。

综合以上分析可以得知，王某不能升职，将面着转业。

结果：王某升职未成，于当年退役到了地方。

实例五

2005年农历8月16日酉时，一领导打电话问测，说最近单位一把手要调走，自己想补此缺，看有无希望，我让其报数，报55数，取坎宫而测。干支历：

乙酉年，乙酉月，丙午日（空：寅、卯），丁酉时（空：辰、巳），巳将，阴六局，伤门值使落离宫，天冲值符落离宫。

（一）奇门预测：

螣蛇　天柱 丙+甲申庚 生　巽	值符　天冲 甲午辛+丁 伤　离	九天　天禽 甲申庚+甲辰壬 甲戌己 杜　坤
太阴　天心 甲寅癸+甲午辛 休　震	天任 甲戌己 寄二坤　中宫	九地　天蓬 丁+乙 景　兑
六合　天芮 甲子戊+丙 开　艮	白虎　天辅 乙+甲寅癸 惊　坎	玄武　天英 甲辰壬 甲戌己+甲子戊 死　乾

分析：

1. 值符甲午辛落离宫自刑，不宜竞官加爵。

2. 坎宫代表现在状况，日柱宫代表自己，日柱临巽宫落空，日空心中不实之象，丙加庚为“荧入太白”之凶格，螣蛇主变化难测，庚为阻隔之神，难遂心愿。

3. 坎宫临惊门，主口舌官司，白虎凶星加临，乙加癸为“奇逢罗网”宜躲避，不宜谋事，作事孤疑难进。

4. 开门落宫临甲子戊克其坎宫，天芮为病符之星加临，开门主官方司法部门，甲子戊主钱财，说明被测人现在因官方或经济方面官司缠身，并有破财之象。时柱丁奇临景门落兑宫克日柱落宫巽宫，官司必起于文书之事。

5. 时柱六丁临兑宫贵人之地，临九地密谋策划，临天蓬手段强硬，落宫旺相克日柱之宫，受开门落宫相生，被测人所谋之缺必为他人所得。

（二）六壬预测：

子 **庚戌** 阴
兄 **丙午** 空
父 　**寅** 朱

阴　朱　玄　蛇
戌　寅　酉　丑
寅　午　丑　丙

	蛇	朱	合	勾	
	丑	**寅**	**卯**	**辰**	
贵	**子**			**巳**	青
后	**亥**			**午**	空
	戌	**酉**	**申**	**未**	
	阴	玄	常	白	

分析：

辰为内事门，辰上两课发用，三传合寅午戌火局，火为兄动劫财之象，末传落空，事无所终。日上丑土子孙克官，官星不入传，由此可见，不但所谋之位不能得，还有破财之象。

我在电话中对被测人说，你最近可能有破财官司之事，对方言正是如此，原来租了二层楼开酒店，与房主签了三年的合同，结果酒店开了不到一年，由于经营不善而关闭，只是装修费一项就花了二十多万元，想转租，房主却不同意，要想退出，房主又要剩余二年的房租，不然就不让搬走酒店的任何东西，就这样两家打起了官司，由于在合同中没有签定有关转租之事，最终由法院调解又给对方交了一年的房租，才将店中东西搬出。当他问升迁之事时，我对他言不成，将由其他人得此位置。

在后来的信息反馈中得知，被测人所谋之职由上级部门派人来担任。

实例六

2007 年 3 月份，笔者应朋友之邀到酒泉、青海等地考察风水，21 日返至酒泉，在饭店吃饭时，坐陪的某市局长王某坐巽宫问其运气仕途，遂测之。

丁亥年，癸卯月，甲寅日（空：子、丑），庚午时（空：戌、亥），阳遁九局，天英值符落坤宫，景门值使落乾宫。

庚午时	甲日为五不遇时	
九地 天芮 甲午辛+甲辰壬 休 巽	九天 天柱 甲辰壬+甲子戊 生 离	值符 天英 甲子戊+甲申庚 甲寅癸 伤 坤
玄武 天蓬 乙 +甲午辛 开 震	天冲 甲寅癸 寄二坤 中宫	螣蛇 天禽 甲申庚 甲寅癸 + 丙 杜 离
白虎 天心 甲戌己+乙 惊 艮	六合 天任 丁+甲戌己 死 坎	太阴 天辅 丙+丁 景 乾

分析：

1. 甲日庚午时为五不遇时，百事不顺。

2. 所坐巽宫主被测者所处之环境，巽宫甲午辛加甲辰壬为“凶蛇入狱”之凶格，两女争男，口舌是非之象，天芮临巽为有问题，九地主事不明朗。

3. 太岁六丁落于坎宫，为火入水乡，临死门为受困之象，丁加己为“火入勾陈”不吉，太岁落宫（坎宫）虽生所坐之巽宫，无奈太岁受困，无力生助。由此可见虽有上边领导支持，却力度不大。

4. 值使门为主管领导，值使景门落乾宫，宫中丙加丁为吉格，临太阴有城府，临天辅学历高，在乾位，说明主管领导有来头、有靠山，以此推断，值使宫冲克巽宫（所坐方位），说明主管领导对被测者不满意。

5. 开门主工作，今开门落震宫，宫中乙加辛为“青龙逃走”之凶格，古诀云：龙走兮任所蹊跷，玄武、天蓬临之不妙，可见工作上将有变动。

根据以上分析，我对王某言：“你现在运气不好，上面虽有领导支持，却无法帮你，现任主管领导与你不和，处处与你过不去。”他说：“可不是，原来的市长我们工作上配合的很好，现在升书记了，新来了一位市长有来头，不买书记的账，总是处处为难我，想把我换了，再这样下去，我也真不想干了。”我说：“从我的预测看，你的工作必有变动，如强留，还会招来不必要麻烦，迟走不如早走，还是早作打算吧！”

结果：王某听我之言，主动向组织提出了调动工作的要求，工作变动后，与领导也相安无事了。

实例七

2003 年 8 月 23 日下午三点多，某县电视台台长王女士找笔者求测，说市委宣传部有一空缺，他认为自己很适合这个位置，想直接主动找主管领导谈，看能否成功。

癸未年，庚申月，戊辰日（空：戌、亥），庚申时（空：子、丑），阴遁一局，死门值使落艮宫，天禽值符落艮宫。

九地　天蓬 甲辰壬+丁 开　巽	玄武　天心 甲子戊+甲戌己 休　离	白虎　天任 乙 甲申庚+ 甲寅癸 生　坤
九天　天英 甲午辛+丙 惊　震	天芮 甲寅癸 寄二坤　中宫	六合　天辅 丙+甲午辛 伤　兑
值符　天禽 乙 甲寅癸 +甲申庚 死　艮	螣蛇　天柱 甲戌己+甲子戊 景　坎	太阴　天冲 丁+甲辰壬 杜　乾

分析：

1. 奇仪、八门反吟，事主反复无成之象。

2. 开门主工作单位，开门落宫在巽，巽主文星，主文化部门。开门落宫生日柱落宫，因为这事属调动，不是升职，仅能断这份工作是很适合被测者。

3. 所测之事要找上级主管领导，领导通过了才能调，太岁之干为上级领导，值符为部门领导，今太岁六癸与值符临艮宫落空，空则不实，领导不说实话，会以虚言对之，死门主领导有难处不好办，癸加六庚为大格，庚为阻力，格则不通，可见此事阻力大，不宜办。

4. 月柱与时柱俱为庚金，月时之干与太岁值符同落一宫，看来此事已有他人插手，并与领导同为一气，由此可见此空缺将有他人所得。

后果如所测，被测者找主管领导时，多次避而不见，所谋之缺当然也是被他人补充了。

实例八

2001 年农历 11 月 23 日中午 11.20 分，某银行运钞公司副总刘某与计财部长王某找笔者预测流年运气，刘某坐坤宫，王某坐乾宫。

辛巳年，辛丑月，甲戌日（空：戌、亥），庚午时（空：戌、亥），阳遁四局，天辅值符落乾宫，杜门值使落坎宫。

庚午时	甲日为五不遇时	
白虎　天芮 甲申庚+甲子戊 惊　巽	玄武　天柱 丁+甲寅癸 开　离	九地　天英 丙 甲辰壬+甲戌己 休　坤
六合　天蓬 甲午辛+乙 死　震	天冲 甲戌己 寄二坤　中宫	九天　天禽 乙+甲午辛 生　兑
太阴　天心 丙 甲戌己+甲辰壬 景　艮	螣蛇　天任 甲寅癸+丁 杜　坎	值符　天辅 甲子戊+甲申庚 伤　乾

分析：

1. 甲日庚午时为五不遇时，奇仪反吟，事主反复不顺，单位内部不团结。

2. 刘某坐坤宫，壬加丙为“水蛇入火”格，凡事不利，求谋反凶。壬加己为“天地刑冲”格，顺守可吉，妄动必凶。九地主静，强动招咎，休门为吉，宜于养身，但不可强为。太岁、月柱甲午辛临天蓬、死门于震宫，克刘某所坐之坤宫，辛加乙主猖狂，天蓬主霸道，死门主死心眼一门心思，由此可见刘某受同行及上级领导的排挤与制约，且坤宫临月破，主刘某处境不好。

3. 王某坐乾宫，值符加庚为“值符飞宫”格，本伤枝亡，四面楚歌，动辄招咎之象。临伤门主所属行业为司法性质。甲子戊主资金，正合计财部长的身份。王某所坐之乾宫克太岁、月柱落宫，犯太岁与领导不和，克月柱与同事有矛盾，即然是克对方，必然有牵制对方的一面。

4. 刘某所坐之坤宫生王某所坐乾宫，刘某支持王某的工作，两人工作上配合也很好。

5. 太岁、月柱辛在震宫凶象重重，辛加乙主猖狂，天蓬主霸道，死门加伤门，官动而刑之象，2005 年乙酉太岁临生门于兑宫旺地，克甲午辛之落宫，必因钱财之事引火烧身。

笔者将预测结果告知对方后，他们说，单位去年新来了一位一把手，来之后与一副总互相串通，很猖狂，且有营私舞弊之嫌，总是想排斥他们几个老人手，但他们的不合理开支受王某之制约，所以他们很是不满。我说，你们单位领导如执迷不悟，将来会出问题的！

结果：2005 年秋季，其单位领导与一副总因挪用公款之事被拆职，与局象所反馈的信息完全一致。

实例九

2002 年 4 月 18 日在兰州，一部队的朋友来找笔者说，最近干部要调整，看自己有没有希望，如这次调不成，自己将面临转业或退役，要我测一下前景如何？

壬午年，甲辰月，乙卯日（空：子、丑），丙戌时（空：午、未），阳遁一局，天冲值符落艮宫，伤门值使落坤宫。

太阴 天任 乙+甲午辛 休 巽	六合 天辅 甲戌己 甲辰壬 +乙 生 离	白虎 天心 丁+ 甲戌己 甲辰壬 伤 坤
塍蛇 天柱 甲午辛 +甲申庚 开 震	天英 甲辰壬 寄二坤 中宫	玄武 天芮 甲寅癸+丁 杜 兑
值符 天冲 甲申庚+丙 惊 艮	九天 天禽 丙+甲子戊 死 坎	九地 天蓬 甲子戊+甲寅癸 景 乾

分析：

1. 日干为求测人，今日干乙奇临地盘辛金于巽宫，乙加辛为“青龙逃走”格，巽宫又为日柱马星之宫，工作变动之象，临休门，休门主休养生息，是退役的标志。

2. 时柱主事体，时干落坎宫日柱空亡之地，虽生日柱宫，有生之名而无生之实，临死门，主事无生机，不宜进取。

3. 月柱六甲值符临艮宫，月柱主同行竞争者，太岁为上级部门，太岁六壬落离宫生月柱宫，上面考虑用其他人了。

4. 武职以杜门为工作单位，今杜门临兑宫克日柱落宫，谋职不成，必难遂愿。

综合以上分析可得出，被测者不会升职，而是要面转业的可能。

结果：被测者所谋之职被别人得到，因年龄关系，他已不适合在部队工作了，于当年冬季办理了退役手续。

实例十

2003年8月26日15时45分，酒泉范某通过朋友介绍打电话给笔者，说最近参加了干部提拔考试，文化课考试自己是第一名，入围的有三人，只取一人，三人之间成绩差距又不大，最后的面试对谁来说都才是最关键的，他要笔者给他测一下最终自己能否成功。

癸未年，庚申月，辛未日（空：戌、亥），丙申时（空：辰、巳），阴遁四局，天蓬值符落乾宫，休门值使落艮宫。

白虎 天任 甲辰壬+甲子戊 伤 巽	六合 天辅 甲申庚乙+甲辰壬 杜 离	太阴 天心 丁+甲申庚乙 景 坤
玄武 天柱 甲子戊+甲戌己 生 震	天英 乙 寄二坤 中宫	螣蛇 天芮 丙+丁 死 兑
九地 天冲 甲戌己+甲寅癸 休 艮	九天 天禽 甲寅癸+甲午辛 开 坎	值符 天蓬 甲午辛+丙 惊 乾

分析：

1. 参加考试以景门、丁奇为成绩，值符为主考官，值使为副监考，日柱代表自己，今日柱甲午辛临值符于乾宫，丁奇临景门于坤宫生日柱甲午辛落宫，值使休门落艮宫亦生日柱落宫，局象显示考试对被测者有利，考出了理想的成绩。

2. 月干主同行竞争者，开门主所竞争的职位，月干六庚临离宫，庚加壬为“太白退位”又为“上格”，主意外损失之意，杜门又主杜塞不通，开门落宫克月柱落宫，主得不到所谋之职，可见其他几位竞争者考试不如意，不能成功。

3. 日柱落宫生开门落宫，被测者在努力争取所谋之职，地盘日干六辛上乘太岁六癸与太岁同宫，得上级提拔之象。

结果：被测者在面试中又取得第一名的好成绩，终于圆了自己的梦想。

实例十一

2003年10月11日亥时，某单位领导李某给笔者打电话，说最近市上人事要大调整，自己是被考察对象之一，但竞争非常激烈，他要笔者测一下自己最终能否被提拔。

癸未年，壬戌月，丁巳日（空：子、丑），辛亥时（空：寅、卯），阴遁九局，天禽值符落乾宫，死门值使落兑宫。

白虎 天冲 甲戌己+甲寅癸 伤 巽	六合 天任 丁+甲子戊 杜 离	太阴 天蓬 丙 甲寅癸+ 甲辰壬 景 坤
玄武 天芮 乙 +丁 生 震	天辅 甲辰壬 寄二坤 中宫	螣蛇 天心 甲子戊+甲申庚 死 兑
九地 天柱 甲午辛+甲戌己 休 艮	九天 天英 甲申庚+乙 开 坎	值符 天禽 丙 甲辰壬 +甲午辛 惊 乾

分析：

1. 日柱为被测者，日柱丁火落离宫为禄旺之地，丁加戊为“玉女龙神”之吉格，官人升迁之象，六合主和合，天任主仁慈，可断此为有德之人，杜门主廉洁正直，又主事有阻力。

2. 时干主事体，临艮宫落空，空则不实，事必落空。

3. 开门为职务，开门落坎宫空亡之地，空则为虚，且又克日柱落宫，谋职不成之象。

4. 月柱为同行竞争者，月干壬水临乾为禄旺之地，临值符主部门领导推荐。年干主上级组织部门，癸水临坤宫生月柱之宫，利于他人，可断上级部门在考虑任用其他人了。

综合以上分析，被测者不能被提拔。

结果：在这次人事调整中，被测者最终未能被提拔重用。

实例十二

2007 年 3 月 22 日晚二十一点四十七分，笔者在凤凰网上看马英九角触 2008 年的报道，题为《抢攻年轻族群拼 2008，马英九为更本土改名“阿九”》，遂测马英九能否当选台湾地区总统。

丁亥年，癸卯月，乙卯日（空：子丑），丁亥时（空：午未），阳遁九局，天芮值符落乾宫，死门值使落坤宫。

白虎 天英 乙+甲辰壬 杜 巽	玄武 天禽 甲午辛+甲子戊 景 离	九地 天柱 甲辰壬+甲申庚 甲寅癸 死 坤
六合 天任 甲戌己+甲午辛 伤 震	天蓬 甲寅癸 寄二坤 中宫	九天 天冲 甲子戊+丙 惊 兑
太阴 天辅 丁+乙 生 艮	螣蛇 天心 丙+甲戌己 休 坎	值符 天芮 甲申庚 甲寅癸+丁 开 乾

分析：

1. 首先要抓动机，这次预测的动机是马英九能否当选，所以以时干落宫看马英九参加竞选的情况，时干六丁临艮宫旺地，下临乙奇逢生门太阴为“人遁”吉格，加官进爵之象，人盘八门伏吟，临太阴主密谋策划，天辅吉星加临，太岁与时柱同宫相并，主内部上下一心，利于进取。

2. 月柱主竞争对手，月柱六癸加六丁于乾宫，合“螣蛇夭矫”之凶格，百事不吉，求吉反凶。临天芮主有问题，虽值符加临，但庚加丁又为“太白受制”之凶格，主是非口舌。以此可见对方内部人心分离涣散，不能上下一心团结一致，在竞选中将处于不利和被动。

由以上之分析可得出结论，马英九将会竞选成功。

实例十三

2007 年 12 月 5 日巳时，与同道孙小忠等几人在办公室谈论台湾大选之事，都说现在大势利于马英九，不利于谢长庭，最终结果如何，我们随之又进行了预测。因在此之前已测过马将在大选中胜出，所以这次将是对以前预测的验证。

丁亥年，辛亥月，癸酉日（空：戌、亥），丁巳时（空：子、丑），寅将，阴遁七局，天芮值符落坎宫，死门值使落艮宫。谢长庭丙戌命，马英九庚寅命。

（一）奇门预测：

玄武　天禽 丁+甲午辛 开　巽	白虎　天蓬 乙+丙 休　离	六合　天冲 甲辰壬+甲寅癸 甲申庚 生　坤
九地　天辅 甲戌己+甲辰壬 惊　震	天心 甲申庚 寄二坤　中宫	太阴　天任 甲午辛+甲子戊 伤　兑
九天　天英 甲子戊+乙 死　艮	值符　天芮 甲寅癸 甲申庚 +丁 景　坎	螣蛇　天柱 丙+甲戌己 杜　乾

分析：

1. 以地盘时干丁为现执政党，为主方，属谢长庭一方；天盘加临之干癸水为客方，属参加竞选的马英九一方。癸水临坎宫为得地，癸水冲克丁火，利于马英九一方；丁火在坎宫为火入水乡，又受天盘癸水之克，各方面情况都不利于谢长庭。

2. 马之命干庚金与值符同落坎宫，庚下临丁奇为吉，且与开门太岁、时柱丁火落宫（巽宫）相生，开门主职位，太岁主最高权利机构，时柱主事体又主民众，可见马英九得民众之支持，有当选之利。谢之命干丙落乾宫为入墓，又为日之空亡之地，丙加已亦为墓地，前景无光明，且冲克太岁、开门、时柱落宫，可见与上下各方面处的不融洽，得不到各方的支持。谢之命宫生马之命宫，也是利于马之象。

（二）六壬预测：

财 庚午 后
子 丁卯 朱
兄 甲子 青

朱 后 阴 虎
卯 午 未 戌
午 酉 戌 癸

合 朱 蛇 贵
寅 卯 辰 巳
勾丑　　　午后
青子　　　未阴
亥 戌 酉 申
空 虎 常 玄

分析：

课象轩盖，子为华盖，卯为天车，午为天马，高盖乘轩之象，正合马、谢争夺台湾地区总统宝座之象意，谁能胜出，则以各人年命乘神而决之。马之命寅上逢亥相合，亥虽临空，但亥临太岁、月建不为空，亥为马星，又为天门，为马星登天门之象，是马英九竞选成功登上总统宝座的象征；谢长庭之年命戌上见未为相刑，刑则有伤，谢明显处于劣势，竞选不会成功。

综合两种预测，马英九将在竞选中胜出。

实例十四

2008 年 3 月 17 日未时，与几位好友吃饭时，谈到美国大选之事，都说民主党内竞争激烈，希拉里（克林顿夫人）和奥巴马争夺总统候选人势均力敌，但奥巴马气势如虹，人气非常高，要我测一下最终结局如何。我以此时起好局，但当时不知其各自的生年，吃完饭后到办公室在网上查了一下：希拉里 1947 年生丁亥命，奥巴马 1961 年生辛丑命，以此进行了分析。

戊子年，乙卯月，丙辰日（空：子、丑），乙未时（空：辰、巳），阳遁七局，天蓬值符落乾宫，休门值使落坤宫。

白虎 天任 甲申庚+丁 惊 巽	玄武 天辅 甲辰壬丙+甲申庚 开 离	九地 天心 甲子戊+甲辰壬丙 休 坤
六合 天柱 丁+甲寅癸 死 震	天英 丙 寄二坤 中宫	九天 天芮 乙+甲子戊 生 兑
太阴 天冲 甲寅癸+甲戌己 景 艮	螣蛇 天禽 甲戌己+甲午辛 杜 坎	值符 天蓬 甲午辛+乙 伤 乾

分析：

1. 希拉里丁亥命。

地盘丁落巽宫，庚加丁上，庚为阻隔之神，不利竞争；临白虎，竞争有力度；临天任，主务实；临惊门，主口舌是非。

天盘丁落震宫，丁下临癸为“朱雀投江”之凶格，主文书口舌是非；临死门；处死地无生机；时柱主选民，时柱乙落兑宫，天地盘丁之落宫俱受时柱落宫之克，选民对希拉里支持力度不够。

2. 奥巴马辛丑命。

地盘辛落坎宫，辛上临已，为“游魂入墓”格，密谋策划之象；临杜门，主计划周密；临螣蛇，变化多端。

天盘辛落乾宫，乾为首为君，辛下临乙，“白虎猖狂”气势凶猛，临天蓬，手段强硬，临值符，贵人相助，有元首之象；临伤门，有竞争力；与时柱宫比和，得选民支持力度大。

综合分析后得出结论：奥巴马将胜出，成为民主党总统候选人。

实例十五

2002年7月10日早晨九点三十分，某县气象局副局长小王找笔者，说最近单位一把手调走了，自己想竞争这一职务，不知能否成功。

壬午年，丁未月，己卯日（空：申、酉），己巳时（空：戌、亥），阴遁八局，天任值符落兑宫，生门值使落震宫。年命壬寅。

六合 天禽 甲戌己+甲辰壬 伤 巽	太阴 天蓬 甲申庚+乙 杜 离	螣蛇 天冲 丁 丙 + 甲午辛 景 坤
白虎 天辅 丁 甲午辛 +甲寅癸 生 震	天心 甲午辛 寄二坤 中宫	值符 天任 甲子戊+甲戌己 死 兑
玄武 天英 乙+甲子戊 休 艮	九地 天芮 甲辰壬+丙 开 坎	九天 天柱 甲寅癸+甲申庚 惊 乾

分析：

1. 日柱与时柱甲戌己同落于巽宫，临伤门利于竞争，伤门在巽宫为旺地，六合、天禽加临，人缘好，善于团结别人。

2. 太岁临开门于坎宫，生日柱落宫，得上级领导重用，得职之象。

3. 值符落兑宫虽克日柱落宫，但值符加于地盘日柱之上，与日柱同宫，且日柱落宫巽宫为先天之兑宫，先后天通气，利于被测者。

实际情况：小王在竞选中以绝对优势顺利当选。

实例十六

2006年10月20日晚上10点多，某市副市长王某打电话问测，说最近要进行岗位调整，要笔者测一下在这次调整中自己能否进常委班子。

干支历：丙戌年，戊戌月，壬午日（空：申、酉），辛亥时（空：寅、卯），月将辰，阴遁六局，天芮值符落震宫，死门值使落巽宫。

（一）六壬预测：

官 庚辰 后
父 　酉 勾
子 戊寅 玄

后 空 勾 后
辰 亥 酉 辰
亥 午 辰 壬

青 空 虎 常
戊 亥 子 丑
勾酉 　　 寅玄
合申 　　 卯阴
未 午 巳 辰
朱 蛇 贵 后

分析：

中末传空陷，事无所终。四课不备，事不周全。虽月将为官临日发传，但辰为日之墓神，墓神覆日事不明，末传临玄武为虚假，日干之禄亥水临支上，他人受用，已谋难成。

（二）奇门预测：

九天 天冲 乙+甲申庚 死 巽	九地 天任 甲子戊+丁 惊 离	玄武 天蓬 甲寅癸+甲辰壬 甲戌己 开 坤
值符 天芮 甲辰壬 甲戌己+甲午辛 惊 震	天辅 甲戌己 寄二坤 中宫	白虎 天心 丙+乙 休 兑
螣蛇 天柱 丁+丙 杜 艮	太阴 天英 甲申庚+甲寅癸 伤 坎	六合 天禽 甲午辛+甲子戊 生 乾

分析：

1. 时柱落宫乾金克日柱落宫震木，时主事体，与己不利，日柱六壬加六辛为“螣蛇相缠”之凶格，纵得吉门，亦不能安，若有谋望，被人欺瞒。

2. 日柱临值符，在震宫为贵人之地，代表自己身居领导岗位，并且与部门一把手领导相处很好，说明主管领导在推荐他。

3. 开门为所谋职务，日柱克开门宫，想得此位。

4. 太岁主上级组织部门，太岁丙火临兑宫克日柱值符之宫，与时柱落宫比和，开门落宫又生时柱落宫，可见此缺将被他人所得。玄武临开门，其中必有隐情。

我将结果告知对方，过后不久，被测者被调到市政协任副主席。

二、婚姻案例

实例一

2004 年农历 4 月 23 日巳时一少妇问测婚姻得《豫》之《巽》卦。

甲申年，庚午月，庚申日（空：子、丑），辛巳时（空：申、酉）阳九局，天蓬值符落震宫，休门值使落艮宫。

（一）奇门预测：

螣蛇　天芮 乙+甲辰壬 伤　巽	太阴　天柱 甲午辛+甲子戊 杜　离	六合　天英 甲辰壬+甲申庚 甲寅癸 景　坤
值符　天蓬 甲戌己+甲午辛 生　震	天冲 甲寅癸 寄二坤　中宫	白虎　天禽 甲子戊+丙 死　兑
九天　天心 丁+乙 休　艮	九地　天任 丙+甲戌己 开　坎	玄武　天辅 甲申庚 甲寅癸+丁 惊　乾

分析：

1. 庚为夫，乙为妻，六庚落宫冲克六乙落宫，夫妻不睦之象，六庚临玄武下临丁奇，且丁奇临艮宫生六庚落宫（兑宫），必是第三者插足而婚姻出现危机。

2. 丁奇临艮主年轻，下临乙奇又有天心九天吉星同宫，人漂亮条件必然好，丁乙相加，女方相识之人。

3. 丁奇入墓，关系还没有公开明朗化，艮宫属内卦，本地之人。

4. 时柱主事体，时柱落宫克日柱落宫，亦主生离之象，时柱六辛临太阴杜门，正是密谋阶段，待子月冲起时柱落宫必是破散之时。

（二）六爻预测

震宫：雷地豫 (六合)　巽宫：巽为风 (六冲)

六神	伏神	本卦		变卦	
螣蛇		妻财戌土— —	×→	兄弟卯木 ——	世
勾陈		官鬼申金— —	×→	子孙巳火 ——	
朱雀		子孙午火——	应○→	妻财未土 — —	
青龙		兄弟卯木— —	×→	官鬼酉金 ——	应
玄武		子孙巳火— —	×→	父母亥水 ——	
白虎	父母子水	妻财未土— —	世	妻财丑土 — —	

分析：

1. 卦体六合变六冲，婚姻破散之象。且主卦变卦中，四财两官，群妻争夫之象。

2. 卦中之爻五动一静，相生的结果，最后落在了官鬼申金之上，官鬼虽化回头克，但克处逢生。申金临五爻，五爻为君位，其夫为领导，勾陈在五爻，主其夫勾引别人。

3. 卦中五爻乱动，内卦卦爻化回头冲，外卦卦爻化回头合，家中矛盾重重乱如麻，外面红旗飘飘在销魂。

笔者将分析结果告知被测者，他说："情况就是这样，他竟把我的同事给勾上了，现在闹的家已经不像个家了，我今天来就是测一下，这日子如不能过，乘早散了算了，省得天天烦恼！"

实例二

2008 年 9 月 25 日未时，王女士找笔者为孩子测运，这时办公室又来了一位找其他人办事的女士，看到我给人预测，便提出要给她也看一下婚姻，我将给别人起好的局为其推演对她说：婚姻不好，1994、1995 年丈夫必有大灾。她说 1994 年丈夫出车祸而亡。我将其夫的四柱要来又分析了一下，竟与奇门中的信息完全吻合。她又问：现在有一男子在追她，这次婚姻能成否？我看着局象对她说：不成。她说：现在相处还不错，就看以后的发展了，这要等着去验证了！

戊子年，辛酉月，戊辰日（空：戌、亥），己未时（空：子、丑），阴遁七局，天芮值符落乾宫，死门值使落乾宫。

（一）奇门预测：

<table>
<tr><td>白虎　天英
乙+甲午辛
生　巽</td><td>六合　天禽
甲辰壬+丙
伤　离</td><td>太阴　天柱
甲午辛+甲寅癸
甲申庚
杜　坤</td></tr>
<tr><td>玄武　天任
丁+甲辰壬
休　震</td><td>天蓬
甲申庚
寄二坤　中宫</td><td>螣蛇　天冲
丙+甲子戊
景　兑</td></tr>
<tr><td>九地　天辅
甲戌己+乙
开　艮</td><td>九天　天心
甲子戊+丁
惊　坎</td><td>值符　天芮
甲寅癸
甲申庚+甲戌己
死　乾</td></tr>
</table>

分析：

1. 测婚姻，庚为夫，乙为妻，庚临乾宫死门之地，庚加己为刑格之凶，故主其夫必有大灾。庚金落宫冲克乙奇落宫巽宫，婚姻不顺之象，乙加辛“青龙逃走”主夫妻生离死别。乾宫为戌、亥之地，故 1994、1995 年应灾，实丈夫 1994 年车祸死亡。

2. 问二次婚姻，丙为二次婚姻男方，丁奇主二次婚姻女方，六丙落兑宫冲克丁奇落宫震宫，主不成，男方最终放弃女方之象。

3. 丙、丁落宫俱为桃花之地，显一时之快活，两宫相冲克，最终不能久长。

4. 日时落宫俱空，空则不实，时干落宫又克日干落宫，所谋难成。

（二）四柱分析

生辰：公历 1962 年 7 月 3 日未时。

坤造：辛丑　甲午　丁酉　丁未 (辰巳空)

大运：	乙未	丙申	丁酉	戊戌	己亥	庚子	辛丑	壬寅
	1 岁	11	21	31	41	51	61	71
始于：	1962	1972	1982	1992	2002	2012	2022	2032
流年：	壬寅	壬子	壬戌	壬申	壬午	壬辰	壬寅	壬子
	癸卯	癸丑	癸亥	癸酉	癸未	癸巳	癸卯	癸丑
	甲辰	甲寅	甲子	甲戌	甲申	甲午	甲辰	甲寅
	乙巳	乙卯	乙丑	乙亥	乙酉	乙未	乙巳	乙卯
	丙午	丙辰	丙寅	丙子	丙戌	丙申	丙午	丙辰
	丁未	丁巳	丁卯	丁丑	丁亥	丁酉	丁未	丁巳
	戊申	戊午	戊辰	戊寅	戊子	戊戌	戊申	戊午
	己酉	己未	己巳	己卯	己丑	己亥	己酉	己未
	庚戌	庚申	庚午	庚辰	庚寅	庚子	庚戌	庚申
	辛亥	辛酉	辛未	辛巳	辛卯	辛丑	辛亥	辛酉
止于：	1971	1981	1991	2001	2011	2021	2031	2041

分析：

日柱丁火生在五月火旺之时，时柱丁未助其火势，月干甲木印星生之，可见日柱气势之旺，取年上辛金与丑中癸水为喜用，辛金通根日支酉金，用神有力。观一生运势，大运金水主运，富贵之造。惟戊戌运破其格局，宜于引发凶事。

1992 年开始行戊戌大运，1992、1993 年壬申、癸酉，金水通源助用神，必是好流年，1994 年甲戌流年，与运中戊土相并，与命局月支午火半会火局，丑戌未三刑，使丑中癸水荡然无存，癸为命局中惟一夫星，其灾必应于丈夫身上，故有丈夫车祸而亡之事发生。

通过这一例可看出易学预测的全息原理，用给别人测事的局断出另外一个人的事，又与四柱信息相吻合，又体现出信息同步的效应。

实例三

2003 年 1 月 5 日巳时，年轻人陈某找笔者，说其妻于去年回娘家后，被人勾引从娘家逃走，至今杳无音信，他认为妻子是上当受骗，他们夫妻是有感情的，想测一下其妻能否回心转意，回到自己身边。我测后对陈某说，妻心已去，破镜难圆！分析如下。

壬午年，壬子月，戊寅日（空：申、酉），丁巳时（空：子、丑），丑将，阳遁四局，天英值符落坎宫，景门值使落震宫。

（一）奇门预测：

六合　天冲 甲申庚+甲子戊 死　巽	白虎　天任 丁+甲寅癸 惊　离	玄武　天蓬 丙 甲辰壬+甲戌己 开　坤
太阴　天芮 甲午辛+乙 景　震	天辅 甲戌己 寄二坤　中宫	九地　天心 乙+甲午辛 休　兑
螣蛇　天柱 丙 甲戌己+甲辰壬 杜　艮	值符　天英 甲寅癸+丁 伤　坎	九天　天禽 甲子戊+甲申庚 生　乾

分析：

1. 奇仪反吟，反吟主动，妻走之象。

2. 庚为夫，乙为妻，乙奇落兑宫克六庚落宫（巽宫），妻不爱夫，乙加辛龙逃走，正应古诀："虎狂龙走，男女相伤。"庚落巽宫临死门，为婚事所困之象。

3. 时干主事体，时干六丁落离宫克日柱甲子戊落宫乾宫，所测必不如意，其妻必不回来。

4. 六丁落宫生六丙落宫艮宫，丁临惊门在离宫与地盘癸水相冲，丙临杜门在艮宫与地盘壬水相冲，逢冲则动，惊主惊恐，杜主藏匿，其妻与勾引之人逃走藏身之象。

(二) 六壬预测：

兄 甲戌 合
父 壬午 虎
官 戊寅 后

虎 合 勾 贵
午 戌 酉 丑
戌 寅 丑 戊

贵 后 阴 玄
丑 寅 卯 辰
蛇子 巳常
朱亥 午虎
戌 酉 申 未
合 勾 青 空

分析：

辰上两课合寅午戌火局克日上两课之巳酉丑金局，且三传起于辰上两课，亦合火局克日上两课之金局，火金交战，无土通关，破镜难圆之象。

(三) 四柱推理

生辰：1976 年农历 2 月 25 日巳时

乾造：丙辰　辛卯　丙子　癸巳 (申酉空)

大运：	壬辰	癸巳	甲午	乙未	丙申	丁酉	戊戌	己亥
	3 岁	13	23	33	43	53	63	73
始于：	1979	1989	1999	2009	2019	2029	2039	2049
流年：	己未	己巳	己卯	己丑	己亥	己酉	己未	己巳
	庚申	庚午	庚辰	庚寅	庚子	庚戌	庚申	庚午
	辛酉	辛未	辛巳	辛卯	辛丑	辛亥	辛酉	辛未
	壬戌	壬申	壬午	壬辰	壬寅	壬子	壬戌	壬申

	癸亥	癸酉	癸未	癸巳	癸卯	癸丑	癸亥	癸酉
	甲子	甲戌	甲申	甲午	甲辰	甲寅	甲子	甲戌
	乙丑	乙亥	乙酉	乙未	乙巳	乙卯	乙丑	乙亥
	丙寅	丙子	丙戌	丙申	丙午	丙辰	丙寅	丙子
	丁卯	丁丑	丁亥	丁酉	丁未	丁巳	丁卯	丁丑
	戊辰	戊寅	戊子	戊戌	戊申	戊午	戊辰	戊寅
止于：	1988	1998	2008	2018	2028	2038	2048	2058

分析：

日柱丙火生于仲春，木旺火相，通根于时上巳火，年上丙火相助，年月卯辰半会木局生扶，身旺可见矣！取时上癸水为用，癸水通根日支子水，月干辛金虚浮无根，不能为用。

命主1999年开始行甲午大运，运支午火冲日支子水，用神有损，且午火与命局卯辰巳一气相连，气聚于火，火之力度大。2002年为甲午流年，流年午火与大运午相并，火已旺极，二午冲一子，日支子水被冲掉，癸水用神形同虚设，命局失去平衡，五行不能流通，必有祸患。子水为妻宫，应在妻身，妻走之象。

实例四

2003年3月16日未时，张某问测婚姻，我起出局象与课体分析后对他说：婚姻不好，有妻难留。张某道：去年到外地出差，由于事办的较顺利，便提前回来，打开家门发现老婆与人通奸，当场抓获，蒙受到奇耻大辱后，愤怒之极便提出了离婚，最近刚办完离婚手续。这次是想让笔者测一下第二次婚姻何时会出现，好还是不好？最后我又要其四柱进行了综合分析。

笔者当时是用奇门、六壬、四柱三种方法对被测者家中所发生的事情进行了验证后，并得出结论，二次婚姻必然美满，可望在2008年喜联秦晋，遂其心愿。

癸未年，乙卯月，戊子日（空：午、未），己未时（空：子、丑），亥将，阳遁七局，天冲值符落艮宫，伤门值使落艮宫。男命甲寅，女命乙卯。

(一)六壬预测:

兄 壬辰 玄
子 甲申 青
财 戊子 蛇

青 玄 贵 勾
申 辰 丑 酉
辰 子 酉 戊

勾 合 朱 蛇
酉 戌 亥 子
青申 丑贵
空未 寅后
午 巳 辰 卯
虎 常 玄 阴

分析:

日上两课合巳酉丑金局,支上两课合申子辰水局,金局泄日干戊土之气以生水,弱可知矣!三传又为申子辰水局,春季木旺,日干戊土处死地,身弱不能胜财,财变为鬼,财为妻,为妻所累。《大六壬秘要》云:"辰加子上,昼夜皆乘玄武,夫妇不能一心,亦防淫荡。"

(二)奇门预测:

太阴 天任 甲申庚+丁 景 巽	六合 天辅 甲辰壬 丙 +甲申庚 休 离	白虎 天心 甲子戊+甲辰壬 丙 惊 坤
螣蛇 天柱 丁+甲寅癸 杜 震	天英 丙 寄二坤 中宫	玄武 天芮 乙+甲子戊 开 兑
值符 天冲 甲寅癸+甲戌己 伤 艮	九天 天禽 甲戌己+甲午辛 生 坎	九地 天蓬 甲午辛+乙 休 乾

分析:

1. 庚为夫,乙为妻,乙奇落宫在兑克庚金之落宫巽宫,婚姻不美,乙临兑宫，兑宫酉金为日支桃花之地，临玄武主暧昧，临天芮主有问题，下临甲子戊爱财，临开门红杏出墙。

2. 乾宫乙上临辛为“白虎猖狂”凶格，在家通奸，可谓猖狂，又为弃夫而去之象

3. 日柱落宫克时柱落宫（坤宫之土克坎宫之水），亦为夫妻离异之象。

4. 二次婚姻看丙丁之落宫，丙丁落宫相生，美满之象。值符与值使落艮宫为空，出空之年月当为成功之时。

（三）四柱分析

生辰：1974 年 3 月 13 日戌时

乾造：甲寅　丁卯　癸丑　壬戌（寅卯空）

大运：	戊辰	己巳	庚午	辛未	壬申	癸酉	甲戌	乙亥
	7 岁	17	27	37	47	57	67	77
始于：	1981	1991	2001	2011	2021	2031	2041	2051
流年：	辛酉	辛未	辛巳	辛卯	辛丑	辛亥	辛酉	辛未
	壬戌	壬申	壬午	壬辰	壬寅	壬子	壬戌	壬申
	癸亥	癸酉	癸未	癸巳	癸卯	癸丑	癸亥	癸酉
	甲子	甲戌	甲申	甲午	甲辰	甲寅	甲子	甲戌
	乙丑	乙亥	乙酉	乙未	乙巳	乙卯	乙丑	乙亥
	丙寅	丙子	丙戌	丙申	丙午	丙辰	丙寅	丙子
	丁卯	丁丑	丁亥	丁酉	丁未	丁巳	丁卯	丁丑
	戊辰	戊寅	戊子	戊戌	戊申	戊午	戊辰	戊寅
	己巳	己卯	己丑	己亥	己酉	己未	己巳	己卯
	庚午	庚辰	庚寅	庚子	庚戌	庚申	庚午	庚辰
止于：	1990	2000	2010	2020	2030	2040	2050	2060

分析：

日干癸水坐丑湿土，丑中癸水为余气，时上壬水虚浮，帮身无力，身弱取金水为用。命主 2001 年开始行庚午大运，与柱中合寅午戌火局，庚金截脚生身无力，财官旺而伤身，丑午相害，午中己土克丑中癸水，2002 年壬

午流年，财旺身更弱，身弱无力胜财，故发生老婆通奸之事。2003 年癸未流年，大运、流年、与命局合寅午戌火局，财旺无制，丑戌未三刑，官旺伤身，丑中癸水之根被刑难存，刑动妻宫，故而离婚。2008 年戊子流年，日柱癸水通根，子丑合起妻宫，必为二次姻缘之时。

后记：至笔者整理书稿时得知，张某已于 2008 年国庆节又结婚了。

实例五

2003 年 5 月初 2 日酉时，史某问测，说自己前妻因患白血病于 1999 年离开了人世，2002 年又与一女子成婚，不到一年就有了矛盾，并有走的可能，测一下此妻能否留住？笔者测后对史某说：“此妻难留，且已有第三者介入，今年夏季必散！”

癸未年，丙辰月，乙亥日（空：申、酉），乙酉时（空：午、未），阳遁八局，天蓬值符落兑宫，休门值使落坤宫。男命戊申，女命癸丑。

（一）奇门预测：

玄武　天柱 甲午辛 +甲寅癸 丁 惊　巽	九地　天冲 乙+甲戌己 开　离	九天　天禽 丙 + 甲午辛 丁 休　坤
白虎　天心 甲戌己+甲辰壬 死　震	天任 丁 寄二坤　中宫	值符　天蓬 甲申庚+乙 生　兑
六合　天芮 甲寅癸+甲子戊 景　艮	太阴　天辅 甲辰壬+甲申庚 杜　坎	螣蛇　天英 甲子戊+丙 伤　乾

分析：

1. 乙为妻，庚为夫，乙奇落离宫克庚金所落之兑宫，夫妻关系必不能维持。

2. 庚金下临乙奇于兑宫，乙为日、时，庚临之则为格，格则不通，所测之事难遂心愿。

3. 乙庚同宫，婚事不美，有妻难留。丁丙同宫，第三者介入。

4. 日时落宫在离为空，空则为虚，露水婚姻，不能长久。空下有玄机，出空之月为应期。

5. 前妻1999年己卯年去世之因是：太岁己落震宫，震宫亦主卯年，宫中临白虎、死门，主血光死丧之凶事。

（二）六壬预测：

财 **癸未** 蛇
财 **甲戌** 阴
财 **丁丑** 虎

合　空　阴　蛇
巳　寅　戌　未
寅　亥　未　乙

　　贵　后　阴　玄
　　申　酉　戌　亥
蛇**未**　　　　　**子**常
朱**午**　　　　　**丑**虎
　　巳　辰　卯　寅
　　合　勾　青　空

分析：

1. 天后为妻，酉临天后而临空，空则人去之象。

2. 三传皆财，财多变鬼，墓神未土临日，凡事入墓难明之象。申、子昼夜贵皆临空，虚诈不实之象。

3. 三传皆财，旬丁临丑，天马为用为游子课，课曰："游子季用又乘丁，再遇天马走西东。"其妻将离去之象。正如毕法赋云："宾主不投刑在上，干墓并关人宅废。华盖覆曰人昏晦，二贵皆空虚喜期。"露水姻缘，一场虚喜！

三、经济案例

实例一

2004年农历二月初十日申时，丁某问测财运，遂测之。

甲申年，丙寅月，戊寅日（空：申、酉），庚申时（空：子、丑）阳遁三局。天任值符落中宫寄二坤宫，生门值使落坤宫。

九地 天柱 甲午辛+甲戌己 开 巽	九天 天冲 丙+丁 休 离	值符 天禽 乙 甲寅癸+ 甲申庚 生 坤
玄武 天心 甲辰壬+甲子戊 惊 震	天任 甲申庚 寄二坤 中宫	螣蛇 天蓬 甲子戊+甲辰壬 伤 兑
白虎 天芮 乙 甲申庚 +甲寅癸 死 艮	六合 天辅 丁+丙 景 坎	太阴 天英 甲戌己+甲午辛 杜 乾

分析：

1. 测财运，生门主财，甲子戊为投资资本，日柱落宫为求测者所处之环境，今日柱甲子戊落于兑宫，临甲辰壬之上，戊加壬利客不利主，在经营上益于主动出击。生门落宫（坤宫）生日柱甲子戊落宫（兑宫），利于投资求财，伤门主车，经营行业必与运输业有关，天蓬、伤门利于行业竞争，对自己有利。

2. 时柱主事体，今时柱甲申庚临甲寅癸、死门于艮宫，时柱落宫（艮宫）生日柱落宫（兑宫），所谋之事宜于成功，大势利于发展。

3. 日柱落宫与生门落宫处休囚之地，时柱落宫又临空地，待秋后申月冲实时柱落宫，且生门落宫与日柱落宫也临旺地，必为求财的大好时机。

笔者将分析结果告知对方，他说自己搞的是煤炭贩运，近期内投资想积压一部分煤，等秋后出售，不知秋后行情有无上涨可能，所以找笔者预测。时干宫生日干宫，不管好货孬货终有利。我断秋后煤价必涨，有利可图 。

结果：秋后煤价涨幅挺大，丁某也因此而赚了不少钱。

实例二

2004年农历3月20日午时，好友朱某找笔者问测，说自己准备离开单位与人合作开发土地，想办一农场，前景如何？卦象得《剥》之《萃》卦。

甲申年，己巳月，丁亥日（空：午、未），丙午日（空：寅、卯），阳遁一局，死门值使落兑宫，天禽值符落艮宫。

（一）奇门预测：

太阴　天蓬 甲寅癸+甲午辛 伤　巽	六合　天心 甲子戊+乙 杜　离	白虎　天任 丙+甲戌己 甲辰壬 景　坤
螣蛇　天英 丁+甲申庚 生　震	天芮 甲辰壬 寄二坤　中宫	玄武　天辅 甲申庚+丁 死　兑
值符　天禽 甲戌己 甲辰壬+丙 休　艮	九天　天柱 乙+甲子戊 开　坎	九地　天冲 甲午辛+甲寅癸 惊　乾

分析：

1. 奇仪反吟，事主反复，日柱落空，心中不实。

2. 日主临庚，庚为阻隔之神，办农场求的是经济效益，生门主财又落空，求财不成，无利可言。

3. 时干主事体，今时柱丙火临己入墓，丙壬相加“火入天罗”是非颇多，前景不妙。

4. 开门临乙奇生日柱之宫，宜于公职。

5. 死门主田地，落兑宫临玄武克日柱之宫，玄武主虚假，且宫中庚加丁为“太白受制”之凶格，主官司口舌，不宜开发土地，如强为之必官司相缠，引火上身之象。

（二）六爻预测

六神	伏神	乾宫：山地剥 本卦		兑宫：泽地萃 变卦	
青龙		妻财寅木 ▅▅▅	○→	未土 ▅ ▅	
玄武	兄弟申金	子孙子水 ▅ ▅ 世	×→	酉金 ▅▅▅	应
白虎		父母戌土 ▅ ▅	×→	亥水 ▅▅▅	
螣蛇		妻财卯木 ▅ ▅		卯木 ▅ ▅	
勾陈		官鬼巳火 ▅ ▅ 应		巳火 ▅ ▅	世
朱雀		父母未土 ▅ ▅		未土 ▅ ▅	

分析：

1.《剥》卦为小人道长，君子道消之卦，卦辞“不利有攸往”是不利于有所行动，可见所测之事不宜，卦辞中提示应该顺应时势，停止行动。

2. 世爻为被测人，世爻子孙子水临五爻化回头之生，五爻为君位，象征这事有领导给帮忙。

3. 财爻寅木动化未土为入墓，未土临空为空墓，空则不实，入墓难寻。

4. 父母戌土动来克世，应爻官鬼巳火临月建日冲为动，卦中形成寅木生巳火，巳火生戌土，戌土克子水世爻，重重克入，虽世爻化回头生，但双拳难敌四手，险象环生，动则招咎之象。

5. 财爻寅木生官鬼转攻世爻，变喜为忌，无财可求。动爻戌土主土地，克世则主开发不利，戌土临白虎，妄动伤身之象。

根据以上分析，我对朱某说开发土地前景不好，并劝其不要放弃公职，他说：既然这样，也就不勉强了。

实例三

2003 年 9 月 2 日 14 时 30 分刘某找笔者预测，说自己到某拖拉机厂考察了一次，准备与厂家联营在本地也办一家生产厂，在厂地、贷款方面想取得政府的支持，想测一下这事的发展前景。

癸未年，庚申月，戊寅日（空：申、酉），己未时（空：子、丑），阴遁七局，天芮值符落乾宫，死门值使落乾宫。

白虎　天英 乙+甲午辛 生　巽	六合　天禽 甲辰壬+丙 伤　离	太阴　天柱 甲午辛+甲寅癸 甲申庚 杜　坤
玄武　天任 丁+甲辰壬 休　震	天蓬 甲申庚 寄二坤　中宫	螣蛇　天冲 丙+甲子戊 景　兑
九地　天辅 甲戌己+乙 开　艮	九天　天心 甲子戊+丁 惊　坎	值符　天芮 甲寅癸 甲申庚+甲戌己 死　乾

分析：

1. 甲子戊日柱落坎宫下临丁奇，戊加丁为“青龙耀明”宜于谒贵，临九天主计划宏伟庞大，临惊门利于上书打报告争取项目，坎宫为空亡之地，对事情的前景心中不实。

2. 时柱为合作方，时柱己土临乙奇于艮宫空亡之地，空则不实，主对方无诚意或退缩放弃，己加乙为“墓神不明”诸事难圆，事多暗昧。九地主潜藏，有些实情不暴露。

3. 开门主政府机构，落艮宫空亡之地，克日柱所落之宫，政府无诚意、不支持这个项目的开发。

4. 太岁、值符主领导，太岁甲寅癸合值符落乾宫死门之地，天芮主有问题，死门主有难处，虽生日柱落宫，有生之名，无生之实。领导只是口头上支持，而没有实际效果。

5. 日时落空，事无所成。

6. 甲子戊主投资，今落坎宫空亡之地，主无投资来源。生门主利润临巽宫，宫中乙加辛为“青龙逃走”凶格，财散财走之象。

7. 时干主生产的产品，时干落艮宫克日柱宫，货物难销折本之象。

我将以上分析结果告知罗某后，他对我的预测很不满意，认为合作办厂两方都得利，对方何乐而不为，另外，国家政策对引进的项目也是要全力支持，搞好了是政府领导的政绩，也可以带动地方经济，可说是有百利而无一害。这种情况下，我如何解释都是没有用的，不但不能说服他，反而增加了他对预测结果的不信任！

结果去年罗某又找笔者测事，他说引进办厂之事，最后的结果与笔者预测的基本一致。原因是对方来考察了当地的实际情况后认为，市场前景不大，如果上一个具有规模的厂子，所生产的产品当地并不能完全消化，同样存在产品发往外地的问题，原材料方面也存在问题。与地方政府接触后，得知政府对贷款方面的支持力度也不是罗某想像的那样，首先是要自己拿出相当的款项，政府只能提供办厂的场地，等厂子建成投产后，才能考虑资产抵押贷款。基于这种情况，引进办厂之事也就化为泡影了。

实例四

2007 年农历二月初五日辰时，张掖刘某问测，说新疆一朋友想与他合作一笔生意，看前景如何？

丁亥年，癸卯月，丙辰日（空：子、丑），癸巳时（空：午、未），阳遁九局，天芮值符落中宫寄二坤宫，死门值使落坤宫。

九地　天蓬 甲辰壬+甲辰壬 杜　巽	九天　天心 甲子戊+甲子戊 景　离	值符　天任 甲申庚 + 甲申庚 甲寅癸　甲寅癸 死　坤
玄武　天英 甲午辛+甲午辛 伤　震	天芮 甲寅癸 寄二坤　中宫	螣蛇　天辅 丙+丙 惊　兑
白虎　天禽 乙+乙 生　艮	六合　天柱 甲戌己+甲戌己 休　坎	太阴　天冲 丁+丁 开　乾

分析：

1. 奇仪、八门伏吟，伏吟主呻吟之象，宜静不宜动，动则招咎。

2. 时柱为合作方，时柱甲寅癸临死门为受困之象，落空主对方无实，癸加癸为“天网四张”之凶格，主对方行动受阻，欲动不能。

3. 时柱落宫（坤宫）生日柱落宫（兑宫），对方主动找刘某合伙求财，但遇伏吟局时柱又落空，虚而不生，大势不利。

4. 甲子戊为资本，临离宫落空又伏吟，资金短缺之象。

笔者将分析结果告知刘某，回答说与实际情况相符，他说：对方这几年确实不顺，正是由于资金短缺才来找他的，并且这笔生意在某种程度上还有违法行为（庚癸同宫之故），所以自己也不能下决心做这笔生意（伏吟之故），才来求测的。

结果：刘某听笔者所言，最终了放弃这笔生。

实例五

2004年农历二月初六日亥时薛某打电话问测，准备买车经营，前景如何？

干支历：甲申年，丙寅月，甲戌日（空：申、酉），乙亥时（空：申、酉），阳遁三局，天辅值符落坤宫，杜门值使落坤宫。

九地　天心 甲寅癸+甲戌己 生　巽	九天　天芮 甲子戊+丁 伤　离	值符　天辅 乙 甲戌己+　甲申庚 杜　坤
玄武　天禽 丙+甲子戊 休　震	天柱 甲申庚 寄二坤　中宫	螣蛇　天英 丁+甲辰壬 景　兑
白虎　天蓬 甲午辛+甲寅癸 开　艮	六合　天冲 甲辰壬+丙 惊　坎	太阴　天任 乙 甲申庚+甲午辛 死　乾

分析：

1. 伤门主车，伤门临甲子戊、九天于离宫，甲子戊主投资，九天主高远，投资买车搞运输之象，戊加丁为“青龙耀明”之吉格。

2. 生门临巽宫，春季木旺之地，生门落宫生甲子戊落宫，投资求财必有效益。

3. 伤门落宫生日柱落宫，日柱又临驿马之地，利于车辆经营。日柱临空地，心中不实之象。

4. 乾宫临死门、太阴，乙加辛为“青龙逃走”之凶格，庚加辛为“白虎干格”之凶，乾宫主父，死门、太阴为入地之象，其父已不在人世。

经过以上分析，为了验证局象的准确性，我在电话中对薛某说：“你父亲是否已不在人世了，其生前必有残疾（从乾宫局象可得知）。”对方言：“父亲是2001年夏天去世的，右腿和眼睛都有残疾，想不到这都能测出来！”我又言：“车辆可经营，有效益，大胆干，不要有顾虑。”

结果，薛某买车后经营一直不错，车由小到大，更换了几次，到现在为止还在经营着车辆。

实例六

2002年农历8月23日辰时，黄某问测，准备上敦煌石棉矿发展事业，前景如何？

壬午年，己酉月，庚子日（空：辰、巳），庚辰时（空：申、酉），阴遁一局，天英值符落艮宫，景门值使落震宫，年命辛卯。

九地　天禽 甲午辛+丁 死　巽	玄武　天蓬 甲辰壬+甲戌己 惊　离	白虎　天冲 乙 甲子戊+甲寅癸 开　坤
九天　天辅 乙 +丙 甲寅癸 景　震	天心 甲寅癸 寄二坤　中宫	六合　天任 甲申庚+甲午辛 休　兑
值符　天英 甲戌己+甲申庚 杜　艮	螣蛇　天芮 丁+甲子戊 伤　坎	太阴　天柱 丙+甲辰壬 生　乾

分析：

1. 太岁壬落离宫，壬加己为“凶蛇入狱”之凶格，又为“天地刑冲”格，临惊门主口舌官司，玄武、天蓬助其凶气，日柱六庚临休门于兑宫，庚加辛为“白虎干格”，远行不利，太岁宫（离宫）克日柱六庚落宫（兑宫），被测者流年不利，口舌是非、官司临身之象。

2. 年命辛卯，六辛落巽宫，临死门，受困之象；辛加丁为“狱神得奇”格，经商获倍利，囚人逢赦宥，凶处藏生机。

3. 求财方敦煌在西北乾宫，丙加壬为“火入天罗”格，虽不为吉，丙奇临乾为入墓，妙在丙壬之冲将丙奇冲出墓库，丙奇会生门而利于求财。

4. 甲子戊临开门于坤宫生生门落宫（乾宫），宜于投资求财，甲子戊在坤宫落空，起动资金短缺。值使门景门落震宫（借贷方），克值符天英落宫（主银行）艮宫，月干六己亦落艮宫生乾宫生门宫，月柱主朋友，可通过朋友帮忙从银行贷款，解决资金短缺问题。

5. 2003 年太岁癸未，癸落震宫与与日柱落宫对冲，流年不利，且癸加丙为“华盖悖师”阻滞之象。2004 年开始至 2010 年一路好流年，利于发展，宜于抓住机遇。

我将局象分析完，对被测者黄某说：“你最近官司缠身，资金短缺。”他说：“是这样，我以前就在搞石棉矿，由于矿体不好，把自己套里面去了，由于债务问题，打了好多次官司，最近又被别人诉上了法庭。资金本来就紧张，现在又打官司，日子的确难过。你看这二次上石棉矿前景究竟如何，如前景不好，我也就不冒此风险了！”我说：“可以发展，如 2003 年挺过去，2004 年后便可有大的发展，同时朋友可以帮你的忙，从银行贷款可解决资金问题。”他说：“有一朋友现在干的不错，答应给我担保从银行贷款，如果这事能干，我就打起精神再创一把！”

结果，黄某二次创业，2003 年虽有艰难，2004 年至今发展良好，终于走出了困境。

案例七

2002年农历8月24日16.50分张某打电话问测，说自己准备承包黑阴山的一个铁矿，能否成功？

壬午年，己酉月，辛丑日（空：辰、巳），丙申时（空：辰、巳），阴遁一局，天柱值符落震宫，惊门值使落坤宫。

九天　天任 甲辰壬+丁 景　巽	九地　天辅 甲子戊+甲戌己 死　离	玄武　天心 乙 甲申庚+甲寅癸 惊　坤
值符　天柱 甲午辛+丙 杜　震	天英 甲寅癸 寄二坤　中宫	白虎　天芮 丙+甲午辛 开　兑
螣蛇　天冲 乙 甲寅癸+甲申庚 伤　艮	太阴　天禽 甲戌己+甲子戊 生　坎	六合　天蓬 丁+甲辰壬 休　乾

分析：

1. 奇仪反吟，事多反复。

2. 日干辛金临值符落震宫，杜门临震，有阻力。时柱丙火临开门于兑宫克日柱落宫，时柱主事体，可见事情的发展不利于自己。

3. 时柱又主承包之铁矿，今时柱丙奇临地盘甲午辛为“奇神相合”吉格，临开门说明矿藏不错，有开发前景，白虎加临说明矿有安全隐患，临天芮说明还存在一些问题。

4. 承包矿要抵押资金，今甲子戊临死门于离宫，资金受困之象。

5. 月柱主同行竞争者，今月柱甲戌己临生门于坎宫，时柱临开门宫生月柱宫，矿的承包权最终会被别人拿走。

6. 日柱临值符，太岁甲辰壬落巽宫与日柱宫比和，在这件事上有领导支持。

笔者上以上分析结果告知对方后，他承认与实际情况吻合，自己在资金方面确实有缺口，领导也答应过这件事，自己还是想办法要把这件事拿下来。

结果：张某在承包竞标中虽中了标，但由于风险抵押金未能及时到位，属违约行为，最后被另外一家公司拿走了承包权。

实例八

2005 年 10 月 10 日下午四点，原来搞粮油生意的王老板找笔者求测，说最近想转行投资承包公路工程，看前景如何？

乙酉年，丙戌月，丁卯日（空：戌、亥），戊申时（空：寅、卯），月将辰，阴遁六局，天芮值符临落乾宫，死门值使落兑宫。

（一）奇门预测：

白虎　天英 丙+甲申庚 伤　巽	六合　天禽 甲午辛+丁 杜　离	太阴　天柱 甲申庚+甲辰壬 甲戌己 景　坤
玄武　天任 甲寅癸+甲午辛 生　震	天蓬 甲戌己 寄二坤　中宫	螣蛇　天冲 丁+乙 死　兑
九地　天辅 甲子戊+丙 休　艮	九天　天心 乙+甲寅癸 开　坎	值符　天芮 甲辰壬 甲戌己+甲子戊 惊　乾

分析：

1. 时柱主事体，时柱六戊在艮宫落空，事无所终。

2. 日柱丁奇临兑宫贵人之位，又为长生之宫，下临乙奇为为“玉女奇生”之吉格。时柱宫生日柱宫，由于时柱宫落空，表象虽吉，实为虚生。

3. 生门落宫克甲子戊落宫，投资求财必然亏本，无利可图。

4. 生门为利润，临玄武欺诈之神，癸加辛为“网盖天牢”之凶格，生门落宫冲日柱落宫，此财必不可求！

我将预测结果告知对方，王总很不甘心，说跟甲方谈的相当好，条件也很优惠，只等签合同了，好像跟实际情况有些不符。由于这种情况，我又起了六壬课并让其摇卦预测。

（二）六壬预测：

子 辛未 常
父 丁卯 勾
官 亥 贵

常 贵 贵 勾
未 亥 亥 卯
亥 卯 卯 丁

朱 合 勾 青
丑 寅 卯 辰
蛇子 巳空
贵亥 午虎
戌 酉 申 未
后 阴 玄 常

分析：

初传临空，末传落空，三传亥卯未木局生日，虽生不实，财不入传，日禄午火落空，财不就我之象，无财可求。

（三）六爻预测

离宫：离为火（六冲） 艮宫：艮为山（六冲）

六神	伏神	本卦		变卦	
青龙		兄弟巳火▅▅▅	世	父母寅木 ▅▅▅	世
玄武		子孙未土▅ ▅		官鬼子水 ▅ ▅	
白虎		妻财酉金▅▅▅	○→	子孙戌土 ▅ ▅	
螣蛇		官鬼亥水▅▅▅	应	妻财申金 ▅▅▅	应
勾陈		子孙丑土▅ ▅		兄弟午火 ▅ ▅	
朱雀		父母卯木▅▅▅	○→	子孙辰土 ▅ ▅	

分析：

卦象六冲变六冲，所谋之事逢冲则散，财虽化回头之生，但财生应爻，他人所得之象。应爻临白虎克世，如有所动，必被他人牵制，父临朱雀动而生世，但被财爻所克，生处所克，不利文书，可知即是签合同也对自己不利。

通过上面的综合分析，笔者力劝王总放弃这次投资，干起原来本行，方能发展。对方听我所劝，放弃了投资计划。

在后来的信息反馈中得知，这项工程系二手转包，另外上去承包此工程的几家公司，将工程干完后，大部分工程款被中间商抽走，到手所剩无几，亏本而归。

实例九

2001 年 10 月 2 日早上 8 点，兰州的一位朋友，某建筑工程公司李总打电话，说近期正在武威谈一工程，测一下看能否谈成，近期运气如何？遂起局测之。

辛巳年，丁酉月，戊戌日（空：辰、巳），丙辰时（空：子、丑），阴遁七局，天芮值符落离宫，值使死门落离宫。辰将，甲午命。

（一）奇门预测：

螣蛇　天心 丙+甲午辛 景　巽	值符　天芮 甲寅癸 甲申庚 +丙 死　离	九天　天辅 甲子戊+甲寅癸 甲申庚 惊　坤
太阴　天禽 甲午辛+甲辰壬 杜　震	天柱 甲申庚 寄二坤　中宫	九地　天英 甲戌己+甲子戊 开　兑
六合　天蓬 甲辰壬+乙 伤　艮	白虎　天冲 乙+丁 生　坎	玄武　天任 丁+甲戌己 休　乾

分析：

1. 时干主事体，生门主利润，今时干丙火临巽宫为禄旺之地，生门落坎宫，乙加丁为“奇仪相佐”吉格，可见所谈之事前景好、利润高。

2. 日干主被测人，今日干甲子戊落坤宫，时干落宫克日柱落宫，为事不就我，时干在巽宫又落空，其事难成。

3. 问运气，日柱在坤宫，临惊门主口舌官司，戊加癸虽吉，但戊加庚为为日格，格则不通， 运气不畅。岁干辛金落震宫克日柱宫，流年不利。

（二）六壬预测：

父　巳勾
子丙申虎
官壬寅蛇

玄 玄 勾 勾
戌 戌 巳 巳
戌 戌 巳 戊

勾 青 空 虎
巳 午 未 申
合辰　　　酉常
朱卯　　　戌玄
寅 丑 子 亥
蛇 贵 后 阴

分析：

1. 课逢伏吟，天地不动，课体不备呻吟之象，宜静不宜动，动则招咎。

2. 三传相刑，递克日干，必有人相害，官司口舌之象。发用巳火禄神临空亡，空则不实，事无所主，不利求财。

3. 行年在寅，寅上逢寅，寅为鬼克身，官司缠身之象，流年不利。

综合判断，李某所测之事难以成功，且有官司缠身。笔者将此结论告知李某后，他反馈说，前几年担保为朋友从银行贷了一笔款，谁知此人这几年运气不佳，做生意将这笔钱赔了，无力还款，银行将他起诉到了法庭，近期正在打官司。至于工程的事他还想争取一下，但据后来的反馈，最终工程被另外一家公司拿走了。

通过以上两种方法的综合分析，我们将会发现，古人所言“壬遁相通”之语，决非虚妄之说，对预测而言，的确有很强的对应互补性，由此可见，同步信息的研究，将是易学预测研究发展的新方向。

实例十

2002年农历7月17日早晨8.30分，宁夏银川冯某打电话问测，说自己开一生态园林设计开发公司，想看一下今后的发展状况与前景。

壬午年，戊申月，乙丑日（空：戌、亥），庚辰时（空：申、酉），阴遁一局，天英值符落艮宫，景门值使落震宫。

九地　天禽 甲午辛+丁 死　巽	玄武　天蓬 甲辰壬+甲戌己 惊　离	白虎　天冲 甲子戊+乙 甲寅癸 开　坤
九天　天辅 乙 甲寅癸+丙 景　震	天心 甲寅癸 寄二坤　中宫	六合　天任 甲申庚+甲午辛 休　兑
值符　天英 甲戌己+甲申庚 杜　艮	螣蛇　天芮 丁+甲子戊 伤　坎	太阴　天柱 丙+甲辰壬 生　乾

分析：

1. 乙木日柱临震宫，为日出扶桑，禄旺之地，是贵人升于乙卯正殿，乙加丙为“奇仪顺遂”之吉格，利于事业之发展。景门主风景艺术，天辅又主工艺，九天主明堂空旷之地，可见与被测者从事的行业相符。

2. 甲子戊主资金来源，生门主利润，甲子戊落宫（坤宫）生生门落宫（乾宫），利于投资求财，今甲子戊临坤宫落空，与地盘癸水相合，资金周转不足，从而会影响利润。

3. 生门主利润，生门落宫中丙壬相冲为“火入天罗”凶格，生门宫（乾宫）克日柱落宫（震宫），效益低，影响着公司之发展。且生门落日柱旬空之地，亦主利润不实之象。

4. 值符落宫在艮主银行，值使落宫在震主借贷方，值使落宫克值符落宫，可从银行拿到贷款，加大投资力度，可使企业良性循环，产生更大效益。

5. 时柱落宫主公司员工，今时干六庚临辛于兑宫，克日柱落宫，员工不得力，庚加辛为“白虎干格”之凶，伏奸反叛，男女不和，求财不利，诸事有殃之象。由此可见内部混乱，勾心斗角，犯上作乱，不能团结一致。

根据以分析，我推断此公司效益不好，资金运作困难，内部混乱。对方回答说，的确如此。建议从银行贷款，扩大投资规模，调整内部机构人员，使企业良性循环，有发展前景。

结果：在笔者的指导下，此公司首先对内部人员进行了调整，然后向银行贷款，扩大了企业规模，使企业实现了利润上升，良性循环。

实例十一

2001 年 4 月 11 日西安朋友柳某打电话给笔者，说自己北京的一位朋友联系一财团给西安某大学投资一大笔资金办学，想让他也参与，看这事最终能否办下来？遂起局、课进行了预测。

辛巳年，壬辰月，甲辰日（空：寅、卯），甲戌时（空：申、酉），阳遁七局，天任值符落艮宫，生门值使落艮宫，月将在戌。

（一）奇门预测：

太阴　天辅 丁+丁 杜　巽	六合　天英 甲申庚+甲申庚 景　离	白虎　天芮 甲辰壬 + 甲辰壬 丙　丙 死　坤
螣蛇　天冲 甲寅癸+甲寅癸 伤　震	天禽 丙 寄二坤　中宫	玄武　天柱 甲子戊+甲子戊 惊　兑
值符　天任 甲戌己+甲戌己 生　艮	九天　天蓬 甲午辛+甲午辛 休　坎	九地　天心 乙+乙 开　乾

分析：

1. 满盘伏吟，局无生机，遇事难进，动辄招咎之象。

2. 以月干为朋友，月干壬水临坤宫空亡之地，空则为缺，人无准时，临死门主受困之象，临天芮主有问题，白虎临空又主虚诈，壬加壬为“天牢自刑”凶格，总体观之，为虚而不实，铤而走险之象。

3. 甲子戊主资金，伏吟于兑宫空亡之地，空主不实，临玄武主奸诈欺骗，临惊门主虚惊，可见此资金来源有问题或根本就没有资金。

4. 时柱主事体，时临生门伏吟于艮宫，艮宫又为日柱空亡之宫，生门亦主财，财临空亡，资金从何而来。

（二）六壬预测：

兄　　寅蛇
子　乙巳勾
官　戊申虎

合	合	蛇	蛇
辰	辰	寅	寅
辰	辰	寅	甲

	勾	青	空	虎	
	巳	午	未	申	
合	辰			酉	常
朱	卯			戌	玄
	寅	丑	子	亥	
	蛇	贵	后	阴	

分析：

课逢伏吟，妄动则凶。财不入传，无财可来。毕法云：宾主不投刑在上，虎临干鬼凶速速。今三传相刑，初传寅木德禄之神发用临空，禄主财，临空则虚。寅木又为马星，马星空陷，奔波劳心，费神无得之象。

综合以上分析，此事子虚乌有，搞不好有诈骗嫌疑，我劝其柳某不要插手此事，以免陷于其中。柳某听笔者之言，全身而退。

应验：柳某退出之时亦劝其北京的朋友不要参与，但对方不听劝告，又拉其他朋友参与，并说这笔款是民国时期美国某银行的一笔存款，现已到期，取钱要花前期费用，参与者纷纷投资，盼望丰厚之回报，结果都上当受骗，无局而终……

实例十二

2003 年 11 月 6 日未时，老同学周女士来找笔者，说准备投资开办一生产彩钢的工厂，虽考察南方有关企业，觉得前景不错，但由于投资大，一直下不了决心，要我再用易学方法进行决策一下，遂起局进行了预测。

癸未年，壬戌月，癸未日（空：申、酉），己未时（空：子、丑），阴遁六局，天蓬值符落中寄二坤，休门值使落坤宫。

（一）奇门预测：

己未时	癸日为五不遇时	
太阴　天英 乙+甲申庚 惊　巽	螣蛇　天禽 甲子戊+丁 开　离	值符　天柱 甲寅癸+甲辰壬 甲戌己 休　坤
六合　天任 甲辰壬 甲戌己+甲午辛 死　震	天蓬 甲戌己 寄二坤　中宫	九天　天冲 丙+乙 生　兑
白虎　天辅 丁+丙 景　艮	玄武　天心 甲申庚+甲寅癸 杜　坎	九地　天芮 甲午辛+甲子戊 伤　乾

分析：

1. 开办工厂为坐地求财，以开门落宫与日干落宫之关系断其吉凶，今开门落宫临离宫生日柱癸水落宫坤宫，大势前景不错，离宫戊加丁为“青龙耀明”吉格，可见此项目有好的发展前景。

2. 日柱甲寅癸与太岁同柱临值符，可得上级政府部门的大力支持。

3. 生门主利润，生门临兑宫，宫中丙加丁与生门合天遁格，天遁为奇门格局中上吉之格，可见利润非常可观。

4. 甲子戊主投资，甲子戊临开门于离宫克生门落宫，如投资力度不够，则会影响企业效益。

5. 时柱甲戌己落震宫克日柱宫，不宜合伙求财。

6. 五不遇时，万事开头难，起动之初会有困难。日柱临空，心中不实。

（二）六壬预测：

财 辛巳 贵
官 丁丑 勾
父 　酉 常

空 朱 贵 常
亥 卯 巳 酉
卯 未 酉 癸

勾 合 朱 蛇
丑 寅 卯 辰
青子 　 　 巳贵
空亥 　 　 午后
戌 酉 申 未
虎 常 玄 阴

分析：

《毕法赋》云：三传递生人举荐，万事喜欣三六合。癸水日干受岁月日时之克，处死地，所喜三传递生日干，且合巳酉丑金局生日干，贵人临财发用，必得贵人之助，丁神又临财，财官印递生日柱，财来寻人之象，三传金局正与投资的彩钢生产线项目吻合，末传酉金临空，待出空填实方可为用。

测完之后，我对老同学周女士说：宜于投资，项目好，利润高，可得到政府部门的大利支持，应抓紧机遇，不可怠慢。在我的鼓励下，她抓紧落实资金，起动项目，终于在2004年年初投产了，生产的产品供不应求，又投资扩大了生产规模，企业越做越大，效益越来越好，成为当地的龙头企业，她也成为当地有名的女企业家了。

笔者注：在整理此案例时发现六壬课将三传排错，三传应为卯亥未，但却与所测之事吻合，错卦错断，也是反馈信息的一种方式！

实例十三

2003年6月12日巳时，搞煤炭运输的李老板测经营前景。

癸未年，戊午月，乙卯日（空：子、丑），辛巳时（空：申、酉），月将为申，阳遁三局，天辅值符落乾宫，杜门值使落坤宫。

（一）奇门预测：

<table>
<tr><td>白虎 天芮
甲午辛+甲戌己
生 巽</td><td>玄武 天柱
丙+丁
伤 离</td><td>九地 天英
乙
甲寅癸+ 甲申庚
杜 坤</td></tr>
<tr><td>六合 天蓬
甲辰壬+甲子戊
休 震</td><td>天冲
甲申庚
寄二坤 中宫</td><td>九天 天禽
甲子戊+甲辰壬
景 兑</td></tr>
<tr><td>太阴 天心
乙
甲申庚 +甲寅癸
开 艮</td><td>螣蛇 天任
丁+丙
惊 坎</td><td>值符 天辅
甲戌己+甲午辛
死 乾</td></tr>
</table>

分析：

1. 运输以伤门为车，伤门临离宫，宫中丙丁相加，在月建得旺地，生门主利润，落巽宫生伤门落宫，利于运输经营，有钱可赚，效益必佳。

2. 日柱乙奇落艮宫空亡之地，求测者对前景心中不实，妙在伤门宫生日柱落宫，利于车辆经营。

3. 五不遇时虽主不顺，但有以上诸多有利因素，故而不会影响大局。

（二）六壬预测：

财 庚申 蛇
官 癸亥 阴
父 甲寅 虎

后 朱 阴 蛇
戊 未 亥 申
未 辰 申 丙

蛇 贵 后 阴
申 酉 戌 亥
朱未 子玄
合午 丑常
巳 辰 卯 寅
勾 青 空 虎

分析：

财星庚申临日发传，寅申入传，寅申主道路，正合运输求财之象，丙火旺于月建，日建生之，三传递生人举荐，身强任财，所谋皆成。

应验：李老板经营运煤生意一年胜于一年，规模越来越大，资本积累也越来越多了！

实例十四

2003 年 5 月初 10 日 18 时 50 分，王女士找笔者，说自己租了一门面房，准备投资开一服装店，要我去看看风水环境，并要笔者测一下前景如何？遂测之。

癸未年，丁巳月，癸未日（空：申、酉），辛酉时（空：子、丑），阳遁四局，天英值符落兑宫，景门值使落兑宫。

（一）奇门预测：

玄武　天心 甲辰壬+甲子戊 生　巽	九地　天芮 乙+甲寅癸 伤　离	九天　天辅 丙 甲子戊+甲戌己 杜　坤
白虎　天禽 丁+乙 休　震	天柱 甲戌己 寄二坤　中宫	值符　天英 甲寅癸+甲午辛 景　兑
六合　天蓬 甲申庚+甲辰壬 开　艮	太阴　天冲 甲午辛+丁 惊　坎	螣蛇　天任 丙 甲戌己+甲申庚 死　巽

分析：

1. 以时柱为所测之事，今时柱落坎宫空亡之地，空则不实，不宜为之。

2. 开门为店，今开门临艮宫为落空，又为入墓，虽生日柱癸水落宫兑宫，但为虚生，不吉。

3. 景门主衣服，临日柱甲寅癸，与所谋行业相符，甲寅癸加甲午辛为“网盖天牢”之凶格，宜静不宜动，辛主错误，主所谋之事是一个不合时宜的错误投资。

4. 甲子戊主所投资金落巽宫，生门主利润落坤宫，生门宫克甲子戊落宫，投资亏本之象。

(二) 六壬预测：

官 丁丑 阴
官 甲戌 虎
官 癸未 勾

勾 勾 阴 阴
未 未 丑 丑
未 未 丑 癸

	朱	合	勾	青	
	巳	午	未	申	
蛇	辰			酉	空
贵	卯			戌	虎
	寅	丑	子	亥	
	后	阴	玄	常	

分析：

课中天地盘伏吟，宜静不宜动。虽旬丁临财发用，但三传俱鬼，财化为鬼，又三传相刑，无财可求之象。

根据以上预测结果，我对王女士说："这个服装店不能开，开了会赔钱。"王女士说："那不行，房租都交了，货已进了一部分，你看有没有补救的办法?"最后我又到现场看子一下，对店中的布局进行了一些调整，选择了一个吉日开张，开业后还是不太理想，半年后将此店转让了出去，据王女士说，虽没有亏本，但等于白干了半年，总算是把损失降到了最低限度。

实例十五

2004 年 3 月 15 日午时，年轻人柳某忧心忡忡，来找笔者问测，自己大学计算机专业毕业，现从单位出来停薪留职自己干，与朋友合伙搞了一个计算机培训学校，目前状况不太好，由于投资大，看今后发展如何？笔者当时用四种方法进行了预测分析，得出同一结果，今录于此供同好探讨。

甲申年，丁卯月，癸巳日（空：午、未），戊午时（空：子、丑），月将亥，壬子命，阳遁四局，天英值符落巽宫，景门值使落巽宫，摇得《艮》之《大畜》卦。

（一）六爻预测

艮宫：艮为山（六冲）　　艮宫：山天大畜

六神	伏神	本卦		变卦
白虎		官鬼寅木 ——— 世		官鬼寅木 ———
螣蛇		妻财子水 — —		妻财子水 — — 应
勾陈		兄弟戌土 — —		兄弟戌土 — —
朱雀		子孙申金 ——— 应		兄弟辰土 ———
青龙		父母午火 — —	×→	官鬼寅木 ——— 世
玄武		兄弟辰土 — —	×→	妻财子水 ———

分析：

1. 卦逢六冲，大象不吉，求财逢冲则散，财无聚则难求。

2. 初爻兄动劫财，二爻父动生兄助其忌神，财爻受克无救，破财之象。

（二）奇门预测：

值符　天英 甲寅癸+甲子戊 景　巽	螣蛇　天禽 丙 甲戌己　+甲寅癸 死　离	太阴　天柱 丙 甲午辛+　甲戌己 惊　坤
九天　天任 甲子戊+乙 杜　震	天蓬 甲戌己 寄二坤　中宫	六合　天冲 甲申庚+甲午辛 开　兑
九地　天辅 乙+甲辰壬 伤　艮	玄武　天心 甲辰壬+丁 生　坎	白虎　天芮 丁+甲申庚 休　乾

分析：

1. 日柱甲寅癸下临甲子戊时干于巽宫，戊癸相合，可见是合伙求财，临景门，主计算机行业。值符甲寅癸临巽为相刑之地，刑则有伤，必为财所累。

2. 开门主所办学校，临六合落兑宫，合伙办学之象，开门落宫克日柱宫，不利于办学。宫中庚加辛为“白虎干格”远行不利，车折马死，生意折本之象。

3. 生门为利润，生门临坎宫落空，无利可图。

（三）六壬预测：

财　**午** 蛇
兄 **丁亥** 空
官 **壬辰** 后

阴 青 空 蛇
卯 戌 亥 午
戌 巳 午 癸

青 空 虎 常
戌 亥 子 丑
勾**酉**　　　**寅**玄
合**申**　　　**卯**阴
未 午 巳 辰
朱 蛇 贵 后

分析：

《毕法赋》云：水日逢丁财动之，空上逢空事莫追。财爻落空临日发传，上下夹克，必为财所累，午火有计算机之象，且末克中传，中又克初，财重重受克无生，虽命上有巳火之财，无奈巳之阴神戌为火墓，入墓难取。

（四）四柱预测

生辰：1972 年 8 月 1 日卯时

乾造：壬子　丁未　甲子　丁卯 (戌亥空)

大运：	戊申	己酉	庚戌	辛亥	壬子	癸丑	甲寅	乙卯
	2 岁	12	22	32	42	52	62	72
始于：	1974	1984	1994	2004	2014	2024	2034	2044
流年：	甲寅	甲子	甲戌	甲申	甲午	甲辰	甲寅	甲子

分析：

日柱甲木生于季夏土旺之时，火有余气，甲木通根时支卯木，坐子水印星，年柱壬子印星生之，月时支卯未合拱木，日柱失时不弱而呈旺，取火土为用。现逢甲申流年，为交辛亥运之时，申子合拱水局，亥卯未合木局，水木得地而火土失势，未土财星化劫，破财之象。

后记：笔者将综合分析的结果告知对方，建议他想办法将其学校转让，不然会越陷越深，现在的运势不利于求财，还是回原单位上班为好。他说：确实如此当初之时谁也想不到会成现在这样，由于赚不到钱，合伙人之间也都有了矛盾，看来也只能是找机会赔钱转让了！

实例十六

2003 年 7 月 23 日，黄女士测服装店生意，报 16 数，取卯时。

癸未年，己未月，丁酉日（空：辰、巳），癸卯时（空：辰、巳），阴遁七局，天辅值符落坤宫，杜门值使落巽宫。月将为未，年命己酉。

（一）奇门预测：

癸卯时	丁日为五不遇时	
太阴　天心 乙+甲午辛 杜　巽	螣蛇　天芮 甲辰壬+丙 景　离	值符　天辅 甲午辛+甲寅癸 甲申庚 死　坤
六合　天禽 丁+甲辰壬 伤　震	天柱 甲申庚 寄二坤　中宫	九天　天英 丙+甲子戊 惊　兑
白虎　天蓬 甲戌己+乙 生　艮	玄武　天冲 甲子戊+丁 休　坎	九地　天任 甲寅癸 甲申庚+甲戌己 开　乾

分析：

1. 五不遇时，八门伏吟，值使临巽宫落空，大象不吉。

2. 开店为坐地求财，开门为店，今开门落乾宫克日柱落宫，主效益不佳。

3. 开店又为投资求财，生门主利润，甲子戊主投资，生门落艮宫克甲子戊落宫坎水，亏本之象。

4. 太岁甲寅癸临开门宫克日柱宫，流年不利。

5. 时柱主事体，与太岁同宫克日柱宫，不利于发展经营。

（二）六壬预测：

官 己亥 贵
父 癸卯 常
子 乙未 勾

空 阴 常 贵
巳 丑 卯 亥
丑 酉 亥 丁

　朱 蛇 贵 后
　酉 戌 亥 子
合申　　　丑阴
勾未　　　寅玄
　午 巳 辰 卯
　青 空 虎 常

分析：

三传虽合木局生日，但财不入传，年命上俱不见财，惟支财酉金却被上神丑土所墓，入墓难取，求财难得之象。

后记：我将预测结果告知黄女士后，她说情况的确是这样，店铺原处于闹市区，生意不错，但今年这一地段进行拆迁改造，道路堵塞，致使顾客稀少，生意惨淡，由于铺面租期未到，自己正准备赔本转让呢！

实例十七

2005 年 12 月 1 日巳时，王某问测，说手上掌握有一污水处理的新技术，通过有关部门争取一笔项目资金，准备开一家生产污水处理设备的工厂，测测前景如何？遂起局、课并摇得《艮》之《巽》卦。

乙酉年，丁亥月，己未日（空：子、丑），己巳时（空：戌、亥），阴遁二局，天芮值符落坎宫，死门值使落乾宫，月将为寅。

（一）六爻预测

艮宫：艮为山　(六冲)　　巽宫：巽为风 (六冲)

六神	伏神	本卦		变卦
勾陈		官鬼寅木▅▅▅ 世		官鬼卯木 ▅▅▅世
朱雀		妻财子水▅ ▅	×→	父母巳火 ▅▅▅
青龙		兄弟戌土▅ ▅		兄弟未土 ▅ ▅
玄武		子孙申金▅▅▅ 应		子孙酉金 ▅▅▅应
白虎		父母午火▅ ▅	×→	妻财亥水 ▅▅▅
螣蛇		兄弟辰土▅ ▅		兄弟丑土 ▅ ▅

分析：

1. 主卦《艮》土化变卦《巽》木，大象化回头克，凡占不吉，于事无成。

2. 财爻主资金，今财临五爻，五爻为君位，主资金来源是要从政府方面得到，财爻子水临空，空则为虚，化出父母巳火为绝地，资金希望不大。

3. 父母午火主技术，化回头之克，受五爻之冲，技术有问题，上面不给钱。

（二）奇门预测：

玄武　天禽 甲戌己+丙 生　巽	白虎　天蓬 甲午辛+甲申庚 伤　离	六合　天冲 乙+ 甲子戊 丁 杜　坤
九地　天辅 甲寅癸+乙 休　震	天心 丁 寄二坤　中宫	太阴　天任 丙+甲辰壬 景　兑
九天　天英 甲辰壬+甲午辛 开　艮	值符　天芮 甲子戊 丁 +甲戌己 惊　坎	螣蛇　天柱 甲申庚+甲寅癸 死　乾

分析：

1. 所测的项目资金是要由有关部门审核通过后才能付诸实施，要看开门落宫、太岁落宫与甲子戊落宫之关系，因为开门主政府，太岁为主管资金的上级部门，甲子戊主资金。

2. 今开门临艮宫克甲子戊落宫（坎宫），政府不会通过。

3. 太岁乙奇落坤宫克甲子戊落宫，主管部门不通过。杜门主技术，临坤宫，因技术问题不能通过。

4. 日时六己同落巽宫，克开门、太岁落宫，主求测者在争取有关方面的同意。时柱主求测者所掌握的新技术，临玄武，玄武为虚诈之神，说明该技术还不完善。

（三）六壬预测：

财 **癸亥** 后
兄 **丙辰** 勾
兄 **丙辰** 勾

蛇 勾 蛇 勾
丑 辰 丑 辰
辰 未 辰 己

	朱	合	勾	青	
	寅	**卯**	**辰**	**巳**	
蛇	**丑**			**午**	空
贵	**子**			**未**	虎
	亥	**戌**	**酉**	**申**	
	后	阴	玄	常	

分析：

《毕法赋》云：“干支乘墓各昏迷，宾主不投刑在上，闭口卦体两般推。”干支上乘墓神辰土，如人在云中行走，昏昧难明之象。日之财神亥水为日之旬尾，加于日之旬首寅木之上，为财神闭口，且受中末传克之，课云：“财神闭口，不得入手。”且两重辰土墓神加勾陈临干支之上，皆为自刑，宾主不投，上下不和，凡事皆为阻隔难通。

后记：笔者将预测结果告诉王某后，王某不以为然，结果他将有关资料上报后，在有关部门组织对该技术进行的专家鉴定会上被搁浅，认为这一技术存在问题，项目资金也随之化为乌有了！

实例十八

2004年7月25日未时，王女士问测，准备在外地投资一笔生意，前景如何？我测过之后说：不可投资，投进去就会竹篮打水一场空。她又问，如果合伙咋样，我回答，那样更遭，将会被对方牵着鼻子走，损失更大。这时的王女士道出了实情，她说丈夫有一表弟在外地做生意，前阵子回来找他们合伙去那边开一酒店，她跟着去考察了一番，觉得不错，回来后前期便筹了13万元打在了对方的卡上，谁知钱一入账便找不见人了，刚开始打电话不接，后来把电话也换了，看来是上当了，今天来主要是想让你测一下这钱还能不能要回来。这时我看着手中的局说：你不但钱上当了，感情上也可能被对方欺骗了！听我之言，王女士低头默认，且伤心落泪……。

甲申年，辛未月，乙巳日（空：寅、卯），癸未时（空：申、酉），月将午，壬寅命，阴遁四局，天冲值符落艮宫，伤门值使落震宫。

（一）奇门预测：

九地　天任 甲辰壬+甲子戊 杜　巽	玄武　天辅 甲申庚 乙　+甲辰壬 景　离	白虎　天心 甲申庚 丁+　乙 死　坤
九天　天柱 甲子戊+甲戌己 伤　震	天英 乙 寄二坤　中宫	六合　天芮 丙+丁 惊　兑
值符　天冲 甲戌己+甲寅癸 生　艮	螣蛇　天禽 甲寅癸+甲午辛 休　坎	太阴　天蓬 甲午辛+丙 开　乾

分析：

1. 值符、值使落空，凡谋不遂。八门伏吟，强动招咎。

2. 日主求测者，时主事体，今时柱癸水落坎宫克日柱乙木落宫（离宫），凡事不可谋为，甲子戊主投资，临震宫落空又临九天，震宫阴遁为外卦，钱投在外面无本而归之象；生门主利润，临艮宫落空，又为岁破之地，必无利可图。

3. 日柱临玄武落离宫沐浴之地，玄武主暗昧之事，乙加壬“日奇入地”尊卑悖乱之象。时柱癸水临时支沐浴之方，癸下临辛，辛主犯错、犯罪，临天禽，表面可靠；临螣蛇，虚伪巧诈，工于心计；乙上临丁，丁上临丙，六合相加，因此必有苟合之事。因情所动，上当受骗。

（二）六壬预测：

兄　　卯 青
兄　　寅 空
财　癸丑 虎

青 勾 空 青
卯 辰 寅 卯
辰 巳 卯 乙

　勾 合 朱 蛇
　辰 巳 午 未
青卯　　　　申贵
空寅　　　　酉后
　丑 子 亥 戌
　虎 常 玄 阴

分析：

《毕法赋》云：“空空如也事休追，脚踏空亡进用宜。”日禄卯木临日发传，但为空亡，中传寅木亦空，末传丑财临空，三传皆空，财从何来。年命与行年俱为寅临空，丑财临之亦落空。满盘无一生机，正如《课经》所云：“初禄即空，末值蛇虎，乃前后逼迫难进退也。”

八月十二日，王女士又来问测钱能否要回，与此局信息相一致。请看下例：

实例十九

2004 年 8 月 12 日巳时，王女士又来求测，钱能否要回？

甲申年　壬申月　癸亥日（空：子、丑）　丁巳时（空：子、丑），阴遁八局，天冲值符落坤宫，伤门值使落离宫。

太阴　　天禽 丙+甲辰壬 生　　巽	螣蛇　　天蓬 甲子戊+乙 伤　　离	值符　　天冲 甲寅癸+丁甲午辛 杜　　坤
六合　　天辅 甲申庚+甲寅癸 休　　震	天心 甲午辛 寄二坤　　中宫	九天　　天任 甲辰壬+甲戌己 景　　兑
白虎　　天英 甲戌己+甲子戊 开　　艮	玄武　　天芮 丁甲午辛+丙 惊　　坎	九地　　天柱 乙+甲申庚 死　　乾

分析：

1. 时柱主事体，又主对方，时柱丁火下临丙火落坎宫，火入水乡，受制不吉；临惊门，口舌相争；玄武加临主暗昧，又主对方要花招不给钱，坎宫为日支沐浴之乡，丁丙同宫临玄武，事之发端因情而起；临天芮，有问题，坎宫又为空地，空则难寻。

2. 日柱癸水下临丁火与辛金，癸丁相加为“螣蛇夭矫”凶格，求吉反凶之象，临辛，干了一件错事，临杜门，阻力大。

3. 甲子为资金成本，落离宫受时柱落宫之克，钱被人骗走；生门亦主钱，落巽宫克日柱宫，钱一时难以要回。

后记：到笔者整理此案例时得知，此钱一直未能追回。

实例二十

2003 年 4 月 4 日申时，好友王总打电话，说最近在新疆投资了一个石棉矿，由于矿在深山之中，道路难行，发展前景如何，心中一直没底，要我再测一下能否继续投资。我以问测之时起局、课分析后打电话对王总说：初期虽有困难，但前景很好，放心大胆投资。具体分析如下：

癸未年，乙卯月，丁未日（空：寅、卯），戊申时（空：寅卯），戌将，阳遁六局，天蓬值符落乾宫，休门值使落坤宫。

（一）奇门预测：

白虎 天任 甲午辛+丙 惊 巽	玄武 天辅 甲寅癸 乙 +甲午辛 开 坎	九地 天心 甲戌己+ 甲寅癸 乙 休 坤
六合 天柱 丙+丁 死 震	天英 乙 寄二坤 中宫	九天 天芮 甲子戊+甲戌己 生 兑
太阴 天冲 丁+甲申庚 景 艮	螣蛇 天禽 甲申庚+甲辰壬 杜 坎	值符 天蓬 甲辰壬+甲子戊 伤 乾

分析：

1. 日柱丁火临艮宫落空，日空心中不实之象，开矿以开门为用神，开门落离宫生日柱宫，利于开矿经营。

2. 生门为利润，甲子戊主投资，生门与甲子戊同宫，宜于投资。

3. 景门主道路，景门临艮宫落空，艮为山，空则无路，宫中有丁，丁主叉道，丁下临庚，多阻隔，主矿山好多地方不通或阻隔，需新开或修复道路，临太阴、天冲，从山脚下盘旋而上。

（二）六壬预测：

财 己酉 朱
官 辛亥 贵
子 癸丑 阴

贵 朱 贵 朱
亥 酉 亥 酉
酉 未 酉 丁

　勾 合 朱 蛇
　未 申 酉 戌
青午　　　亥贵
空巳　　　子后
　辰 卯 寅 丑
　虎 常 玄 阴

分析：

阴贵酉财发用，阳贵带其暗财辛金，末助初传，必有人暗中相助。财带贵人临于干支之上，为贵人相助，财来就我之象。日干丁火仲春得旺，可任旺财。

后记：王总与笔者亲自上新疆到矿区考察了一番，并对矿区风水进行了调整，随之进行了大量投资，实现了当年回收成本的愿望，截至现在已发展到三个矿区，规模大效益高，成为石棉行业的龙头老大了！

实例二十一

2001 年 9 月 9 日午时，笔者的亲戚，某陶瓷厂职工任某问测，听别人介绍酒钢公司需要大量耐火砖，准备与厂长合伙通过酒泉某人介绍一领导关系，给酒钢公司销 1500 吨耐火砖，前景如何？

辛巳年，丁酉月，乙亥日（空：申、酉），壬午时（空：申、酉），阴遁六局，值符天禽落坤宫，值使死门落乾宫，月将巳，年命乙巳。

（一）奇门预测：

太阴 天柱 甲申庚+甲申庚 生 巽	螣蛇 天冲 丁+丁 伤 离	值符 天禽 甲辰壬+甲辰壬 甲戌己 甲戌己 杜 坤
六合 天心 甲午辛+甲午辛 休 震	天任 甲戌己 寄二坤 中宫	九天 天蓬 乙+乙 景 兑
白虎 天芮 丙+丙 开 艮	玄武 天辅 甲寅癸+甲寅癸 惊 坎	九地 天英 甲子戊+甲子戊 死 乾

分析：

1. 时柱主事体，今时柱临坤宫落空，空则不实，且奇仪伏吟，主事不动，事成虚象。

2. 景门主信息，临兑宫落空，别人提供的消息不确切，有虚假成分。

3. 日柱为求测者，临兑宫落空，求测者心中不实之象。

4. 六合为中间人，临太岁又主上级领导，落震宫与日柱落宫相冲克，托领导办事不成。

5. 生门主所求之财，落巽宫，宫中庚为阻隔之神，求财有阻之象，庚加庚为为“太白同宫”凶格，不利于求财。

（二）六壬预测：

财 甲戌 阴
官 酉 后
官 申 贵

后 阴 空 青
酉 戌 寅 卯
戌 亥 卯 乙

勾 合 朱 蛇
辰 巳 午 未
青卯 申贵
空寅 酉后
丑 子 亥 戌
虎 常 玄 阴

分析：

找领导关系求财属谒贵谋望，今初传戌财上临酉空，三传空陷，事成虚象，末传贵人落空，贵不值事，命上临天罡，事不可成。后经多方调查，此事纯属乌有，算是白费心机了！

案例二十二

2007 年 4 月 10 日亥时，高某问测，说自己办了一个二手车市场，看一下今后的发展前景如何？我当时用两种方法进行了预测，我测后对他说：“从局象看前景大势应不错，但现在好像有人从中作梗，不但赚不到钱，而且还在赔钱。”听我这一说，他的情绪激动了起来，“是这样,我把市场的一切手续都办全了，刚刚起动却被工商部门勒令停业，我问其原因，他们说是一个地区只能有一家，现在已有一家了，所以要我们关门。我们质问，当初办手续时怎么没有说，现在让我们关门这合理吗？他们却说，领导说有这样的规定，只能这么办。后来我查了相关的条款规定，根本没有这样的规定，我就放心的做自己的生意，结果卖出的车到车管所办相关手续时却不给办，问原因他们说是工商部门打招呼不让办。我后来又找工商部门的有关人，但都以种种理由再三推托，一托好几个月我也不能营业，没挣钱还招来了麻烦。后来才知道在我前面办的那个二手车市场是工商部门一主要领导与其合办的，怪不得不让我们办下去。我这次来就是让你测一下，有什么办法，究竟能不能办下去。”我看着局象对他说：“你可以书面的形式上访更上一级的部门，这样可以事半功倍，达到自己的目地！但最快要到农历六、七月才能解决。”高某按我的说法咨询了有关法律律师，最后给省信访办写信反映此事，上级部门派人调查此事后，给予正确处理，的确于农历七月他的二手车市场重新又开业了，现在做的是红红火火。

丁亥年，甲辰月，甲戌日（空：申、酉），乙亥时（空：申、酉），戌将，阳遁七局，天任值符落乾宫，生门值使落离宫。

白虎　天心 甲辰壬　+丁 丙 休　巽	玄武　天芮 甲子戊+甲申庚 生　离	九地　天辅 乙+　甲辰壬 丙 伤　坤
六合　天禽 甲申庚+甲寅癸 开　震	天柱 丙 寄二坤　中宫	九天　天英 甲午辛+甲子戊 杜　兑
太阴　天蓬 丁+甲戌己 惊　艮	螣蛇　天冲 甲寅癸+甲午辛 死　坎	值符　天任 甲戌己+乙 景　乾

分析：

1. 为什么说大势好。

时柱主事体，今时柱临坤宫生日柱之宫，坤宫乙加丙为“奇仪顺遂”吉格，利于发展，伤门在坤宫，伤门主车，利于经营车之行业。

2. 为什么有人作梗赚不到钱。

日柱甲戌己临景门落乾宫，景门在乾为入墓，主事难明，乾宫为月破之地，所以自己在困境之中，生门临甲子戊于离宫，克日柱宫，无财之象，戊加庚为“值符飞宫”格，功亏一篑之象，玄武临生门宫，有人暗中捣鬼作梗，天芮主有问题，生门为值使门，主有领导参与此事。

3. 为什么找上级部门能解决此事。

太岁丁主上级部门，丁奇临艮宫生日柱之宫，故找上级部门会支持高某的，惊门在艮宫，主律师，丁奇又主文书，所以写信上访是解决问题的办法。

4. 为什么农历六月才能解决。

太岁丁奇临艮宫为入墓，六月为未月，未土冲艮宫丑，破墓则开，领导才能解决问题。同时时柱在坤宫为落空，在七月申月为出空，所以秋后才能开业。

实例二十三

2004 年 4 月 12 日，陈某找笔者，说正在与人谈一公路工程，看能否谈成，前景如何？我让其报数，报 38 数取丑时而测。

甲申年，戊辰月，辛酉日（空：子、丑），己丑时（空：午、未），月将戌，年命丙午，阳遁七局，天英值符落艮宫，景门值使落坤宫。

（一）奇门预测：

太阴　天禽 甲子戊+丁 伤　巽	六合　天蓬 乙+甲申庚 杜　离	白虎　天冲 甲午辛+甲辰壬丙 景　坤
螣蛇　天辅 甲辰壬丙+甲寅癸 生　震	天心 丙 寄二坤　中宫	玄武　天任 甲戌己+甲子戊 死　兑
值符　天英 甲申庚+甲戌己 休　艮	九天　天芮 丁+甲午辛 开　坎	九地　天柱 甲寅癸+乙 惊　乾

分析：

1. 日为求测者，时主所谈之事，日柱辛临坤宫落空，空则心中不实，故来求测；时柱六己临兑宫，日柱宫生时柱宫，求测者想干此工程，两宫相生，事可谈成。

2. 时柱主事体落兑宫，临死门，前景不好；临玄武，其中有诈；己加戊为“犬遇青龙”格，挫折不断，追求名利反招灾咎，防受利用连累。

3. 日临坤宫为岁破之地，主求测者流年不利；临白虎、景门主道路工程。生门为所求之利，生门落震宫克日柱宫，无利可图，临螣蛇，须防因财受诈。

(二) 六壬预测：

官 **戊午** 贵
财 **乙卯** 合
子　 **子** 空

合　贵　朱　后
卯　午　辰　未
午　酉　未　辛

勾　合　朱　蛇
寅　卯　辰　巳
青**丑**　　　　**午**贵
空**子**　　　　**未**后
亥　戌　酉　申
虎　常　玄　阴

分析：

《直指》云：“三交之课，吉凶皆因乎内；下害上合（笔者注：辛课在戌，戌与酉支相害，上神午与未合。）,阳合阴害（笔者注：日上阳神午火与支上阳神未土相合，日之阴神辰土与支之阴神卯木相害。）虽在胶漆之中，不无龃龉之象。”可见所测之事外面看似美满，其内却藏凶机。传中财神卯木临官鬼午火，虽午火为贵，却是财入鬼乡，卯财上临末传子水之空，末传空亡，事无所终，行年辰上乘青龙丑土而空，为虚喜之象。

后记：我将分析结果告知求测者：事虽可成，但内藏凶机，以放弃为好，如不放弃恐陷于其中，将有破财官司相伴！对方最终未能听我劝告，将其工程接下，由于中间人拿走大笔回扣，资金不能保障，为了不赔本，工程偷工减料，因质量问题被主管部门查出，工程不能交工，并要追查刑事责任，致使当事人至今还逃亡在外，下落不明！

四、官司案例

实例一

2005 年 6 月 3 日酉时，受朋友之邀在敦煌勘察风水，在晚上吃饭时，作陪的王老板说，其弟于 2003 年由于一起杀人案件被冤枉入狱，由于被杀人是他弟的朋友，当其弟到被杀者家后见到现场不知所措，怕牵连自己而悄然离开，后来在破案时，刑侦部门发现现场有他的踪迹，随被定为犯罪嫌疑人被拘留，案子至今还没有澄清，要我测一下其弟何时才能出来，遂起局进行了预测。

乙酉年，辛巳月，戊午日（空：子、丑），辛酉时（空：子、丑），月将申，年命辛亥，阳遁二局，天柱值符落中寄二坤。惊门值使落坤宫。

（一）奇门预测：

九地 天心 丙+甲申庚 景 巽	九天 天芮 甲子戊 甲午辛 +丙 死 离	值符 天辅 甲子戊 甲寅癸+ 甲午辛 惊 坤
玄武 天禽 甲申庚+甲戌己 杜 震	天柱 甲午辛 寄二坤 中宫	螣蛇 天英 甲辰壬+甲寅癸 开 兑
白虎 天蓬 甲戌己+丁 伤 艮	六合 天冲 丁+乙 生 坎	太阴 天任 乙+甲辰壬 休 乾

分析：

1. 月柱甲午辛临离宫相刑之地，牢狱之象，临死门主受困，又主因死人之事被牵连，临天芮星主有问题，下临丙火相合为绊，牵扯之事一时理不清。

2. 六合为证据，临坎宫克月柱宫，证据对当事人不利，正也说明现场有他留下的踪迹，但坎宫为空亡之地，证据不足之象，说明当事人不是真凶。

3. 天蓬为凶手，落艮宫，临白虎主凶残，临伤门主杀人，艮为少男，罪犯必是青年男子，艮宫临空，天蓬又与伤门、白虎同宫，值使惊门在坤宫不能克天蓬落宫，命案难破，真凶难捉！

4. 何时能出狱，寻生门之地，生主生机，是被困人的希望，生门在坎宫落空，出空之时子月冲开死门，必是出狱之时。

（二）六壬预测：

官	乙	卯	勾
官	甲	寅	青
兄		丑	空

合	朱	勾	合
辰	巳	卯	辰
巳	午	辰	戌

	合	朱	蛇	贵	
	辰	巳	午	未	
勾	卯			申	后
青	寅			酉	阴
	丑	子	亥	戌	
	空	虎	常	玄	

分析：

《毕法赋》云：“华盖覆日人昏晦，权摄不正禄临支，避难逃生须弃旧。”天罡辰土墓神覆日上，显入狱之象；日禄巳火临支上，卯乘勾陈临辰发用，官司之象，妙在传中寅卯之鬼能斩关破墓，囚人出狱之象。末传丑土落空，应在丑月填空之时。白虎主真凶，临空落空，真凶难寻。

应验结果：后来根据王老板提供，其案于农历 11 月（子月）基本澄清案情，其弟于年底（丑月）被无罪释放回家。

实例二

2003 年 5 月 8 日戌时，高某找笔者，说其弟因贩卖假烟假酒被查获，已被公安部门刑事拘留，自己想花钱活动一下，看能否保释出来不被判刑？卦得《困》之《中孚》。

癸未年，丁巳月，辛巳日（空：申、酉），戊戌时（空：辰、巳），酉将，阳遁四局，天柱值符落巽宫，惊门值使落坤宫。

（一）奇门预测：

值符　天柱 甲午辛+甲子戊 景　巽	螣蛇　天冲 甲申庚+甲寅癸 死　离	太阴　天禽 丁+ 丙 甲戌己 惊　坤
九天　天心 丙 甲戌己 +乙 杜　震	天任 甲戌己 寄二坤　中宫	六合　天蓬 甲辰壬+甲午辛 开　兑
九地　天芮 甲寅癸+甲辰壬 伤　艮	玄武　天辅 甲子戊+丁 生　坎	白虎　天英 乙 +甲申庚 休　乾

分析：

1. 开门为执法部门，甲午辛为罪人，今月干甲午辛临甲子戊于巽宫，甲子戊为财，因钱财之事犯罪，开门落宫克甲午辛落宫，法不容人之象。

2. 月干主兄弟，六合为证据，六合临开门宫克月柱宫，官方掌握了确凿证据，于被测方不利。

3. 时柱主事体，时干甲子戊主财，生门为利，临玄武主违背法律法规而赚了不合理的钱。

4. 月干为兄弟，临惊门主口舌官司，丁上乘甲子戊、玄武、生门亦主非法谋利之象。

5. 甲午辛为罪人，临巽宫，巽主四数，木在夏季休囚，减半则主二数，故其刑最少在两年左右。

(二) 六爻预测

兑宫：泽水困 (六合) 艮宫：风泽中孚 (游魂)

六神	伏神	本卦		变卦	
螣蛇		父母未土 ▅▅ ▅▅	×→	妻财卯木 ▅▅▅▅▅	
勾陈		兄弟酉金 ▅▅▅▅▅		官鬼巳火 ▅▅▅▅▅	
朱雀		子孙亥水 ▅▅▅▅▅	应○→	父母未土 ▅▅ ▅▅	世
青龙		官鬼午火 ▅▅ ▅▅		父母丑土 ▅▅ ▅▅	
玄武		父母辰土 ▅▅▅▅▅		妻财卯木 ▅▅▅▅▅	
白虎		妻财寅木 ▅▅ ▅▅	世 ×→	官鬼巳火 ▅▅▅▅▅	应

分析：

1. 困卦为受困之象，卦逢六合，逢官司合为绊住，不利。

2. 以兄弟酉金为用神，酉金在夏季处死地，受日月之克，毫无生机。

3. 卦中父母未土虽动而生用神酉金，不但化回头之克，且子孙亥水动生寅木，寅木动而又克未土，未土重重受克，无暇自顾，无力生用神，用神无救。

4. 用神酉金临空，暂避其克，出空之日必受克而伤，受其制约。

综合以上分析，其弟罪不能赦，证据确凿，将被判刑两年左右，后果如所测。

实例三

2002 年农历 9 月 15 日中午，年轻人王某来找笔者预测婚姻，说自己是一司机，在跑出租，谈了好几个对象都没有成，这次别人又给介绍了一个，来算一下究竟有没有缘，若无缘就再不想见面了，免的浪费时间。

壬午年，庚戌月，辛酉日（空：子、丑），乙未时（空：辰、巳），阴遁三局，天英值符落巽宫，景门值使落艮宫。1979 年生，已未命。

值符　天英 甲午辛+乙 惊　巽	九天　天禽 甲戌己丙+甲午辛 开　乾	九地　天柱 甲寅癸+甲戌己丙 休　坤
螣蛇　天任 乙+甲子戊 死　震	天蓬 丙 寄二坤　中宫	玄武　天冲 丁+甲寅癸 生　兑
太阴　天辅 甲子戊+甲辰壬 景　艮	六合　天心 甲辰壬+甲申庚 杜　坎	白虎　天芮 甲申庚+丁 伤　乾

分析：

1. 以庚为夫，乙为妻，六庚落宫（乾宫）克乙奇落宫，男方排斥女方，婚事不成。

2. 日柱甲午辛临惊门于巽宫，辛加乙为“白虎猖狂”之凶格，古诀云：辛加乙而破败多殃。惊门主口舌相侵，须防口舌官司。

3. 生门为住宅，临兑宫六丁加癸“朱雀投江”之凶格，且生门落宫克日柱落宫，宅不利人，时柱亦主住宅，时柱乙奇临死门于震宫，宅无生机。

4. 伤门主车，落乾宫，白虎主血光，天芮主疾病，伤门主伤残，庚加丁为“太白受制”之凶格。伤门宫克日柱落宫，由此可见，因车之事会引起官司口舌、打斗刑伤之事。

根据以上分析推断，我对被测者说：这次婚事不成，其家住宅也有问题，如不调理，将对各方面不利，近期跑车要多加小心注意安全，可能还会有官司口舌之事发生。对方说暂时没有官司，以后小心就是了，对于这件婚事自己本身就没有多大信心，至于住宅有啥问题自己也搞不清。

过了一段时间，被测者的父母来找笔者，说儿子从这儿测后第三天，因出租手续问题与运管所一女副所长发生冲突，被其副所长娘家人打伤住院了，现在正准备要打官司呢。因上次测了他家住宅有问题，所测之事又应验了，所以这次来是请笔者到他家调整一下风水的。

实例四

2003 年 3 月 26 日辰时，一老人找笔者问测，言其儿子原是某银行一部门领导，因私下吸收个人存款不入账，将此款用于与人合作生意，结果生意亏损折本，最终事情败露后，于 2002 年经司法部门查证核实，被依法判刑 15 年，最近儿媳说认识的一位兰州朋友，愿意拿出一笔钱将其儿子保释出来，看有无可能！我随之起局、课并综合四柱进行了分析，认为所说之事难以办成，只能对老人以实相告，看到老人失落的神情，我亦为之不安！分析如下：

癸未年，乙卯月，戊戌日（空：辰、巳），丙辰时（空：子、丑），月将戌，阳遁三局，天任值符落坎宫，生门值使落坎宫。

（一）奇门预测：

六合　天芮 丁+甲戌己 景　巽	白虎　天柱 乙 甲申庚+丁 死　离	玄武　天英 乙 甲辰壬+甲申庚 惊　坤
太阴　天蓬 甲戌己+甲子戊 杜　震	天冲 甲申庚 寄二坤　中宫	九地　天禽 甲午辛+甲辰壬 开　兑
螣蛇　天心 甲子戊+甲寅癸 伤　艮	值符　天任 甲寅癸+丙 生　坎	九天　天辅 丙+甲午辛 休　乾

分析：

1. 时干丙火为子，落乾宫为入墓，下临辛金主犯错而入狱，因何犯错，地盘丙火上临甲寅癸，甲寅癸上临甲子戊，甲子戊为时干丙火之阴神，阴神主事之因，甲子戊为财，因财而入狱。

2. 开门为司法机关，保释出狱以六合为中间办事通融之人，六合落巽宫，临天芮，主有问题，丁加己“火入勾陈”凶格，宜防奸计、小人。开门落兑宫，宫中辛为天狱，壬为天牢，开门宫克六合落宫，保释不成，枉费心机。

3. 甲子戊主资金，临艮宫落空，中间人不会拿出钱去为其办事。

（二）六壬预测：

财 己亥 朱
父 　巳 常
财 己亥 朱

合 玄 常 朱
戊 辰 巳 亥
辰 戌 亥 戊

朱 蛇 贵 后
亥 子 丑 寅
合戌 　　 卯阴
勾酉 　　 辰玄
申 未 午 巳
青 空 虎 常

分析：

《毕法赋》云：“空空如也事休追，来去俱空岂动移。”此课为反吟课，传中亥水之财自绝于巳，巳火又绝于亥，巳火临空，亥水落空，往来皆空之象，亥为财，巳为禄，财禄俱空，凡占不吉，于事无成。

（三）四柱预测

其子生辰：1962 年 2 月 14 日亥时

乾造：壬寅　壬寅　癸未　癸亥 (申酉空)

大运：	癸卯	甲辰	乙巳	丙午	丁未	戊申	己酉	庚戌
	6 岁	16	26	36	46	56	66	76
始于：	1968	1978	1988	1998	2008	2018	2028	2038
流年：	戊申	戊午	戊辰	戊寅	戊子	戊戌	戊申	戊午
	己酉	己未	己巳	己卯	己丑	己亥	己酉	己未
	庚戌	庚申	庚午	庚辰	庚寅	庚子	庚戌	庚申
	辛亥	辛酉	辛未	辛巳	辛卯	辛丑	辛亥	辛酉
	壬子	壬戌	壬申	壬午	壬辰	壬寅	壬子	壬戌
	癸丑	癸亥	癸酉	癸未	癸巳	癸卯	癸丑	癸亥

	甲寅	甲子	甲戌	甲申	甲午	甲辰	甲寅	甲子
	乙卯	乙丑	乙亥	乙酉	乙未	乙巳	乙卯	乙丑
	丙辰	丙寅	丙子	丙戌	丙申	丙午	丙辰	丙寅
	丁巳	丁卯	丁丑	丁亥	丁酉	丁未	丁巳	丁卯
止于：	1977	1987	1997	2007	2017	2027	2037	2047

分析：

日柱癸水生在春月不当令，但天干两壬两癸通根时支亥水，日柱失时不弱，财星不透，群比争劫，当财星透出，天干若无食伤通关，则因财致祸

甲辰、乙巳运，天干食伤透出，无劫财之忧。1998 年开始行丙午大运，丙火透出，群比劫财，至 2002 年壬午流年，大运、流年地支二午与命局中二寅合会火局，流年天干壬水与命局会成三壬二癸五重比劫，大运天干财星丙火被群劫所制，水火交战，无木通关，因财致祸，牢狱之灾。

后记：据笔者所了解的情况，被测者至今仍在服刑阶段。

实例五

2003 年 7 月 31 日亥时，一陌生年轻人来家中找笔者要测一下运气，坐于艮位上。看过局象后我对求测者说："从卦象看，你好像有难言之隐，是不是做错了什么事，惹动了官方怕吃官司，现在到处躲避？"这时求测者低下头惭愧地说："是的，都这样了我就直说吧，我受人诱惑，上个月参加了一起团伙盗窃案，现在被警方通缉，事发后我一直很后悔，想投案自首，无奈一起的其他人坚决不同意，为此事我被他们痛打了一顿，并说我如报案，他们会对我家里人下手，一想到这些我就不知该怎么办，现在晚上偷着来就是向您求教的！"我一听此言即刻对他讲："你这样能躲到几时，早点自首会减轻你的罪，对你有好处，你要是自首了，公安部门也会采取措施保护你的家人，你年纪轻轻，人生的路还很长，难到要一辈子躲下去不成！"听到我的真诚相告，年轻人有了决心，坚定地说："谢谢您，我会听您的话，一定去自首！……"分析如下：

癸未年，己未月，乙巳日（空：寅、卯），丁亥时（空：午、未），阴遁

四局，天芮值符落兑宫，死门值使落艮宫。月将午，年命辛酉。

（一）奇门预测：

六合　天任 甲戌己+甲子戊 开　巽	太阴　天辅 甲子戊+甲辰壬 休　离	螣蛇　天心 甲辰壬 + 甲申庚 乙 生　坤
白虎　天柱 甲寅癸+甲戌己 惊　震	天英 乙 寄二坤　中宫	值符　天芮 甲申庚 乙 + 丁 惊　兑
玄武　天冲 甲午辛+甲寅癸 死　艮	九地　天禽 丙+甲午辛 景　坎	九天　天蓬 丁+丙 杜　乾

分析：

1. 人盘八门反吟，人事多主不顺，值使死门临艮宫落空，事无所主。

2. 求测者坐于艮宫，以艮宫代表本人状况，宫中辛加癸为“虎投罗网”凶格，辛为天狱，癸为天网，辛又为罪人，癸水主流动，临玄武、天冲，一时冲动做了不法之事，东躲西藏；临死门，为此事而受困苦恼；临空亡，心中不实，六神无主。

3. 太岁甲寅癸、惊门、白虎落于震宫，克求测者所落之宫，惊门主官司，白虎主争讼，太岁主流年，可知求测者流年不利，犯争讼官司。

4. 开门落宫克日柱宫，开门主官方，官方要治他的罪。

5. 六合为同伙，落巽宫克求测者落宫，所以同伙制止求测者自首，并迫害恐吓求测者。

6. 求测者落宫生伤门落宫，伤门主警方，求测者想投案自首。

7. 伤门落兑宫克六合宫，犯罪团伙最终会被警方缉拿归案。同时也象征警方会采取措施克制犯罪团伙，不致使求测者家人受到伤害。

后记：由于来者神秘，没有留联系方式，最终结果不得而知。

实例六

2007 年 9 月 2 日午时，一女士找笔者，要测一下其弟的流年运气。我看过局象后对她说：情况不好，恐有牢狱之灾！这时她将实情相告，说其弟因贩毒，案发潜逃，至今下落不明，现在就是为此事而来，想测一下最终情况如何。

丁亥年，戊申月，己亥日（空：辰、巳），庚午时（空：戌、亥），阴遁三局，天冲值符落坎宫，伤门值使落乾宫。

玄武　天心 甲戌己 + 乙 丙 惊　巽	白虎　天芮 甲寅癸+甲午辛 开　离	六合　天辅 甲戌己 丁+ 丙 休　坤
九地　天禽 甲午辛+甲子戊 死　震	天柱 丙 寄二坤　中宫	太阴　天英 甲申庚+甲寅癸 生　兑
九天　天蓬 乙+甲辰壬 景　艮	值符　天冲 甲子戊+甲申庚 杜　坎	螣蛇　天任 甲辰壬+丁 伤　乾

分析：

1. 测弟以月干戊土为用神，今地盘戊土落震宫，戊上临辛，辛主犯罪，临死门，处境艰难，困于死地，临九地，主潜藏，临天禽，禽有跑动之象，引申为逃亡。天盘戊落坎宫，戊加庚为“值符飞宫”格，大祸临身之象，临杜门，主潜藏。戊土天地二盘俱在外卦，人躲藏于外地。

2. 日干己土为求测者，落于巽宫，临惊门，为此事担心，临玄武，隐藏了实情，月干甲子戊落宫生日柱落宫，地盘甲子戊落宫与日柱宫比和，其姐妹之间必有联系。

3. 时干主事体，时干庚落兑宫克日柱宫，大势不利，临生门克地盘月干落宫，太岁丁落坤宫克天盘月干落宫，天罗地网，最终被擒之象。值使伤门临乾落空，出空之时农历九、十月为应期。

后记：由于来人不认识，又不留联系方式，结局如何，不得而知。

五、失物案例

实例一

2008 年 3 月 13 日十点多，妻子打电话说家中一存折找不到了，因前一阵刚搬过家，是否弄丢了，要我测一下。

戊子年，乙卯月，壬子日（空：寅、卯），乙巳时（空：寅、卯），阳遁一局，天禽值符落离宫，死门值使落乾宫。

九天 天英 乙+甲午辛 生 巽	值符 天禽 甲戌己 甲辰壬 + 乙 伤 离	螣蛇 天柱 丁+ 甲戌己 甲辰壬 杜 坤
九地 天任 甲午辛+甲申庚 休 震	天蓬 甲辰壬 寄二坤 中宫	太阴 天冲 甲寅癸+丁 景 兑
玄武 天辅 甲申庚+丙 开 艮	白虎 天心 丙+甲子戊 惊 坎	六合 天芮 甲子戊+甲寅癸 死 乾

分析：

1. 日为失主，时为失物，今时柱落巽宫生日柱宫离宫，物不失。

2. 时干乙奇临生门主所失之物与钱有关，生门为财故主存折，巽为内卦，物在家中，巽主神堂，九天主佛道神祇，天英主香火，乙下临辛，辛主锁，乙辛相冲，锁坏了，由此可见存折在有供神像香火的地方并在一有锁的箱子里。

3. 时干乙临辛相冲，至丙午时，丙辛相合，不受其冲，存折可找到。

后记：我分析后打电话给妻子说，东西没丢，存折可能还在父亲存放东西的箱子里面。她说：箱子里已找了几遍都没有。我让她再找一找回电话，结果十二点多妻子来电话说，存折找到了，还在老父亲的箱子里，在一本书里夹着，前面几次都没有发现！

实际情况是，家父修道念佛多年，并常年虔诚上香，为此在家中阳台上专门设计装修了一个供佛祖与老君像的柜子，上面放经，中间供神，下面放一些他老人家自己的东西，并且有一个坏了锁的皮箱，东西最终就是从这个箱子里面找到了。

实例二

2003 年 7 月 2 日上午 10 点，朋友石某打电话，说自己小车的行车证早晨发现不见了，不知放哪儿了，找了一早上也没有找见，车是外地买来的，要办理过户手续，要我测一下能不能找到。我看过局象后打电话给石某说，你再找找看，根据我的预测行车证已丢失，不可能找回了。

癸未年，戊午月，丙子日（空：申、酉），癸巳时（空：午、未），阴遁六局，天辅值符落坎宫，杜门值使落巽宫。

<table>
<tr><td>玄武　天柱
乙+甲申庚
杜　巽</td><td>白虎　天冲
甲子戊+丁
景　离</td><td>六合　天禽
甲寅癸+甲辰壬
甲戌己
死　坤</td></tr>
<tr><td>九地　天心
甲辰壬
甲戌己+甲午辛
伤　震</td><td>天任
甲戌己
寄二坤　中宫</td><td>太阴　天蓬
丙+乙
惊　兑</td></tr>
<tr><td>九天　天芮
丁+丙
生　艮</td><td>值符　天辅
甲申庚+甲寅癸
休　坎</td><td>螣蛇　天英
甲午辛+甲子戊
开　乾</td></tr>
</table>

分析：

1. 时柱主失物，今时柱六丙临坤宫落空，空则失物难寻，死门主所失之物已成为死物，无找回之迹象，癸加壬主流动，癸在坤宫又为入墓，难寻之象。

2. 时柱不临玄武，自己丢失。

3. 丁奇主证件，丁火临艮宫为入墓，入墓难寻。景门也主证件，景门在离宫克日柱落宫，也是失物不能找回的标志。

结果：石某把所有能找的地方都找遍了，终于未能找到，后来又到发证单位补办了一套手续。

实例三

2005 年 5 月 13 日晚上，张某找笔者预测，说前天晚上家中的四轮拖拉机失盗了，盗贼翻墙进入院中后，撬开庄门门锁，然后将四轮拖拉机推到外面较远处，起动后开走，失盗时间也不详细，笔者便以问测时间起局、起课进行推演。

乙酉年，辛巳月，丁酉日（空辰、巳），辛亥时（空：寅、卯），阳遁四局，天任值符落兑宫，生门值使落乾宫。

（一）奇门预测：

玄武　天禽 甲午辛+甲子戊 死　巽	九地　天蓬 甲申庚+甲寅癸 惊　离	九天　天冲 丁 + 丙 甲申庚 开　坤
白虎　天辅 丙 甲戌己 + 乙 景　震	天心 甲戌己 寄二坤　中宫	值符　天任 甲辰壬+甲午辛 休　兑
六合　天英 甲寅癸+甲辰壬 杜　艮	太阴　天芮 甲子戊+丁 伤　坎	螣蛇　天柱 乙+甲申庚 生　乾

分析：

1. 玄武临时柱甲午辛，失物被盗之象，临巽宫为驿马宫，马星主动，甲午辛加甲子戊，子午相冲，冲亦主动，流动作案，贼动难寻之象，辛主锁，戊为墙，翻墙撬锁之象，辛又主惯犯，死门主一门心思，由此可断四轮拖拉机是被长期流动作案的惯犯盗走。

2. 时柱临玄武克日柱落宫（坤宫），失物难寻之象。

3. 伤门主公安机关，落坎宫不克玄武宫，白虎亦主公安，临震宫落空又与玄武落宫比和，景门主线索，亦在震宫落空，可见公安部门因无线索不能破案。

4. 伤门主车，伤门落宫生玄武落宫，车落贼手之象。

5. 玄武临巽宫，盗车之后向东南方向而去。

（二）六壬预测：

子 辛丑 勾
兄 巳 常
兄 巳 常

常 阴 空 常
巳 未 卯 巳
未 酉 巳 丁

空 虎 常 玄
卯 辰 巳 午
青寅 未阴
勾丑 申后
子 亥 戌 酉
合 朱 蛇 贵

分析：

四课不全，初传脱日之气，中末传落空，事无结果。玄武之阴神辰土临虎为空，不易捉拿归案，卯为车之类神，卯木下临巳火，巳火主东南，贼盗车后向东南而去，与奇门占断吻合。

根据以上两种方法分析，此案难破，失物难寻。失主在案发后，虽及时报了案，但公安部门终因无具体线索而未能破案。

实例四

2003 年 3 月 21 日巳时，搞工程的刘老板问测，说在 3 月 9 日晚上，停在工地上的小车被盗了，报案后至今查无线索，想知道最终能否破案。

癸未年，乙卯月，癸巳日（空：午、未），丁巳时（空：子、丑），亥将，阳遁四局，天英值符落坎宫，景门值使落震宫。

六合　天冲 甲申庚+甲子戊 死　巽	白虎　天任 丁+甲寅癸 惊　离	玄武　天蓬 丙 甲辰壬+ 甲戌己 开　坤
太阴　天芮 甲午辛+乙 景　震	天辅 甲戌己 寄二坤　中宫	九地　天心 乙+甲午辛 休　兑
螣蛇　天柱 丙 +甲辰壬 甲戌己 杜　艮	值符　天英 甲寅癸+丁 伤　坎	九天　天禽 甲子戊+甲申庚 生　乾

分析：

1. 玄武与天蓬同落坤宫，必为大盗，临开门难寻，奇仪反吟，反复作案之象。宫中壬丙相冲，流动作案。古籍中虽有壬临坤案犯自首一说，但壬临地盘丙火相冲为动，则不会自首。

2. 伤门、白虎为公安部门，伤门临坎宫落空，受玄武宫之克，白虎落宫生玄武落宫，不利于破案。玄武临坤宫为外盘，不是本地之人。

3. 伤门主车，在坎宫临空，车失盗之象。

4. 日时落宫相冲克，失物难回。

后记：此案至今未破。

实例五

2004 年 3 月 28 日申时，笔者朋友开车回家，到门口发现钥匙不见了，老婆又出差不在，进不了家门，正准备要找专业开锁的人来开门，突然想起要让我测一下能否找到，我随即起局，看过局象后我对他说：钥匙应该在车上，没有丢，好像绕在了发动机的什么地方。我的话提醒了他，急忙打开引擎盖，发现钥匙被绕在发动机镙钉上，原因是中午车发动机发生一小故障，在排除故障时，钥匙从口袋里掉出来，被挂在了发动机下面。

甲申年，丁卯月，丙午日（空：寅、卯），丙申时（空：辰、巳），阳遁六局，天英值符落巽宫，景门值使落坤宫。

值符　天英 甲午辛+丙 伤　巽	螣蛇　天禽 甲寅癸乙+甲午辛 杜　离	太阴　天柱 甲戌己+甲寅癸乙 景　坤
九天　天任 丙+丁 生　震	天蓬 乙 寄二坤　中宫	六合　天冲 甲子戊+甲戌己 死　兑
九地　天辅 丁+甲申庚 休　艮	玄武　天心 甲申庚+甲辰壬 开　坎	白虎　天芮 甲辰壬+甲子戊 惊　乾

分析：

1. 日为失主，时为失物，日时同宫临生门、丁奇于震宫，物不失之象，时不临玄武，自己丢失。

2. 辛为钥匙，临伤门于巽宫，伤门主车，钥匙在车上，辛下临丙，丙主发动机，丙辛相合，被发动机镙钉所挂之象，巽主绳索，绕在了发动机上。

3. 伤门临辛，辛主有问题，引申为车发生故障时将钥匙掉下。

4. 辛虽临巽宫落空，但时支申金合其空，故能找到。

实例六

2001 年 6 月 22 日酉时，某乡财税人员丁某问测，说自己出去办事时忘了锁办公室门，回来后发现公文包不见了，里面装有一本未开出的税票、二千元现金、手机及有关证件，看能否找到？

辛巳年，甲午月，丙辰日（空：子、丑），丁酉时（空：辰、巳），阴遁三局，天英值符落乾宫，景门值使落乾宫，

白虎　天柱 甲申庚+乙 休　巽	六合　天冲 甲辰壬+甲午辛 生　离	太阴　天禽 甲子戊+甲戌己丙 伤　坤
玄武　天心 丁+甲子戊 开　震	天任 丙 寄二坤　中宫	螣蛇　天蓬 乙+甲寅癸 杜　兑
九地　天芮 甲寅癸+甲辰壬 惊　艮	九天　天辅 甲戌己丙+甲申庚 死　坎	值符　天英 甲午辛+丁 景　乾

分析：

1. 日干为失主，时干为失物，日干落宫（坎宫）生时干落宫（震宫），失物难寻之象。

2. 时干乘玄武，落入贼手之象；临震宫，中年男子所为；时干火丁主票据，其类神又为手机与证件，下临甲子戊又主钱，正好与所失之物对应。

3. 玄武临开门，东西是门开着被人偷走了。

4. 日柱落坎宫月破、空亡之地，破则有损，空则有失；临死门，主为此事所困扰；日干丙加地盘庚为“荧入太白”凶格，门户破败，盗贼耗失之象。

5. 白虎、伤门落宫不克玄武落宫，无法破案，报警无益。

6. 太岁临值符落乾宫生日柱宫，领导会原谅当事人，不会追查责任的。

后记：我将预测结果告知求测者，他回答说：就是因为报了警查无线索，无法破案，所以才来找您算一下，领导对此事也很同情，丢失的税票将由单位出面登报挂失。

六、疾病案例

实例一

2007 年 3 月 21 日我从敦煌到柳园，准备从柳园火车站坐车返回张掖，开车时间是晚上 23.19 分，我与一位朋友买的是软卧 11 号车厢 34、36 号上铺，上车后发现有好几人用一活动病床抬一青年男子上我们这个车厢，前面上来一个人把病人的一些东西放在了我们的下铺，询问之后才得知抬着上车的是一位车站巡道工，前几天上班时正好临近一悬崖时，路过火车的气浪使他从悬崖上摔下，腰部以下粉碎性骨折，在当地医院住了几天效果不佳，准备转到河南一家专科医院进行治疗。我们好多人站在门口的地方看着这位往上抬的病人，由于活动病床长，转折的余地小，病人又不能动，抬了半天怎么也抬不上来，而硬卧车厢转折余地大，主人最后只能与车长协调，将病人调到了 9 号硬卧车厢。针对这一时空现象，笔者遂起局进行了研究。

丁亥年，癸卯月，乙卯日（空：子丑），丙子时（空：申酉），阳遁九局，休门值使落震宫，天蓬值符落兑宫。

<table>
<tr><td>玄武 天柱
甲申庚
甲寅癸+甲辰壬
生 巽</td><td>九地 天冲
丙+甲子戊
伤 离</td><td>九天 天禽
丁+甲申庚
甲寅癸
杜 坤</td></tr>
<tr><td>白虎 天心
甲子戊+甲午辛
休 震</td><td>天任
甲寅癸
寄二坤 中宫</td><td>值符 天蓬
甲戌己+丙
景 兑</td></tr>
<tr><td>六合 天芮
甲辰壬+乙
开 艮</td><td>太阴 天辅
甲午辛+甲戌己
惊 坎</td><td>螣蛇 天英
乙+丁
死 乾</td></tr>
</table>

分析：

1. 天芮病符之星临艮，病者必为少男，临开门，必须手术治疗。

2. 时柱主事体，时柱丙火落离宫，离主高空，伤门主车，天冲主火车气浪之冲力，九地主低陷之地，组合出了火车气浪将人冲下悬崖的象意。

3. 白虎主血光之灾，白虎临震宫，伤在腰部（局象中震位属腰部）及足部（震为足），戊加辛为“青龙折足”之凶格，测病主足疾、折伤，休门加临，凶中有救，需长期休养。

4. 天心医星落震宫克天芮病符之星落宫（震木克艮土），震木在春季临旺地，其病有救。

5. 原 11 号车厢，以九宫为基数，11 除九余 2，2 属坤宫，坤宫临杜门，杜门主杜塞不通，丁加庚、丁加癸亦为阻隔，故上不了 11 号车厢。时柱临离宫，离为 9 数，故最后被调到了 9 号车厢。

实例二

2002 年农历正月初七日 17.34 分，一领导夫人杜某打电话问测身体状况，遂测之。

壬午年，壬寅月，丁巳日（空：子丑），己酉时（空：寅卯），阳遁五局，天英值符落乾宫，景门值使落坤宫。

白虎 天柱 甲寅癸+乙 伤 巽	玄武 天冲 甲午辛+甲辰壬 杜 离	九地 天禽 丁 丙 + 甲子戊 景 坤
六合 天心 甲戌己+丙 生 震	天任 甲子戊 寄二坤 中宫	九天 天蓬 乙+甲申庚 死 兑
太阴 天芮 甲申庚+甲午辛 休 艮	螣蛇 天辅 丁 甲子戊 +甲寅癸 开 坎	值符 天英 甲辰壬+甲戌己 惊 乾

分析：

1. 日柱丁火加癸水临坎宫为火入水乡，丁火受制太深，丁主心，心脏之疾。

2. 天芮病符之星落艮宫，在内为脾虚面胀，在外为为腿脚麻木。

3. 天芮落宫艮土克日柱宫坎水，水主肾，肾脏亦有病。

实际情况：此人脾虚浮肿，长年患有心脏病及卵巢囊肿。

实例三

2005年正月二十八日午时一领导夫人求测，说丈夫最近身体不太好，昨天到市医院检查发现肺上一洞，据医院专家会诊，认为有肺坏死的可能，一家人慌了手脚，准备先住到省医院去查实后，然后上北京去治疗。

乙酉年，己卯月，辛卯日（空：午、未），甲午时（空：辰、巳），阳遁四局，天柱值符与惊门值使俱落兑宫，月将亥。

（一）奇门预测：

玄武　天辅 甲子戊+甲子戊 杜　巽	九地　天英 甲寅癸+甲寅癸 景　离	九天　天芮 丙　丙 甲戌己+甲戌己 死　坤
白虎　天冲 乙+乙 伤　震	天禽 甲戌己 寄二坤　中宫	值符　天柱 甲午辛+甲午辛 惊　兑
六合　天任 甲辰壬+甲辰壬 生　艮	太阴　天蓬 丁+丁 休　坎	螣蛇　天心 甲申庚+甲申庚 开　乾

分析：

1. 天芮为病神，临死门落坤宫，看似大凶，但天芮落坤在春季处死地，无法逞凶。

2. 命主生于1961年辛丑命，年命辛金与日干六辛及时柱同临值符落兑宫，值符为贵人，可消灾解病，且甲午时为天辅之时，逢病有解，入狱必赦。

3. 乙奇为医落震宫临旺地，克芮星落宫有力，可断病不大，宜治愈。

(二) 六壬预测：

财 辛卯 后
兄 甲申 空
父 己丑 蛇

蛇 空 空 后
丑 申 申 卯
申 卯 卯 辛

　　勾 合 朱 蛇
　　戌 亥 子 丑
青酉　　　　寅贵
空申　　　　卯后
　　未 午 巳 辰
　　虎 常 玄 阴

分析：

1. 白虎为疾病，临空，不实之象，病有误诊。

2. 午火阴贵临命，凶化为吉之象。

3. 类神官星午火，太常阴贵加临，鬼不入传，有吉无凶。

(三) 六爻预测

		艮宫：火泽睽		艮宫：风泽中孚 (游魂)	
六神	伏神	本卦		变卦	
螣蛇		父母巳火 ▅▅▅		官鬼卯木 ▅▅▅	
勾陈	子孙午火	兄弟未土 ▅ ▅	×→	父母巳火 ▅▅▅	
朱雀		子孙酉金 ▅▅▅	世○→	兄弟未土 ▅ ▅	世
青龙		兄弟丑土 ▅▅▅		兄弟丑土 ▅ ▅	
玄武		官鬼卯木 ▅ ▅		官鬼卯木 ▅▅▅	
白虎		父母巳火 ▅▅▅	应○→	父母巳火 ▅▅▅	应

分析：

1. 取官鬼卯木为用神，子孙酉金为病症，子动克官，有病之象。

2. 酉金临四爻，四爻为腹，酉金属肺，肺疾之象。

3. 官鬼卯木临月、日旺相，动爻相克无防，黄金策云：爻临日（月）建，物难我害。

4. 酉金化空，土处死地，无力生助酉金忌神，且酉金临日月之破，几近无力克官。

综合分析后，我对测者说，市医院的结论可能是误诊，只是些小毛病，尽可放心，你们还是到省医院复查一下就会知道结果的。

实际情况：到省人民医院复查结果是因感冒引起的肺炎，确定市医院为误诊。

实例四

笔者按：此案例曾以《同步信息研究——对邵伟华先生成名卦例的综合研究》为题目，于1995年5月河南郑州举行的第二届周易与未来科技研讨会分组讨论会上的发言。

易学家邵伟华先生，以其精湛的断卦技术，准确预测出原苏共中央总书记契尔年科的死亡时间，随得到易学界及社会各界的高度重视，用事实验证了周易预测这门古老科学直至今天仍有其他科学无法代替的重要作用，其应用价值世人瞩目。邵伟华先生在《四柱基因学》一书中道："一个人如果用四柱、八卦、大六壬、紫微斗数、相学、奇门遁甲、模骨等方法，对自己进行预测，只要技术过硬，所判断命运的结果都是一样的，决不会得出相反的结果。"可见信息同步，同样在预测其他事件时，如以几种方法，同时进行预测，所得结论，亦应相同，且能互补各测法之间之不足，下面笔者用奇门与大六壬两种测法，对邵伟华先生成名卦例进行综合研究，其结论是相同的。

1984年农历十二月十三日申时，邵伟华先生预测契尔年科病情，得《革》之《丰》卦。

甲子年，丁丑月，壬申日，戊申时，大寒中元阳遁九局，月将为子。

这里需要说明一点是，契尔年科于1995年正月十九日病逝，但正月十四日已交二月惊蛰节，故为已卯月，戊申日。

（一）奇门预测：

戊申时	壬日为五不遇时	
九天 天任 甲午辛+甲辰壬 死 巽	值符 天辅 甲辰壬+甲子戊 惊 离	螣蛇 天心 甲子戊+甲申庚 甲寅癸 开 坤
九地 天柱 乙+甲午辛 景 震	天英 甲寅癸 寄二坤 中宫	太阴 天芮 甲申庚 甲寅癸+丙 休 兑
玄武 天冲 甲戌己+乙 杜 艮	白虎 天禽 丁+甲戌己 伤 坎	六合 天蓬 丙+丁 生 乾

分析：

1. 壬申日戊申时为五不遇时，百事占之皆凶。

2. 以天芮为病神，今天盘芮星落于兑宫，为旺，不愈.

3. 六庚加六丙于兑宫，构成“太白入荧”之凶格，其病难愈。

4. 乙奇为医神，今乙奇落于震宫，与地盘六辛构成“青龙逃走”之凶格，天芮病神落宫克乙奇医神落宫，纵有良医，亦不能救。

（二）六壬预测：

官 辛未 勾
兄 亥 常◎
子 丁卯 贵⊙

蛇 玄 勾 贵
辰 子 未 卯
子 申 卯 壬

空 虎 常 玄
酉 戌 亥 子
青申 丑阴
勾未 寅后
午 巳 辰 卯
合 朱 蛇 贵

分析：

断病以日为人，辰为病，支上之神子水与日上之神卯木相刑，白虎乘河魁克日干、其病难愈。三传亥卯未木局，与日上卯木，泄日干之气，且丑月水处死地，克泄之甚更为凶兆。契尔年科为苏联高级领导人，其类神应为贵人，用神应为官鬼，今三传合为子孙局而克官鬼，贵人卯木加亥水之上，亥水旬空，贵人为落空，久病逢空则死，日之绝神巳火临丑，未传贵人卯木至卯月亦为实空，故病逝于丑年卯月，三传天地盘相加之数为三十六数，断卦之日起，三十六日为亡期。

由此可以看出，几种测法结合起来看应期，可定为丑年卯月戊申日，与实际结果完全相符。

通过以上的综合研究，不难发现，由周易发轫的各种古典预测方法，虽有各自的理论体系，但俱以阴阳五行学说的生克制化原理为依据，推断事物的发展变化，其内的实质是相通的。任何一门科学，都是在实践中求发展，周易体系中的各种预测学说，有其各自的优点，也有其各自的不足之处，为此，进行综合研究，掌握各种预测方法，在实践中取其合理性的精华，弃其不科学的糟粕，相互为用，提高预测的准确性，使周易这门古老科学为人类做出应有的贡献。

实例五

2003 年 7 月 11 日早晨，应某企业老板张先生之邀，为其企业勘察风水，工作结束后，来了张先生的一位姓王的朋友，也是企业老板，当他得知我是为张先生看风水时，便问我会不会搞预测，我回答也懂一些，他要我测一下他父亲的身体状况，不好推托，便起局预测，我将局象分析后直接对他讲：你是在考验我，你父亲已经去世了，时间应该在 1997、1998 年，得的应该是心脏方面的疾病。当我说完这些后，王老板带着惭愧的神情对我说：真想不到能测这么准！父亲是九八年因心脏病而去世的！自己以前好多事也让人算过，常常不准，有的甚至很离谱，所以这次就想试你一下，真是对不起！对不起！……

癸未年，己未月，乙酉日（空：午、未），辛巳时（空：申、酉），阴遁二局，天蓬值符落艮宫，休门值使落震宫，庚戌命。

辛巳时	乙日为五不遇时	
九地　天心 乙+丙 生　巽	玄武　天芮 丙+甲申庚 伤　离	白虎　天辅 甲子戊 甲申庚+ 丁 杜　坤
九天　天禽 甲午辛+乙 休　震	天柱 丁 寄二坤　中宫	六合　天英 甲子戊 丁 +甲辰壬 景　兑
值符　天蓬 甲戌己+甲午辛 开　艮	螣蛇　天冲 甲寅癸+甲戌己 惊　坎	太阴　天任 甲辰壬+甲寅癸 死　乾

分析：

1. 乙日辛巳时为五不遇时，大象不吉。

2. 乾宫主父，宫中临死门、太阴，说明其父已入土为安了！

3. 病符星天芮临离宫，主心脏之疾，宫中丙亦主心脏，丙下临庚，庚主阻隔，心脏受阻不能正常跳动而亡之象。

4. 何时而亡，阴日看庚下之干，庚下临丁、戊，故断 1997 年丁丑或 1998 年戊寅为应期。

实例六

2002 年 6 月 30 日午时，一朋友带他的侄女来找笔者，言其身患胃癌，已做了切除手术，要我给测一下病情恢复情况。被测者说，1999 年乔迁一新居，入住后身体一直不好，得了胃出血，病情逐渐恶化，她觉得住宅有问题，这次也想请笔者去看一下住宅风水。

壬午年，丙午月，己巳日（空：戌、亥），庚午时（空：戌、亥），未将，年命癸卯，阴遁三局，天冲值符落坎宫，伤门值使落乾宫。

（一）六壬预测：

子 壬申 常
子 壬申 常
父 庚午 空

虎　空　玄　常
未　午　酉　申
午　巳　申　己

空　虎　常　玄
午　未　申　酉
青巳　　　　戌阴
勾辰　　　　亥后
卯　寅　丑　子
合　朱　蛇　贵

分析：

白虎临辰之阴神未上，申加未上为白虎之本家，申金两见于传中，一见于日上，课体又为虎视，一课五虎，身陷虎口之象。天罡临勾陈带吊客煞于命上，禄神午临行年与支上落空，其病难愈，气绝身亡之象。戌月与日上申酉会金局，日之原气泄尽当为应期。

（二）奇门预测：

玄武　天心 甲戌己 丙 ＋ 乙 惊　巽	白虎　天芮 甲寅癸＋甲午辛 开　离	六合　天辅 甲戌己 丁＋ 丙 休　坤
九地　天禽 甲午辛＋甲子戊 死　震	天柱 丙 寄二坤　中宫	太阴　天英 甲申庚＋甲寅癸 生　兑
九天　天蓬 乙＋甲辰壬 景　艮	值符　天冲 甲子戊＋甲申庚 杜　坎	螣蛇　天任 甲辰壬＋丁 伤　乾

分析：

1. 天芮主病，临白虎加开门于离宫，主开刀手术，命干癸水临离宫，宫中癸加辛为“网盖天牢”格，占病大凶。

2. 时柱为事体，时柱临兑宫克日柱甲戌己落宫巽宫，大象藏凶。时柱临生门，生门为住宅，宫中庚加癸为“太白冲刑”大凶之格，可见其住宅风水不好，直接影响到主人的健康状况。太阴主女人，尤其对女人身体影响更大。

3. 死门亦主病，死门落震宫，宫中辛加戊为“困龙被伤”凶格，辛主刀伤，戊主胃，亦为手术之象。

4. 值符加庚为“值符飞宫”凶格，本伤枝亡之象，值使临乾宫落空，出空之戌、亥月必见其凶。

实际情况：求测者于秋季戌月病发不治而亡。虽测后请笔者到家中调理了风水，但因病入膏肓，为时已晚，无力回天。

实例七

2003 年 5 月 9 日巳时，好友毛所长找笔者，说张掖发现了一例非典病人，这种病会不会传到山丹，并问测今年的非典疫情何时可得到控制。

癸未年，丁巳月，壬午日（空：申、酉），乙巳时（空：寅、卯），阳遁四局，天任值符落震宫，生门值使落离宫。

（一）奇门预测：

<table>
<tr><td>螣蛇 天英
乙+甲子戊
休 巽</td><td>太阴 天禽
甲子戊+甲寅癸
生 离</td><td>六合 天柱
丙
甲寅癸+甲戌己
伤 坤</td></tr>
<tr><td>值符 天任
甲辰壬+乙
开 震</td><td>天蓬
甲戌己
寄二坤 中宫</td><td>白虎 天冲
丙
甲戌己+甲午辛
杜 兑</td></tr>
<tr><td>九天 天辅
丁+甲辰壬
惊 艮</td><td>九地 天心
甲申庚+丁
死 坎</td><td>玄武 天芮
甲午辛+甲申庚
景 乾</td></tr>
</table>

分析：

1. 天芮病符之星落乾宫，乾属金主肺，其病当从肺上起病因，玄武临乾，主此病前期症状不明显，人盘景门临乾为入墓，象征这种病对人类危害很大，景门主炎症，景属火，乾为头，前期有头部发烧之症状，乾宫中辛加庚为“白虎出力”主客相残之凶格，可见这种病非常可怕，可危及人之生命。

2. 求测人问这种病能不传到本地，则取日干壬水为本地用神，壬临震宫为贵人之地，又临值符及开门，壬加乙又为“小蛇得势”吉格，光华通达之象，天芮病符落宫虽克之，但有种种吉神加临，不会形成影响。

3. 时干主事体，临巽宫休门之地，与日干落宫比和，事态向好的方面发展。

4. 天心、乙奇落宫不克天芮病符星之落宫，其病医药无效。

5. 所占之时刚交立夏节三天，火气尚不足，到午月火旺之时，生门临离宫旺克天芮病符星之落宫，其病自然会得到控制。

（二）六壬预测：

官 癸未 勾
兄 乙亥 常
子 己卯 贵

后 虎 勾 贵
寅 戌 未 卯
戌 午 卯 壬

空 虎 常 玄
酉 戌 亥 子
青申 丑阴
勾未 寅后
午 巳 辰 卯
合 朱 蛇 贵

分析：

占病以鬼为病，未土官鬼虽入传，但三传亥卯未合为木局子孙局，子能克鬼，可见其病正在得到抑制，至午月，午与初传未土相合，则可彻底消除。

以上分析与后来发展的实际情况基本相符。

实例八

2001年农历6月15日戌时，笔者一位堂叔来家中，说岳母胃癌晚期，已有好几天不进食了，要我看一下何时去世。

辛巳年，乙未月，己亥日（空：辰、巳），甲戌时（空：申、酉），阴遁五局，天英值符落离宫，景门值使落离宫。

值符 天辅 甲戌己+甲戌己 杜 巽	九天 天英 甲寅癸+甲寅癸 景 离	九地 天芮 甲午辛 甲午辛 甲子戊 + 甲子戊 死 坤
螣蛇 天冲 甲申庚+甲申庚 伤 震	天禽 甲子戊 寄二坤 中宫	玄武 天柱 丙+丙 惊 兑
太阴 天任 丁+丁 生 艮	六合 天蓬 甲辰壬+甲辰壬 休 坎	白虎 天心 乙+乙 开 乾

分析：

太岁主长辈，天芮主病，今太岁临天芮于死门宫，脾胃之疾。死门落坤宫为空，又为驿马之乡，临九地，主阴间，人走离世之象，空必有玄机，填实之日月为应期，农历十八日交立秋节，进入申月才会去世。

（二）六壬预测：

父 戊戌 合
官 　巳 阴
子 庚子 青

虎 贵 合 常
寅 未 戌 卯
未 子 卯 庚

　 青 空 虎 常
　 子 丑 寅 卯
勾亥 　 　 辰玄
合戌 　 　 巳阴
　 酉 申 未 午
　 朱 蛇 贵 后

分析：

占岳母病，以太阴为类神，今太阴临巳入传临空为凶，出空之日必为亡期。

后记：实于农历于二十一日晚酉时病故，其干支为丙申月、乙巳日、乙酉时。

实例九

2003 年 5 月 5 日未时，朋友李老师求测老母病况，说母亲在老家农村，于农历三月二十一日坐自家小四轮拖拉机去镇上，不小心从车上摔下，头部及肋骨成重伤，在医院治疗了一个多月，恢复不是太好，看一下最终情况如何？

癸未年 ，丙辰月 ，戊寅日（空：申、酉），己未时（空：子、丑），阳遁八局，天辅值符落离宫，杜门值使落离宫。

九天　天任 甲辰壬+甲寅癸 伤　巽	值符　天辅 甲寅癸+甲戌己 杜　离	螣蛇　天心 甲戌己+甲午辛 丁 景　坤
九地　天柱 甲子戊+甲辰壬 生　震	天英 丁 寄二坤　中宫	太阴　天芮 甲午辛 丁 + 乙 死　兑
玄武　天冲 甲申庚+甲子戊 休　艮	白虎　天禽 丙+甲申庚 开　坎	六合　天蓬 乙+丙 惊　乾

分析：

1. 天芮为病，今天芮临死门落兑宫，其病难愈，乙为筋骨，辛主折伤，辛加乙“白虎猖狂”凶格，兑宫部位又主肋骨，肋骨折伤之象。离宫癸水主血液，下临己土克癸水，杜门亦在离，杜主杜塞，离主头部，有脑淤血之象。天心星与乙奇为医生，不克天芮落宫，医药无效，不能救治。

2. 生门主生机，亦即生命的延续，今死门落宫克生门宫，也主其母生命即将终结。

3. 坤为母，坤宫之中己加辛为“游魂入墓”凶格，也是其母寿终之象。

4. 天芮落兑宫临日柱之空，今秋八月有凶。

实际情况是：其母肋骨骨折，且脑出血压迫神经，成半身瘫痪，维持至农历八月去世。

其母于2003年农历3月21日14时50分从车上摔下头部及肋骨成重伤，以其时起局验证。

癸未年，丙辰月，乙丑日（空：戌、亥），癸未时（空：申、酉），阳遁五局，天心值符落坎宫，开门值使落乾宫。

六合　天英 丙+乙 杜　巽	白虎　天禽 乙+甲辰壬 景　离	玄武　天柱 丁 甲辰壬+甲子戊 死　坤
太阴　天任 甲午辛+丙 伤　震	天蓬 甲子戊 寄二坤　中宫	九地　天冲 丁 甲子戊+甲申庚 惊　兑
螣蛇　天辅 甲寅癸+甲午辛 生　艮	值符　天心 甲戌己+甲寅癸 休　坎	九天　天芮 甲申庚+甲戌己 开　乾

分析：

1. 人盘八门伏吟，动则招咎，呻吟之象。

2. 以日柱乙奇为其母，今乙奇临离宫，临白虎主血光，景门主道路，乙加壬为“日奇入墓”之凶格，头部受伤，道路之凶。

3. 天芮病符之星临乾宫，乾为首为头，病在头部，宫中庚加己为刑格之凶，不利救治。

实例十

2003年8月6日午时，某人问测，言侄子有病，要上省城去看望，测病能治否？

癸未年，己未月，辛亥日（空：寅、卯），甲午时（空：辰、巳），阴遁二局，天任值符落艮宫，生门值使落艮宫。月将午，年命丁巳。

（一）奇门预测：

<table>
<tr><td>九地　　天辅
丙+丙
杜　　巽</td><td>玄武　　天英
甲申庚+甲申庚
景　　离</td><td>白虎　　天芮
甲子戊 + 甲子戊
丁　　丁
死　　坤</td></tr>
<tr><td>九天　　天冲
乙+乙
伤　　震</td><td>天禽
丁
寄二坤　　中宫</td><td>六合　　天柱
甲辰壬+甲辰壬
惊　　兑</td></tr>
<tr><td>值符　　天任
甲午辛+甲午辛
生　　艮</td><td>螣蛇　　天蓬
甲戌己+甲戌己
休　　坎</td><td>太阴　　天心
甲寅癸+甲寅癸
开　　乾</td></tr>
</table>

分析：

1. 满盘伏吟，呻吟之象。

2. 天芮主病，天芮临白虎、死门伏吟于坤宫，临死门为不治之症，临白虎主病来势凶猛。

3. 天心、乙奇主医药，天心落乾宫不克天芮宫，乙奇落震宫虽克天芮宫，但伏吟无力，又入墓于岁月，天芮又临岁月旺地，土重木折，难以克制。

4. 值符、值使与日时柱临生门落空，生门空则象征着病无生机，医药难救。

5. 命干丁临死门之宫，命无生机之象。

6. 六合亦主子孙，落于兑宫，宫中甲辰壬伏吟为“天牢自刑”凶格，辰又为天罡凶星，天柱、惊门加临助其凶势，亦为难愈之象。

(二) 六壬预测：

子	辛亥	玄	
父	庚戌	常	
父	丁未	青	

玄	玄	常	常
亥	亥	戌	戌
亥	亥	戌	辛

	合	勾	青	空	
	巳	午	未	申	
朱	辰			酉	虎
蛇	卯			戌	常
	寅	丑	子	亥	
	贵	后	阴	玄	

分析：

天地盘伏吟为伏吟课，用神子孙亥水临支发用，中末传戌未之土临旺克用神，亥水在月令处死地，又乘神煞死气，行年辰上又乘天罡，用神重重受克制，煞气相攻，四面楚歌，死无生机，病入膏肓之象。

(三) 四柱预测

生辰：1977年2月11日卯时

乾造：丁巳　壬寅　己亥　丁卯 (辰巳空)

大运：	辛丑	庚子	己亥	戊戌	丁酉	丙申	乙未	甲午
	2岁	12	22	32	42	52	62	72
始于：	1979	1989	1999	2009	2019	2029	2039	2049
流年：	己未	己巳	己卯	己丑	己亥	己酉	己未	己巳
	庚申	庚午	庚辰	庚寅	庚子	庚戌	庚申	庚午
	辛酉	辛未	辛巳	辛卯	辛丑	辛亥	辛酉	辛未
	壬戌	壬申	壬午	壬辰	壬寅	壬子	壬戌	壬申
	癸亥	癸酉	癸未	癸巳	癸卯	癸丑	癸亥	癸酉
	甲子	甲戌	甲申	甲午	甲辰	甲寅	甲子	甲戌
	乙丑	乙亥	乙酉	乙未	乙巳	乙卯	乙丑	乙亥

	丙寅	丙子	丙戌	丙申	丙午	丙辰	丙寅	丙子
	丁卯	丁丑	丁亥	丁酉	丁未	丁巳	丁卯	丁丑
	戊辰	戊寅	戊子	戊戌	戊申	戊午	戊辰	戊寅
止于：	1988	1998	2008	2018	2028	2038	2048	2058

分析：

日柱己土生在孟春不得令，柱中寅卯木官杀得令，支财亥水被寅卯挟拱化木，身弱取印星丁火为用神。

1999年开始行己亥大运，运支亥水并起日支亥水，冲其年柱巳火，火根尽失，寅亥化木助官煞，年月丁壬合化木成功，2003年流年癸未，未与命局合亥卯未官煞木局，时干丁火被流年癸水冲去，日柱原神尽失，官煞旺极克身，处死地无救。

后记：据求测者反馈，其侄子患骨癌已到晚期，据省医院的专家判断，近期可能就会有问题，预测结果与实际情况相符。

七、行人案例

实例一

2003年7月23日申时，李某夫妇来工作室找笔者预测，要我先看看是什么事，这样问事的确有些为难，只好起局推演，分析之后我对李某说："你可能是为子女之事而来？"李某回答："对！是儿子的事，测的真准！情况是这样的，儿子在武汉上大学，七月十号就放假了，可他至今还没有回来，放假之前还通过电话，现在电话也不通，与学校联系，回答说假期不留校，学生都回了。我们干着急也没地方去找，找了好几个人都算过，各说不一，所以刚才冒昧地让你测是什么事，你能算出是关于孩子的事，真的很准，那请您看看孩子是什么原因没回来，人现在怎样？"我对局象又详细分析后对他讲："上学可能对孩子有压力，从局象看孩子是不想上学。"李某说："的确如此，这孩子到大学后学习一直上不去，好多课程没有过，后来得知他经常到校外上网，为此我们还亲自到学校去了一趟，与老师进行了沟通，学校方面说如规定课程过不了，将来会拿不到毕业证，所以他产生了不上学的想法，我们作了好多工作，他算是勉强同意继续上，现在却出现了这种情况！请您说一下他外面情况，啥时能回来？”笔者答道：“人平安无事，可能在外面打工挣钱，回来要晚一些，可能得一个月左右。”具体分析如下：

癸未年，己未月，丁酉日（空：辰、巳），戊申时（空：寅、卯），阴遁七局，天冲值符落兑宫，伤门值使落艮宫，甲子命。

（一）奇门预测：

六合 天英 甲戌己+甲午辛 景 巽	太阴 天禽 丁+丙 死 离	螣蛇 天柱 乙 + 甲寅癸 甲申庚 惊 坤
白虎 天任 甲子戊+甲辰壬 杜 震	天蓬 甲申庚 寄二坤 中宫	值符 天冲 甲辰壬+甲子戊 开 兑
玄武 天辅 甲寅癸 甲申庚 +乙 伤 艮	九地 天心 丙+丁 生 坎	九天 天芮 甲午辛+甲戌己 休 乾

分析：

1. 空下有玄机，今时干临震宫落空，时干主子女，故断求测者问子女之事，临杜门，人隐藏找不见了。

2. 开门主学校，天芮主老师，开门落兑宫，天芮落乾宫，俱克时干落宫，所以孩子迫于学校的压力而不想上学。

3. 奇仪反吟主动，人已离开学校，时干戊加壬水主流动，临杜门，故意躲避，由于反吟，其时干阴神还是甲子戊，甲子戊主财，生门宫又生时干落宫，人在外面打工求财之象。

4. 日时落宫在震巽二卦，阴遁为外卦，外卦主迟，时干震宫主三数，三十天为归期。

后记：其子于 8 月 22 日（庚申月丁卯日）回家，从预测之日起正好是三十天。在这期间，李某又让我测过两次，所反馈的信息都差不多。事后李某打电话告诉我，由于其子喜欢电脑上网，学校放假后，他便找一电脑公司打工（生门临丙丁之故），一举两得，现在回来是跟家里商量不上学的事呢！……

实例二

2003 年 10 月 28 日戌时，酒泉某煤矿赵矿长给笔者打电话，说 27 日晚甲方矿长与他们几个人一起喝酒，喝完酒之后各自回家，没想到此人确没有回去，至今未归，找了一天也没有音信，要我测一下究竟到哪儿去了。我又问对方昨晚是什么时间回去的，他说：收场的时候是十点多。我随即用两个时间起局进行了预测，发现局中凶象重重，便回电话对赵某说：人可能会出问题，在有水的地方找，明天可能会有消息。结果于第二天在一水渠中被人发现捞出，他们得知消息后才知正是他们要找的人。据他们推测，其人可能是在过桥时由于酒醉而掉入渠中的。

一、以问测之时起局

癸未年，壬戌月，甲戌日（空：申、酉），甲戌时（空：申、酉），阴遁二局，天蓬值符落坎宫，休门值使落坎宫。年命乙未。

玄武　天辅 丙+丙 杜　巽	白虎　天英 甲申庚+甲申庚 景　离	六合　天芮 甲子戊+甲子戊 丁　丁 死　坤
九地　天冲 乙+乙 伤　震	天禽 丁 寄二坤　中宫	太阴　天柱 甲辰壬+甲辰壬 惊　兑
九天　天任 甲午辛+甲午辛 生　艮	值符　天蓬 甲戌己+甲戌己 休　坎	螣蛇　天心 甲寅癸+甲寅 开　乾

分析：

1. 满盘伏吟，大凶之象。

2. 时柱主事体，时柱甲戌己临坎宫伏吟，休门、天蓬水星俱在坎宫，坎宫又属水，如出事必与水有关。

3. 月柱为同事朋友，今月柱壬水落兑宫伏吟，壬加壬为“天牢自刑”之凶格，兑为泽又是水，其象为人在一片汪洋之中。

4. 乙未命，未在坤宫临死门，乙在震宫临伤门，死伤之象。

5. 白虎临景门于离宫克月柱落宫，白虎主凶杀、黑道，景门主血光，庚加庚为“太白同宫”凶格，兄弟相残飞灾横祸之象，不能排除被害的可能性。

6. 伤门主公安刑警，伤门落宫不能克制白虎落宫，案难破。

二、以出走之时起局

癸未年，壬戌月，癸酉日（空：戌、亥），癸亥时（空：子、丑），阴遁八局，天冲值符落震宫，伤门值使落震宫。

九天　天辅 甲辰壬+甲辰壬 杜　巽	九地　天英 乙+乙 景　离	玄武　天芮 丁　+　丁 甲午辛　甲午辛 死　坤
值符　天冲 甲寅癸+甲寅癸 伤　震	天禽 甲午辛 寄二坤　中宫	白虎　天柱 甲戌己+甲戌己 惊　兑
螣蛇　天任 甲子戊+甲子戊 生　艮	太阴　天蓬 丙+丙 休　坎	六合　天心 甲申庚+甲申庚 开　乾

分析：

1. 满盘伏吟，大凶之象。

2. 以日干癸水为走失之人，癸水临伤门于震宫，癸加癸为“天网四张”凶格，行人失伴，病讼皆伤之象。

3. 本命乙未，乙落离宫临景门，景门主道路，未在坤宫临死门，亦为凶象。

4. 白虎主黑道、凶杀，临兑宫克日柱落宫，不能排除被害的可能性。

5. 伤门主公安刑警，伤门落宫受白虎落宫之克，案难破。

以上两个局象显示的信基本一致。

实例三

2004 年农历 4 月 28 日辰时某学校张老师问测，看他的样子非常着急，说昨天一学生（小男孩）从学校走失至今未归，昨晚找了一晚上没找到，家长急的都哭了，因为她是班主任，如果有什么不测，她是要负大责任的！看着张老师焦急的样子，我也替她着急了，随之马上起局预测。

甲申年，庚午月，乙丑日（空：戌、亥），庚辰时（空：申、酉），阳遁九局，休门值使落兑宫，天蓬值符落坤宫。

<table>
<tr><td>九地　天冲
丙+甲辰壬
死　巽</td><td>九天　天任
丁+甲子戊
惊　离</td><td>值符　天蓬
甲戌己+甲申庚
甲寅癸
开　坤</td></tr>
<tr><td>玄武　天芮
甲申庚
甲寅癸+甲午辛
景　艮</td><td>天辅
甲寅癸
寄二坤　中宫</td><td>螣蛇　天心
乙+丙
休　兑</td></tr>
<tr><td>白虎　天英
甲子戊+乙
杜　艮</td><td>六合　天英
甲辰壬+甲戌己
伤　坎</td><td>太阴　天禽
甲午辛+丁
生　乾</td></tr>
</table>

分析：

1. 时柱六庚为学生，六合为小孩，今六合与六庚下临六辛于震宫，辛主犯错，由此可见，小孩必为犯了错事而走失。庚辛相加，一块必有两人以上。

2. 日柱为老师，时柱为学生，日柱落宫克时柱落宫，必是学生干了错事，老师批评了学生而走失的。

3. 时柱落震宫当旺之地，人平安无凶。

4. 杜门为藏身之所，今杜门临艮宫内卦，人在本地未走远。景门（主信息）落震宫，震宫有卯木，值日人必见信。

分析完上述情况后，张老师说此学生前天因偷人自行车，在班上受了批评后而走失的。回头看局象就会发现：

5. 时柱庚下临辛，辛主犯错，天盘辛落乾宫临生门，生门主钱财，偷车卖钱之象。

结果：此小孩于第二日（丙寅日）在城北约一学生玩耍时被人发现找到。

应第二日丙寅日者，杜门在艮宫，主藏身之所，但艮宫中有寅木为马星，值日而被人发现。

实例四

2003 年 6 月 27 日申时，刘某打电话，说妻子前天突然从家中出走了，与家中并无发生任何矛盾，至今下落不明，家里人都非常着急，务必请我给测一下，遂起局分析。

癸未年，戊午月，辛未日（空：戌、亥），丙申时（空：辰、巳），月将未，阴遁三局，天英值符落中宫寄坤宫，景门值使落兑宫。

（一）奇门预测：

太阴 天任 甲子戊+乙 生 巽	螣蛇 天辅 乙+甲午辛 伤 离	值符 天心 甲午辛+甲戌己丙 杜 坤
六合 天柱 甲辰壬+甲子戊 休 震	天英 丙 寄二坤 中宫	九天 天芮 甲戌己丙+甲寅癸 景 兑
白虎 天冲 甲申庚+甲辰壬 开 艮	玄武 天禽 丁+甲申庚 惊 坎	九地 天蓬 甲寅癸+丁 死 乾

分析：

1. 时为所测之事，今时柱丙火落兑宫下临太岁癸水，太岁为父母长辈，出走必与长辈有关。

2. 杜门为藏身之所，杜门临坤宫，坤主西南，人在西南方向，坤主二数，人在二百公里以外。

3. 乙为妻，乙加辛于离宫，古诀云：龙走兮蹭蹬不归乡，行人出走之象。

4. 乙为妻，庚为夫，乙奇落宫生庚金落宫，妻爱夫，不会离夫而去。

5. 人何时能找到，阴日看庚下之干，庚下临壬，壬日为应期。

（二）六壬预测：

官 己巳 合
父 戊辰 朱
财 丁卯 蛇

合 勾 空 虎
巳 午 申 酉
午 未 酉 辛

　朱 合 勾 青
　辰 巳 午 未
蛇卯　　　申空
贵寅　　　酉虎
　丑 子 亥 戌
　后 阴 玄 常

分析：

丁神临财入传，妻走之象，课逢退茹，去而必回，财星木之墓神临申上，申日必见消息。

后果于第二日（壬申日）在青海娘家找到。原因是其妻长时间未回娘家，想父母心切，未给家中打招呼就到青海看望父母去了，却给家中带来了一场惊慌！

从上面的两种测法可以看出，奇门断壬日为应期，六壬断申日为应期，合起来正好为壬申日，更可显两种方法之互补性。

实例五

2007年3月4日巳时，陈某问测，说外甥正月十一日开校，去学校报名，家里人都以为去学校了，实际却未到校，学校前天给家里通知才知道此事，找了两天也没有信，要我测一下，究竟情况如何？我测后对来测者说，孩子是不想上学而逃走的，由于学习不好，老师也不喜欢，很可能是到东南方向去打工挣钱去了，明后天有来的可能，如不来，则要等到一个星期以后了，人安全无妨。

丁亥年，壬寅月，丁酉日（空：辰、巳），乙巳时（空：寅、卯），阳遁一局，天禽值符落离宫，死门值使落乾宫。

九天 天英 乙+甲午辛 生 巽	值符 天禽 甲戌己 + 乙 甲辰壬 伤 离	螣蛇 天柱 丁+ 甲戌己 甲辰壬 杜 坤
九地 天任 甲午辛+甲申庚 休 震	天蓬 甲辰壬 寄二坤 中宫	太阴 天冲 甲寅癸+丁 景 兑
玄武 天辅 甲申庚+丙 开 艮	白虎 天心 丙+甲子戊 惊 坎	六合 天芮 甲子戊+甲寅癸 死 乾

分析：

1. 景门主学校，景门克日柱，不想上学，时柱乙为其外甥，乙加辛临九天（九天主动）于巽宫，主逃学之象，生门主财临巽宫，到东南方挣钱去了，临内卦人不会走远，丁主文章临杜门，杜门主杜塞，学不进去，时柱临巽宫克太岁六丁落宫（坤宫），不听父母话。天芮主教师，落乾宫克时柱宫，老师不喜欢此学生。

2. 时柱临日柱空亡之宫，空则难寻，月干为同伙，今月干壬水下临时干乙奇于离宫，必有同伙一起逃学之人，离主三数，当有三人。

3. 六号戊戌、七号己亥冲时柱落宫，冲空则实，有回来之希望。如无信则至十一号甲辰、十二号乙巳出空之日人至。

实际于次日戊戌日回家，是到东南方的永昌打工，因体力不支而回家。应戊戌日者，时柱乙木入库之日也。

实例六

2008 年 10 月 1 日国庆节的中午，好友杜总打电话说上午十一点半出了一事，要我看看情况如何？我以出事之时起局分析后回电话说：大象不吉，出门成凶。他反馈道：自己陪北京来的几个朋友出去游玩，从一景点出来上路之后小车与一大客车相撞，小车的前面被撞坏，幸好人都平安无事！

戊子年，辛酉月，甲戌日（空：申、酉），庚午（空戌、亥），辰将，阴遁四局，天辅值符落坤宫，杜门值使落兑宫。

庚午时	甲日为五不遇时	
太阴　天心 甲寅癸+甲子戊 休　巽	螣蛇　天芮 甲戌己+甲辰壬 生　离	值符　天辅 甲子戊+甲申庚 乙 伤　坤
六合　天禽 甲午辛+甲戌己 开　震	天柱 乙 寄二坤　中宫	九天　天英 甲辰壬+丁 杜　兑
白虎　天蓬 丙+甲寅癸 惊　艮	玄武　天冲 丁+甲午辛 死　坎	九地　天任 甲申庚 乙+丙 景　乾

分析：

1. 甲日庚午时为五不遇时，出行不利，大象为凶。

2. 日干甲木值符临坤宫为马星之宫，马星主动，出游之象，值符加庚为“值符飞宫”格，本伤枝亡，人盘逢伤门，伤门临坤为入墓，伤门主车，车辆受损之象。

3. 时干主事体。时干庚落乾宫，庚加丙为“太白入荧”凶格，临景门主道路，行路有灾之象，好在乾宫为空亡之宫，吉不成吉，凶不成凶。

4. 日干甲木与太岁戊同临值符，坤宫又为贵人之地，所以人平安无事。

后记：与杜总见面后，他又说事情发生在十点五十巳时，实际他当时提供的十一点半午时，已是一种信息的传递，以午时取象正好对应了事情发生的全过程，这正好说明了易学信息预测的随机性和灵活性。

实例七

2003年1月13日巳时，一乡下人慕名而来找笔者预测，说儿子于年初正月出门到新疆打工，村上一起去了十几个人，由于找不到合适的活，便分头行动，各谋生路，互相都失去了联系，快过年了，其他人都回来了，惟有自己的儿子没回来……说到此他的泪水夺眶而出。可怜天下父母心，此情景也令我感到心里难受！我为了能给他一个满意的答复，对此事从全方进行了分析研究后，得出的结论是人已经在回家的路上，可能由于车辆或道路的问题耽误了行程，人平安无事，会在未来三至四天内见信或回来，求测者得听了我的话后马上有了欣慰的笑容，我也祈盼着自己的预测准确，能给求测人带来福音。

壬午年，癸丑月，辛卯日（空：午、未），癸巳时（空：午、未），丑将，年命庚申，阳遁五局，天柱值符落坎宫，惊门值使落兑宫，摇得《蒙》之《损》卦。

（一）奇门预测：

六合　天蓬 甲午辛+乙 杜　巽	白虎　天心 丙+甲辰壬 景　离	玄武　天任 丁 乙 +　甲子戊 死　坤
太阴　天英 甲寅癸+丙 伤　震	天芮 甲子戊 寄二坤　中宫	九地　天辅 甲辰壬+甲申庚 惊　兑
螣蛇　天禽 甲戌己+甲午辛 生　艮	值符　天柱 甲申庚+甲寅癸 休　坎	九天　天冲 丁 甲子戊　+甲戌己 开　乾

分析：

1. 八门伏吟，呻吟之象，可见求测者为子担心的心情。时支巳火为日支之马星，行人动身之象。

2. 求测者之子年命庚申，命干庚临值符，遇事可化凶为吉，临休门，喜庆之象。

3. 日柱为求测人，时柱主事体，日时落宫比和为吉象，时柱又主儿子，临伤门，伤门主车，人在车上。

4. 景门主道路，临白虎，宫中丙壬相冲，有车辆碰撞之象。

5. 景门又主信息，临离宫落空，出空之日必见消息。

6. 测行人归期，阴日看庚下之干，逢格则归，今庚下临癸，癸为月、时之干，为月、时格，行人月内必归。

7. 日、时落宫在震、巽二宫，阳遁为内盘，行人归期近而速。

（二）六爻预测

		离宫：山水蒙			巽宫：山雷颐（游魂）		
六神	伏神	本　卦			变　卦		
螣蛇		父母寅木	▅▅▅		父母寅木	▅▅▅	
勾陈		官鬼子水	▅ ▅		官鬼子水	▅ ▅	
朱雀	妻财酉金	子孙戌土	▅ ▅	世	子孙戌土	▅ ▅	世
青龙		兄弟午火	▅ ▅		子孙辰土	▅ ▅	
玄武		子孙辰土	▅▅▅	○→	父母寅木	▅ ▅	
白虎		父母寅木	▅ ▅	应×→	官鬼子水	▅▅▅	应

分析：

1. 以动爻子孙辰土为用神，用临二爻发动，人离家不远。

2. 子孙辰土动化父母寅木回头克，初爻父母寅木临白虎动化回头生而克用，好在辰土旺于月建，不致成凶，父母主车，因车滞留之象。

3. 内卦《坎》为水、为车，外卦《艮》为山、为止，车行而止之象。

4. 未日忌神寅木入墓，用神旺而不受其克，必为行人之归期。

（三）四柱预测

生辰：1980年7月初四日寅时

乾造：庚申　甲申　己未　丙寅　(子丑空)

大运：乙酉　丙戌　丁亥　戊子　己丑　庚寅　辛卯　壬辰

8岁　18　28　38　48　58　68　78

始于：1988　1998　2008　2018　2028　2038　2048　2058

分析：

日柱己土生在孟秋，失时不旺，年上庚申会月上申金泄身太重，妙在己坐未土，时上印星丙火化官生身，身虽不旺但有气。月上透出之正官甲木坐绝地，被年上庚金冲去，年月二申冲去时上寅木，官星虚浮无用，日主与仕途无缘。综合而论日主身弱，取印比为用。

日主1998年开始行丙戌大运帮身，为好运，2002年壬午，大运、流年与命局合寅午戌火局生身，午未合化助身，为好流年，故可断命主平安无凶。

（四）六壬预测：

父　未虎
财辛卯后
子丁亥合

虎　合　贵　常
未　亥　寅　午
亥　卯　午　辛

蛇　贵　后　阴
丑　寅　卯　辰
朱子　　　　巳玄
合亥　　　　午常
戌　酉　申　未
勾　青　空　虎

分析：

辰课合亥卯未木局，生日课合成之寅午戌火局，三传亥卯未木局起于辰课，亦生日课之局，木火通明之象。惜传中未土落空，卯木临空，木局为虚，待未日出空填实木局，必是行人之归期。又以古人经验：三千里外人，视大将军之下神，巳午未年大将军在卯，今卯下临未，则可断行人在未月日时归。

后记：被测者由于买不到火车票，只能乘长途客车回家，在乘车回来的路上，因连着几天大雪，路滑难行，搭乘的客车在中途与一小车相撞发生事故，致使中途滞留，所幸没有人员伤亡。于1月16日（甲午日）晚回到县城，给家里通了电话报信，17日（乙未日）终于回到了自己的家。春节期间，求测人带着儿子亲自到我家致谢来了！并向笔者叙述了事情的原由。

实例八

2005年9月24日下午，笔者小女儿放学后未回家吃晚饭，也没有给家里来电话，我给她班主任打电话问情况，回答说是按时放学，星期六又不上晚自习，一家人都有点着急，妻子催着要我测一下，遂测之。

乙酉年，乙酉月，辛亥日（空：寅、卯），丁酉时（空：辰、巳），阴遁七局，天辅值符落坎宫，杜门值使落坎宫。

丁酉时	辛日为五不遇时	
玄武　天柱 甲子戊+甲午辛 惊　巽	白虎　天冲 甲戌己+丙 开　离	六合　天禽 丁+ 甲寅癸 甲申庚 休　坤
九地　天心 甲寅癸 甲申庚 +甲辰壬 死　震	天任 甲申庚 寄二坤　中宫	太阴　天蓬 乙+甲子戊 生　兑
九天　天芮 丙+乙 景　艮	值符　天辅 甲午辛+丁 杜　坎	螣蛇　天英 甲辰壬+甲戌己 伤　乾

分析：

1. 日柱甲午辛临坎宫，时柱丁火落坤宫克日柱宫，又是五不遇时，其象为因孩子之事担心。

2. 时柱丁火落坤宫下临癸水，丁癸相冲主动，临休门主休闲娱乐，临六合必有同伴，天禽加临在坤宫为相，天禽为吉星主无忧。

3. 景门主消息，临艮宫落空，亥时合空之时必有消息。

实际情况：因放学后时间尚早，晚上又不上晚自习，便与几个同学约一起吃饭、然后上网打游戏，九点多给爷爷回电话（时柱生太岁乙木落宫之故），十点多回家。

实例九

2003 年 5 月 14 日，王某找笔者预测，说儿子不想上学，前几天从学校跑了，找了几天也不见消息，家里人都非常着急，我让其报数，他报八数，取未时，并摇得《师》卦。

癸未年，丁巳月，丁亥日（空：午、未），丁未时（空：寅、卯），月将为酉，阳遁一局，天禽值符临兑宫，死门值使落艮宫。

（一）奇门预测：

玄武 天芮 甲申庚+甲午辛 开 巽	九地 天柱 甲午辛+乙 休 离	九天 天英 乙 + 甲戌己 甲辰壬 生 坤
白虎 天蓬 丙+甲申庚 惊 震	天冲 甲辰壬 寄二坤 中宫	值符 天禽 甲戌己 甲辰壬 + 丁 伤 兑
六合 天心 甲子戊+丙 死 艮	太阴 天任 甲寅癸+甲子戊 景 坎	螣蛇 天辅 丁+甲寅癸 杜 乾

分析：

1. 时柱六丁加癸临杜门于乾宫，杜门主潜藏，丁加癸为“朱雀投江”之格，临螣蛇主逃走之象，乾宫为西北，人在西北方，乾主六数，六十公里之遥。

2. 日时同宫，宜于找回，月时同宫，必有同伙。

3. 值使死门临艮宫落空，出空之日寅日必回。

（二）六壬预测：

财 乙酉 朱
官 丁亥 贵
子 己丑 阴

常 阴 贵 朱
卯 丑 亥 酉
丑 亥 酉 丁

勾 合 朱 蛇
未 申 酉 戌
青午 亥贵
空巳 子后
辰 卯 寅 丑
虎 常 玄 阴

分析：

因是逃学，故取登明亥为类神，今类神入传，三传不离四课，人宜于找回。亥加酉上，酉主六数，人在六十公里以外，间传为顺，亦是人回之象。初传落空，蓬冲之日卯日必见消息。

（三）六爻预测

六神	伏神	坎宫：地水师（归魂）本卦	坎宫：地水师（归魂）变卦
青龙		父母酉金 ▅ ▅ 应	父母酉金 ▅ ▅ 应
玄武		兄弟亥水 ▅ ▅	兄弟亥水 ▅ ▅
白虎		官鬼丑土 ▅ ▅	官鬼丑土 ▅ ▅
螣蛇		妻财午火 ▅ ▅ 世	妻财午火 ▅ ▅ 世
勾陈		官鬼辰土 ▅▅▅	官鬼辰土 ▅▅▅
朱雀		子孙寅木 ▅ ▅	子孙寅木 ▅ ▅

分析：

1. 《师》卦为归魂卦，行人必归之象。

2. 用神子孙寅木在内卦初爻，人不会走的太远。

3. 用神在月建不旺，但有日建合生，用神值日为应期。

实际情况：于五月十七日庚寅日（农历四月十七日），王某之子在张掖市的大街上与一起逃走的几个学生在购物时被一熟人发现，马上通知了家里人，终于被找回，张掖在山丹的西北方，其距离为65公里。

八、风水案例

实例一

2003年5月1日申时，一老夫人前来问测儿子身体及婚姻。

癸未年，丙辰月，甲戌日（空：申、酉），壬申时（空：戌、亥），阳遁八局，天任值符落震宫，生门值使落兑宫。

（一）奇门预测：

螣蛇　天英 甲辰壬+甲寅癸 惊　巽	太阴　天禽 甲寅癸+甲戌己 开　离	六合　天柱 甲戌己+甲午辛丁 休　坤
值符　天任 甲子戊+甲辰壬 死　震	天蓬 丁 寄二坤　中宫	白虎　天冲 甲午辛丁+乙 生　兑
九天　天辅 甲申庚+甲子戊 景　艮	九地　天心 丙+甲申庚 杜　坎	玄武　天芮 乙+丙 伤　乾

分析：

1. 时干为子，今时干壬水落巽宫为入墓，甲辰壬临巽为相刑之地，入墓成凶，刑则有灾。病符星天芮落乾宫克时干落宫，疾病缠身之象，壬下临癸，壬主膀胱癸主肾，水又主内分泌及泌尿系统，可见肾上或泌尿系统有病。

反馈：其子于2000年患上尿毒症，经多方治疗，时好时坏，一家人为此很担忧。

2. 2000年庚辰，辰属巽宫，受天芮落宫冲克，为其时得病之因。

3. 时柱临螣蛇，必有鬼神缠绕，生门落兑宫克时柱宫，住宅风水有问题，生门宫中临白虎、天冲，辛加乙“白虎猖狂”凶格，丁亦主路冲之象，可见宅中犯路冲煞气，导致其子身患其疾。

反馈：住宅是楼房，不存在路冲，有什么问题还望请你前去实地察看。

4. 时干壬水相合之干丁火为其子媳，丁火落兑宫克时柱宫，姻缘已尽，弃夫难留之象，丁火落宫生丙火落宫（坎宫），丙为第三者，妻心已属他人。兑宫为时支桃花之地，移情别恋之象。

反馈：由于身体的原因，两人已分居两年多，现在女方提出要离婚。

后记：求测者请笔者到家中去察看风水环境后，发现其住宅的入户门与上面下来的楼梯直对着，这种情况与路冲是一样的，在风水学上属穿心煞或剑气煞，住宅入户门在兑宫，2000年二黑到门，农历三月（辰月）五黄又到门，二五交加，动起煞气，《紫白诀》云：“二五交加，罹死亡并生疾病。”反馈说发现病的时间就是农历三月。为了解决这一问题，我让其在门口处做一玄关，挡其煞气，并让病者搬到另一地方居住，三个月后重新选吉日入宅。经这样调理后，病者身体逐渐康复了，并与笔者常保护联系，在整理此案例时得知，他正准备跟一位新谈对象要结婚了，并请我为其择一良辰吉日！

实例二

2003年7月7日，王某找笔者说：最近身体一直很疲倦，前天上医院做检查，各项化验指标基本正常，但做彩超后发现肾比正常人的要小，以前做检查时并没有这种现象，自己一直是脾胃不好，并没有肾上有问题的迹象。要我看看究竟是咋回事。我以说事之时起局分析后对他说：身体有问题是住宅与祖坟风水原因造成的，住宅地基可能是原来的墓地，祖坟的来龙处有被损伤的现象，应采取措施调理和补救。王某反馈说：住宅的地方原来确实是一片大坟场，当时政府拿钱补偿搬迁古坟，城建部门将这片地方统一规划为住宅区，有主人的古坟都迁了，无主人的古坟便搁那儿了，所以地基下面并没有处理干净。其祖坟后面的山梁上去年因修高速公路取土，被挖下一大坑，我们得到消息后去阻止时，已成事实，只能是制止不让继续挖，情况就是这样，有什么办法补救，还望你指导！

癸未年，戊午月，辛巳日（空：申、酉），癸巳时（空：午、未），阴遁八局，值符天心落震宫，开门值使落乾宫，壬子命。

<table>
<tr><td>九天　　天柱
丙+甲辰壬
杜　　巽</td><td>九地　　天冲
甲子戊+乙
景　　离</td><td>玄武　　天禽
丁
甲寅癸+甲午辛
死　　坤</td></tr>
<tr><td>值符　　天心
甲申庚+甲寅癸
伤　　震</td><td>天任
甲午辛
寄二坤　　中宫</td><td>白虎　　天蓬
甲辰壬+甲戌己
惊　　兑</td></tr>
<tr><td>螣蛇　　天芮
甲戌己+甲子戊
生　　艮</td><td>太阴　　天辅
丁
甲午辛+丙
休　　坎</td><td>六合　　天英
乙+甲申庚
开　　乾</td></tr>
</table>

分析：

1. 八门伏吟，对人不利。

2. 日柱辛金落坎宫月破之地，休门坎宫俱属水，辛下临丙合而化水，水主肾，天芮落宫又克日柱宫，故主肾上之疾。

3. 天芮主病，临生门、艮宫，宫中戊己土叠加，土主脾胃之疾。

4. 生门为住宅，生门伏吟于艮宫，宫中螣蛇主阴魂鬼魅，天芮主病，克日柱宫有阴魂相害，疾病缠身之象。时柱亦主住宅，时柱临死门宫，死门主宅基，克日柱宫，地下必有墓穴。

5. 死门又主阴宅，死门伏吟于坤宫，太岁癸水临死门宫主其祖坟，宫中癸加丁为“螣蛇夭娇”凶格，古诀云：“蛇夭娇而穴情不实，须防道路穿伤。”癸水又主来脉，坤宫为空亡之宫，亦主穴后空陷之象，死门宫克日柱宫，祖坟风水对日主不利。

后记：在笔者的指导下，王某动用机械运输，将祖坟后面的坑填实，又请一道家师傅在宅中做其法事，经过调理后，身体逐渐好了起来！

实例三

2006 年 12 月 19 日申时，笔者兰州的一位朋友对风水有研究，打电话问测，说自己父母葬了一处新茔，风水如何？遂测之。

丙戌年，庚子月，壬午日（空：申、酉），戊申时（空：寅、卯），月将寅，阴遁四局，天英值符落巽宫，景门值使落坤宫。

戊申时	壬日为五不遇时	
值符　天英 甲辰壬+甲子戊 伤　巽	九天　天禽 甲申庚 乙 +甲辰壬 杜　乾	九地　天柱 丁 + 甲申庚 乙 景　坤
螣蛇　天任 甲子戊+甲戌己 生　震	天蓬 乙 寄二坤　中宫	玄武　天冲 丙+丁 死　兑
太阴　天辅 甲戌己+甲寅癸 休　艮	六合　天心 甲寅癸+甲午辛 开　坎	白虎　天芮 甲午辛+丙 惊　乾

分析：

1. 太岁丙火主父母，死门主坟茔，今太岁六丙加六丁于兑宫，丙丁相加于兑宫为为贵人得位之象，来脉必真，临兑宫此茔必是坐西向东之向。

2. 离宫庚加壬为移荡格，金水相生，必为来水之源，巽宫壬水加临，子辰半合水局，亦必有水。

3. 震宫为明堂，落空主明堂空旷，戊己相加，堂外必有案山，案山必远，且将过宫之水聚于堂中。兑宫为日柱空亡之宫，由此可见坐山必低小，而案山则高大。

4. 开门与六癸临于坎宫，开主开口之象，可见堂局水口在坎宫。

我将预测结果向对方描述了一遍，他说与实际情况相符，宅为庚山甲向，巽离二方来水，案山远而高大，坐山稍小，水出壬子，为寅午戌火局。以三合家言，水出壬子，为寅午戌火局，庚山甲向为自旺向，壬方为沐浴文库消水，巽离二方为冠带、临官、帝旺水上堂，以三元法而论，八运庚山甲向为双星会向之局，水外有山可致丁财两旺。

实例四

2004 年 3 月 5 日戌时，几位女士陪一少妇来问测婚姻、家庭及流年运气，当起出局、课后发现，局中夫星落空，课中夫星不现，为慎重起见我又要其丈夫四柱，综合判断 2003 年夫星有灾之象，便直言其丈夫已不在人世，是因心脏方面的疾病而亡，她现在是独守空房。此言一出，其女潸然泪下，泣不成声！同来的几人介绍说，其夫 2001 年开始心脏不好，一直治疗，2003 年年底的一天晚上，睡时一切正常，早晨才发现人不知何时已亡，弃她而去，追悔莫及。我又对少妇说：你命中虽有夫星有灾之信息，但从局中看，祖坟风水也有问题，在这件事上起了助纣为虐的作用。后来她家人请我去实地考察阴宅风水，竟与局象中所反馈的信息丝毫不差，让笔者吃惊！

甲申年，丁卯月，癸未日（空：申、酉），壬戌时（空：子、丑），月将亥，夫命戊午，阳遁一局，天心值符落中宫，开门值使落坤宫。

（一）奇门预测：

九地 天禽 甲戌己 甲辰壬 +甲午辛 死 巽	九天 天蓬 丁+乙 惊 离	值符 天冲 甲寅癸+ 甲戌己 甲辰壬 开 坤
玄武 天辅 乙 +甲申庚 景 震	天心 甲辰壬 寄二坤 中宫	螣蛇 天任 甲子戊+丁 休 兑
白虎 天英 甲午辛+丙 杜 艮	六合 天芮 甲申庚+甲子戊 伤 坎	太阴 天柱 丙+甲寅癸 生 乾

分析：

1. 以时柱为所测事体，今时柱壬水临巽宫相刑之地，又为墓库之方，临死门、九地，宫中已加辛为“游魂入墓”凶格，主人死入墓之象，家中必有孝服之事发生。

2. 测家庭婚姻以乙为妻、庚为夫，六庚夫星落坎宫空亡之地，天芮病符之星加临，六庚加六戊为“天乙伏宫”凶格，不吉，天机尽泄于此，夫宫有凶。

3. 死门主阴宅，死门落宫克日干落宫，阴宅风水不吉，对家人都有影响。

4. 已主明堂，落巽宫必主其阴宅坐巽向乾，坤宫临癸壬之水，临马星主流动，临开门，必是开口来水之处，坎宫落空，空陷则主出水之方，可见为左水倒右之局；丁落离宫，丁加乙，主案山秀美，临九天，高耸压穴；六辛临白虎落空，虎砂低陷；乙木落震宫临旺地，龙山必高大，乙加庚，稍有破损。

（二）六壬预测：

父　申青
子戊寅后
父　申青

空　青　贵　后
酉　申　卯　寅
申　未　寅　癸

合　勾　青　空
午　未　申　酉
朱巳　　　　戌虎
蛇辰　　　　亥常
卯　寅　丑　子
贵　后　阴　玄

分析：

1. 《毕法赋》云：所谋多拙逢罗网，虎视逢虎力难施。癸日寅为天罗，春季申为飞祸，日上神寅为虎，辰上神申又为虎之本家，三传寅申寅，虎视逢虎之象，申金为空，寅被两空所夹，满目空亡，必有灾祸，官星不入课传，夫命午上见未，春季未为丧车、哭神，灾祸临夫，痛失夫君之象。

2. 以阴宅风水而论，三传相冲，且有反吟之象（但课体并非反吟），堂不聚气，申金落空，虎砂低陷，寅木逢冲，砂不顾穴，课传中不见水神，来去之水必不合局。

（三）四柱预测

丈夫生辰：1978 年农历 4 月 22 日戌时

乾造：戊午　丁巳　庚寅　丙戌 (午未空)

大运：	戊午	己未	庚申	辛酉	壬戌	癸亥	甲子	乙丑
	3 岁	13	23	33	43	53	63	73
始于：	1981	1991	2001	2011	2021	2031	2041	2051
流年：	辛酉	辛未	辛巳	辛卯	辛丑	辛亥	辛酉	辛未
止于：	1990	2000	2010	2020	2030	2040	2050	2060

分析：

庚金生于夏季处死地，柱中寅午戌合火局而成，戌中辛金已无，官煞俱透旺极，只能相从，为从煞格，戊午运，助火局为吉，已未运，与柱会巳午未火局，亦吉。2001 年行至庚申大运，日柱有根，必不从而犯旺。2001 年辛巳，辛金助日柱，合官留煞，巳火并入月柱助火局，火金相战，凶象已生，但金亦不弱，故无生死大灾。2002 年壬午，午火并入年柱，助火局，壬水合官留煞，亦为凶象。2003 年癸未，未土与柱中会巳午未火局，柱中又有寅午戌三合火局，两重火局克日柱庚金，大运庚申又与柱中构成寅巳申三刑，戌土变为燥土，不能通关，变喜为忌，火旺之极，又为日主之杀，火主心脏等器官，日主必因心脏等方面情况而应灾，而且必定是生死大灾。

后记：由于以上原因，我受主家之邀前往勘察其阴宅，其砂水形势与卦象显示之信息基本相符，其地巳山亥向，来脉僵直，左砂反跳，右砂低陷，案高近而逼穴，天盘坤申方有一大山口为来水，天盘壬子方水口大而无关栏，且有数丈悬崖。

水来坤方而消于坎宫为先后天相破，主伤丁破财，秘旨云：“漏道在坎宫，遗精泄血。”正合实情。以三合水而论，坤方来水为绝水，以辅星水法而论，来水坤上廉贞，申上破军，俱为凶水上堂，再加上砂之无情，2003年年上五黄到坐，子月二黑到坐，正应“二五交加，罹疾病与死亡”之说；其夫命宫又在巽宫，当应其灾！

实例五

笔者按：此案例在《掌上奇门》中已有，由于比较典型，故在此再次引用。

1994年农历六月二十一日，王某找我预测生意，测过之后，他说：今年四月份，家母去世，请当地的风水师点了一处新茔地，想请我去实地再考证一下，究竟风水如何。我按问事之时起局，进行了分析预测。当时的干支历为甲戌年，辛未月，丙辰日（空子、丑），甲午时（空辰、巳），大寒中元阴遁一局，天柱为值符，惊门为值使。

六合 天辅 丁+丁 杜 巽	太阴 天英 甲戌己+甲戌己 景 离	螣蛇 天芮 乙 乙 甲寅癸 + 甲寅癸 死 坤
白虎 天冲 丙+丙 伤 震	天禽 甲寅癸 寄二坤 中宫	值符 天柱 甲午辛+甲午辛 惊 兑
玄武 天任 甲申庚+甲申庚 生 艮	九地 天蓬 甲子戊+甲子戊 休 坎	九天 天心 甲辰壬+甲辰壬 开 乾

分析：

1. 测父母之墓地，以年柱为其用神，今年柱甲戌己落离宫，必为坐南向北之墓，离宫六己加六己为“地户逢鬼”之格，墓下必有阴尸。

2. 死门在坤宫伏吟，死门主墓地。阴遁坤为内卦，坐山西南不远处必有坟地。

3. 东南巽宫为旬空之地，空则不实，必为来水之处。

4. 左右震、兑龙虎砂之宫，伏吟微起，丙辛相合，环抱有情。

5. 向上坎宫为日支旬空之地，天蓬、休门属水，近处无案山，明堂之外必为沟壑。

6. 甲辰壬临开门在乾宫伏吟，水口必在西北方位乾宫。

7. 全局天、地、人三盘伏吟，千金诀云：“反伏门迫，山向那得祯祥”，其穴必无地气。

根据以上分析，我对王某说：“你母所葬之地，为坐南朝北之向，已被前人所葬，其下必有阴尸，坐山西南方不远处必有坟地，巽方来水，消于乾宫，龙虎砂微起，环抱有情，墓地近无案山，明堂外必为沟壑，为右水倒左之火局。”王某听后，惊讶地说：“您说的太对了！墓地为坐南朝北丁山癸向，开穴时才发现下面早已有葬下之墓，最后我们按其风水师的指使，将我母亲的棺木落在了上面，称之为‘楼上楼’，墓地的西南方不到百米有一处坟地，其余都跟您说的差不多。”

丁山癸向，七远葬，双星会向之局，向上有水，虽为吉。但乾为后天之位，不宜流破，且挨星三、二为“斗牛煞”，古诀云：“后天水口主破财”，“斗牛煞起惹官刑”，均主不吉，且坐山高大，山盘六白为退气之星，亦属不吉。

三合家言、丁山癸向，右水倒左、乾亥消出为火局养向，名为“贵人禄马上御街”之吉格，岂不知乾为后天之位，不能流破，葬在七运却为不吉，宜当慎之。

后来王某请笔者到现场察看，实情与所测无异。

实例六

2004 年 3 月 27 日戌时，好几年未见面的朋友老张来访，寒暄之后要我给他测一下目下情况，看过局象之后我问他：你身体没有啥问题吧？他说：还可以。我说：那嫂子身体一定是有问题，而且不会是小病！这时老张有点沉不住气的道：可不是，你嫂子前年秋天得乳腺癌做了切除手术，至今还在定期化疗，此事搞的一家人都很担心，我就是为此事而来找你的！我说：你家祖坟的风水出了问题，由此引发了嫂夫人的病……

甲申年，丁卯月，乙巳日（空：寅、卯），丙戌时（空：午、未），月将戌，阳遁六局，天任值符落巽宫，生门值使落坎宫。

值符　天任 甲申庚+丙 景　巽	螣蛇　天辅 丁+甲午辛 死　离	太阴　天心 丙+甲寅癸乙 惊　坤
九天　天柱 甲辰壬+丁 杜　震	天英 乙 寄二坤　中宫	六合　天芮 甲午辛+甲戌己 开　兑
九地　天冲 甲子戊+甲申庚 伤　艮	玄武　天禽 甲戌己+甲辰壬 生　坎	白虎　天蓬 甲寅癸乙+甲子戊 休　乾

分析：

1. 白虎、天蓬临日柱乙奇，乙又主妻，白虎主恶性病，天蓬主病来势凶猛，乙奇到乾为入墓，种种迹象表明日主或其妻有病灾之象。

2. 死门亦主病，死门临离宫，离宫有午火，2002年为壬午，故为发病之时。

3. 天芮为病，临开门于兑宫，开刀手术之象。

4. 死门主祖坟，死门落离宫克日柱宫，祖坟风水不好引发其病；宫中丁主案山，离宫落空则主案山空陷开口，堂气不聚之象。

后记：老张之父母于上世纪80年代相继去世后，请当地风水师看一新茔合葬，听了我的分析之后，过了几天便请我到实地勘察，看过之后发现与局中所反馈的信息较为一致。经审定其穴子山午向兼癸丁，来脉粗直无真气，前无案山，离坤二方开大口，水破天心，旺方流破，水从甲卯沐浴方来，冲生破旺之局，2002年二黑到离，仲秋五黄到离，二五交加到向之煞方，动起煞气而致病灾。鉴于这种情况，我建议老张马上迁坟，不然还会有更大的事发生，同时也更不利于他爱人的病情恢复，老张听我之言，下定了决心，我为其又重找了一处风水较好的地方，重新安葬了父母，至今一切安好，其妻的病也逐渐康复了。

九、综合案例

实例一

2004 年 5 月 23 日我县吴涛煤矿发生透水事件，17 名矿工困于井下不能生还，此事惊动中央，被称为“5·23”事件，中央领导批示：必须严查严办。省委领导亲临现场，指挥搜救工作。相关领导都十分关注此事。6 月 16 日早晨 10 点多碰到一熟悉的领导朋友，他说，你测一下这次矿难事故县里的主要领导会不会被撤职处分，遂起局预测。

甲申年，庚午月，丙寅日（空：戌、亥），癸巳时（空：午、未），阳遁六局，天任值符落坤宫，生门值使落艮宫。

九地　天蓬 甲子戊+丙 杜　巽	九天　天心 甲辰壬+甲午辛 景　离	值符　天任 甲申庚+甲寅癸乙 死　坤
玄武　天英 甲戌己+丁 伤　震	天芮 乙 寄二坤　中宫	螣蛇　天辅 丁+甲戌己 惊　兑
白虎　天禽 甲寅癸乙+甲申庚 生　艮	六合　天柱 甲午辛+甲辰壬 休　坎	太阴　天冲 丙+甲子戊 开　乾

分析：

1. 八门伏吟，奇仪反吟，事主缠绕，反复之象，拖的时间必长。

2. 时柱为所测之事，癸加庚为“太白入网”凶格，白虎加临主死丧之事，与矿难之事相符。

3. 值符与太岁主领导，庚加癸为大格，临死门陷入僵局，因矿难之事缠绕难以脱身，好在太岁临禄神之地坤宫，坤宫又旺于月令，景门主文件、资料、证件等，景门落离宫生太岁值符宫坤宫，同时又生时柱落宫艮宫，由此可见煤矿的一切证件手续齐全，处理结果对双方都有利。

综上所述，县委的主领导不会被撤职，只是受到一些相应的处分，而不会受到太大的牵连。

预测结果与后来的实际情况完全相符。

实例二

2002 年农历 3 月 15 日在河南登丰，一男子领一女孩来预测，我让其报数，她报 3 数，取寅时而占，我看过局象后直断其处境艰难，父死、母嫁之象，女孩听之泪如雨下，起局分析如下。

壬午年，甲辰月，丙寅日（空：戌、亥），庚寅时（空：午、未），阳遁五局，天柱值符落兑宫，惊门值使落巽宫。

玄武 天辅 乙+乙 惊 巽	九地 天英 甲辰壬+甲辰壬 开 离	九天 天芮 丁 丁 甲子戊+甲子戊 休 坤
白虎 天冲 丙+丙 死 震	天禽 甲子戊 寄二坤 中宫	值符 天柱 甲申庚+甲申庚 生 兑
六合 天任 甲午辛+甲午辛 景 艮	太阴 天蓬 甲寅癸+甲寅癸 杜 坎	螣蛇 天心 甲戌己+甲戌己 伤 乾

分析：

1. 奇仪伏吟，呻吟之象。

2. 日主处境艰难之断。

日柱丙火落震宫，伏吟主欲动不能，临死门主受困之象，临白虎家中必有孝服。

3. 父死母嫁之断。

年干壬水为父，落离宫为胎地，离宫为空，九地主地下，壬加壬为“天牢自刑”格，转世投胎之象。

年干相合之干丁火为母，丁火临坤宫为落空，临空人不在，临九天主高远，远走之象。

4. 时柱六庚落兑宫冲克日柱落宫（震宫），时柱主事体，所测之事必不如意。

实例三

2002 年农历三月，应朋友之邀，与原部队某基地刘司令员到河南登丰、郑州等地游玩，由于陪同的人知道我研究周易，消息不胫而走，来要求预测和调理风水的的人接踵而至。二十五日下午两点多，来了一位姓王的老板，财大气粗，且出言不逊，他说：“听说你会奇门遁甲，都说学了奇门通，来人不用问，那你把我的事情说上几件，看看准不准！”接着又说：“我可是走南闯北见过不少你们这样的人，好多吹的挺厉害，有真货的可是没几个！”这种口气，我本不想测，但为了打击他的这种气焰，为易学正名，随起局分析，我看着局象对他说：“你婚姻不顺，现在是第二次婚姻。”他说：“唉，这下行！我是二次婚姻，前妻 2000 年患病去世了。”我又说：“你母亲去世了，很可能是非正常死亡！父亲还活着，但脑部与肺上都有病。”这下可是把对方给镇住了，他瞪着眼睛神情有些紧张地说：“厉害！厉害！母亲是 1994 年出车祸死的，父亲是脑血栓、老年痴呆症，支气管哮喘。”这下马上对方虚心了起来，接着很有礼貌地说：“想不到奇门遁甲真是神奇，请先生再看看我的事业如何？”我看着局象对他说：“事业干的挺大，1999 年到现在发展都很好，但挣的钱好多没有到手，资金周转还有困难，内部搞的不团结。”他说：“是这样，这几年都不错，正像你说的那样，好多钱在外边没要回来，资金确实有些紧张，内部也有不少问题……”判断过程如下。

壬午年，甲辰月，丙寅日（空：戌、亥），乙未时（空：辰、巳），阳遁五局，生门值使落离宫，天任值符落巽宫。

值符　天任 甲午辛+乙 休　巽	螣蛇　天辅 丙+甲辰壬 生　离	太阴　天心 丁 乙 + 甲子戊 伤　坤
九天　天柱 甲寅癸+丙 开　震	天英 甲子戊 寄二坤　中宫	六合　天芮 甲辰壬+甲申庚 杜　兑
九地　天冲 甲戌己+甲午辛 惊　艮	玄武　天禽 甲申庚+甲寅癸 死　坎	白虎　天蓬 丁 甲子戊 +甲戌己 景　乾

分析：

1. 为什么断其二次婚姻，且对方反馈妻子2000年患病去世。

日柱丙火，取相合之干辛金正财为妻，今辛金落巽宫日柱空亡之宫，下临乙奇为“白虎猖狂”凶格，家败人亡之象，乙又为妻，应在妻身，临空主妻已不在了。乙临坤宫为墓地，临太阴也主人不在阳间了。2000年为庚辰年，太岁庚金落坎宫临癸水为“太白冲刑”凶格，又为大格，临死门也是家有死丧之事的意象。

2. 为什么断其母亲非正常死亡，且对方反馈1994年出车祸而亡。

年干主父母，太岁壬水为阳，壬水相合之干丁火必为母，今丁火临乾宫为入墓，白虎主血光之灾，景门主道路，车祸而亡之象。

3. 其父亲脑部、肺上有病的依据是：

年干壬水落兑宫，天芮病符之星临兑，兑主肺，肺上有病之象。壬加庚为“太白擒蛇”凶格，壬主血液，庚主阻隔，血液流通不好，壬上临丙火受克，火主心脏，离主头部，头部有疾之象。

4. 断事业之发展。

1999年开始到2002年，太岁所临宫位一路开、休、生三吉门，事业自是不差。甲子戊主资金，临日柱空亡之宫（乾宫），所以断资金有困难。日柱丙火临离宫为旺地，且生门在离宫，故断事业干的较大。丙火下临壬水受冲，故内部不团结，有人心离散之象。

实例四

2003 年 7 月 7 日，好友王局长打电话约笔者晚上到茶府喝茶，说是来了一位酒泉的朋友，给我介绍认识一下，晚上我如约而至，见到了王局长的客人黄总，黄总是搞金矿的，寒暄之中知我研究周易，有意识地要让我测一下他去年的情况，看来是想要验证一下易学预测的可信度，我只好“不辱使命”起局推演，当我断出他去年农历五月有死人破财之事时，黄总连连称赞易学预测的神奇，并诚恳邀请笔者到他的矿上调理风水。

癸未年，戊午月，辛巳日（申、酉），己亥时（空：辰、巳），阴遁八局，天禽值符落兑宫，死门值使落离宫，戊申命，未将。

（一）奇门预测：

六合 天芮 甲寅癸+甲辰壬 景 巽	太阴 天柱 甲辰壬+乙 死 离	螣蛇 天英 丁 乙+ 甲午辛 惊 坤
白虎 天蓬 甲子戊+甲寅癸 杜 震	天冲 甲午辛 寄二坤 中宫	值符 天禽 丁 甲午辛 +甲戌己 开 兑
玄武 天心 丙+甲子戊 伤 艮	九地 天任 甲申庚+丙 生 坎	九天 天辅 甲戌己+甲申庚 休 乾

分析：

1. 日柱辛金临开门、值符于兑宫，辛主金矿，临开门，开金矿之象，临值符，贵人相助，辛临兑宫为有禄之乡，可见企业发展前景好。

2. 问去年之事，取 2002 年干支壬午落宫断，午在离宫，壬亦落离宫，宫中逢死门临太阴，死门落宫克日柱落宫，必因死人之事牵连。

3. 生门逢月破之地，2002 年又为岁破之宫，故主破财。

4. 阴日看庚下之干为事之应期，庚下临丙，2002 年农历五月为丙午，故为事之应期。

实际情况是：2002 年五月矿上因爆破作业炸死民工一人，赔偿及罚款合计近二十万元。

(二) 六壬预测

当时只是用奇门局象进行了分析，但事后用六壬课推演，也会得出同样的结论。

官 **壬午** 贵
财 **戊寅** 勾
父 **甲戌** 常

玄 青 勾 贵
酉 丑 寅 午
丑 巳 午 辛

	青	勾	合	朱	
	丑	**寅**	**卯**	**辰**	
空	**子**			**巳**	蛇
虎	**亥**			**午**	贵
	戌	**酉**	**申**	**未**	
	常	玄	阴	后	

分析：

三传寅午戌火局克日，2002 年太岁午火助其火势，至五月火势旺极，占问之时又是午月火旺之时，课中财化为鬼，鬼旺伤身，官司破财之象。

实例五

2002 年农历 3 月 15 日酉时，在河南登丰，一农民模样的人经人介绍来找笔者，说自己新开了一个生产玩具的厂子，想请我们给起个名字，并要我给他预测一下，坐在我身旁边的金局长介绍说，这可是家产千万的老板。我望着此人的模样和穿戴真有点不敢相信。他要笔者先测测以前的事，然后再测往后的发展。看来他是要先入为主，要试我的本事了！我将起好的局象拿在手中，边看边说："你曾因子女之事伤心过，子女有血光之灾，轻则致残，重则死亡。”这时他为之一震，可能是触到了他的痛处，他已经有些哽咽，他说：“我大儿子在 2000 年被人绑架到一山洞里，绑匪要五十万，但由于钱送去晚了，被撕票了。”我说：“从局象看，案子能破。”他说：“案子破了，罪犯也都抓到了。那你再看看我还有几个孩子，前途如何？”这时他已从悲伤中走出，神情平静多了。我看着手中的局象分析应该是五个，又一想，现在是计划生育，不可能！但随手在纸上写了个 5 字，并用笔圈了一下说：“子女数我还真测不出来，那你说说你还有几个子女！”他说：“还有五个！”坐在我旁边的公安局金局长惊奇的说：“你刚在纸上已经写了是 5，为什么不说？”我说：“我不敢相信现在计划生育还能生这么多孩子！”我也感到太神奇了！我接着说：“从局象看你家阳宅利财，阴宅风水有问题，宜引起飞灾横祸，你的事业也是反复多变。”局象如下：

壬午年，甲辰月，丙寅日（空：戌、亥），丁酉（空：辰、巳），阳遁五局，天任值符落坤宫，生门值使落坤宫。

九地　天蓬 甲戌己 +乙 开　巽	九天　天心 甲寅癸+甲辰壬 休　离	值符　天任 甲午辛+丁 甲子戊 生　坤
玄武　天英 甲申庚+丙 惊　震	天芮 甲子戊 寄二坤　中宫	螣蛇　天辅 丙+甲申庚 伤　兑
白虎　天禽 丁 甲子戊+甲午辛 死　艮	六合　天柱 甲辰壬+甲寅癸 景　坎	太阴　天冲 乙+甲戌己 杜　乾

分析：

1. 如何断子女之灾。

时干丁火为子女，丁落艮宫为入墓，加六辛为朱雀入狱格，求谋不遂，玉石俱焚之象；同时宫中又有戊加辛为青龙折足，逢凶门主招灾、折伤之事。宫中死门主刑伤，白虎主血光，凶象重重，子女受灾之象。日柱为被测者，临伤门主伤心之事。

2. 为什么2000年儿子被绑架。

2000年为庚辰年，太岁年干六庚下临六丙于震宫，庚加丙为太白入荧凶格，古诀云：白入荧兮贼即来，丙为日干，贼来侵身之象，玄武、惊门到震克时柱宫，玄武主盗贼，惊门主打斗，被测者儿子被绑架之象。天蓬主大盗恶徒，落巽宫克时柱宫，也是子女受灾被绑架之象。

3. 案子为何能破。

伤门主公安破案人员，伤门落宫克玄武、天蓬落宫，易于破案，丙加庚为日格，逢格则快。

4. 为何断还有五子女。

时干为子女，落艮宫，天禽星临艮宫，天禽主五数，故还有五子女。

5. 阳宅情况。

生门主阳宅，生门宫生日柱宫，必利于财。

6. 祖坟风水情况。

死门主阴宅，临艮宫，宫中凶象重重，风水必有问题，白虎临之主血光横祸。奇仪、八门反吟，穴中必无真气，

7. 事业。

八门奇仪反吟，事多反复之象。

实例六

2002年4月30日在西安，某建筑公司王总来宾馆找笔者，说公司出了一件大事，要我测一下如何解决，但并不言何事。我排好局分析后对他说："你们公司因钱财或土地之事与别人发生了冲突，有打斗流血之象。"还没等我把话说完王总便把话接了过去："可不是，我们施工的一个工地现场，昨晚民工与当地村民打了起来，原因是当地村民说土地补偿款没有拿到手，要我们的施工队伍停工，我们是承包方，补偿款的事与我们无关，由于我不在现场，没人阻止，两方纠缠上之后，互不相让，便动手打了起来，我们的人把对方的几个人打成了重伤，当晚就住进了医院，好在没有出人命！今天早

上村民就把我们的工地围了起来，再僵持下去恐怕还要出大事！听朋友介绍我这就来找你，测一下这事的结果，看哪方有贵人能把这事平息了。”我看着起好的局对他说：“事情也不是没有办法，这件事要由当地主管部门来调解，主管部门就是你的贵人，你们没有欠对方的钱，他们找你们闹是不对，但你们的人将人家打伤，这就是你们的错了，破财消灾，你们就干认倒霉给对方赔偿吧，打人肯定是要付出代价的！”王总接着说：“那你看要赔多少？”我说：“小则八九万，多则二十万左右吧！”

壬午年，甲辰月，戊辰日（空：戌、亥），壬戌时（空：子、丑），阳遁五局，天蓬值符落离宫，休门值使落离宫。

九天　天禽 甲戌己 +乙 开　巽	值符　天蓬 甲寅癸+甲辰壬 休　离	螣蛇　天冲 甲午辛+丁 甲子戊 生　坤
九地　天辅 甲申庚+丙 惊　震	天心 甲子戊 寄二坤　中宫	太阴　天任 丙+甲申庚 伤　兑
玄武　天英 丁 甲子戊+甲午辛 死　艮	白虎　天芮 甲辰壬+甲寅癸 景　坎	六合　天柱 乙+甲戌己 杜　乾

分析：

1. 日柱甲子戊下临甲午辛于艮宫落空，辛主犯错，甲子戊主钱财，死门主地皮，又主受困，落空主事无头绪，还没有解决，由此可得出此公司因钱财及土地之事惹来了麻烦。

2. 时干主事体，今时干甲辰壬临甲寅癸于坎宫落空，白虎主打斗，景门主血光，天芮主病，壬癸主流动，一幅两方纠缠、打斗流血而致伤残的情景。时柱落空，也主事无头绪。

3. 日柱落宫克时柱落宫，是施工方的人打伤了对方。

4. 值符主主管部门，值符落宫生日柱宫，主管部门可以帮忙调解。

5. 生门落宫克时柱宫，生门主财，只有给对方赔偿花钱，才能克制住事态的发展，使对方不在闹下去。甲子戊亦主财，日柱甲子戊落宫克时柱宫，也是花钱来平息事情的标志。

6. 甲子戊在艮宫属八数，天盘天英星属九数。生门在坤宫属二数，故综合判断赔偿八九万或二十万左右。

实例七

2000年农历10月29日16时，在一朋友的办公室与一企业领导偶然相遇，他对我说："听说你研究周易，都说学了易经会算卦，那你算一下我今后的财运、官运如何?"其人坐在我对面，在离宫，为了验证易学预测的科学性，遂起卦、局、课推测。

庚辰年，丁亥月，丙戌日（空：午、未），丙申时（空：辰、巳），阴遁五局，天芮值符落兑宫，死门值使落离宫，月将为寅。

（一）奇门预测：

六合　天任 甲申庚+甲戌己 景　巽	太阴　天辅 甲戌己+甲寅癸 死　离	螣蛇　天心 甲寅癸+甲午辛 甲子戊 惊　坤
白虎　天柱 丁+甲申庚 杜　震	天英 甲子戊 寄二坤　中宫	值符　天芮 甲午辛 甲子戊+丙 开　兑
玄武　天冲 甲辰壬+丁 伤　艮	九地　天禽 乙+甲辰壬 生　坎	九天　天蓬 丙+乙 休　乾

分析：

1. 此人已丑命，又坐于离方，六已合死门临离宫，六己加六癸为"地刑玄武"之格，好事成悲，词讼囚狱之象，冬季水旺、离宫之火处死地，必有大灾。

2. 灾从何来，生门落坎宫属水，坎宫六乙加六壬为"日奇入地"，尊卑悖乱，官讼是非，生门主财，所克之方，为财遭灾。

（二）六爻预测

六神	伏神	艮宫：火泽睽 本卦			乾宫：火天大有（归魂） 变卦	
青龙		父母巳火 ━━━			父母巳火 ━━━	应
玄武	妻财子水	兄弟未土 ━ ━			兄弟未土 ━ ━	
白虎		子孙酉金 ━━━	世		子孙酉金 ━━━	
螣蛇		兄弟丑土 ━ ━		×→	兄弟辰土 ━━━	世
勾陈		官鬼卯木 ━━━			官鬼寅木 ━━━	
朱雀		父母巳火 ━━━	应		妻财子水 ━━━	

分析：

子孙持世为剥官之神，日辰相害为不吉，兄弟未土旬空，所伏之财临玄武透出，三爻兄弟丑土动化进神合克子水之财，由此可断：财退官剥，大凶之象。

（三）六壬预测：

兄 癸巳 常
官 丁亥 朱
兄 癸巳 常

蛇 虎 常 朱
戌 辰 巳 亥
辰 戌 亥 丙

	朱	合	勾	青	
	亥	子	丑	寅	
蛇	戌			卯	空
贵	酉			辰	虎
	申	未	午	巳	
	后	阴	玄	常	

分析：

反吟之课，往来无依。巳火旬尾发用，虽为日禄，却为闭口之禄，为无禄也，主福禄将止。辰上遁鬼壬水临宅又乘白虎，巳火日禄月破，朱雀临亥水克日，日临月破，身弱不能胜之，必主凶灾。

综合上述信息，我对其领导说，你马上到退休年龄了，在经济生活上要注意检点，从卦象看你往后一两年有因财致灾的现象，现在激流勇退，方为上策。此人正值春风得意，呼风唤雨之时，听罢此言，不屑一顾，而且说："我爬冰卧雪到今天，我觉得该享受的应尽情享受，你说的那些我觉得根本不可能，现在从上到下都是我的人，能出事吗?"我的话他当成了耳旁风。

实际情况：2002 年夏季开始，工人集体告状，经检察机关介入调查后，他于 2002 年底因受贿、挥霍、挪用公款等罪依法判刑六年。

实例八

2004 年农历 4 月 27 日申时山丹张某测流年运气得《丰》之《震》卦。

甲申年，庚午月，甲子日（空：戌、亥），壬申日（空：戌、亥），阳遁六局，天心值符落坎宫，开门值使落坤宫。

（一）奇门预测：

六合 天英 丁+丙 死 巽	白虎 天禽 丙+甲午辛 惊 离	玄武 天柱 甲午辛+甲寅癸乙 开 坤
太阴 天任 甲申庚+丁 景 震	天蓬 乙 寄二坤 中宫	九地 天冲 甲寅癸乙+甲戌己 休 兑
螣蛇 天辅 甲辰壬+甲申庚 杜 艮	值符 天心 甲子戊+甲辰壬 伤 坎	九天 天芮 甲戌己+甲子戊 生 乾

分析：

1. 日柱甲子戊临坎宫，在夏季处死绝之地，又临月破，虽临值符、天心吉星，但无力胜于财官，不吉之象。戊加壬为"龙入天牢"诸事耗散，事皆不吉，利于为客。

2. 时柱主事体，时柱临杜门克日柱，干事阻力多，时柱落宫旺时尤显。

3. 2000 年、2001 年庚辰、辛巳流年，辰、巳在巽宫临死门，死门为受困，且庚加丁为“太白受制”男女是非，口舌官司之象，辛金临开门、玄武落坤宫克日柱宫（坎宫），辛加乙为“白虎猖狂”之凶格，是非破财之象。

4. 2002 年流年落宫在离，临白虎、惊门冲日柱宫，日临岁破，刑伤之事，官司口舌，且壬临艮宫克日柱宫，必多不顺。

5. 2003 癸未流年，六癸加己于兑宫成“华盖地户”凶格，临惊门主官司口舌，地盘癸水在坤宫上临辛金为“天牢华盖”又为“虎投罗网”之格，误落圈套，口舌是非，动止乖张之象。

6. 生门生日柱宫，有求财的生路，日柱临伤门，伤门主车，做车辆生意可赚钱生财。

（二）六爻预测

		坎宫：雷火丰			震宫：震为雷 (六冲)	
六神	伏神	本 卦			变 卦	
玄武		官鬼戌土 — —			官鬼戌土 — —	世
白虎		父母申金 — —	世		父母申金 — —	
螣蛇		妻财午火 ——			妻财午火 ——	
勾陈		兄弟亥水 ——		○→	官鬼辰土 — —	应
朱雀		官鬼丑土 — —	应		子孙寅木 — —	
青龙		子孙卯木 ——			兄弟子水 ——	

分析：

1. 六爻占测首重世爻，世爻旺衰决定本人运气的好坏，世爻申金在夏季处死绝之地，又休于日建，身弱难胜于财。财运不佳。

2. 财爻午火临月建日冲暗动克世，为财所困。且三爻兄弟动而劫财，破财之象。2001. 2002 年火旺之时被财所困。2003 年冲动应爻朱雀官鬼必有官司缠身。

3. 2004 年世爻临太岁，父母主车，五爻主道路，应经营车辆运输等生意可赚钱生财。

测后与反馈情况基本一致。实际此人原来经销摩托车，生意不错，挣了一笔钱后，于为 2001 年开始转行做其他生意，开始赔钱，2003 年与人合作一生意误落别人圈套赔本告终，并惹官司。

后来在我的建议下继续干起了老本行，至今又逐渐恢复了元气。

实例九

2008 年 9 月 21 日下午 2 点多，好友李总打电话说，这会要上场与人打牌，让我看一下输赢情况，哪边的人能赢，要试试奇门预测的准确性。我看过局后回答说，坐西边的人能赢，坐南方的人可能要输的比较多。等牌打完之后，他马上打电话给我说，自己坐南方输了 9000 多元，坐东方的人也输了不少，坐北方的人刚好持平，钱都被坐在西方的人赢走了！局象分析如下。

戊子年，辛酉月，甲子日（空：戌、亥），辛未时（空：戌、亥），阴遁七局，天柱值符落巽宫，惊门值使落离宫。

值符 天柱 甲子戊+甲午辛 死 巽	九天 天冲 甲戌己+丙 惊 离	九地 天禽 丁 + 甲寅癸 甲申庚 开 坤
螣蛇 天心 甲寅癸 甲申庚 +甲辰壬 景 震	天任 甲申庚 寄二坤 中宫	玄武 天蓬 乙+甲子戊 休 兑
太阴 天芮 丙+乙 杜 艮	六合 天辅 甲午辛+丁 伤 坎	白虎 天英 甲辰壬+甲戌己 生 乾

分析：

1. 从坎宫、离宫、震宫、兑宫四方看格局以决其胜输，伤门临坎宫主折损失财，辛主犯错，可见坐于此方时容易判断错误，辛加丁为“狱神得奇”吉格，求财有利，六合与天辅吉星加临，可见坐此方的人判断容易出错，财来财去，只能持平。

2. 惊门临离宫，不吉，己加丙为“火悖地户”凶格，天冲与九天会合主急躁，离宫又为岁破、日破之地，可见居于此方之人必输无疑，离主九数，故输9000多元。

3. 景门临震宫，主烦躁，宫中癸加壬为“复见螣蛇”凶格，庚加壬为“太白退位”凶格，意外损失之象。震宫又为月破之地，可见此方也会输钱，震为三数，应在3000元左右。

4. 休门临兑宫，宜于聚财，乙加地盘值符六甲之上为“锦上添花”之吉格，有意外之喜，临玄武主应变力强，天蓬临宜于拼博，兑宫又临月建旺地，可见居于此方之人占有利条件多，必将胜出。

实例十

2004年农历3月24日辰时王某问测，不言何事，得《困》之《解》卦。

甲申年，己巳月，辛卯日（空午未），壬辰时（空午未），阳遁七局，天英值符落坤宫，景门值使落艮宫。

（一）奇门预测：

九地 天芮 甲寅癸+丁 惊 巽	九天 天柱 丁+甲申庚 开 离	值符 天英 甲申庚+甲辰壬丙 休 坤
玄武 天蓬 甲戌己+甲寅癸 死 震	天冲 丙 寄二坤 中宫	螣蛇 天禽 甲辰壬丙+甲子戊 生 兑
白虎 天心 甲午辛+甲戌己 景 艮	六合 天任 乙+甲午辛 杜 坎	太阴 天辅 甲子戊+乙 伤 乾

分析：

五不遇时百占不吉，六乙为妻，杜门主潜藏，六乙加辛，“青龙逃走”之格，千金诀云：“龙走兮蹭蹬不归乡”，妻隐遁潜走之象也。乙庚落宫相克，夫妻不睦，丙乙落宫相生，第三者插足。太阴主阴私之事，甲子戊乘伤门加临六乙之上，甲子戊主财，伤门主车，乘车携财而走，天辅主东南之地。乙落休囚之地，凶格相加，他日必将落魄外乡。

（二）六爻预测

		泽水困（六合）			雷水解
螣蛇	— —	父母丁未土		— —	父母庚戌土
勾陈	——	兄弟丁酉金	○	— —	兄弟庚申金　应
朱雀	——	子孙丁亥水　应		——	官鬼庚午火
青龙	— —	官鬼戊午火		— —	官鬼戊午火
玄武	——	父母戊辰土		——	父母戊辰土　世
白虎	— —	妻财戊寅木　世		— —	妻财戊寅木

分析：

主卦为《困》，困者受困之意也，测者必是有事相困。为何事所困？五爻兄弟临勾陈，勾连之象，化出太岁申金冲世爻妻财寅木，寅木驿马受冲而动，贴身之财为妻，妻动之象也。五爻为道路，兄动劫财，带财上路之象。

（三）命理分析

生辰为1979年农历12月23日晚子时。

坤造：庚申　戊寅　壬子　壬子 (寅卯空)

大运：	己卯	庚辰	辛巳	壬午	癸未	甲申	乙酉	丙戌
	8岁	18	28	38	48	58	68	78
始于：	1988	1998	2008	2018	2028	2038	2048	2058
流年：	戊辰	戊寅	戊子	戊戌	戊申	戊午	戊辰	戊寅
	己巳	己卯	己丑	己亥	己酉	己未	己巳	己卯
	庚午	庚辰	庚寅	庚子	庚戌	庚申	庚午	庚辰
	辛未	辛巳	辛卯	辛丑	辛亥	辛酉	辛未	辛巳
	壬申	壬午	壬辰	壬寅	壬子	壬戌	壬申	壬午
	癸酉	癸未	癸巳	癸卯	癸丑	癸亥	癸酉	癸未
	甲戌	甲申	甲午	甲辰	甲寅	甲子	甲戌	甲申
	乙亥	乙酉	乙未	乙巳	乙卯	乙丑	乙亥	乙酉
	丙子	丙戌	丙申	丙午	丙辰	丙寅	丙子	丙戌
	丁丑	丁亥	丁酉	丁未	丁巳	丁卯	丁丑	丁亥

止于：1997　2007　2017　2027　2037　2047　2057　2067

分析：

柱中身旺，取耗泄为用，土不宜，因天干地支均有金化解而生水之故，只能取木火为用，1998 年开始行庚辰运，申子辰合水局为忌，2004 年甲申，申金助水之势，水大木漂，寅申相冲，寅中一点丙火之财荡然无存，用神有损，寅申主道路之所，故有妻走之事。

笔者将以上结果告知对方，王说：夫妻关系不好，一直怀疑外面有人，但无实据，今年春节过完不久，乘家中无人之际携带家中财物出走，现得知在云南玉溪搞传销，想去找一趟，不知有无必要？我说：破镜难圆，等她落魄归来便是了断之时。

后来得知，其妻被人勾引至玉溪后，还将自己的亲戚也骗去搞传销，上当受骗，落魄而归。最终由王某上诉法庭，解除了婚姻。

实例十一

2002 年 2 月 21 日申时，贾某丁未命，坐坤宫问测。1. 今年流年及今后运气；2. 事业在何地发展较好；3. 近两月内有无大的变化，自己怎样应变；4. 看祖坟情况怎样，何时立碑为宜？

壬午年，壬寅月，庚申日（空：子、丑），甲申时（空：午、未），阳遁二局，天辅值符落巽宫，杜门值使落巽宫。丁未命。

螣蛇　天辅 甲申庚+甲申庚 杜　巽	太阴　天英 丙+丙 景　离	六合　天芮 甲子戊 + 甲子戊 甲午辛 　甲午辛 死　坤
值符　天冲 甲戌己+甲戌己 伤　震	天禽 甲午辛 寄二坤　中宫	白虎　天柱 甲寅癸+甲寅癸 惊　兑
九天　天任 丁+丁 生　艮	九地　天蓬 乙+乙 休　坎	玄武　天心 甲辰壬+甲辰壬 开　乾

分析：

1. 今年流年及今后运气？

日柱甲申庚落巽宫伏吟，伏吟主欲动不能，庚加庚为“太白同宫”之凶格，官讼刑狱，兄弟相残之象，临杜门主杜塞不顺，岁干甲辰壬临开门于乾宫克日柱落宫，流年不顺，开门主工作单位，克日柱主工作压力大。日主所坐之方坤宫也主其运势，坤宫临死门主受困，临天芮须防脾胃腹部之疾。

年命丁未，六丁临生门于艮宫，生门主财，艮宫临马星，宜于动处求财，艮宫为日柱空亡之宫，丁临艮又为入墓，2002 年、2003 年太岁临未、申临坤冲其艮宫破墓而实，动起马星必有转机。

2. 事业在何地发展较好？

休门临乙奇于坎宫生日柱宫，命干丁火临生门于艮宫，宜于北方发展，阳遁坎宫、艮宫为内卦，宜近不宜远。

3. 近两月内有无大的变化，自己怎么应变？

大局满盘伏吟，伏吟主静，不会有大的变化，壬寅月干壬临开门、白虎于乾宫克日柱宫，开门主工作，白虎主伤残，工作宜防工伤事故。癸卯月干临惊门于乾宫克日柱宫，惊门主口舌，宜防口舌相侵。

4. 看祖坟情况怎样，何时立碑为宜？

大局伏吟，主无地气。死门主坟墓，死门与天芮星落坤宫，天芮主有问题，宫中戊、辛伏吟为凶格，也是风水不好的标志。太岁亦主先辈祖坟，今太岁宫临白虎克日柱宫，也是风水对后辈不利的信息。

戊为明堂临死门落空，主明堂低陷不聚气；丙为朱雀临离宫落空，前无案山，不利功名；青龙白虎落巽宫临杜门，龙虎高压必逼穴。风水不佳，立碑何用，宜找好风水早日迁坟。

以上的分析结果贾某很满意，他说：自己是搞建筑的技术员（日柱临杜门主技术），这几年情况确实不理想，有脱离现在的公司与别人合作的想法，但现在的公司拖欠自己工资数额不小（甲子戊临死门落空之故），如果离开那些钱就会被勾销（开门克日柱，被单位牵制），真是进退两难！祖坟的风水情况，与卦中显示的基本一致，但迁坟之事由于牵扯面大，恐怕一时难以办到！

实例十二

易占之道，原乎八卦、五行之应用，上以观于天文，俯以察于地理，中以测于人事，凡一事一物之巨细，竟能应验如神。现将自己平时将八卦、六壬、奇门综合预测一些应验案例中选出一例，以示同仁。

1992年农历五月二十日亥时，做贩卖生意的赵某问测，说最近联系了一客户，准备将现有的几十头牛出售掉，测利润如何？

（一）奇门占测：

壬申年，丙午月，丁卯日（空：戌、亥），辛亥时（空：寅、卯），夏至上元阴遁九局，天禽值符落乾宫，死门值使落兑宫。

白虎　天冲 甲戌己+甲寅癸 伤　巽	六合　天任 丁+甲子戊 杜　离	太阴　天蓬 丙 甲寅癸+甲辰壬 景　坤
玄武　天芮 乙+丁 生　震	天辅 甲辰壬 寄二坤　中宫	螣蛇　天心 甲子戊+甲申庚 死　兑
九地　天柱 甲午辛+甲戌己 休　艮	九天　天英 甲申庚+乙 开　坎	值符　天禽 丙 甲辰壬+甲午辛 惊　乾

分析：

1. 生门在震宫，六乙加六丁又为“奇仪相佐”之格，日柱六丁落离宫，生门宫生日柱宫、求财可得之象。

2. 时柱六辛落艮宫空亡之地，空则不实，言而失信之义，且六辛加六己为“入狱自刑”奴仆背主之象，人无准信，财从何来。

3. 为何对方不来，应看甲子戊落宫，甲子戊代表生意的本金、资本，今甲子戊落死门之地兑宫、火旺金死，死门主困扰、烦恼，且六戊加六庚为“值符飞宫”格，本伤枝亡之象，故对方因资金困扰而不能来做此生意。

（二）六壬预测：

壬申年，丙午月，丁卯日，辛亥时，月将申、课为三交，蒿矢之课。

官 甲子 合
财 癸酉 贵
兄 庚午 玄

贵	合	勾	虎
酉	子	丑	辰
子	卯	辰	丁

	青	空	虎	常	
	寅	卯	辰	巳	
勾	丑			午	玄
合	子			未	阴
	亥	戌	酉	申	
	朱	蛇	贵	后	

分析：

断：此为谋事不明，求财无益之课。日财酉金乘天乙为牛畜之财也。午月金处死地，日干旺于月建。《毕法赋》云："日旺财衰，纵身安而财损"。日鬼子水临辰发用与日相害，日上之神与辰相害，主求谋多阻无成，末传兄弟午火临月建上乘玄武劫财，无财可求。占交易卖物，日为我，辰为彼，今天空加支辰卯木之上，天空乃虚伪狡诈之神，吉凶无成之象，支辰临之，亦主彼难靠无实之象，求财亦主不成。正好与前两种占法结论相同。

（三）摇卦占测：

六神	伏神	坎宫：水雷屯 本　卦		坎宫：水雷屯 变　卦	
青龙		兄弟子水▅ ▅		兄弟子水▅ ▅	
玄武		官鬼戌土▅▅▅	应	官鬼戌土▅▅▅	应
白虎		父母申金▅ ▅		父母申金▅ ▅	
螣蛇	妻财午火	官鬼辰土▅ ▅		官鬼辰土▅ ▅	
勾陈		子孙寅木▅ ▅	世	子孙寅木▅ ▅	世
朱雀		兄弟子水▅▅▅		兄弟子水▅▅▅	

分析：

六畜血财尤喜子孙持世，今子孙寅木持世旺于日建，财虽伏神，飞来生伏，且财临月建，日建生之，似为求财可得之象，但不宜应爻官鬼旬空临玄武。黄金策云："世空有财难得，应空难靠他人。"今应临玄武，为对方不守信不可靠，不来之象，买主不到，财从何来。

后果如所测，买主未来，生意未成，求财成虚。

笔者按：此文曾以《八卦、奇门、六壬综合预测案例》为标题，发表于当时河南省文化研究函授中心主办的《民俗文化园》1993年第五期上。

实例十三

2008年8月8日笔者应邀到敦煌做风水，下榻在敦煌太阳村大酒店，下午15时45分打开电视看奥运直播。乒乓球赛场上，新加坡选手李佳薇对垒韩国选手金正娥，前四局二比二平，到最后一局，气氛异常紧张，哪方可取胜，随机起局验证。韩国选手金正娥穿黑色运动服，新加坡选手李佳薇穿红色运动服。

戊子年，庚申月，庚辰时（空：申、酉），甲申时（空：午、未），阴遁二局，天英值符落离宫，景门值使落离宫。

螣蛇 天辅 丙+丙 杜 巽	值符 天英 甲申庚+甲申庚 景 离	九天 天芮 甲子戊 + 甲子戊 丁 丁 死 坤
太阴 天冲 乙+乙 伤 震	天禽 丁 寄二坤 中宫	九地 天柱 甲辰壬+甲辰壬 惊 兑
六合 天任 甲午辛+甲午辛 生 艮	白虎 天蓬 甲戌己+甲戌己 休 坎	玄武 天心 甲寅癸+甲寅 开 乾

分析：

1. 满盘伏吟，比赛战线拉的长，势均力敌，双方苦战，一时难见分晓。

大象宜守不宜攻，宜静不宜动。

2. 新加坡李佳薇穿红色运动服以离宫取象，离宫临值符、值使为得天时，临庚金攻击力强，无奈离宫落空，空则不实，进攻失手必然多。

3. 韩国金正娥穿黑色运动服以坎宫取象，临白虎、天蓬具有杀伤力，临休门宜于以守为攻。

4. 坎宫之水克离宫之火，韩国选手最终取胜。

后记：实际情况是李佳薇善于进攻，失手较多，而金正娥却强于防守，最终金正娥以 9 比 11 胜出李佳薇，激动得跪在了赛场上！与奇门局象所反馈的信息完全一样。

实例十四

2004 年农历 4 月 8 日申时王某测有一事对工作是否有影响？但并不说何事。得《谦》之《咸》卦。

甲申年，己巳月，乙巳日（空寅卯），甲申时（空午未），阳遁八局，天蓬值符落坎宫，休门值使落坎宫。

（一）奇门预测：

六合　天辅 甲寅癸+甲寅癸 杜　巽	白虎　天英 甲戌己+甲戌己 景　离	玄武　天芮 甲午辛 + 甲午辛 丁　丁 死　坤
太阴　天冲 甲辰壬+甲辰壬 伤　震	天禽 丁 寄二坤　中宫	九地　天柱 乙+乙 惊　兑
螣蛇　天任 甲子戊+甲子戊 生　艮	值符　天蓬 甲申庚+甲申庚 休　坎	九天　天心 丙+丙 开　乾

分析：

1. 满盘伏吟，呻吟不吉之象。

2. 乙木日柱临兑宫死绝之地，夏季火旺金死，惊门临日柱，官司临身。

3. 景门临离宫旺相克日柱落宫，白虎主血光，景门主道路，2002 年午火当旺之时，直克日柱之宫，日主遭灾。

4. 日柱落宫旺于太岁，生门临甲子戊生日柱落宫，生门与甲子戊俱主财，只有花钱才能消灾，2005 年日柱落宫临太岁，此事将会适时的顺利渡过难关。

(二) 六爻预测

六神	伏神	兑宫：地山谦 本卦		兑宫：泽山咸 变卦
玄武		兄弟酉金▅ ▅		父母未土▅ ▅ 应
白虎		子孙亥水▅ ▅ 世	× →	兄弟酉金▅▅▅
螣蛇		父母丑土▅ ▅	× →	子孙亥水▅▅▅
勾陈		兄弟申金▅▅▅		兄弟申金▅▅▅ 世
朱雀	妻财卯木	官鬼午火▅ ▅ 应		官鬼午火▅ ▅
青龙		父母辰土▅ ▅		父母辰土▅ ▅

分析：

1. 世爻子孙临日月之破 ，五爻主道路，白虎临爻主血光，四爻父母临旺动而克世，世爻虽化回头之生，但临日月之破弱不受生，不吉之象。

2. 五爻为道路，驿马临五爻发动，四爻为门户，四爻父母克世爻，父母主车，由此可断因车祸惹灾。

3. 应爻主事体 ，朱雀官鬼午火临之，官司之象。

4. 子孙持世为剥官之神，公制人员占之不利。

5. 太岁生世爻，秋季金旺之时或 2005 年酉金临太岁之时，太岁得旺受生，方是解脱之时。

综上分析可断，日主因车祸之事官司缠身，被测者说自己是国家公安司法人员，1998 年夏天，开车从单位出来，不小心将一过路人撞死，当时经过几多周折，给对方赔款了结此事。谁知事过几年之后又有人告状追究此事，现在正值五条禁令时期，看能否躲过此劫。我给他建议说：再给对方遇难家属点钱，上下活动一下，明年便可平息。测完之后，我又要其四柱验证。

（三）四柱预测

生于1965年农历7月15日丑时

乾造：乙巳　甲申　丁酉　辛丑 (辰巳空)

大运：	癸未	壬午	辛巳	庚辰	己卯	戊寅	丁丑	丙子
	1岁	11	21	31	41	51	61	71
始于：	1966	1976	1986	1996	2006	2016	2026	2036
流年：	丙午	丙辰	丙寅	丙子	丙戌	丙申	丙午	丙辰
	丁未	丁巳	丁卯	丁丑	丁亥	丁酉	丁未	丁巳
	戊申	戊午	戊辰	戊寅	戊子	戊戌	戊申	戊午
	己酉	己未	己巳	己卯	己丑	己亥	己酉	己未
	庚戌	庚申	庚午	庚辰	庚寅	庚子	庚戌	庚申
	辛亥	辛酉	辛未	辛巳	辛卯	辛丑	辛亥	辛酉
	壬子	壬戌	壬申	壬午	壬辰	壬寅	壬子	壬戌
	癸丑	癸亥	癸酉	癸未	癸巳	癸卯	癸丑	癸亥
	甲寅	甲子	甲戌	甲申	甲午	甲辰	甲寅	甲子
	乙卯	乙丑	乙亥	乙酉	乙未	乙巳	乙卯	乙丑
止于：	1975	1985	1995	2005	2015	2025	2035	2045

分析：

日柱丁火根在年柱巳火，惜巳酉丑相会，甲乙印星无根难生日柱，应为从格，当年运中火有根时将不从，以身弱论之。

1995乙亥流年、辛巳大运，日柱在巳火运中有根不从，流年与大运天克地冲，日根尽损，财官太旺且亥中官鬼作祟，必有破财官司。

庚辰运日柱从真为好运，1998年戊寅，寅巳相刑，巳火得生，日柱丁火有根不从，身弱难胜财官，开车将人撞死，破财惹官司。

2001年辛巳流年，流年巳火与年柱巳火相并，（庚辰运）日柱有根不从，巳火伏吟在年柱，母去逝。

2002年壬午（庚辰运），巳午半会，丁火有根不从，破财官司口舌。

后来被测者听我之言，按其行事，最后被取消干部资格，降为一般人员使用，总算保住了自己的饭碗。

实例十五

2004年8月8日午时，一中年妇女由女儿搀扶着前来问测，脸色苍白，带着痛苦的神情，说丈夫在一民营企业管财务，4号早晨从家里出去上班，一去无回，单位的人也未见，手机也不通，杳无消息，让我看一下到底是咋回事，人到哪儿去了，是否平安？看到他们祈盼的神情，我遂起局预测，当从局中看出人已死的大凶之象时，为之一惊，为了掌握更准确的信息，又起六壬课分析，亦得出同样的结论，我怕直接说出来求测者接受不了，只能委婉地说，今天就可见信或找到人，应该再到单位去问问情况。结果他们下午又到单位去，想到只有办公室未找，便将几天无法打开的办公室门撬开，这时才发现人已上吊死在办公室里！

甲申年，壬申月，己未日（空：子、丑），庚午时（空：戌、亥），未将，年命壬辰，阴遁八局，天任值符临乾宫，生门值使临坤宫。

（一）奇门预测：

白虎　天心 丁 甲午辛+甲辰壬 开　巽	六合　天芮 甲戌己+乙 休　离	太阴　天辅 丁 甲申庚+甲午辛 生　坤
玄武　天禽 乙+甲寅癸 惊　震	天柱 甲午辛 寄二坤　中宫	螣蛇　天英 丙+甲戌己 伤　兑
九地　天蓬 甲辰壬+甲子戊 死　艮	九天　天冲 甲寅癸+丙 景　坎	值符　天任 甲子戊+甲申庚 杜　乾

分析：

1. 八门反吟，事多变故，不吉之象。

2. 大事看年命，今命干壬水落艮宫空亡之地，临死门，主人死之象，临九地，为入阴间之象，临天蓬，凶祸临身。艮宫又为岁破、月破之地，凶上加凶，人必死无疑。

3. 地盘壬在巽宫，宫中临白虎主凶，辛加壬为“凶蛇入狱”凶格，也是凶兆叠叠，开门在巽，开门主单位，人在单位之象。

4. 壬下临戊，戊主财，因财而亡（这一点无法反馈）。

5. 壬落艮宫为空，受当天日支未土之冲，冲空则实，故当天人可找到(实申时找到)。

（二）六壬预测：

兄 **己未** 虎
子 **庚申** 常
子 **庚申** 常

玄 常 玄 常
酉 申 酉 申
申 未 申 己

空 虎 常 玄
午 未 申 酉
青**巳** **戌**阴
勾**辰** **亥**后
卯 寅 丑 子
合 朱 蛇 贵

分析：

占夫以官鬼为用神，日之官星为木，今凶将白虎临未发传，未为官星之墓，夫星入墓之象；中末传申金又为日之罗网煞，罗网缠身之象；行年午上乘白虎，必是凶祸临身；未土临日发传，本日必见消息。

局象与课中所显之象与实际情况吻合的真是天衣无缝！

实例十六

2007 年 12 月 19 日 12.53 分，学生小孙打电话说，一位朋友的儿子出了车祸，已被送往医院，要我测一下情况如何？

丁亥年，壬子月，丁亥日（空：午、未），丙午时（空：寅、卯），年命乙巳，月将寅，阴遁七局，天冲值符落离宫，伤门值使落坎宫。

(一) 奇门预测：

螣蛇　天柱 乙+甲午辛 死　巽	值符　天冲 甲辰壬+丙 惊　离	九天　天禽 甲午辛+甲寅癸 甲申庚 开　坤
太阴　天心 丁+甲辰壬 景　震	天任 甲申庚 寄二坤　中宫	九地　天蓬 丙+甲子戊 休　兑
六合　天芮 甲戌己+乙 杜　艮	白虎　天辅 甲子戊+丁 伤　坎	玄武　天英 甲寅癸 甲申庚+甲戌己 生　乾

分析：

命干乙木加辛于巽宫，乙加辛“青龙逃走”凶格，主碰撞车祸信息，临死门，人无救；临螣蛇，主血光；临天柱破军星，凶死之象。

(二) 六壬预测：

子　未常
父　辛卯勾
官　丁亥贵

勾 常 贵 勾
卯 未 亥 卯
未 亥 卯 丁

朱 合 勾 青
丑 寅 卯 辰
蛇子　　巳空
贵亥　　午虎
戌 酉 申 未
后 阴 玄 常

分析：

子孙未土临用发传，惜三传亥卯未木局，化父母忌神，用神受克处死地，人已无救之象，初传用神落空，未时填实之时必为应期。

后记：当时问测之时我正在陪朋友吃饭，便对小孙说等吃完饭回电话，吃完饭看了一下局，二点我给小孙回电话说，人可能无救了；他回答：抢救无效，人已死了，现在正准备往太平间停放！

实例十七

2001 年 11 月 12 日申时，某乡镇计划生育委员会几位同志找笔者说，最近全省进行计划生育大检查，近几天省计生委检查组就要到我们县，这次检查非常严格，异于往常，发现问题要对主管领导及有关人员进行处理，到来之后下乡时临时定村镇，这样可以排除弄虚作假的成分，所以下面也非常重视这次检查，根据已检查过的县的情况，大部分是检查人口比较多的大村，而我们县最大的村就在我们这个乡，我们虽做了充分的准备，但怕挂一漏万而出问题，现在是想测一下究竟能否到我们乡检查？遂占之。

辛巳年，己亥月，己卯日（空：申、酉），壬申时（空：戌、亥），阴遁五局，月将卯，天禽值符落坎宫，杜门值使落坤宫。

（一）奇门预测：

玄武　天任 甲辰壬+甲戌己 生　巽	白虎　天辅 丁+甲寅癸 伤　离	六合　天心 甲申庚+甲午辛 甲子戊 杜　坤
九地　天柱 乙+甲申庚 休　震	天英 甲子戊 寄二坤　中宫	太阴　天芮 甲戌己+丙 景　兑
九天　天冲 丙+丁 开　艮	值符　天禽 甲午辛 甲子戊+甲辰壬 惊　坎	螣蛇　天蓬 甲寅癸+乙 死　乾

分析：

1. 上级部门取太岁为用神，今值符并太岁甲午辛落坎宫，下临壬水主流动，临惊门为口舌相侵，这里可引申为上级部门要严查问题，又主检查团大范围流动检查工作之象。

2. 日干落宫主本乡，时干落宫主他乡，日干甲戌己落兑宫，临天芮工作做的不到位，还有问题；临景门，主要做了表面性的工作；临太阴，密谋对策应付上级检查团之象。

3. 时干落巽宫为入墓，临玄武，有侥幸心理；临月破，流月不利，会有人找事，引申为上级要检查找问题；太岁落宫生时干宫，上级检查团要去检查之象（如克亦主要去检查）；因是生不是克，所以最终不会查出问题(如克则会找出问题)。

4. 日干落宫生太岁落宫，不受太岁落宫之克与生，所以上级检查团不来本乡检查。

（二）六壬预测：

兄 甲戌 朱
父 辛巳 虎
财 丙子 贵

虎 朱 合 阴
巳 戌 酉 寅
戌 卯 寅 己

　　贵 后 阴 玄
　　子 丑 寅 卯
蛇亥　　　　辰常
朱戌　　　　巳虎
　　酉 申 未 午
　　合 勾 青 空

分析：

以干为己，支为彼，太岁及贵人为上级检查团，今支上河魁发用，为接受检查之象，初传传于中传太岁，中传又传于末传子水贵人，太岁临马星，又为支之阴神，检查团必去他乡检查。

后记：检查团来到之后，果然抽查上了其他乡镇。

实例十八

2004年4月29日亥时，银行的一位女士前来求测，说前天为一客户办理汇款手续时，不小心把账户搞错，误将三万元的一笔款汇在了别人的名下，发现之后马上查询，但别人已将钱提走了，经调查提走钱的也是本地的客户，上家里找此人时，家里人却说人在外地打工联系不上，无奈之下自己将三万元先给客户补上了，就是这样也还是要受处分的，现在是想测一下这钱能否要回来，有没有麻烦。

甲申年，戊辰月，戊寅日（空：申、酉），癸亥时（空：子、丑），月将酉，阳遁八局，天辅值符落巽宫，杜门值使落巽宫。

（一）奇门预测：

值符　天辅 甲寅癸+甲寅癸 杜　巽	螣蛇　天英 甲戌己+甲戌己 景　离	太阴　天芮 甲午辛+甲午辛 丁　丁 死　坤
九天　天冲 甲辰壬+甲辰壬 伤　震	天禽 丁 寄二坤　中宫	六合　天柱 乙+乙 惊　兑
九地　天任 甲子戊+甲子戊 生　艮	玄武　天蓬 甲申庚+甲申庚 休　坎	白虎　天心 丙+丙 开　乾

分析：

1. 日柱甲子戊临生门于艮宫落空，甲子戊与生门俱主钱财，落空则主钱被人取走之象。时柱甲寅癸临巽宫克日柱宫，癸来合戊，也是钱已被别人取走之象；时柱临杜门，人藏了起来，避而不见；日柱临艮宫为岁破之地，日主流年不利，因钱财之事惹麻烦。

2. 白虎临开门主司法部门，落乾宫冲克时柱落宫（巽宫），日柱落宫生开门宫，主动找司法部门，通过司法手段可以追回此款。

3. 满盘伏吟，主拖的时间长，时柱在巽宫正临月建旺地，至秋后金旺之时，开门临旺地，可为追回款之时。

（二）六壬预测：

兄 丁 丑 空
财 乙 亥 常
子 　 酉 阴

玄 虎 空 勾
戌 子 丑 卯
子 寅 卯 戌

　 勾 合 朱 蛇
　 卯 辰 巳 午
青 寅 　 　 未 贵
空 丑 　 　 申 后
　 子 亥 戌 酉
　 虎 常 玄 阴

分析：

《毕法赋》云："宾主不投刑在上，人宅坐墓甘招晦。"干支阳神子卯相刑，阴神丑戌相刑，干支寅巳相刑，且干支互坐墓上，人宅招晦之象。中传财爻亥水上临酉空，卯酉为日月之门，鬼使神差，错将钱进了别人的账户，并让人提走之象，支之阴神临玄武，本地人所为也，末传落空，出空之月可望归回。

后记：我将分析结果告知求测者，她依我之言，去找公安部门，回答说，这种情况严格意义上不构成犯罪，只能由他们来协调处理，最后一直拖到秋后人从外地回来，才由警侦部门协调追回此款。

实例十九

2007 年 3 月 18 日，受朋友之邀前往青海冷湖，天气很阴，好像要下雪，在车上，接我的小王道："请尹老师测一下天气如何"我看了一下表是 17 时 27 分，遂起局测之。随后对小王说："天虽很阴，但不会下雪，再过两个小时会逐渐转晴的。"果如所测，等我们到了冷湖时，天已放晴。

丁亥年，癸卯月，辛亥日（空：寅卯），丁酉时（空：辰巳），阳遁三局，天心值符落离宫，开门值使落离宫。

丁酉时	辛日为五不遇时	
九天　天蓬 甲辰壬+甲戌己 惊　巽	值符　天心 甲午辛+丁 开　离	螣蛇　天任 丙+乙 甲申庚 休　坤
九地　天英 乙 甲申庚+甲子戊 死　震	天芮 甲申庚 寄二坤　中宫	太阴　天辅 甲寅癸+甲辰壬 生　兑
玄武　天禽 丁+甲寅癸 景　艮	白虎　天柱 甲戌己+丙 杜　坎	六合　天冲 甲子戊+甲午辛 伤　乾

分析：

1. 天英主晴，今天英落震宫，古人的经验是天英落震巽二宫主晴。

2. 天心落乾兑二宫主雪，今落离宫则主晴。

3. 在车上问事，伤门主车，伤门落乾宫，天冲、六合临乾宫俱主晴。

第七章　古例欣赏与研究

笔者按：奇门古籍颇多，但传于后世的验案却很少，目前见到的只有古籍《奇门旨归》与《大六壬毕法案录》中有数例，弥足珍贵，《奇门旨归》中的案例为飞宫法，《大六壬毕法案录》中的案例为排宫法。《奇门旨归》多使用符使法进行占断推演，这样既可补其他占法之不足，又可使占测化繁就简，体现了古人的微言大义。《奇门旨归》中的飞盘占例，对于研究飞盘奇门的同仁来说显的尤为重要。为研究起见，经笔者重新校对，加以注释，并附上自己的点滴心得，一并出写出来，供同仁参考与指正。

一、转盘奇门案例

笔者按：活盘法奇门案例均源自古籍《大六壬毕法案录》。笔者对原著中的判断方法进行了注释与分析，对原著中尚未涉及的信息，以“补析”的方法进行了进一步的探索研究，以趋更为完善。

实例一

同治癸亥年酉月秋分上元己卯日乙丑时，时首甲子，寓汉中西乡县占湖北省。

五不遇时，直符柱一，使惊门六，生与乙合三。

干支：癸亥年　辛酉月　己卯日（空：申、酉）　乙丑日（空：戌、亥），阴遁七局，值符天柱落一宫，值使惊门落六宫。

乙丑时	己日为五不遇时	
玄武　天任 丙+甲午辛 伤　巽	白虎　天冲 壬+丁 杜　离	白虎　天蓬 甲午辛+甲寅癸 甲申庚 景　坤
九地　天蓬 乙+甲辰壬 生　震	甲申庚 寄二坤　中宫	六合　天心 丁+甲子戊 死　兑
九天　天心 甲戌己+丙 休　艮	值符　天柱 甲子戊 +乙 开　坎	螣蛇　芮禽 甲寅癸 甲申庚+甲戌己 惊　乾

六庚飞入乾宫，为内四卦，楚省不能无贼。西北随州、德安、蕲黄一带正在乾方，必遭贼害。六庚飞门当旺，幸乾为旬空，不能据城，六庚本家又有景门制之，汉口以东无妨。

案验：果如所断。

笔者按：此例原作者排局有误，现按原作排局，错卦错断，也是信息的一种显象，笔者在实际预测中也遇到过这样的情况，其他研究者也不乏有这样的案例。

注释：

庚为贼寇，庚落乾宫，乾为西北之方，阴遁为内卦，为近，故言："六庚飞入乾宫，为内四卦，楚省不能无贼。西北随州、德安、蕲黄一带正在乾方，必遭贼害。"乾宫为空亡之地，庚临其宫，宫中惊门在秋季当旺，故"六庚飞门当旺，幸乾为旬空，不能据城。"庚金地盘在中宫寄二坤宫，景门属火，临坤宫克庚金，故有"六庚本家又有景门制之"之说，生门临震宫，乙奇临震为升殿，故"汉口以东无妨。"

实例二

咸丰辛酉年甲午月己酉日庚午时，时首甲子，芒种上九局，馆于兴安府，占生徒乡试。丙寅命，流到兑宫，暗制庚金天乙飞宫格。

直符英七，直使景三，玉女守门，生与月合西北，飞宫格时干，坎三吉飞符。

干支：辛酉年，甲午月，己酉日（空：寅、卯），庚午时（空：戌、亥），阴遁九局，值符天英落七宫　值使景门落三宫。

六合　天任 甲戌己+甲寅癸 死　巽	太阴　天冲 丁+甲子戊 惊　离	螣蛇　天辅 丙 甲寅癸+甲辰壬 开　坤
白虎　天蓬 乙+丁 景　震	甲辰壬 寄二坤　中宫	值符　天英 甲子戊+甲申庚 休　兑
玄武　天心 甲午辛+甲戌己 杜　艮	九地　天柱 甲申庚+乙 伤　坎	九天　禽芮 丙 甲辰壬+甲午辛 生　乾

乙奇加震为升殿，下生丁奇文星，景门为文书，加震受生。丁奇又加离宫，直符甲生之，正当时旺，门内可望三人。乙丁甲命干日干与震所属者吉，生与月合西北门外亦有一人。但天乙与太白格，主考防有寇盗之阻。幸本宫有丁奇，流宫有暗而制之，得以解救，不致阻考。

主门是景，流宫到震，为流宫生主门，景门属火，主增文章。日干官禄在坤，开门到坤，土生开门，吉。丁奇加直符，本宫离火当建旺得地，得时，坐正东正南者中。

案验：

先谣贼到，究未入境。是科受业中式者二，拔贡者三，附课中式者一，拔贡者一，获隽之数，溢于所算之外。以门、奇、文星俱旺，得未曾有也。夫发越之多，固所欣幸，惜乎次年兴安城陷，生童中有敦品力行者几人竟罹于难中，心耿耿，何日忘之？

笔者按：由于古人用的是文言文，且叙述方式现在来看也欠周详，为了便于读者容易理解，笔者未采用直译的方法，而是将原文占断分类注释与意译，再加上自己的的一些见解和研究心得，尽量做到条理明晰，使其更趋于完美。后面案例俱仿效此法，不妥之处，还望读者或同仁赐教。

注释：

乙到震宫卯地，卯为乙之禄位，故云“升殿”，乙木生地盘丁奇之火，丁主文星，景门主文书即试卷，在震宫受生，此为利于考试之象。

丁为文星落其离宫，宫中有午火，为丁之禄地，地盘甲子戊为值符，当以甲看，故有“丁奇又加离宫，直符甲生之，正当时旺”之说，“门内可望三人”者，因丁落离宫，离之先天数为三之故。

景门临震宫，宫中有乙、丁二干，天盘丁落离宫下临六甲之方，故有“乙丁甲命干日干与震所属者吉”之说。

生门为至吉之门，落乾宫临地盘月柱甲午辛，乾之先天为一数，故有“生与月合西北门外亦有一人”的说法，但这一点笔者觉得还有商榷之处！

庚为“太白”，值符（即天乙）加庚为“值符飞宫”格，又为“太白格”，为大凶之象，但地盘值符在离宫上临丁奇，离宫为值符之流宫，离宫之火克其兑宫之金，故曰：“但天乙与太白格，主考防有寇盗之阻。幸本宫有丁奇，流宫有暗而制之，得以解救，不致阻考。”所以在案验中云：考试时“先谣贼到，究未入境。”

补析：

值符加庚，是隐伏祸端的迹象。日柱己加癸在巽宫临死门，己加癸为“地刑玄武”凶格，好事成悲，男女疾病垂危之象，加死门更凶。次年为壬戌年，此时日干落宫为岁破之地，且太岁壬临乾宫冲克日干落宫，所以在次年“兴安城陷，生童中有敦品力行者几人竟罹于难中。”

实例三

咸丰乙卯年申月白露上九局，壬午日己酉时，时首甲辰，张仲远先生占官，戊辰命，癸日干。符禽八，值死九，符冲，天地返吟，门宫制迫。

干支：乙卯年，甲申月，壬午日（空：申、酉），己酉时（空：寅、卯），阴遁九局　值符天禽落八宫　值使死门落九宫。

九地 天心 甲午辛+甲寅癸 景 巽	玄武 天蓬 乙+甲子戊 死 离	白虎 天任 丙 甲戌己+ 甲辰壬 惊 坤
九天 天柱 甲申庚+丁 杜 震	甲辰壬 寄二坤 中宫	六合 天冲 丁+甲申庚 开 兑
值符 禽芮 丙 甲辰壬 +甲戌己 伤 艮	螣蛇 天英 甲子戊+乙 生 坎	太阴 天辅 甲寅癸+甲午辛 休 乾

占官以开门为主，飞在兑宫，得地得时，又得丁奇制庚，八月必有西方差事，因以升迁。但直使遇死门，在离，离九数，不过九年寿终。

案验：

果八月得荆州差事，旋署道职，越九年到浙查关故。

注释：

占升迁以开门为用神，开门临兑宫为得地，兑属金，占时又在秋季金旺之时，故言“得地得时”。兑为西方，中有酉金，至八月为酉月，由于壬午时占测申、酉为空，酉月填实，故“八月必有西方差事，因以升迁。”值使门为死门，死门又主死期，临离宫，离主九数，故有“不过九年寿终”之说。

补析：

日干甲辰壬临值符与开门宫相生，升迁之象。时干甲戌己落坤宫冲日干落宫，逢冲则动，且时干临日柱马星之地，也为动象。奇仪反吟为动，主速而快。太岁乙奇落离宫生日干落宫，命干戊落坎宫生门之地，得开门宫之生，俱为升迁之象。

实例四

咸丰辛酉年甲午月癸丑日壬戌时，时首甲寅，占北方寺沟口可避兵否。

阴九局，天差门差。杜五，辅五，避五。时干乾相佐，休与日合三正东，乙下有丁，奇格地网。

干支：辛酉年，甲午月，癸丑日（空：寅、卯），壬戌时（空：子、丑），阴遁九局，值符天辅落五宫，值使杜门落五宫。

太阴　天任 甲戌己+甲寅癸 生　巽	螣蛇　天冲 丁+甲子戊 伤　离	值符　天辅 丙 甲寅癸+甲辰壬 杜　坤
六合　天蓬 乙+丁 休　震	甲辰壬 寄二坤　中宫	九天　天英 甲子戊+甲申庚 景　兑
白虎　天心 甲午辛+甲戌己 开　艮	玄武　天柱 甲申庚+乙 惊　坎	九地　芮禽 丙 甲辰壬+甲午辛 死　乾

辅杜飞入死墓死门，又加时干，六庚加子，此方必有贼到，不可投。

案验：次年贼果到。

注释：

值符甲寅癸与值使杜门俱临坤宫，癸水临坤宫为入墓，地盘时干壬水亦在坤宫，坤宫地盘为死门，故有“辅杜飞入死墓死门，又加时干”之说。占北方避兵看坎宫，坎中有子水，庚为贼寇，庚加于坎宫，故云：“六庚加子，此方必有贼到，不可投。”

补析：

时干主事体，时干壬落死门之宫，地盘为辛，辛主错误，壬加辛为“螣蛇相缠”凶，故所测之方不可去。

实例五

同治壬戌年午月小满下八局，癸巳庚申时，时首甲寅，占贼人入兴安否。

符辅一，使杜一，开与月合于正南，飞伏宫格，天乙与太白格。

干支：壬戌年，丙午月，癸巳日（空：午、未），庚申时（空：子、丑），阳遁八局，值符天辅落一宫，值使杜门落一宫。

六合　天柱 乙+甲寅癸 惊　巽	白虎　天心 丙+甲戌己 开　离	玄武　天蓬 甲申庚+甲午辛 丁 休　坤
太阴　芮禽 甲午辛 丁　+甲辰壬 死　震	丁 寄二坤　中宫	九地　天任 甲子戊+乙 生　兑
螣蛇　天英 甲戌己+甲子戊 景　艮	值符　天辅 甲寅癸+甲申庚 杜　坎	九天　天冲 甲辰壬+丙 伤　乾

天禽为城，六庚天蓬俱飞入其中。天禽飞入震宫，受制。直符又加六庚，符使俱落空方，人宅一洗而空，杜门主闭藏，乃贼围城闭之象，而寅申相冲，又破城之兆。

案验：

余自楚避至兴安，于兹八年矣，四月间闻警，城中一空。余亦携眷走岚河，旋贼未至而去，人皆归城。余自是不复入，至十月贼来，十二月十九夜城陷，文武官多殉难，人民被掳，房屋尽毁。余虽一家免脱，而回首居停，伤心惨目，自悔言之不详，挽之不力，而又叹天之厄人有定数也，哀哉！

注释：

天禽主中宫，为城池，地盘丁落中宫寄二坤宫，天蓬、甲申庚加于其上，故文中说“天禽为城，六庚天蓬俱飞入其中。”天禽星属土，落于震宫受木之克，故“天禽飞入震宫，受制。”坎、艮宫为时柱空亡之地，值符与值使俱落坎宫，值符甲寅癸加甲申庚，寅申相冲，值符加庚又为“飞宫”格，值使杜门主潜藏，故断：“直符又加六庚，符使俱落空方，人宅一洗而空，杜门主闭藏，乃贼围城闭之象，而寅申相冲，又破城之兆。”

实例六

咸丰乙卯年辛巳月壬子日癸卯时，时首甲午，谷城陈兆昌占兄病。

符英二，使景九，门伏。

干支：乙卯年，辛巳月，壬子日（空：寅、卯），癸卯时（空：辰、巳），阳遁六局，值符天英落二宫，值使景门落九宫。

九地　天冲 丁+丙 杜　巽	九天　天辅 丙+甲午辛 景　离	值符　天英 甲午辛+甲寅癸乙 死　坤
玄武　天任 甲申庚+丁 伤　震	乙 寄二坤　中宫	螣蛇　芮禽 甲寅癸乙+甲戌己 惊　坎
白虎　天蓬 甲辰壬+甲申庚 生　艮	六合　天心 甲子戊+甲辰壬 休　坎	太阴　天柱 甲戌己+甲子戊 开　乾

直符时干飞入死门，本命日干在巽，虽旺而空，不治。

案验：五月初三故。

注释：

值符甲午辛落坤宫临死门，地盘时干癸水亦在坤宫，故有“直符时干飞入死门”之说。“本命日干在巽”是指其生辰之日干。

补析：

天芮主病，落兑宫岁破之地，临螣蛇主疾病缠绕，医星不克，病入膏肓之象。时干主事体，时干临天芮则主占病，癸加己“华盖地户”凶。时干落宫克本命日干宫（兑金克巽木），亦主凶象。

二、飞盘奇门案例

笔者按：飞盘奇门案例皆源自古籍《奇门旨归》。飞盘奇门与活盘奇门排局布式不同：阳遁局九星带奇仪顺飞九宫，其排序规律为蓬、芮、冲、辅、禽、心、柱、任、英；阴遁则九星带奇仪逆飞九宫，其排序规律为英、任、柱、心、禽、辅、冲、芮、蓬。门则有九门，加一中门，阳遁从值使宫开始的顺飞九门，其排序规律为休、死、伤、杜、中、开、惊、生、景；阴遁则从值使宫开始的逆飞九门，其排序规律为景、生、惊、开、中、杜、伤、死、休。神盘为九神，加一太常，阳遁天盘九神从天盘值符宫顺飞九宫，地盘九神从地盘值符宫顺飞九宫，其排序规律为值符、螣蛇、太阴、六合、勾陈、太常、朱雀、九地、九天；阴遁则天盘值符宫逆飞九宫，地盘九神从地盘值符宫逆飞九宫，其排序规律为值符、螣蛇、太阴、六合、白虎、太常、玄武、九地、九天。有兴趣的读者可阅读有关资料，详细了解。

实例一

咸丰癸丑九月初三日申时，粤匪兴国州城课。

阴四局，乙巳日（空：寅、卯），甲申时（空：午、未）。

九地　天辅 甲子戊+甲子戊 九地　杜	太阴　天英 甲辰壬+甲辰壬 太阴　景	值符　天芮 甲申庚+甲申庚 值符　死
九天　天冲 甲戌己+甲戌己 九天　伤	玄武　天禽 乙+乙 玄武　中	白虎　天柱 丁+丁 白虎　惊
六合　天任 甲寅癸+甲寅癸 六合　生	螣蛇　天蓬 甲午辛+甲午辛 螣蛇　休	太常　天心 丙+丙 太常　开

符使同泊坤宫，天庚加地庚，夫庚为太白、为贼，天地同临应主贼势猖狂，城为所踞，数定故也。

注释：

天盘天芮值符落坤宫，死门值使落坤宫。

庚为贼寇，天地盘之庚落于坤宫，值符、值使亦在坤，上下俱庚，故主“贼势猖狂，城为所踞”也

补析：

满盘伏吟，值符、值使落空，贼寇盘踞之象。

实例二

乙卯五月初九辰时，贼陷义宁州城课。

阳三局，庚午日（空：戌、亥），庚辰时（空：申、酉）。

九地　天冲 甲子戊+甲戌己 值符　惊	勾陈　天任 甲寅癸+丁 太常　伤	朱雀　天蓬 丙+乙 九地　中
九地　天芮 乙+甲子戊 九天　开	值符　天辅 甲戌己+甲申庚 螣蛇　生	太阴　天心 甲午辛+甲辰壬 六合　休
六合　天柱 甲辰壬+甲寅癸 勾陈　死	太常　天英 丁+丙 朱雀　杜	螣蛇　天禽 甲申庚+甲午辛 太阴　景

值符泊中客也，加地庚为飞宫格，凶不可当。值使泊坎我也，受中宫土克，又临以杜门主闭塞不通，又伏天庚加地丙，犯太白入荧凶格，经曰：白入荧兮贼即来。又是日时为夏至，正阳极阴生交战时也，无可制伏。合观，主宫不吉，如此，故城为贼陷，屠戳一空亦数定也。

注释：

天盘天辅值符落中宫，值使杜门落坎宫。

这里首先要搞清楚暗干（即伏干）之说，暗干是指地盘时干落宫之星加于值使门落宫中，按阴阳遁顺逆飞九星，以其星所带之干为暗干，亦即伏干。

值符落中宫加庚为天乙飞宫格，故“凶不可当”也。值使在坎宫受值符

宫之克，临杜门主闭塞，由于地盘时干落中宫，故天禽星带六庚暗伏于值使落宫坎宫，故有上文中“又伏天庚加地丙，犯太白入荧凶格”之说，应经中所言“白入荧兮贼即来”城被攻陷之象。

补析：

日时之干庚金下临辛于乾宫，庚加辛为“白虎干格”之凶，车折马死，诸事有殃，贼寇攻陷城池之象。

实例三

光绪乙亥十二月十七日巳时，援黔毅新苏军，由施洞口绕赴湖南靖通边境防剿，四脚牛六洞乱苗出军课。

阳二局，庚辰日（空：申、酉），辛巳时（空：申、酉）。

九天　天芮 甲子戊+甲申庚 螣蛇　开	勾陈　天柱 甲寅癸+丙 朱雀　死	朱雀　天英 丙+甲子戊 九地　杜
九地　天蓬 乙+甲戌己 值符　中	值符　天冲 甲戌己+甲午辛 太阴　惊	太阴　天禽 甲午辛+甲寅癸 勾陈　景
六合　天心 甲辰壬+丁 太常　休	太常　天任 丁+乙 九地　伤	螣蛇　天辅 甲申庚+甲辰壬 六合　生

天值符泊中我也，坐太阴吉神，天丙又飞来暗伏，且中五为主宰之宫，八宫皆听其统率，故吉无不利。值使同伤门泊坎敌也，受我宫克，应主战胜，攻取出门有功。

注释：

天盘值符天冲落中宫，伤门值使落坎宫。

以值符为主方，落于中宫临地盘太阴，暗干以时干六辛带天禽临值使伤门坎宫顺飞九宫，则天英临中宫，故伏干丙到中，中宫有主宰之象，故吉。值使伤门落坎宫，受值符中宫之克，宜为客，故攻取有利。

实例四

丙子正月十四日申时，苏军进攻九厥砦，乘势夜袭蜡树沟要卡，连破水口大塞出军课。

阳二局，丙午日（空：寅、卯），丙申时（空：辰、巳）。

勾陈 天英 丙+甲申庚 九天 死	值符 天禽 甲午辛+丙 勾陈 惊	太阴 天柱 甲寅癸+甲子戊 朱雀 景
六合 天任 丁+甲戌己 九地 休	太常 天蓬 乙+甲午辛 值符 伤	九地 天冲 甲戌己+甲寅癸 太阴 中
玄武 天辅 甲申庚 +丁 六合 开	螣蛇 天心 甲辰壬+乙 太常 生	朱雀 天芮 甲子戊+甲辰壬 螣蛇 杜

天值符泊离我也，得辛加丙为天地合，又喜戊来飞伏加丙成青龙回首吉格。地值符同伤门泊中敌也，飞乙加辛成龙逃走凶格，此利客不利主课也，拔寨攻卡往无不利，故蜡树沟紧卡竟以数十人袭而破之。

分析：

天盘值符天禽临离宫，值使中门落兑宫。

天盘主动，故天盘值符为客，地盘主静，故地盘值符为主。值符宫中辛加丙为天地相合，时柱丙带天英临兑宫顺飞九宫，则芮落离宫，故“又喜戊来飞伏加丙成青龙回首吉格。”地盘值符与伤门在中宫，宫中乙加辛为“青龙逃走”之凶格，利客不利主，故“拔寨攻卡往无不利，故蜡树沟紧卡竟以数十人袭而破之。”

补析：

日时之干同为丙火，落巽宫为旺，下克地盘庚金，丙加庚为“荧入太白”格，古诀云：荧入太白贼须灭，利于为客灭贼。临白虎（勾陈下有白虎）、九天，宜于扬兵杀敌。

实例五

甲申年四月初四辰时，统领湖南毅新全军苏子熙军门元春，由永州出军赴粤课。

阳八局，戊申日（空：寅、卯），丙辰时（空：子、丑）。

九地　天芮 甲午辛+甲寅癸 值符　死	六合　天柱 乙+甲戌己 太常　惊	太常　天英 甲戌己+甲午辛 九地　景
朱雀　天蓬 甲申庚+甲辰壬 九天　休	九天　天冲 甲辰壬+丁 螣蛇　伤	螣蛇　天禽 丁+乙 六合　中
太阴　天心 丙+甲子戊 勾陈　开	勾陈　天任 甲子戊+甲申庚 朱雀　生	值符　天辅 甲寅癸+丙 太阴　杜

符使同杜门天辅星泊乾宫，坐丙奇太阴又得天丙飞伏，惜癸仪飞临加地丙克入，故丙丁月均不利，腊月丁丑尤甚，以丁为烛之火，正受癸水克制也。应为法夷所败，过此则无不吉矣。盖武官专以杜门为官星，符使同临，应其原为统帅也。乾为八卦之首为坐宫，应补授广西提督，督办广西边防也。天辅为文星，应太子少保文衔也。太阴为至吉之神，同丙奇坐地盘丙，为南方卦，故利南关也。又法：夷人属金，畏丙火太阳所克，故利南前坐阵也。合观符使星门奇仪神宫，吉者应吉，凶者应凶，均无不验。而均定出军之一时，出军选时诚不可在慎也。

管带毅新中军陈一山都督桂林同时出军，后充分统旋授南宁，协故亦吉。

注释：

天盘值符天辅与值使杜门俱落乾宫。

值符、值使坐地盘太阴，值使在乾，故又得丙飞伏，宫中癸水加丙火之上为克入，所以丙丁月不利。丁为灯光之火，较弱易熄，故有“腊月丁丑尤甚”之说。军人武职以杜门为官星，值符、值使同临，故有统帅之象，乾卦又为首、为头领，也应升职之事。

补析：

时干丙奇加日干六戊于艮宫，日时同宫，开门为官星，临地盘白虎主武职，丙加戊为“飞鸟跌穴”之吉格，升迁之象。

实例六

丙子正月二十二酉时，苏军进攻高岩出军课。

阳五局，甲寅日（空：子、丑），癸酉时（空：戌、亥）。

六合　天任 甲午辛+乙 九天　杜	九天　天辅 乙+甲辰壬 勾陈　景	螣蛇　天心 甲戌己+丁 朱雀　死
太阴　天柱 甲申庚+丙 九地　伤	勾陈　天英 甲辰壬+甲子戊 值符　中	朱雀　天芮 丁+甲申庚 太阴　惊
九地　天冲 丙+甲午辛 六合　生	值符　天禽 甲子戊+甲寅癸 太常　休	太常　天蓬 甲寅癸+甲戌己 螣蛇　开

天值符同禽星戊仪泊坎宫，坐太常神，夫天禽为主宰之星，戊仪为十干之首，同值符主帅在天，故攻克无不利。

注释：

天盘值符天禽星落坎宫，值使落中宫。

天禽属中宫之星，主宰万物，值符下隐六甲为十干之首，故宜出师取胜。

补析：

日干临值符落坎宫，时干主事体落乾宫，时干宫生日干宫，宜于出军。

实例七

甲申年四月初二辰时，毅新全军帮办营务，处马仲平镇军盛治，由永州出军赴粤课。

阳八局，丙午日（空：寅、卯），壬辰时（空：午、未）。

壬辰时	丙日为五不遇时	
螣蛇　天芮 甲午辛+甲寅癸 六合　中	朱雀　天柱 乙+甲戌己 九天　休	九天　天英 甲戌己+甲午辛 螣蛇　伤
值符　天蓬 甲申庚+甲辰壬 太阴　杜	太阴　天冲 甲辰壬+丁 勾陈　开	勾陈　天禽 丁+乙 朱雀　生
太常　天心 丙+甲子戊 九地　景	九地　天任 甲子戊+甲申庚 值符　死	六合　天辅 甲寅癸+丙 太常　惊

此时干克日干为五不遇，奇门最忌之格，故出军两载未遇敌接仗，所喜者值符同杜门泊震，属木地坐壬水生之，又坐太阴神照之，又得天蓬飞临来生，木宫之旺极矣，虽天庚飞临，然生地壬水以生宫，气泄已尽，但须防堵而不必交锋也，更喜天丙暗伏得门宫生之，丙南方卦也，南关自是其旺地，初虽暗伏不见，其终则吉也。后报充总统旋授柳青镇，均验不爽。

注释：

天盘值符天蓬星落震宫，值使休门落离宫。

此时为五不遇时，主凶。值符属木，与杜门落震宫又得地盘壬水之生，又得天盘天蓬水星生之，坐地盘太阴照之，天盘庚金之气被壬水泄之，水又生宫，宫中又有暗丙飞到，得门宫之木气相生，故主凶中有吉。丙为南方火，故吉于南方。

补析：

日干丙落艮宫为长生之地，加戊为“飞鸟跌穴”之吉格，临太常、天心吉星；时干壬落中宫，与日干宫比和，也是凶中藏吉之象。

实例八

甲申十月初三申时，督办闽浙军务扬厚庵，宫保岳斌招军至湖南入城课。

阴三局，甲戌日（空：申、酉），壬申时（空：戌、亥）。

白虎　天任 甲辰壬+乙 九天　伤	九天　天辅 乙+甲午辛 六合　生	玄武　天心 丁+甲戌己 螣蛇　休
太常　天柱 甲寅癸+甲子戊 值符　死	六合　天英 甲午辛+丙 九地　杜	螣蛇　天芮 甲戌己+甲寅癸 太常　开
值符　天冲 甲子戊+甲辰壬 白虎　惊	九地　天禽 丙+甲申庚 太阴　景	太阴　天蓬 甲申庚+丁 玄武　中

壬为时干为值符主也，泊艮宫。乙为时支为值使兵也，泊巽宫。巽木克艮土为奴宫克主宫不吉。又值符为统帅，天冲星为武士，甲子戊为十干之首，同飞入艮，显是为大帅之象，惜惊门同临克星，星又克宫，回环相克，又白虎凶神坐地，又主惊疑反复口舌凶残之事均不能免，加以巽宫值使，天白虎又与伤门同临，决其不能无凶，所幸壬干主帅，明暗飞来又得地九天神到，夫九天属金主飞扬，当是因扬散而见之象，且其凶当不在外人，而在主帅飞临之象，至十四日乙酉马厂兵勇果以遣散落事，宫保于五更亲出城镇压杀十四人始定，盖时支值使临乙，故应乙酉日，自壬申顺数至乙酉恰是一十四，故应十四日杀十四人，合观课格，天白虎加地九天，其应因遣散而凶，固妙其应，十四日杀十四人尤妙。

宫保于是日午刻已抵湘省分统营管，未刻均已入城，宫保以庞省二中丞出城迎接，迟至申刻始入，后之无不应验亦定数也。

注释：

天盘值符天冲星落艮宫，值使伤门落巽宫。

“壬为时干为值符主也，泊艮宫。乙为时支为值使兵也，泊巽宫。巽木克艮土为奴宫克主宫不吉。”此段文字多有不解，存疑。

值符为十干之首，故主统帅，天冲主武士，同临艮宫，有统兵出师之象，值符属木，艮宫属土，惊门属金，艮宫中呈金克木、木克土连环相克之象，地盘又有白虎凶神，故主“惊疑反复口舌凶残之事均不能免”。值符为客，值使为主，值使落巽宫临白虎、伤门克值符宫，故有凶象。

实例九

甲申年四月初四卯时，毅新全军营务处陈庆余镇军，嘉永州出军赴粤课。

阳八局，戊申日（空：寅、卯），乙卯时（空：子、丑）。

朱雀　　天蓬 甲申庚+甲寅癸 值符　　伤	太阴　　天心 丙+甲戌己 太常　　生	勾陈　　天任 甲子戊+甲午辛 九地　　休
太常　　天英 甲戌己+甲辰壬 九天　　死	九地　　天芮 甲午辛+丁 螣蛇　　杜	值符　　天辅 甲寅癸 +乙 六合　　开
螣蛇　　天禽 丁+甲子戊 勾陈　　惊	六合　　天柱 乙+甲申庚 朱雀　　景	九天　　天冲 甲辰壬+丙 太阴　　中

值符泊兑宫坐六合乙奇，天癸加临生之。值使同杜门芮星泊中得九地加螣蛇，辛仪加丁又得乙奇飞伏，夫地丁奇火也，坐生宫而克辛金，法夷西人属金，故主战有功也。天九地属坤土为土地之象，应补授贵州安仪镇也，惜地螣蛇属火为虚花耗散之神，虽能生宫而不实，加之中五为阴阳分寄宫，故甫报捷乃伤发而卒于军，不得履其任也。乙为日奇伏于局外，虽能暗生丁火以克辛金，究嫌坐宫土受木克故。

圣眷虽隆不克，生享其荣也，合观课局，吉凶已定，应验无差，亦先定于出军之一时，奇门首重时不诚然哉！

注释：

天盘值符天辅星落兑宫，杜门值使落中宫。

值符落兑宫下临地盘六合、乙奇，天盘癸水生地盘乙奇。值使杜门落中宫，宫中九地加螣蛇，辛加丁受其火克，时干为乙故暗伏于值使门中，乙属木虽能暗生丁火克辛金，但又克中宫之土，因中宫为值使宫，受克不吉。

补析：

天芮病符之星临值使中宫，日干戊落坤宫临白虎凶神，戊加辛为“青龙折足”凶格，凶象已隐于局中。

实例十

丙子年正月二十一卯时，苏军开牧古邦乘胜袭取高青出军课。

阳八局，癸丑日（空：寅、卯），乙卯时（空：子、丑）。

朱雀　天蓬 甲申庚+甲寅癸 值符　伤	太阴　天心 丙+甲戌己 太常　生	勾陈　天任 甲子戊+甲午辛 九地　休
太常　天英 甲戌己+甲辰壬 九天　死	九地　天芮 甲午辛+丁 螣蛇　杜	值符　天辅 甲寅癸 +乙 六合　开
螣蛇　天禽 丁+甲子戊 勾陈　惊	六合　天柱 乙+甲申庚 朱雀　景	九天　天冲 甲辰壬+丙 太阴　中

天值符泊兑宫合太公应验神符经第五十六局，丁奇同辅星临开门，号曰豹变，南山出师大胜捷，无往不利。

注释：

天盘值符天辅星落兑宫，杜门值使落中宫。文中言丁同辅星临开，但此处伏干丁亦不临宫，存疑。

实例十一

乙酉正月三十日酉时，前湖南靖州直隶州知州盛锡吾、太守庆黻占次日上院谒中丞庞课。

阳七局，庚午日（空：戌、亥），乙酉时（空：午、未）。

九地　天柱 甲子戊+丁 勾陈　伤	六合　天冲 甲寅癸+甲申庚 值符　生	太常　天禽 丙+甲辰壬 太阴　休
朱雀　天心 乙+甲寅癸 六合　死	九天　天任 甲戌己+丙 太常　杜	螣蛇　天蓬 甲午辛+甲子戊 九地　开
太阴　天芮 甲辰壬+甲戌己 九天　惊	勾陈　天辅 丁+甲午辛 螣蛇　景	值符　天英 甲申庚+乙 朱雀　中

值符同中门天英星泊乾，天庚加地乙克入，不吉。值使同景门、天辅星坎泊，门受宫克，亦不吉。又天勾陈加地螣蛇，勾绞惊疑之事应主不免。虽得天丁飞临加地辛，然丁为朱雀神，亦只口舌虚花耳。更可畏者，乙奇从局外飞来暗伏，加地辛成龙逃走凶格，纵有天辅文星受宫生，秉令持权，决其暗伤不能免。至二月初三癸酉日辛酉时，果奉谕旨："据湖南巡抚庞甄别属员一折，湖南候补知府盛庆绂，前在善后局，信任私人，擅发钜款，应行革职。惟文理尚优，著降为教授，归部铨选。钦此。"其应酉日时者，以值使在辛暗伏，龙逃走凶格亦在辛也。

注释：

天盘值符天英落乾宫，值使景门落坎宫。

庚为日干，又为值符，临乾宫加地盘乙木之上，故云克入。值使为景门，落坎宫"门受宫克"不吉，宫中天盘勾陈加地盘螣蛇主勾疑之事，天盘丁加地盘辛上，丁为朱雀，主口舌，暗干为时干乙奇临值使门，故云"乙奇从局外飞来暗伏，加地辛成龙逃走凶格，纵有天辅文星受宫生，秉令持权，决其暗伤不能免。"应酉日者，值使景门在坎宫，地盘逢辛，又有暗伏之乙奇与辛构成“青龙逃走”之凶格的原故。

补析：

日干庚落乾宫，太岁之干乙落震宫禄旺之乡，日干落宫克太岁落宫，主犯太岁不吉，两宫中俱临朱雀主口舌官非。应癸酉日辛酉时者，因地盘庚上临癸，酉又与太岁之支相并之故。

实例十二

乙酉二月初三午时，湖南候补知县江海门司马渤占补缺课。

阳七局，癸酉日（空：戌、亥），戊午时（空：子、丑）。

朱雀 天英 甲申庚+丁 螣蛇 景	太阴 天禽 丙+甲申庚 朱雀 中	勾陈 天柱 甲子戊+甲辰壬 九天 惊
太常 天任 甲戌己+甲寅癸 值符 生	九地 天蓬 甲午辛+丙 太阴 休	值符 天冲 甲寅癸+甲子戊 勾陈 伤
螣蛇 天辅 丁+甲戌己 太常 杜	六合 天心 乙+甲午辛 九地 开	九天 天芮 甲辰壬+乙 六合 死

符使同泊兑，得癸加戊为天地合，吉。最可喜者，开门官星同天心星、辛仪泊坎生宫，吉。又加以六合旺神、乙木旺奇同临，受宫生，是谓得奇、得门、得星、得神，允为全吉。更喜坎为内界，应主最速。决其逢午日时必应。后二十四日甲午果得藩台牌示，补授安仁县。应午，值使也。应甲午者，遁在开门辛仪也。

以上二课均犯乙加辛龙逃凶格。然盛占上院谒见，客也。江自占补缺，主也。故应一凶一吉。经云：龙逃凶格，为主者不害。故奇门看格，总以先定主客为紧要。凡例已辨，此明徵也。

注释：

天盘值符天冲落兑宫，值使伤门落兑宫。

值使为伤门，值符为天冲，同落兑宫，宫中天盘六癸合地盘六戊，故吉。开门主官星，同天盘吉星天心、地盘六辛落坎宫；六合为和合之神，属木，天盘六合与乙奇亦落坎宫得水之生，故为得奇、得门、得星、得神全吉。由于开门主官星，宫中地盘为辛，甲午与辛相组合，故应期在甲午日。

上二课中都犯了六乙加辛“青龙逃走”凶格，然占谒见（案例七）为求人，故为客；占补缺（即此例）有等候之意，故为主。两局中同为“青龙逃走”凶格，由于天盘为客，地盘为主，地盘辛金克天盘乙木，利主不利客，故“总以先定主客为紧要。”

补析：

以上两局中，所用之宫中俱为“青龙逃走”格，由于此格为乙辛相冲，逢冲则动，俱为动象，由于其用不同，分其主客，则一为革职，一为得职，识者宜当明辨。

实例十三

丙戌九月十六午时，湖北候补知府，徐稚生太守家干占委署课。

阴三局，丙午日（空：寅、卯），甲午时（空：辰、巳）。

太常　天辅 乙+乙 太常　杜	值符　天英 甲午辛+甲午辛 值符　景	九地　天芮 甲戌己+甲戌己 九地　死
玄武　天冲 甲子戊+甲子戊 玄武　伤	白虎　天禽 丙+丙 白虎　中	太阴　天柱 甲寅癸+甲寅癸 太阴　惊
螣蛇　天任 甲辰壬+甲辰壬 螣蛇　生	九天　天蓬 甲申庚+甲申庚 九天　休	六合　天心 丁+丁 六合　开

符使同泊离宫，本命日干辛加辛又同临，已为至吉。又喜开门官星泊乾，得天六合加地六合、天丁奇加地丁奇同到，尤为至吉。乾西北方卦，应

得西北方缺。又为内界，决其应最速也。丁奇应丁日时也。次日十七丁未，藩台牌示署荆州府，正鄂垣西北，果验。此课初看伏吟，亦似不动之象。故人皆以为原有保甲差事定伏不动，未为吉也。及见应之速，始服其妙。

注释：

天盘值符天英落离宫，值使景门落离宫。

值符天英与景门值使同落离宫，本命日干辛（其处可能指生辰之日干也为辛）加辛亦在离宫，为吉象。开门主官星，落于乾宫，宫中逢丁奇、六合同到尤为吉，乾主西北，故得西北之缺。乾宫在阴遁属内卦，主速而快。应丁日者，乾宫逢丁之故也。

补析：

此局伏吟主不动之象，但从上面的断案中，前人根据内外卦之分断动而速，此为可借鉴之处！

实例十四

丁亥四月十七巳时，荆州道广观察署外旗杆风折课。

阳七局，甲戌日（空：申、酉），己巳时（空：戌、亥）。

太常　天冲 甲寅癸+丁 朱雀　生	螣蛇　天任 甲戌己+甲申庚 太阴　杜	六合　天蓬 甲午辛+甲辰壬 勾陈　开
勾陈　天芮 甲辰壬+甲寅癸 太常　惊	朱雀　天辅 丁+丙 九地　景	九天　天心 乙+甲子戊 值符　死
值符　天柱 甲子戊+甲戌己 螣蛇　伤	太阴　天英 甲申庚+甲午辛 六合　中	九地　天禽 丙+乙 九天　休

值符同伤门泊兑，门受宫克，又坐螣蛇。值使同惊门泊震宫为门迫，天勾陈又飞临，虽得天壬加地癸可以生宫，而天己又飞伏暗克，应主暗中多勾

绞惊疑。所喜地坐太常吉神，本年应平安无恙，但恐终难全吉耳。次年四月丁巳，果奉开缺送部引见之。命以天壬与丁合化，又巳为值使故也。

注释：

值符天柱落艮宫，值使惊门落震宫。

文中“值符同伤门泊兑，门受宫克”有误，应为值符同伤门泊艮，宫受门克。

值符宫中临地盘螣蛇，伤门克宫为迫。值使惊门落震宫，惊门属金，震宫属木，门克宫为迫，宫中天盘壬水加地盘癸水之上，水生其木，但时干己为暗干伏而克壬癸之水，故云：“应主暗中多勾绞惊疑。”

补析：

风折旗杆为怪异之事，故取螣蛇为用，螣蛇临离宫，宫中甲戌己又为时干，时主事体，与事相符，临杜门为杜塞不畅，己加庚为“时格”及“刑格反名”为凶象。又值使落宫克值符落宫也为不吉之象。

实例十五

戊子九月初七戌时，占兴国州乡榜课。

阴九局，乙卯日(空：子、丑)，丙戌时（空：午、未)。

九地 天英 甲子戊+甲寅癸 六合 开	太阴 天禽 甲辰壬+甲子戊 九地 死	值符 天柱 甲申庚+丙 太常 杜
九天 天任 甲戌己+丁 白虎 中	玄武 天蓬 乙+甲辰壬 太阴 惊	白虎 天冲 丁+甲申庚 值符 景
六合 天辅 甲寅癸+甲戌己 九天 休	螣蛇 天心 甲午辛+乙 玄武 伤	太常 天芮 丙+甲午辛 螣蛇 生

值符主考泊坤，庚加丙犯太白入荧，伏干格，不吉。幸值使簾官泊中，

坐太阴吉神，乙奇士子同之，又得丙值符主考飞来暗伏。决其中则定有，但恐中五为半阴半阳之宫，只中副榜。人皆以为未必验也。榜发果仅中副榜一人。中五半应亦奇哉。

注释：

天盘值符天柱落坤二宫，值使惊门落中五宫。

值符为主考落坤宫，宫中庚加丙为"太白入荧"凶格，丙又为时干，庚加之则为时格，不吉。值使为副主考落中宫，日干为考生亦落中宫，临地盘太阴吉神，暗干为时干临值使，故言"又得丙值符主考飞来暗伏。"因中宫为阴阳未交之地，半阴半阳，所以"只中副榜。"

实例十六

壬辰七月初七酉时，包云浦刺史占孕何时生并男女喜课。

阴七局，壬辰日(空：子、丑)，己酉时（空：寅、卯)。

太阴　　天蓬 丁+甲午辛 九天　　景	玄武　　天心 甲戌己+丙 六合　　中	白虎　　天任 乙 +甲寅癸 螣蛇　　惊
六合　　天英 丙+甲辰壬 值符　　生	螣蛇　　天芮 甲寅癸+甲申庚 九地　　休	九天　　天辅 甲午辛+甲子戊 太常　　伤
九地　　天禽 甲申庚+乙 白虎　　杜	太常　　天柱 甲子戊+丁 太阴　　开	值符　　天冲 甲辰壬+甲戌己 玄武　　死

值使泊兑，得辛加壬，天辛正秉令，决辛亥时必生。又天芮为胎神泊中，天盘得癸仪、螣蛇神同临。癸属阴干，螣蛇属阴神，应是女喜。果于十点钟亥正生女。

注释：

天盘值符天冲落乾六宫，值使伤门落兑七宫。

值使伤门临兑宫，兑宫天盘为辛加壬上，辛在秋季当令，故云：“值使泊兑，得辛加壬，天辛正秉令，决辛亥时必生。”天芮为胎神，临于中宫，宫中天盘癸水属阴，螣蛇在中宫亦属阴，故产女孩。

实例十七

丁亥又四月初八巳时，徐稚生太守占其封翁疾病吉凶课。

阳五局，乙未日（空：辰、巳），辛巳时（空：申、酉）。

辛巳时	乙日为五不遇时	
太常　天芮 丁+乙 九地　开	螣蛇　天柱 甲申庚+甲辰壬 六合　死	六合　天英 甲辰壬 + 丁 太常　杜
勾陈　天蓬 甲寅癸+丙 朱雀　中	朱雀　天冲 丙+甲子戊 九天　惊	九天　天禽 甲子戊+甲申庚 螣蛇　景
值符　天心 甲戌己+甲午辛 太阴　休	太阴　天任 甲午辛+甲寅癸 勾陈　伤	九地　天辅 乙+ 甲戌己 值符　生

天芮病神泊巽，病神受宫克应减。惜天辛飞来暗伏，加地乙而成虎猖狂凶格。又嫌年命日干庚同死门飞入离宫，庚被火克，门受火生，恐终不吉。果于初八至十一数日病已大减，至十二日子时病忽加重，酉时竟逝。

注释：

天盘值符天心落艮八宫，值使开门落巽四宫。

天芮为病符之星，主病，落巽宫受克，故病有减轻之象，宫中天盘丁加地盘乙上，但时干为暗干临值使门落宫开门宫，加乙之上为“白虎猖狂”凶格。生辰年命之日干庚同死门临离宫，庚受离宫火之克，凶门又受火生，故终不吉。

补析：此为五不遇时，占病不吉。

实例十八

戊子九月初三酉时，占义宁州乡榜课。

阴七局，辛亥日（空：寅、卯），丁酉时（空：辰、巳）。

丁酉时	辛日为五不遇时	
玄武　天柱 甲子戊+甲午辛 值符　惊	螣蛇　天冲 甲辰壬+丙 白虎　伤	九天　天禽 甲申庚+甲寅癸 太阴　中
九地　天心 甲戌己+甲辰壬 螣蛇　开	太常　天任 乙+甲申庚 九天　生	六合　天蓬 丁+甲子戊 玄武　休
太阴　天芮 甲寅癸+乙 太常　死	值符　天辅 甲午辛+丁 六合　杜	白虎　天英 丙+甲戌己 九地　景

值符为主考，值使为簾官，辛日干为士子，丁奇为文章，同聚坎一宫，又得杜门、天辅星同临，全美格也。杜门属四，又受坎生，决其应中四人，亦且大旺。榜发果中四人，一中第二亚魁，一中第六，开榜外中散榜二人。

注释：

天盘值符天辅落坎一宫，值使杜门落坎一宫。

值符为主考官或主监考官，值使为副主考或副监考官，日干为参加考试之人，丁奇为文章，同临坎宫，值使杜门主四数，故中四人。丁到兑宫为贵人之地。

补析：

日为考生，丁奇与景门主试卷，时干主事体，日干临值符落坎宫，天盘时干临丁奇于兑宫生日干落宫，景门落乾宫亦生日干宫，都是利于考试的标志。

实例十九

己丑三月初七巳时，鄂垣万寿宫建陞官楼上樑课。

阳四局，壬子日（空：寅、卯），乙巳时（空：寅、卯）。

螣蛇 天英 甲寅癸+甲子戊 太常 伤	朱雀 天禽 甲戌己+甲寅癸 螣蛇 生	九天 天柱 甲午辛+丙 六合 休
值符 天任 甲辰壬+乙 勾陈 死	太阴 天蓬 丁+甲戌己 朱雀 杜	勾陈 天冲 乙+甲午辛 九天 开
太常 天辅 甲子戊+甲辰壬 值符 惊	九地 天心 甲申庚+丁 太阴 景	六合 天芮 丙+甲申庚 九地 中

值符泊震，坐乙奇升殿得禄，又得天壬飞临生之。又乙为日奇，应得太阳高照。又为君象，应得圣眷优隆，升迁不次。值使泊离，得天乙奇暗伏生宫，又得值符宫震木来生，此为符使相生，木火通明之象。官星显耀，其曷有涯。

是年二三两月阴雨连绵，是日寅时仍雨，辰时少住，巳时则太阳大现，至酉、戌时复雨。日奇既验，后应不爽。

注释：

天盘值符天任落震三宫　值使生门落离九宫

值符临震宫，地盘乙奇在震宫为禄地，故为升殿；天盘壬水生地盘乙木，乙是日奇主太阳，故言太阳高照。值使生门临离，暗伏时干乙奇到宫，值符宫之木又生值使宫之火，是为木火通明之象。

暗奇乙到离宫，离为日，巳时太阳出者，乙到离宫之故。

补析：

日柱壬临震宫为贵人之地，为贵人登殿。日临值符加乙奇，乙又为时干，日时同宫，故为吉课。

实例二十

庚寅十二月初四辰时，新授湖北臬台陈右铭廉访宝箴接印课。

阳八局，己亥日（空：辰、巳），戊辰时（空：戌、亥）。

太常　天辅 甲寅癸+甲寅癸 太常　景	螣蛇　天英 甲戌己+甲戌己 螣蛇　中	六合　天芮 甲午辛+甲午辛 六合　惊
勾陈　天冲 甲辰壬+甲辰壬 勾陈　生	朱雀　天禽 丁+丁 朱雀　休	九天　天柱 乙+乙 九天　伤
值符　天任 甲子戊+甲子戊 值符　杜	太阴　天蓬 甲申庚+甲申庚 太阴　开	九地　天心 丙+丙 九地　死

值符泊艮居内界，又得戊加戊助之，最吉。值使泊震亦内界，得壬加壬生之，亦最吉。更可喜者，开门官星泊坎居内界，秉令又得太阴加太阴。夫太阴为至吉之神，天地均得其为福，固有难预拟而预量者。又得庚加庚比助开门官星以生宫，坐宫愈旺，官星遇显。局外又飞丙奇暗伏，丙为月奇，与太阴会合，其福力当更猛而更速矣。是日，黄藩台即于是时病故出缺，次日即升署藩篆。

注释：

值符天任落艮八宫，值使生门落震三宫。

值符落艮宫阳遁为内卦，宫中戊加戊比和助艮之土气，故吉；值使落震宫亦为内卦，壬加壬生震宫之木亦吉；开门为官星落坎宫，宫中庚加庚生坎宫之水，且临太阴为吉象；暗干丙奇又临坎，丙为月奇，会太阴，故有升迁之喜。

补析：

时柱主事体，临值符为吉象，临艮宫；日柱己临离宫，日时落宫相生为吉，也是升迁的标志。

实例二十一

乙酉八月初八辰时，占书信何时到课。

阴九局，己卯日（空：申、酉），戊辰时（空：戌、亥）。

太常 天辅 甲寅癸+甲寅癸 太常 生	值符 天英 甲子戊+甲子戊 值符 杜	九地 天芮 丙+丙 九地 开
玄武 天冲 丁+丁 玄武 惊	白虎 天禽 甲辰壬+甲辰壬 白虎 景	太阴 天柱 甲申庚+甲申庚 太阴 死
螣蛇 天任 甲戌己+甲戌己 螣蛇 伤	九天 天蓬 乙+乙 九天 中	六合 天心 甲午辛+甲午辛 六合 休

值符在离，值使同景门书信泊中，得太阴神照，吉。庚格在兑，天地同临，与宫比和，最为旺相。决本日庚午时必到。至午时果到，验。

注释：

值符天英落离九宫，值使景门落中五宫。

值符在离，离主文书，值使景门入中宫，中宫有到家之象，故吉。庚加庚为格，故庚午时到。

原文中说中宫有太阴神照，恐有误。

补析：

局中九星、奇仪伏吟，有不动之象，但日柱落艮宫，为时柱马星之宫，故主动。又人盘八门不伏吟，也为动之因。

丁主文书，在震宫丁加丁上，在六壬课中，丁星主动，丁在震宫旺地又得生，震又主动，也是文书动的意象。

震宫在酉月为月破之地，但酉为日上之旬空，空则不冲，午时为丁的禄位，也是文书必到之时。

实例二十二

壬辰七月初九卯时，潜幕占徐稚生观察在河口土税总局闻计晋省何日过潜课。

阴一局，甲午日(空：辰、巳)，丁卯时（空：戌、亥)。

值符 天蓬 甲子戊+丁 玄武 惊	白虎 天心 甲辰壬+甲戌己 螣蛇 伤	太阴 天任 甲申庚+乙 九天 中
螣蛇 天英 甲戌己+丙 九地 开	九天 天芮 乙+甲寅癸 太常 生	玄武 天辅 丁+甲午辛 六合 休
太常 天禽 甲寅癸+甲申庚 太阴 死	六合 天柱 甲午辛+甲子戊 值符 杜	九地 天冲 丙+甲辰壬 白虎 景

值使泊兑，得丁加辛。天庚在坤加乙，应于初十乙未日辛巳时必过。以庚格临乙，值使在辛也。初十巳正果到。

注释：

值符天蓬落巽四宫，值使休门落兑七宫。

占测日为甲午属阳日，应期阳日看庚下之干，天盘庚在坤宫下临乙奇，故断乙未日为应期。值使休门临兑宫，宫中丁加辛，故断“辛巳时必过。”

补析：

占测之时为丁卯，卯之马星为巳，也是应期为巳时之象。

丁主动，时柱为丁卯，卯属震宫，震又主动象，地盘丁临巽宫，又是时柱之马星宫，巳时又是马星到位值时，故应在巳时。

另外，时干丁下临辛，结合以上分析，也是辛巳时为应期的又一依据。

以上所言，为笔者之随机感悟，书写与此，与同仁共探讨。

实例二十三

庚寅十月初一辰时，前护江苏巡抚调补湖北藩台黄子寿方伯彭年接印课。

阴六局，丁酉日(空：辰、巳)，甲辰时 (空：寅、卯)。

九地　　天辅 甲申庚+甲申庚 九地　　杜	太阴　　天英 丁+丁 太阴　　景	值符　　天芮 甲辰壬 +甲辰壬 值符　　死
九天　　天冲 甲午辛+甲午辛 九天　　伤	玄武　　天禽 甲戌己+甲戌己 玄武　　中	白虎　　天柱 乙+乙 白虎　　惊
六合　　天任 丙+丙 六合　　生	螣蛇　　天蓬 甲寅癸+甲寅癸 螣蛇　　休	太常　　天心 甲子戊+甲子戊 太常　　开

甲辰遁壬，符使同伏坤宫。符为印绶，即其人壬水为符使，同伏坤土宫，受死门、芮星重重土克，应主人卒于官之象。十二月初四日戊辰时果卒于署。时之所遇，亦数定也。

注释：

值符天芮落坤二宫，值使死门落坤二宫。

值符临壬水伏吟于坤宫，受宫中天芮、坤土之克，故有凶象。

补析：

时柱甲辰应以天干甲木为用，今六甲值符落坤宫，坤为甲木之墓地，又临天芮病符之星与死门，重重凶象已显。

第八章　经典荟萃

按：笔者在《掌上乾坤》一书中，将奇门遁甲经典《烟波钓叟歌》在古人的基础又进行了较为详细的注解，对《奇门遁甲总序》亦进行了注解。实际在奇门古籍中，还有很多值得我们去研读的经典，为了使读者对这些经典有一个较为全面的了解和掌握，笔者对其中的一些重要经典进行了整理，尤其是《玄机赋》一文，在《奇门金章》与《奇门遁甲统综大全》中都有引用，但都有残缺部分，近年新版的《奇门金章》在古文字断句上问题很多，这样将会误导读者，笔者在这次整理中进行了较为全面的梳理，尽量避免上述现象。这次选录的经典，大多侧重于实用方法的阐述，在实践中非常有用。当然在这些经典中，不可避免的会有精华与糟粕并存之现象，相信聪明的读者会有所取舍的。

一、玄机赋

【元女之秘，遁甲之文，轩辕立法，风后演行。】

奇门遁甲之法，为元女之秘术，创自轩辕黄帝，其臣风后演成四千三百二十局。一年有四千三百二十时，一时立一局，则每时吉凶，各方之善恶，一举掌而尽之知之，当趋则趋，当避则避，毫发不爽。黄帝因用此，以灭蚩尤于涿鹿之原，其法始传于世，以为行兵之秘文。

【运九宫八卦之数，用三奇六仪之灵。】

九宫者，即箕子洪范九畴也。以天蓬、天芮、天冲、天辅、天禽、天心、天柱、天任、天英九星分配九宫；以一坎、二坤、三震、四巽、中五、六乾、七兑、八艮、九离飞跳九位；八卦者，坎、艮、震、巽、离、坤、兑、乾也，取名休、死、伤、杜、开、惊、生、景八门，以顺飞乎九野；三奇者，乙、丙、丁也，乙为日奇、丙为月奇，丁为星奇；六仪者，戊、己、庚、辛、壬、癸也，配于六甲以飞九宫。

【八方各有吉凶，九星区分祸福。】

八方者，即八卦方位也。坎正北、艮东北、震正东、巽东南、离正南、坤西南、兑正西、乾西北，以八门临于八方；天地两盘，有生有克，各有吉凶。九星各配奇仪分布九宫，有阴有阳，有吉有凶，视其加临，以定祸福。

【三光下临，百福咸臻。六甲来临，千祥云集。】

三光者乙、丙、丁，为日月星三奇也，故曰：三光天上乙丙丁。三奇所临之方，百事吉利，所谋皆成。六甲者，甲子、甲戌、甲申、甲午、甲辰、甲寅也，带戊、己、庚、辛、壬、癸为值符，本时旬头六甲所到之宫，即是值符贵人所临之地，百事可为。

【三门会合喜非常，吉格相逢诸事昌。】

休、生、伤、杜、景、死、惊、开八门中，以开、休、生为三吉门，伤、杜、景、死、惊为五凶门。若天上六甲值符及乙、丙、丁三奇所到之处，又合得开、休、生三吉门同到，吉庆非常。奇仪吉门会吉，得九遁、三诈、五假诸吉格，则诸事吉昌皆就，此时此宫，可以行恩施惠，进有德赏有功，登坛拜将，钦受兵符，运筹决策，发号施令，行兵征讨，训练士卒。

【蓬星六乙，宜颁恩赐赏加封。】

六乙号天德，又为蓬星，所到之宫出行大利，所向无敌。天兵未动，敌人自恐，天兵未行，敌人自惊。凡下营垒安旗鼓，攻战征讨，出行逃亡，俱当从天上六乙方而出，人鬼不见。此时此宫，宜施恩布德，赏赐士卒，加封号颁赦命。

【六丙明堂，喜振武扬威发令。】

六丙号天威，又为明堂，王侯压伏寇盗不起。此时此方，出兵征讨，入人之国，犬不吠马不惊，敌人自恐，乘威蛰伏。宜出战聚众，安营立寨，求谋请谒，上官赴任，俱从天上六丙方而出大吉。

【六丁玉女，宜筑垒安营，阴神最灵，宜偷劫守隘。】

六丁号玉女，又为太阴。太阴最灵，出幽入冥，刀虽在项犹安不惊，此时此方，宜阴私暗计，私约交通，偷营劫寨，伏匿逃亡，据关守隘，安营筑垒皆吉。

【六戊天门，利于出师遣将。】

六戊号天武，又为天门。时加六戊，乘龙万里，所向摧阻，莫敢呵止。此时此方，利于出师遣将，入人之国，犬不吠鸡不鸣，战必胜攻必克，远行商贾，百事大利，凶恶不起。

【六己地户，宜于修营疆界。】

六己号地户，最宜阴谋密计，设伏偷营，修理城郭，以兵自守。吉时加六己，如神所使，不知六己，出被灾死。从天上六己而出大利，不宜作显扬事。

【六庚为天狱，宜决狱固守屯兵。】

六庚为太白，又为天狱，凶星也。时加六庚，抱木而行，强有出者罪罚缠身。此时此方，只宜听决刑狱，诛戮奸邪，出兵不利，固守则吉，强欲扬兵远出，必至大败，身被桎梏，陷入牢狱，商贾路死，入官遭刑，上任革职，嫁娶无子。

【六辛为天庭，宜杜塞判断潜形。】

六辛号天庭，又为白虎凶星也。时加六辛，行逢死人，强有出者，罪罚遭刑。此时此方，只宜正刑法，奋威武，决罪囚，判死狱；不宜出军动众，强有出者，必遭刑狱，将兵客胜，主败；入官囚系，上任遭刑，出行路死，商贾折本，嫁娶无子，诸事不利。

【六壬天牢，出兵不利。】

六壬号地网，又为天牢。时加六壬，为吏所禁，强有出者，飞祸临身。此时此方，只宜理刑狱、决罪囚、正法律，若行兵，利伏藏暗计，遮邀密击，偷营劫寨，不利扬兵，战斗、远行、出入百事皆凶，强有出者，必为仇怨所捕，飞祸临身。嫁娶不利，入官遭禁，上任逢刑，逃亡必获，商贾无利，人宅不安。

【六癸天藏，最利隐避。】

六癸号华盖，又为天网。时加六癸，众人莫视，不知六癸，出入必死。此时此方，只宜断刑狱，正威武，积贮军粮，收敛财货，学道求仙，避难隐迹，逃亡躲匿，埋伏藏兵，俱宜从天上六癸方去大吉，人莫能窥，亦当视其网之高下而用之，将兵客败主胜，商贾不归，嫁娶难产，子必受刑，斗讼入狱，移徙穷败，逃亡不得，入官迁除，落职问罪。

【阳时利客扬兵，噪鼓前征。】

甲、乙、丙、丁、戊为五阳时，利于为客。用天上神，宜高旗呐喊，先发兵出征。

【阴时利主伏匿，隐避埋兵。】

己、庚、辛、壬、癸五阴时，利于为主，宜用地下神，当衔枚设伏，待敌先出而后应之。

【天蓬，筑垒喜安边。】

天蓬星值符临方，宜安边定国，修筑城池，兴工动作，屯兵固守，保镇一方。又宜埋葬吊丧送死，不宜移徙入宅，斗讼入官，修造祭祀。商贾交易用时值之，防水火盗贼，破财失脱。

【天芮，屯兵休进战。】

天芮星值符临方，只宜屯兵固守，训练士卒，培养锐气，安静为吉，虽得奇门不可出兵，主败北杀伤，中途自返，有霹雳非祸等事，受道结交葬埋吉，嫁娶主争讼，女子惊死，盗贼不出三日败，起造家长死，商贾失财物。

【天冲、天辅，遣将成功。】

天冲星值符临方，宜选将出师，交锋战斗，报仇捕捉，筑室三年凶，移徙一年女子腹疾，上官赴任文吏毁车，武吏升职，嫁娶子女惊慌。

天辅星所临之方，宜选将交锋，行兵得地千里，入官上任，武职升迁，文职不利，，诸事皆吉。

【天任、天心，出军少利。】

天任星值符临方，将兵利为客，四时皆吉。又宜请谒庆贺，立郡国，种田禾，动明君，通财货，嫁娶子孙贵出王侯，入官文吉武凶。

天心星值符临方，出师行兵，秋冬利，得地千里，春夏不利，诸事皆吉。

【英柱两星不吉，天禽半吉半凶。】

天柱星值符临方，只宜屯兵固守，修筑营垒，藏形隐迹，训练士卒。

天英星值符临方，出师行兵大败，只宜出入远行，饮宴作乐，上书献策。

天禽星值符临方，将兵证讨，四时皆吉，不战用谋，敌人自服，上将有功。

【阳星开，而百事可行。】

蓬、任、冲、辅、禽为阳星，阳星加时为开，利为百事。

【阴星阖，而诸凶莫作。】

英、芮、柱、心为阴星，阴星加时为阖，百事不宜。

【开门，得胜深征。】

开门兴师布阵，面君谒贵，求名谋利，上官赴任，投书献策，远行婚嫁。

【生门，强兵献策。】

生门利出兵征讨，从生击死，决胜千里，面君谒贵，上官赴任，出入谋为，献策，入宅，嫁娶。

【休利行营】

休门利兴师遣将战斗，有人相助，上章面君，上官赴任，求名谋利，请谒嫁娶，治兵习业，招降设伏，纵劳致逸，入宅安家，和集万事。

【景宜突阵】

景门利突阵破围，耀武扬威，上书献策，募将招贤，谒贵拜职，选士赏赉，求官升擢，结婚和亲，广兴宅舍。

【伤遭患害，只喜索债，不可行兵。】

伤门，利阴谋索债，捕盗捉贼，兴讼告奸，采猎筌鱼，此门有杀伐之心，不怀仁义之思，要合丁奇来到，得“白虎猖”狂之格，必伤彼鬼，方欲全我一时而已。

【杜塞不通，惟利保障，遁迹潜踪。】

杜门，利掩捕逃亡，遇凶藏躲，令人难寻，诛斩凶恶，剪灭不平，判决刑狱，筑垣填坎，闭截河池，邀绝道路，断塞奸谋，隐伏兵马，藏形固守，不宜战斗，防昏迷失路。

【死中便于畋猎】

死门，利射猎、捕鱼、诛戮、行刑、吊丧、送死、破土、安坟、开田、修路、塞水、填基、攻城击垒。

【惊上还亦进战】

惊门，宜劫寨冲营，攻击斗打，祭风祷雨，投文献策，奔走逃亡，血光号吼，渔猎捕捉，口舌斗讼，诡说虚惊之事，诈言私檄之灾。

【符、螣、阴、合、虎、元、地、天贵神入诈，各有用焉。】

值符、螣蛇、太阴、六合、白虎、玄武、九地、九天，此名八诈即贵神也，各有所用。

【伏藏九地】

九地之下，宜隐藏伏匿，掩迹埋名，设计暗图，闭营固守。

【白虎，逃亡泣涕。】

白虎所到之宫，主逃亡遗失，伤损凶害，君臣不和，骨肉相残，将兵证讨，立主败亡，灾及主将，若逢父母、兄弟、自身妻子年干之上，不合奇门，必主凶厄灾非。

【九天，生门天乙。】

九天，刚暴之神，生门对宫为死路，天乙贵神之方吉坐而击其冲大胜。

【符、使、天、地、生门五吉方，任君进战。】

值符、值使、九天、九地、生门为五吉方，出此方大胜。

【宫克星而利主，星克宫而客胜。】

地下九宫之星为主，天上加临九星为客，宫克星为主克客，利主不利客，星克宫为客克主，利客不利主。

【门制门害多凶，门利门和大利。】

宫克门，门克宫，皆不吉。门生宫，宫生门或门宫比和，百事皆利，然要看天地两盘，分主客而用之。

【入墓击刑而不吉】

墓者干库也，奇仪入库，闭塞不通，昏迷暗昧，诸事难成，不可举动，虽合吉门，亦不可用。求谋阻滞，狐疑不决。

甲、乙属木，木墓在未，到坤二宫为入墓乡。

丙、丁属火，火墓在戌，到乾六宫为入墓乡。

戊、己属土，土墓在辰，到巽四宫为入墓乡。

庚、辛属金，金墓在丑，到艮八宫为入墓乡。

壬、癸属水，水墓在辰，到巽四宫为入墓乡。

刑者，支刑也。

甲子值符宫加三时加卯，子刑卯、卯刑子为无礼之刑，犯之主下犯上，臣叛君，子逆父，奴欺主，妻制夫，贱妨贵，官事重重，疾病缠绵。

甲戌值符宫加二时加未，丑刑戌、戌刑未、未刑丑为恃势之刑，犯之主婚姻财产相争，是非、口舌、饮食、喧闹、奸谋之事。

甲申值符宫加八时加寅，，巳刑申、申刑寅、寅刑巳为无恩之刑，犯之主上临下，君辱臣，父残子，主害奴，夫侮妻，贵制贱。

甲午值符宫加九时加午，午自刑也，犯之主祸从自身起。

甲辰值符宫加四时加辰，辰自刑也，犯之主疾病缠绵。

甲寅值符宫加四时加巳，寅刑巳、巳刑申也。

【游仪得使，必多亨。】

游仪者，三奇加于六仪之上也。三奇原是吉神，又得六甲为之使，为尤吉，凡谋皆就，出兵演武，行营战斗，出入求官，上官赴任，修造嫁娶，远行商贾，万事皆吉。

乙奇加于甲戌、甲午之上，为乙奇得使；丙奇加于甲子、甲申之上，为丙奇得使；丁奇加于甲辰、甲寅之上，为丁奇得使；六甲为君主，三奇为辅弼，得使者谓之君行道也。但六乙加辛是龙逃走，六丙加庚是火入金乡，六丁加癸是朱雀投江，此三者，虽为得使，亦不为吉，宜分主客而用之。

【开三宜用，闭五难通。】

三为生气，故逢三为开，开则百事皆亨；中五无门，闭塞不通，故逢五为闭，百事无成。经曰：趋三避五，恢然独处，明此两途，至者不苦。

【玉女守门，宜宴乐于宫庭。】

玉女守门，谓天上值使之门加于地下六丁之宫，为玉女阴神之佑护，凡婚姻嫁娶，亲迎欢会，阴私和合，夜渡关津，无不吉利。若丁火到墓宫，为绝香烟，主破财伤畜，小儿病凶。

【五不遇时，忌凶忧而勿用。】

五不遇时为时干克日干，阳干克阳干，阴干克阴干也。此时纵有三奇吉门，亦不可举动，百事皆凶，犯之主臣叛君、下犯上、子逆父、妻制夫、奴欺主。

【天网四张，高低门尺，肩刃断之，匍匐而出。】

天网者，六癸也。天网四张为天上六癸所临之方也，此时百事皆凶，不可举动，惟有逃亡隐伏宜出此方，追者不及，遇者不见，神不知鬼不觉，将兵出此，只宜屯营隐伏，坚守壁垒，则能免灾；敌若来攻，彼自溃败，虽得奇门亦必败亡。

六癸加临，尺寸有高低，临一宫二宫网低止得一二尺，可于两臂负力，锋刃向外，用力推之，割断天网，匍匐而出，慎勿回头；若临三四宫为网高三四尺，又为入墓，断不可出，出必见伤，若被敌围困，却从太冲、小吉、从魁三方而出，更合奇门上临太阴为尤吉；若临八九宫，其网去地八九尺，天网高过人头上，俯首而行，任意出门，逃亡绝迹，皆为吉利。

【天辅之时，逢凶化吉。】

天辅吉神也，天辅星值符临时干之时，诸事皆吉。

【威德之时，遇难成恩。】

丙为天威，亦曰天德，遇丙时，或甲加丙为龙回首，或丙加甲为鸟跌穴，此时主客皆利，出兵战斗大胜，一敌万人，远行得财，造作有喜。

【春不东伐，夏勿南征，秋莫西攻，冬毋北战。】

春夏秋冬配东南西北，各为四时旺方，凡出战，当坐旺击衰者胜，若逆方而战，必至大败。

【太岁之方，岂容冲犯，月建之地，切勿施为。】

太岁之方为君主之位，月建之方为宰相之宫，可坐不可向，坐而击其冲大胜，若坐岁破、月破方，而击太岁、月建方，必主大败。

【反吟、伏吟，进退多端。】

奇仪星门在本宫天地两盘一同者为伏吟，天盘奇仪星门在地盘之对宫者为反吟。伏吟时，只宜收敛财货，养威蓄锐，不宜出兵，固守营寨吉，两军对垒，讲和而解。反吟时，只宜散恤仓储，不利出兵，主中途反覆，事出意外，将卒斗伤，全军败没。

【勃兮、格兮，忧惶不已。】

丙属火性猛烈，火能克金。行兵之时，遇丙火相加则受克，必主大败，故名为悖，勃者乱也，主刚纪紊乱；庚属金，万物遇金则伤，故名为格，格者阻也，主阻塞格斗，若庚丙相遇，一勃一格，百事无成，必遭刑害，如事急不得已，宜运筹布局，反闭而去，变凶为吉矣。

【朱雀投江兮，忌远征。】

天上六丁加地下六癸宫，名曰朱雀投江，丁属火为朱雀，癸属水为江河，火入水宫，故曰朱雀投江，主文书牵连，或文书失水，占家宅有惊恐口舌，用兵防奸细，官事主忧愁，若有诉讼，自陷刑狱，或闻火起不救自灭，闻争斗即当自散，不必往救，百事皆凶。

【螣蛇夭矫兮，防惊恐。】

天上六癸加地下六丁宫，名曰螣蛇夭矫，癸属北方之水为玄武、龟蛇，丁属火，蛇入火宫受火煅炼，故曰夭矫，主行路迷程，忧惶难进，万事伤嗟，虚惊不宁，安坐静守则吉。

【虎猖狂兮，伤残。】

天上六辛加地下六乙宫，名曰白虎猖狂，辛属金为白虎，乙属木，金来克木，莫能制御，故曰猖狂，此时举动行师交战，客兵猖獗，莫敢对敌，主兵大败，婚姻修造，必遭刑伤，求财须防灾损。

【龙逃走兮，陷阵。】

天上六乙加地下六辛宫，名曰青龙逃走，乙属木为青龙，辛属金，金能克木，故必引身而逃避，故曰逃走，此时举动行师，主兵安坐获捷，客兵大败，作事破财遗失，凡事皆凶。

【白入荧兮，贼来。】

天上六庚加地下六丙宫，名曰太白入荧惑，天柱、天心、开门、惊门到离宫，亦是金入火乡。庚金为兵，遇丙则为格勃，此时主贼兵即来偷营劫寨，当伏军兵于此方迎战，则丙火克庚金，主能胜客，若丙临生旺之地，交锋大胜，贼将可擒，若临墓宫，被贼蹂践，大凶，凡事不利，反惹祸殃。

【荧入白兮，贼去。】

天上六丙加地下六庚，名曰荧惑入太白，天英、景门加乾、兑宫，亦是火入金乡。丙为火，遇兵则为勃格，凡遇贼兵，速发兵征剿，即时可灭，迟滞则贼兵先来，让贼为客而为主，宜遁逃速避，遮可免祸，若安坐中营不动，使彼为客，必被伤败。

【鸟跌穴兮，宜出战。】

天上六丙加于地下六甲之上，名曰飞鸟跌穴，此时主客皆利，而客兵尤吉，利于出兵，战斗大胜，远行得财，造作有喜，百事皆利，君子吉，小人凶，若得生门相会，坐生击死，百战百胜。

【龙回首兮，利于师。】

天上六甲加于地下六丙之宫，名曰青龙回首，主客皆利，而主尤吉，此时安坐在宫，可以举造百事，利见大人，行兵大胜，利于为主，扬威万里，一敌万人。

【六甲置阵用在日干，金圆木直而土方，水曲丙丁而火焰。】

置阵之法，以六甲为主，须用本日日干之五行以为变化，甲乙日属木，宜为直阵；丙丁日属火，宜用锐阵；戊己日属土，宜为方阵；庚辛日属金，宜为圆阵；壬癸日属水，宜为曲阵；此置阵之法也。

【五音择将，胜负先知，宫、商、角、徵、羽音，水、火、木、金、土，治火遇水而被害，木遇金而反伤，我生他克我为吉，我克他生我必凶。】

择将之法以将之姓氏五音为主，以配金木水火土之五行，以观其生克，受生者胜，受克者败，又察其敌将之姓氏，配何五音，配何五行，而我则遣克彼将之姓氏领兵，出利方击之，必主大胜。

【天遁，上策进兵。】

天上丙奇合生门加于地下六丁宫，不犯奇墓、门迫，名曰天遁，出此方可以兴王定霸，威振天下，朝君王，谢苍穹，祭神求福，出兵征战，上书献策，求官进取，修真炼形，剪恶除凶，入山移徙，市贾出行，婚姻嫁娶，百事大吉。

【地遁，屯营固守。】

天上乙奇与开门相合加于地下六己宫，不犯奇墓门迫，名曰地遁。出此方，可以藏兵伏锐，下寨安营，建府立县，置仓造库，开圹安坟，筑墙造垣，修道求仙，逃亡匿迹，出阵攻城，所向克捷，百事皆吉。

【人遁，择士求贤。】

天上丁奇与休门相合于地下六乙宫，上会太阴，不犯奇墓门迫，名曰人遁。出此方，可以求贤选士，择勇将，说敌人和仇，举兵列阵，招军买马，添进人口，投书献策，隐藏伏匿，婚姻和合，交易获利十倍。

【龙遁，渡江水战。】

天上乙奇与休门相合下临坎宫或壬癸水宫，不犯奇墓门迫，名曰龙遁。出此方，可以祭龙神，祈雨泽，水战淹敌，计量水面，把守河渡，运用机谋，填提积水，移舟转向，下船开帆，修桥穿井，造置水柜，祭祀鬼神，捕鱼畋猎，治水通河，掘池浚泉。

【神遁，祷祀祈神。】

天上丙奇与生门相合上会九天，不犯奇墓门迫，名曰神遁。出此方，可以祭祷鬼神，运用法术，画地布筹，驱役鬼神，呼招风雷，摄魔制魅，若大将行兵，当扬威耀武、呐喊摇旗、鸣锣击鼓、攻敌城寨、阴谋暗计、行间探敌并吉。

【鬼遁，偷营劫寨。】

天上丁奇与休门或开门相合上临九地，不犯奇墓门迫，名曰鬼遁。出此方，可以侦探敌情、偷营劫寨、设伏攻虚、密伺动静、诡诈文书、遇弄敌人、驱神役鬼、炼法摄神。

【虎遁，招安陟险。】

天上乙奇合生门下临六辛在艮宫，不犯奇墓门迫，名曰虎遁。出此方，可以招安亡命、设伏攻险、计谋邀击、度要害、据险阻，建立山寨、拓置关隘、采围射猎、捕盗贼、捉逃亡、演武行兵、顺风纵火、出战求官、到任升职、万里威风。

【云遁，噀甲助兵。】

天上乙奇合开、休、生三吉门下临六辛加在坤宫，不犯奇墓门迫，名曰云遁。出此方，可以藏形遁迹、役鬼祭神、祷雨兴云、喷巽甲胄、召将行符、遁藏埋伏、追袭战斗，或以射雕为名，令士卒仰视大吉，立军伍、建营垒、造兵器、学道求仙、祈雨泽、滋稼穑。

【风遁，歌谣作乐。】

天上六辛合开、休、生三吉门下临乙奇加在巽宫，不犯奇墓门迫，名曰风遁。出此方，可以祭炼奇神、默吸风云、设坛、祭风、飞砂走石、拨土扬尘、顺风交战、以敌客军，或托异香天降，令士卒仰望，沉听音乐，祷祀风伯，呼风布阵，因风纵火攻垒，破阵立旗，竖帜歌谣作乐。

【精乎此者能回天，通乎此者能通灵，良将握战胜之机，士遮神趋避之用，熟加强玩，万举无嗟。】

人能精此九遁，则出幽入冥，神鬼不能与其能，有回天之力，有通灵之手，在良将可以战胜攻取，在士遮可趋吉避凶，须当细心理会，精熟其法，自然万举万全。

【究宫中之玄奥，穷万象以开迷，所用本时宫位吉凶，时局中推。】

详究九宫天地两盘，生克之精微，以开世人愚蒙之迷惑，其吉凶祸福，但看时局中之生克，及天上本时干宫之生克可知矣。

【天占云雷风雨，地占阴阳进退。君占刑德治乱，更兼国运兴衰。臣占辅弼忠良，与夫奸邪谋弑。民占饥馑丰凶，颠沛流离疾异。事占造化穷通，进退吉凶宜忌。兵占主客赢输，攻守奇伏诱避。物占五行体属，八将所乘形

气。命占生死荣枯，造化元机趋避。】

奇门之法，可以行兵预知胜负，可以趋避预识吉凶，而兼可以占卜未来，如天地君臣治乱，丰凶成败，攻守荣枯，皆可预先定之，或趋或避，造化任我挽回，天地不能主张矣。

【风雨初寻六甲，各方得气生死。】

占天时之风雨，以六值符宫之生克为本方之晴雨，各方晴雨，看各方之生克。

【次将师伯细分，凌犯交冲起止。】

五符、天曹、地府、风伯、雷公、雨师、风云、唐符、国印、天关，地轴、六贼，查本日日干禄位，上起五符，顺行天曹、地府于十二宫，视风伯所到之方，主有风，雨师所到之方，主有雨。

五符方，宜出兵大胜，耀武扬威，若请谒求谋，上官赴任，利见大人，商贾交易，竖造安葬，迁改婚娶，大利；如从此方出兵，必有顺风相送，乃天助也。

天曹方，宜上章奏书，呈文对簿，凡有机密从此方来传报者，乃奸计当防之，是摄我之机密，窥我之虚实，凡为不利。若见战斗，主气力弱。

地府方，宜埋藏固守，设伏暗计为吉，不宜出兵谋为等事。若逢战斗，有虚惊，三军忧失；若以月将加正时，并遇魁罡加之，主有杀人吊客之事，惟得吉格奇门临之，稍得称意。

风伯方，主出忧惶，若于此方对面有风而来，出兵大败，作事有虚惊，暗昧失物。若与吉格奇门相会，方免破败；若安葬竖造等事，有风雨为应。

雷公方，出兵主惊恐虚诈，雷声炮鸣、鼓角为应，急宜固守，凡事勿举，谋而不遇，阴私计谋，怪梦忧愁。

雨师方，主有阴雨，宜穿井挖河取水，若出兵战斗，必遭涉滩，暴风涨泛之险，凡事不宜，只宜祭龙王雨师等神。

风云方，主天阴暗，唤客迎宾心无定准，若得合云遁，必有大雾，宜偷营劫寨，不宜先出兵；若从此方来报信者必系虚诡，百事不宜。

唐符方，利出兵交战，人马大胜，一可当十，凯歌而回；若遣将破敌，百战百胜；求谋婚娶、上任求名、请谒出入、竖造安葬等事大吉，若合奇门尤为贞祥。

国印方，宜袭职受恩，扬兵出阵大胜，主将得权，有天喜紫诏之喜，一切营谋皆吉，若合得吉格奇门为尤吉。

天关方，出兵交战，车破马伤，虽有精兵必至大败，犯之者，流血千里，前途倒戈，路逢阻滞，因病遗失，诸事不通。

地轴方，防有埋伏陷坑，行兵谨慎为要，须防人马不通，迷途枉道，凡为遇而不遇，钱谷散失，合得吉格奇门，庶免凶咎，只宜固守为吉。

六贼方，宜加防守，恐逢盗贼，暴风来处，即是贼来之方，若有人来投降，必是虚诈，利于施恩诱其心腹，若合得吉格奇门，方许无事，凡事皆虚不实，一切举动多主暗耗损伤。

其法于地盘日干禄位起五符，顺行看其浚犯交冲，以定风雨，同宫曰凌犯，对宫曰交冲，看风伯、雷公、雨师落处，与天盘上值符时干两宫或凌犯或交冲者，必主有雨。

甲禄寅，乙禄卯，丙戊禄巳，丁己禄午，庚禄申，辛禄酉，壬禄亥，癸禄子。

【日旬生合冲击，甲子所合己丑，冲伏宫中，及位行止，轻重交垂，甲戌虽旺，欣欣岂堪遇于乙未。】

日旬者，六甲值符旬头也，风雨有无，要看值符之生合冲击，甲与己合，子与丑合，故甲子与己丑为合，子加子为伏，子加午为冲，雨之行止轻重皆准此；戌与未为击刑，故甲戌不堪逢乙未，甲戌值符到坤宫，及戌日未时皆是也，余有类推。

【子为阴雨，午为晴光，寅中有风，辰云飞扬，戌阴风雨，申晴为常，子击即雨止，午击无光扬，寅击暴风阴，戌击所主止，申击必为阴，辰击晴能始。】

子属水故甲子主阴雨，午属火故甲午主晴光，寅属木故故甲寅主风，戌属土故甲戌主阴云风雨，申属金故甲申主晴，此常例也。若遇刑击便主变其常矣，故甲子到震为子卯相刑，虽有雨当立时止；甲午到离为自刑，虽晴明立主阴晦；甲寅到巽为寅刑巳，主有暴风阴惨；甲戌到坤为戌刑未，虽有风雨主立止；甲辰到巽为自刑，主云开见日。

【凌轻犯重冲为散，迁战是同宫，日旬旺，偏戌在巽犯，辰到戌凌，外尤归位，整威势灵。】

六甲到处，有凌有犯。凌轻犯重，甲戌加巽为犯，阴犯阳也；甲辰加乾为凌，阳凌阴也，总以辰戌互相凌犯也；甲寅加坤为犯，甲申加艮为凌，寅申互相凌犯也；甲子加午为犯，甲午加子为临，子午互相凌犯也；加在对宫者为冲，逢冲即散，晴变为雨，雨变为晴，即反吟也。同宫相克为战，如甲子加于甲午，甲午加于甲申，甲申加于甲寅，甲寅加于甲戌，甲戌加于甲子是也，俱要看易旬之衰旺，旺则重衰则轻。此外又有伏吟六甲归本位也，遇伏吟晴则久晴，雨则久雨。

【休门利子午，不欣申寅，得地半阴晴，戊临此处多阴晦，辰得此宫专必遂。】

此言六甲加于坎宫，以占晴雨也，休门属坎宫，坎宫为水，甲子加之为雨水相遇，水旺主有雨；甲午加之，火受水制的，立见雨泽；甲寅、甲申加之，木火金水俱为相生得地，主半阴半晴；甲戌加之，土来克水，主天阴晦不雨；甲辰加之，土来克水，亦主阴晦。

【辰戌临艮生地美，寅午得之必晴明，子合岂得成云霖，申为击刑难主晴。】

此言六甲加于艮宫，以占晴雨也。生属艮宫，艮宫为土，甲辰、甲戌加之，土与土合，土旺主阴云无雨；甲寅加之，木克土，主云开见日；甲午加之，为火生于寅，必主晴明；甲子加之，水受生门艮土之克，断无雨水；甲申加之为冲犯、为击刑，必主雨。

【伤加子兮无雨期，辰戌在宫风雨凄，寅申相会必无雨，甲午逢之晴必许。】

此言六甲加于震宫，以占晴雨也。伤门属震宫，震宫为木，甲子加之，木泄水气，居旺地主无雨；甲戌、甲辰加之，土受木克，必有风雨凄凄；甲寅加之，两木相合，木旺生火，主晴明，有风起；甲申加之，金来克木，风霾尽散，主无雨；甲午加之，午属火，木又生之主晴明。

【巽子风雨怕午冲，戊生此处必行凶，申至此兮晴亦风，午行于此雨蒙蒙，辰至此地难雨霁，刑冲情合晴光丽。】

此言加于巽宫，以占晴雨也。杜门属巽宫，巽宫为木，甲子加之，水来生木，必有风雨，若遇午日午时冲之，又主无雨；甲戌加之，木克土，必有雨；甲申加之，申到长生之地，主晴明，亦有风；甲午加之，火投水库，主微雨；甲辰加之，为自刑，入水库主久雨；甲寅加之为刑情，二木合为旺，旺木生火，主晴。

【子入离乡晴反复，戊生于此旺为福，甲申必定主晴明，甲午自刑有阴云，甲辰气促必转晴，寅合于此风亦轻。】

此言六甲加于离宫，以占晴雨也。景门属离宫，离宫为火，甲子加之，水入火乡，阴晴反复不定；甲戌加之，戌为火库，今居火旺之地，必主晴明；甲申加之，申本主晴，又加火地必主晴朗；甲午加之，午到自刑之地，主阴云满天；甲辰加之，辰居绝地，必主晴明，有微风。

【子归死地气难舒，戊刑岂得风雨生，申值此地亦为阴，甲午晴时遇阴阻，辰无旺气定成阴。甲寅不阴风亦轻。】

此言六甲加于坤宫，以占阴晴也。死门属坤宫，坤宫为土，甲子加之，水受土克，主阴云昏闷；甲戌加之，为击刑之地，不起风雨；甲申加之，土盛生金，主阴云；甲午加之，为火到土宫，日入云中，故虽大晴之时，必起阴云；甲辰加之，重重土蔽，必主阴晦；甲寅加之，木来克土，晴而有风。

【子住惊乡气难成，戊为风半雨难伸，申临此宫多恍惚，午为晴朗必生云，辰住依稀半似阴，万里无云岂是寅。】

此言六甲加于兑宫，以占晴雨也。惊门属兑宫，兑宫为金，甲子加之，金能生水，又为水之沐浴地，必主有雨；甲戌加之，土生金为泄气，主有风而无雨；甲申加之，金居旺乡，两金合而生水，虽值晴朗必主有雨；甲午加之，虽为火克，但火居死地，虽晴朗必主生云；甲辰加之，土掩金上，半阴半晴；甲寅加之，受金之克，必主云布天中。

【子在乾宫风雨处，戌居自刑多专主，申得风轻气自欢，午若云遮开必然，辰自犯兮岂休息，寅居于此阴必迟。】

此言六甲加于乾宫，以占风雨也。开门属乾宫，乾宫为金，甲子加之，乾金又生子水，必主风雨；甲戌加之，火居本库主有风雨；甲申加之，申居病死之乡，不能生水，主有微风无雨；甲午加之，火克乾金。天虽有雨终必开霁；甲辰加之，名曰犯主，有雨；甲寅加之，木居生养之地，始虽阴翳终必开朗。

【风雨看甲，次看师伯，凌犯战冲，成气重重，三四主雨，一二行风。】

占天风雨，先看六甲所到之宫，审其得地不得地，以推风雨之有无的，次以五符加本日干禄上，顺行遇风伯、雷公、雨师、风云所到之宫，或阳凌阴，或阴犯阳，或在值符对宫相冲，或同宫相战，凌轻犯重，冲轻战重，凌犯战冲，有三四位者必主雨，若只有一二位者必主风。

【子癸临巽，水入龙宫，符水加辰，旺水临龙，龙临大海，在于一宫，速速雨霁，无甲亦同，子癸临申，用之多功。】

辰属巽宫，若甲子戊、甲寅癸到巽宫为水入龙宫，又为水入库中，无雨泽；若值符是子癸加于甲辰之上是为旺水入龙宫，甲辰值符加于坎一宫是为龙归大海，俱主无雨，天色立时晴朗，若子水临于坤宫申地及甲申上，为水到长生之地，主风雨。

【所遇变元，不可不穷，所变之元，究之端的，子午卯酉，君之所气，辰戌丑未，臣之所义，寅申巳亥，民之所期，风为怨怒，雨为悲泣，风雨潇潇，凄惨之异，暴雷冰雹，骤然而起，考之三才，占之事理，上天垂象，以定安危。】

及风雨变动，当查审日期，以甲己入元日为始，若本日旬头系甲己，加子午卯酉日有变，其占在君；甲己加辰戌丑未日有变，其占在臣；甲己加寅申巳亥日有变，其占在民。若有狂风主怨怒，有暴雨主悲凄，若兼风雨凄惨，主阴谋判逆，若暴雷冰雹，拔屋折木，立暴兵四起，前梁阻塞，饥馑流亡，俱当审其日干支系何六甲旬头之下，以定君臣民三者之应验，又以宫分定分野，以事理分别门类，如下文占之。

【阳将阴神，二气齐分，门仪细推，别主辨形。】

六甲为阳神，以其所加用者天干也；八门为阴神，以其所加用者地支也；值符者贵神也，以值符加六甲为阳将，以值符加于使门为阴神，阳将不吉，视阴神吉则可救，若阳将凶阴神又凶则无救。

【值符贵神帝位求，螣蛇怪异事难休，太阴私谋有密事，六合欣欣喜自由，白虎兵丧及争斗，玄武奸淫盗贼忧，九地阴谋多疾痛，九天杀伐弑兼谋。】

此以值符八将看来方，以占风雨吉凶也。值符方来属贵神帝王之位，诸事皆吉，旺相获福；遇螣蛇方来，主有怪异事相牵缠；遇太阴方来，主有阴谋密谋事；遇六合方来，诸事和合喜庆；遇白虎方来，主有兵丧盗贼及争斗事；遇玄武方来，主有盗贼奸淫事；遇九地方来，主有阴谋疾病；遇九天方来，主有杀伐弑逆之凶；俱以甲己变元局中推求。

【庚加甲兮君有灾，丙加庚上贼为衰，六仪击刑主事恶，庚己相加刑必来，庚加壬格迷路程，雀入江兮厄贵卿，螣蛇夭矫怪异生，入墓休囚岂欣欣，天乙飞宫有逆臣，庚临丙上盗贼生，丙临符甲得贤臣，甲丙相加喜子孙，玉女守门宴贵客，更兼排宴赐功臣，宫中添喜歌麟趾，后妃受册嗣徽音。】

此以奇仪诸格占风雨吉凶也，六甲为十干之首，君王之象。若天上六庚加于六甲之上，则庚金来克甲木，主君王有灾忧；天上六丙加于六庚之上，为荧惑入太白，如有盗贼变乱即得扑灭，然当先发兵我为客以制之，若迟缓则反为贼所蹂躏矣。六仪击刑三刑也，子卯相刑，寅巳申相刑，丑戌未相刑，午辰为自刑，主有背逆争斗刑狱之事；六庚加己为刑格，主有刑伤；六庚加壬为道上格，主行路迷程，不能前进；六丁加癸为雀投江，丁为玉女，主贵臣遭厄；六癸加丁为蛇夭矫，主有怪异事，惊慌莫措手。奇仪入墓，谓入于墓库之宫，如甲乙到坤，丙丁到乾，庚辛到艮，壬癸到巽，戊己到巽是也，主事多晦滞不明，百事无成，入墓则成休囚。休者以其不得时令也，水旺于冬，相于春，休于夏，囚于四季，废于秋；土旺于四季，相于秋，休于冬，囚于春，废于夏；木旺于春，相于夏，休于四季，囚于秋，废于冬；火旺于夏，相于四季，休于秋，囚于冬，废于春；金旺于秋，相于冬，休于春，囚于夏，废于四季；凡奇仪星门，逢时旺相有气，百事皆吉，休囚无气，百事皆凶。六甲值符加庚上，为天乙飞宫格，庚金克甲木，下克上，主有叛逆之臣；六庚加丙上为太白入荧惑，主盗贼即至，宜预防之，俟其至而后出战，可以取胜；六丙加甲为飞鸟跌穴，甲木生丙火，下生上，主得贤臣之助，国受其利；六甲加丙，为青龙回首，甲生丙火，上生下，主君敬臣下，后妃生子；值使之门加于六丁之上，为玉女守门，利为阴私和合事，有酒食宴会之乐及赐赏功臣之庆，兼主宫中生世子与册立妃嫔之事。

【细推气色及何形，吉凶仪中定是真，色形须当较克应，路上占之亦此定，克应阳将及阴神，一一推排仔细寻。值符贵神及老叟，又有财物乘木走，值符之将本青龙，天乙贵神八将首；螣蛇形怪主异事，执物空虚形假之，逢客掩煎及缠扰，忧惶异会并颠倒；太阴之应似阴人，必是文书谋议真，更是喜谈方术事，原来离上更相亲；六合呵呵喜笑频，相逢美女及衣新，少妇欣然酒食是，鲜颜丽色交合殷；白虎新丧，孝子缟衣，屠猎悲啼，残疾老病，忧刑带伤，斗争飞骑；玄武奸人刺客，更兼儿童、盗贼、元客、亡徒、卜者，逃遁窜私窘迫；九地瞽目老翁，病人忧隐新丧，更兼持筹算士，鬼神幽冥相当；九天行处多声，口舌斗争喧闹，或是屠夫甲士，手持利器兵刀。】

此以值符八将方出行举动以占其克应也。值符是贵神星，出行路上得遇贵人及高年老叟，又六甲为青龙，故主财物从车船竹木而至；逢螣蛇主形状古怪奇异之物，及有人执物而至，是空虚花假之物，客来相会，必掩煎缠绕，难于送别，忧惶惊恐，事多颠倒；逢太阴，不是女人便是阴险小人，主谋议文书事及谈方术事，从南方而来者可依托；逢六合，遇人必喜笑相迎，一见如故，更有美女少妇衣新衣，将酒食和颜悦色殷勤相接；逢白虎，必遇新丧孝子，或白衣人，或屠夫猎户，闻啼哭之声或残老人，或斗争带伤之客，或骑马而过；逢玄武，必遇盗贼或奸人刺客，或儿童小子，或讲玄门课卜之士，或逃亡走窜窘迫之人；逢九地，必遇瞽目者病心多忧患之人，或新丧者，或命卜祝之人说鬼神幽冥之事；逢九天，出门必遇乡音，或口舌争斗，或是屠夫兵卒，手内持刀枪者。此皆出门之方而占之，不专在值符值使之宫也。

【偿遇旋风前后占，心惊肉跳细搜潜，忽然遇应须当避，进退之权所宜忌，美格可进莫休囚，天遁一宫岂可逃，白虎猖狂见猖獗，庚己为刑辱岂休，天网前途多不遇，前途为主我为客，切勿去乘龙逃走，丁临六癸必是忧，六癸临丁怪异克，用意须防情不测，入墓休囚事有危，地克天兮时克日，静用地克动用天，地是主兮天是客，内中死者更有生，须搜余气及阴神。】

凡出行在途，或遇旋风、扶摇、羊角，有忽起于前后左右，或于安静无事之时，忽心惊肉跳，目润喷嚏，即当于本时奇门局中，细查值使及方位生克占之，倘有凶兆，即当走避，切勿强行遭逢凶祸；如逢美格，即当进程，进有佳遇，切勿迟疑，坐失事机。天上生门六丙下临六丁宫，名曰天遁，虽是吉格，然出行者不宜用之，其余八遁皆然。天上六辛加地下六乙宫为白虎猖狂，主前途迷惑，不利前进，此时举动行兵交战，主客皆伤，然辛金克乙木为客者，独出独入，进退自如，猖狂云扰，无人阻挡，主兵大败，匹马不存；庚加己为刑格，出行车破马倒，中途而止，奴仆逃走，慎勿追赶，反遭其辱；六癸所加之方为天网四张，不能前进，进亦无遇；六乙加辛为青龙逃走，出行主破财遗失，受辱非轻；六丁加癸为朱雀投江，主文书牵连，口舌官讼，行兵防奸细；六癸加丁为螣蛇夭娇，主行路迷程，忧惶难进，万事伤嗟；若奇仪入墓库之宫，居休囚之地，俱有凶危，百事难成；地盘奇仪星门克天盘，时干克日干，俱不可行动，主有下犯上，臣弑君，子逆父之事，百事皆凶；地盘为主，天盘为客，宜为主宜看地下吉利之方而行，欲为客当看天上吉利之方而行，然又当细查阴神及余气，若余气得旺相，阴神又吉利，则吉者愈吉，凶者不至于大凶。

【宫位已周，无可他求，占之各土，须分九州，乾雍坎冀，艮兖巽徐，震青离扬，坤荆兑梁，中五豫地，蔡宋汝阳，水土之变，占何宫现，八宫细详，吉凶自呈。】

奇仪、九星、八门、八将天地两盘已经定局，于是细查局中之九宫，定分野以知其所发之地。乾宫主雍州，秦分西距黑水，东距河南汉中，北至潴野；坎宫主冀州，晋、魏、赵分，东距海西距河，南至于无隶，北至于沙漠；艮宫主兖州，韩、郑、燕分，东南距济西北距河；震宫主青州，齐分，东北距海，西南距岱；巽宫主徐州，鲁分，东至海，北至岱南及于淮；离宫主扬州，吴越分，北距淮，南距海；坤宫主荆州，楚分，北距荆山南及衡山之阳；兑宫主梁州，晋分，东距华山之阳，西距黑水，中宫主豫州三河，。周分，西南至荆山，北距河。

【崩决壅竭，观于九星，冲柱心辅，交加之处，金临于木，乃天降之，土临于木，地之所司，格凶进险，格美进宜，利主则休，仔细推详，切忌轻亏。】

此以九星占山川崩决之吉凶也，凡山崩川竭，河翻水壅，当以九星所临之地推占之。天冲加天柱，金克木，地克天；天心加天辅，金克木，天克地。地克天之处，主地土荒芜，人民饥馑流亡；天克地之处，主天灾流行，地方变乱，看其交加之处，即可知其分野吉凶治乱矣。如逢凶格而进，则必遇险阻，逢美格而进，则必得平易，天克地利客宜进，地克天宜主宜止，要仔细详切勿卤莽忽略以致咎殃。

天蓬所临之地，主春病疫瘴，百姓流离，夏大水漂流移易市邑，有三奇合吉门吉格灾减半。

天芮所临之地，有三奇会吉门吉格，五谷七分收；若见凶门凶神，人多瘴疫，六畜死，五谷不成，地陷土崩。

天冲所临之地，有吉神吉门，主果实大熟，禾稻半收，夏日疾病痢疾；到乾兑二宫克制之乡，人民一岁灾伤不歇。

天辅所临之地，有吉神吉门，主五谷大熟，秋收早，人民安乐，木植贱；到克制之乡，风水泛溢灾伤。秋大风飞砂走石，损伤人物。

天禽所临之地，有吉神吉门，五谷大收，人物安甯；到克制之乡，冬夏瘟疫，五谷不熟；天禽为中宫星，若不得地，则主神州长吏不甯，贵人移动。

天心所到之宫，有吉神吉门，秋大熟，人民安，贵人受恩；到克制之乡，岁不熟，水潦为灾，瘟疫流亡。

天柱所临之处，得吉神，五谷只半熟，人民不安有瘟疫；到克制之乡，五谷不熟，蝗虫为害，兵戈伤残，流血千里，虎豹为灾。

天任所临之处，得吉神吉门，五谷熟，人民安；若到克制之乡，只半熟，有瘴疫。

天英所临之处，得吉神，五谷熟，人民安，长吏受恩爵；到克制之乡，主旱涸大瘴，疫瘟目痛。

【占君理兮非一主，将星到坎用事所，喜气临时颂太平，凶气临之修德处。】

占天子吉凶祸福，以坎宫为主，天子坐坎朝离向明而治，故以坎宫为用事之所，若有三奇、吉门、吉星、吉格到坎宫，则主天子福寿，坐享太平；若遇凶星、凶门、凶格到坎宫，则当修德以免灾祸。

【坎宫即是天子宫，符到喜气是青龙，螣蛇虚惊及怪异，太阴远使必相逢，六合临宫多喜庆，白虎兵符最为凶，玄武临宫谋与贼，九地修居幽晦踪。九天迁变干戈是，反为颠倒伏为穷，值符为君八将首，诸喜诸凶相随走。】

此看八将加坎宫，占天子之吉凶也。天子坐坎朝离，故以坎宫为天子之位，若得值符到坎，是贵神星登帝位，又为青龙临帝位，主天子有进贡、献宝、得地之喜；螣蛇到坎宫中，有虚惊怪异事；太阴到坎，为外国远使来及立后妃之喜；六合到坎，主宫中有喜庆，四海享太平；白虎到坎，主刀兵及死丧伤亡事；玄武到坎，主宫中有贼臣，阴谋劫弑逆事；九地到坎，主营造宫室，修建陵寝祠庙；九天到坎，主有迁移国都及用干戈出兵征讨；反吟诸事，颠倒伏吟，吉凶不移；值符为君王之象，八将之首，或吉或凶皆随而定。

【一宫真是天子气，又有午离及卯酉，甲丙丙甲喜欣欣，内外京省及贤人。】

此以子午卯酉四正宫，占四方之吉凶也。坎宫固属天子之位，而午离为朝对，卯酉为左右，推之于外，则为东西南北四方之郡县也，此四处，或得甲加丙为青龙回首，丙加甲为飞鸟跌穴等美格，则天下太平，正人持世，贤良在位，百姓咸受其福。

【一法官评在六庚，六庚逢丙即是贼，不是朝内多权奸，定是宠臣来卖国。】

此以庚丙相加，占臣下之奸佞也。天上六庚加于地下六丙之上为勃格，格则不通，勃则乱逆，此地之臣子即为朝内之奸贼，请藏勿从，不藏复用，颠倒是非，残杀忠良，逢迎蒙蔽，恃宠卖国，不至败亡不止也。

【庚加值符贼势兴，值符加庚君莫征，灾占不宜远巡狩，阴神余气占可救。】

此以庚符交加占国贼也。六庚加于六甲值符之上，为天乙伏宫格，贼势猖獗而来，主人畏伏而不敢动；六甲值符加于六庚之上，为天乙飞宫格，主军雄勇莫当客军，宜飞而逃避，出兵征讨必主大败。如此灾占，君宜慎防不当，远出行巡狩之事，若得使之上阴神相扶，门上之余气得令，可以救之。

【刑格见灾多刑伤，壬癸庚临远贡阻，刑伤所聚君灾危，大小格逢关梁苦。】

格亦曰道上格。庚加癸为大格，主兵戈满野，盗贼纵横，关梁阻塞，四夷不朝，远贡不入。

【八宫之丙庚加之，九宫之丁辛亦如，余气无吉真为忧，仁德之君亦用愁，天数当之岂人造，修德禳灾莫悔忧，禄若不终灾叠至，如此之君莫措手。】

此以丙丁庚辛临宫旺衰占君祸福也。庚寅在寅方，为丙火长生之地，庚金墓绝之乡，离宫为火旺之地，金之败乡，若丙在离而天上六庚加之，丁在九宫而天上六辛加之，虽则庚辛为白虎七煞金神，而加于丙丁之上，丙能克庚，丁能克辛，而丙丁居生旺之乡，庚辛自投败绝之地，必主灾祸临身。若此时八门余气所加之地，得相生相旺，倘为有救，可以免灾；若余气又在迫制败绝之宫，头头遇凶，真为无救，即是仁德之君在位，而天数已定，幸而禄命保全，身得无恙，必灾祸叠见，兵戈盗贼，饥馑流亡，重重相遇，纵有君相莫能措手，惟修德行仁可以禳之。

【庚丙相加为贼，纲纪紊乱多失，合神占是后妃，所忌丁壬共室，阴神余气更逢，内乱荒淫酒色，阴神若带凶煞，必进小人乱宫，庚与玄武重重，必见弑逆之凶。】

六庚加丙为太白入荧惑，六丙加庚为荧惑入太白，一为格勃，一为勃格，主朝内多奸贼，颠倒是非，变乱黑白，纲纪紊乱，国政废隋；时干之合神，占在后妃，如甲加己、戊加癸、丙加辛、丁加壬，乙加庚之类，最忌丁壬相合则化为水，阴神又遇太阴六合，余气更逢旺相，则必宫中内乱，荒淫酒色，朝政废驰；若丁加壬、壬加丁上，阴神是玄武，必有小人私入乱宫；若庚加乙、乙加庚上，临阴神是玄武，必有奸臣行弑逆之凶，人群当严内外门以防之。

【若论击刑之格，余气何妨一宫，欲求得数之年，交加子午酉东。生旺休囚看门气，门气逢时事亨通，若无本年相合同，推从排合及符宫，此年定数寻君位，阳顺阴逆其数备，但穷浑沌也无差，国运交加真机会。】

若遇三刑之格，须查本宫门气之旺相休囚，吉门要旺相，凶门要休囚，欲求所应之年，要查坎离震兑四宫门气之生旺休囚，四宫者，属子午卯酉，为四方之郡县也，门气者，余气也，门气合旺相则诸事皆亨通。若此四宫不与本年干相合者，此推排值符之宫。此占岁中之吉凶，君王之安危，一定不易之法也，阳局顺行，阴局逆行，自天地开辟，以至浑沌皆此法也。

【辅弼占之丙及丁，丙是王侯丁是卿，外曰王侯内曰相，乙奇贵戚陪君王，辰戌丑未臣之职，甲旺生臣臣之益，君臣相生恩永昌，子孙辈辈沐恩光，臣之气格若见格，朝内恩无三代赐，刑克或气并附之，此是功臣遭戳时。】

此占臣之贤愚吉凶也。占辅弼之臣，须看丙丁之位，丙属王侯，丁属卿大夫，然在外主王侯，在内主宰相；乙为日奇，占在贵戚，乙与甲比，其衰旺与君王同休戚；辰戌丑未四者占属臣工，若六甲值符在旺相之宫，臣宫之奇仪者，为君臣相生，恩宠非常，子孙世世荣耀；若辰戌丑未之宫逢六庚加之，或庚日庚时而成格者，则朝无三代之恩赐，多遭黜革；若又遇格、若又遇三刑或相克，及八门余气亦相刑克者，无可救解，则臣多遭戮辱。

【癸能克丁轻大夫，此时大夫进不可。】

丁为卿大夫，甲寅癸值符加于丁上，癸能克丁，甲寅又系值符，则主君上轻慢大夫，必遭黜辱，不宜轻进。

【甲辰壬与文臣和，大夫纵横无人阻，此公专制王与侯，大臣之中亦为忧，大臣背主去寻由，反叛欣欣有逆谋。】

甲辰加于六丁之上，为丁壬相合，又为玉女乘龙，主臣下纵横专权，无人能制，而壬克丙，故虽王侯亦皆畏之，起背逆之心，行反叛之事，人主当预防之，少迟缓则灾祸及身，不可挽回矣。

【丁临癸兮文明失，癸若临丁迁异职，入墓之时当避之，丙壬之臣占亦如。】

六丁为朱雀，为文书，丁临癸上，火受水克，主文运蔽塞，声名丧败，六癸为华盖，癸加丁上，为华盖之覆临，必得升迁美职，不次超擢。若丁奇到乾为入墓，又逢六癸加之，则有凶灾，去官落职，宜避之吉。六丙加壬，六壬加丙，属王侯，其占亦同。

【六庚之君君道弱，丙奇王侯本性急，只因丙火专制之，此际臣强真的确。】

甲申庚值符，则庚为君、丙为王侯，丙能克庚，其性必恶，此时君弱臣强，操权窃柄大为国患，无可如何。

【螣蛇之性，多怪多异，政令迁变，虚伪盈殿。】

此以八将临丙丁占臣下贤奸也。螣蛇属火，其性本恶，若临于丙丁臣位之上，主臣下怪异作事，乖舛变易，政令不守，祖制纯用，诈伪虚名，欺罔君上。

【太阴临臣，臣良之欣，四方无征，万邦平宁。】

太阴乃阴佑之神，临于丙丁臣位之上，主臣下忠良，谦和温厚，四海安宁，天下太平。

【六合主之，和而有私，酒色为常，殆于国事。】

六合乃和合之神，临于丙丁臣位之上，主臣下结党扶同，惟知贪财好色，宴乐自娱，不容心于国家政事。

【白虎来临，政不和平，相竞相争，受罪纷纷。】

白虎为凶悍之神，临于丙丁臣位之上，主政事乖张，臣工作逆，争斗是非，问罪受刑，纷纷不绝。

【玄武所主，奸邪屏树，轻则为贼，重则卖国。】

玄武为奸盗之神，临于丙丁臣位之上，主臣下奸邪，结连朋党，分别门户，竖立旗帜，轻则为盗贼，劫人民，重则私通敌国，背君卖国。

【九地之神，暗佞明诚，其属在坤，乾道无欣。】

九地乃幽冥之神，临于丙丁臣位之上，主臣下阴谋暗计，外忠内奸，阳顺阴逆，其事在于臣下，人君不利有此奸邪。

【九天司令，君亦畏之，出则为将，入则相之。】

九天乃猛烈之神，临于丙丁臣位之上，主臣下大有才略，谋为出众，文能辅国，武能安邦，出将入相，有震主之威，人君亦畏忌之。

【吉将临臣及生门，臣道多贤及肃清，凶将临之加死门，贪酷败露及深刑。】

吉将临臣，如值符、太阴、六合、九天临于丙丁臣位之上，又有生门合于丙丁之宫，主朝内多贤臣，纲纪肃清，政教严明；如螣蛇、白虎、玄武、九地临于丙丁臣位之上，又有死合于丙丁之宫，主臣僚贪污、苛酷、暴虐，败露受刑。

【凶要凶兮休吉动，吉要吉兮休凶用，凶旺乘吉动克君，此时篡杀气当成。】

凶将只可合之于凶门，若合吉门，则凶乘吉气凶事必成；吉将只可合凶门，则凶事不成；若吉将合凶门，则臣下前忠后奸，有始无终；凶将合吉门，得旺相气为奸臣，力能制主，篡杀必成。

【君臣仪合玄武气，昵爱奸雄无可议。】

甲值符加丙丁，是君臣两仪相合，鱼水和同，若将神有玄武临之，则左右皆奸臣，蒙蔽欺主，包藏祸胎，事防不测，君为迷惑，而昵爱之，不为悔悟。

【螣蛇之气半相同，妖异重重不可逢。】

君臣两仪相合，而将神有螣蛇临之，其祸患亦相同，但作事多怪异惊惶，国家元气被其断削。

【白虎死门气极凶，此时臣道岂能隆。】

白虎凶将，与丙丁臣位相合，主臣下多豪横不法凶恶之徒。若加死门，兼主死丧杀戮之惨。

【玄武死门不可当，权奸谋弑有刑伤。】

玄武凶将，与丙丁臣位相合，主臣下叛逃盗贼凶顽之辈，若又加死门，必至杀戮刑伤死亡之事。

【乾坤艮巽是民宫，四方财库民之营，观之劳瘁及从容，寅申巳亥在其中，变化之权分动静，六仪击刑民困穷，君道不昌国将终，此时民位更为凶。】

乾坤艮巽内有寅申巳亥，故为民位，亦为财库，若乾坤艮巽四宫之中，有六仪击刑者，主其宫分赋役繁重，兵丧并起，百姓流亡，父南子北，四海困穷，天禄永终，此以下占百姓之安危也。

【寅申巳亥元之中，阴阳失信正当直，交节伏中多失常，此乃四方民道失，观之所值属何灾，风为怨怒雨为泣。】

寅申巳亥元中，阴阳失候，风雨愆期，当交节之时，多失常度，此乃百姓应当受灾，须看其所值属何灾殃，若起狂风，主百姓怨怒而生变乱，若降霪雨，主百姓悲愁而生变乱也。

【击刑之岁不安和，观其将气正加何，值符财帛及田禾，螣蛇怪异切谣歌，太阴却是阴谋贼，六合太阴追及夫，白虎兵丧灾与咎，玄武盗贼窃见磨，九地多灾并有疫，九天五谷败伤多。】

寅申巳亥之元，逢击刑之岁，主百姓刑伤，破败不安，观八宫之上，八将所加何神，以定灾殃；若是值符加之，主田禾丰稔，财帛富足；若是螣蛇加之，主有怪异变乱及民谣四起；若是太阴加之，主四方多阴谋盗贼；若是六合加之，主天下妇女淫乱，风化不正；若是白虎加之，主有刀兵死亡；若是玄武加之，主盗贼蜂起，偷窃财物；若是九地加之，主有疾病灾殃；若是九天加之，主有狂风迅雷，败伤五谷。

【螣蛇夭矫及虚惊，必有妖言切语音，白虎猖狂有干戈，青龙逃走败伤木。】

六癸加丁，蛇投火里，受火煎熬，百姓惊惶，妖言惑众；六辛加乙，金来克木，必有兵戈扰乱，地方遭殃；六乙加辛，木受金克，五谷不成，百姓饥荒，大风伤禾。

【冲刑之格灾莫当，遮民此际见流亡。】

冲刑者，甲寅加甲申，甲子加甲午，甲辰加甲戌是也，灾祸尤重，兵丧盗贼，人民离散。

【白虎加临多杀戮，必见神号并鬼哭。】

冲刑之宫，上有白虎临之，则其宫分必有刀兵杀戮之惨，流血成溏，白骨满野，神号鬼哭。

【朱雀投江见漂流，，父子分离母女忧，更有格附乘旺相，惊惶困苦正淹留。】

六丁加癸，火投水中，水能克火，其分野大水为灾，漂流五谷，百姓饥荒，家败人离，父南子北，夫东妻西；若六癸复乘旺相之气，则地方扰乱，惊惶不宁，其灾尤甚。

【天乙飞宫起困穷，此时切莫君用中，此起必非王与侯，民间出帝无他求，此是民宫之大美，穷天极数之因由。】

值符加庚天乙飞宫格，天乙贵神君象也，而合地下之七煞金神，为得权之象，此占不在本朝天子，亦不出于侯王家，当有帝王生自民间，将来必登天子之位，庚为草寇兴兵，故不生于侯王之家，而生于穷民之室，此天地之定数也。

【甲丙相加民道安，此时百姓足千般。】

六甲加丙天生地，六丙加甲地生天，其生百姓富足，地方安宁，五谷丰稔，人亨长年，科甲盛美，文章华国。

【丙临庚上无盗贼，庚若加丙遭贼厄，会于阳宫即在山，会于阴宫即在水，乘之旺相久猖獗，逢之休囚不久灭。】

六丙加庚为荧入白，主地方盗贼灭息，风恬浪静；六庚加丙为白入荧，主地方盗贼蜂起，掳掠杀伤。若会在坎、艮、震、巽阳宫，则其贼起于深山陵谷之中；若会于离、坤、兑、乾阴宫，则其贼起于江湖水泽之内；若庚乘旺相之气，其贼猖獗横行为害多年；乘休囚之气，则不久可灭；若上乘白虎又会死门，则此贼必伤多人，扰害地方，占据城邑，谋王称霸，窃号称尊。

【美格更兼气多喜，民宫之美无灾否，再得君仁邦国昌，民丰国足真无比，星仪门气俱相生，四方咸得喜欣欣，占之所主在何地，九州十字割其宫，子午卯酉分四正，配于乾艮与巽坤。】

美格者，如鸟跌穴、龙回首是也，又遇旺相相生，则百姓安乐，天下太平，更逢君圣臣贤，则熙熙皓皓，古今无比。若九星、奇仪、八门俱相生相旺，则四海同风，八方清泰。要知落在何处分野，即以九宫分之，坎离震兑属四正，乾坤艮巽属四维，各依宫分而定之。

【事用专坐之宫，八门远近皆同。】

此下占事类之吉凶也。凡占事类以我身为主，分出东南西北，定为九宫，八门以事物所坐之方，取此一方之星、仪、门、将、阴神余气占之，本身为中宫，八方为八面，如东方有暄闹响动，或飞鸟一阵自东来，或人作客在东方，或谋事征讨在东方，即以本时之局震宫方上细查之，即可知其事类之吉凶矣，不论路之远近皆同，此占法余宫仿此。

【值符本是贵神，所属亦是青龙，专主行动财帛，迁移土木兴工。】

天上值符所到之宫，即为贵神亦属青龙，主其方有财帛进益，当得行动迁移，或起造兴工，有土工之事。

【螣蛇本性怪异，事主淹缠迟滞，其神火土灵神，求谋必定难成，胸中狐疑不决，忧愁心意难宁。】

螣蛇到其方，主有怪异之事，淹缠不散，其神为火土之神，凡有求谋皆属花假，必无成功，且自己胸中多疑多虑，不能决断，忧惶不宁。

【太阴图求谋望，将神朱雀文书，兼有文契商酌，因有口舌求和。】

太阴到其方，必主暗计图谋，其将神亦曰朱雀，主有文书契券之事，或事涉阴人及有是非口舌，来求和解。

【六合性贪求望，皆因喜气心粗，所主婚姻配合，私情说合调和。】

六合到其方，主作事喜气欣欣，然亦过于喜悦，贪图求合，不顾是非，不权利害，未免入于非礼之中，或主婚姻配合之事，兼有私情说合，若是妇女，必有奸情，和合谨防为妙。

【白虎忧惊疾病，更兼行人问信，斗讼伤亡谋害，移徙出行争竞。】

白虎到其方，主有惊恐忧愁及斗争兴讼，谋害伤亡，或移徙住居，或出行作客，并问行人信息。

【玄武所主盗贼，兼于小人走失，小人为害难调，遗亡失物隐匿。】

玄武到其方，主有盗贼偷窃，奴婢逃走，有遗亡失物之患，更有小人暗计潜谋，最难调停防避。

【九地幽晦之神，卜居心事难伸，更有淹缠灾疾，阴谋喜事难成。】

九地到其方，主有卜居之事，心中不宁，有不能向人告白，更有久病不能脱体，暗图婚姻和合喜事，终属不成。

【九天迁变出行，斗殴无讼相争，休囚口角问信，旺相陷害行人。】

九天到其方，主有迁移变更，及远行外方，有斗殴相争，高声大闹终不成讼，若休囚，不过口角相争，如旺相，必有陷害行人在途，宜慎防之。

【休主财兮生主兴，伤为捕捉杜难行，景门小喜初为美，死中休废反乘生，惊中作事言无半，但遇开门有动行。】

此以八门到方占事类之吉凶也。若遇休门，主有财帛之喜；若是生门，主有兴造之事；若是伤门，主有捕捉盗贼之事；若是杜门，主有隐匿闭塞之事；若是景门，主有小喜或文书华彩，先吉后凶；若是死门，主有死丧刑狱之事；若是惊门，事多花假，半虚半实；若是开门，主有动身远出之事；若死门落在旺相宫，主死丧立见，若落在休囚宫，反主生全，得时者为旺相，失时者为休废。

【死事求生占余气，不须考校及阴神，格中无救真无救，余气有气死而生。】

凡所到八门、奇仪、八将不吉，要死里求生，须细查八门旺相休囚之余气，不必考究值使上之阴神，若遇格故为难救，然八门余气有救，则凶者可以复生。如惊门为凶门，墓于丑囚于巳午，若于四五月到离宫为凶，十二月到艮宫为墓，是凶门之余气得囚墓，凶者不能为凶而反生吉矣。

【宫有玄机，运用神工，吉凶动静，各有处分。静要求荣看动，动要求助何人，下生上兮得助，下克上兮无欣，上下比兮自谦，上下合兮多成。】

九宫各有吉凶，皆以动静取之，地盘属静，天盘属动，以动合静则吉凶生焉。若要出门为客，须得天盘利时。假如今日今时欲出南门谋事，须得生门到时，出门则吉，火生土利为客，又要看天上奇仪所助者是何等之人。若地克天不利为客，天地两盘比合，主客和合，伏吟是也。若上下相合，如甲加己、乙加庚、丙加辛、丁加壬、戊加癸是也，主作事皆成，彼此和合。

【更有阴神阴气，中途险易衷情。】

更将八将加于值使门宫上之上，是谓阴神合之。符上八将两将相参，然后吉凶有准，又要看天上八门所加之宫，或生旺或墓绝，所遇之时，或旺相或休囚，余气吉凶以知死中之生，生中之死，而中途之险阻、平易情形必见矣。

【玄武螣蛇虚鬼，玄武白虎多惊。】

此以阳将阴神重叠相加以知吉凶也。玄武为盗贼，螣蛇为虚诈。若二将相合，则有虚诈拐骗偷窃之事；玄武为盗贼，白虎为仇凶，若二将相加，则有贼盗劫掠杀伤死亡之事。

【最喜重重六合，岂爱白虎叠叠。】

六合为和合之神，凶中化吉，所为如意。若阴神阳将俱得六合，主喜气盈门，百事和谐。白虎为凶神，遇之主死亡杀伤孝服，若阳将阴神俱得白虎，主上下不和，骨肉相残，死亡伤损，立见凶殃。

【休会符而财旺，太阴重重谋望。】

值符是六甲，为青龙，主财帛。休门属水主财货，若值符又合休门，主钱财大旺，粟米盈仓。太阴为幽暗之神，若阳将阴神俱得太阴，主暗地阴谋、隐伏、潜踪诸事，皆从暗谋而成。

【丁合仪合阴情，玄白凶重谋害。】

六丁玉女与太阴相合，或六仪与太阴相合，主有阴私和合，暗地通情；

若玄武与白虎相合，六丁虽为玉女亦属阴小，主阴谋劫杀，破败刑伤，为害最凶，不可不慎防之。

【下生上兮必动，下克上兮必败。】

凡八门加宫，宫为静，门为动，宫生门则为客者吉，可以举动，事在必成；若宫克门则为客者凶，举动行兵受主之制，必至大败。

【更逢天网四张，有伏暂匿必在。】

若诸凶会合在六癸之方，为天网遮张，如有逃亡伏匿不能远去，过时必出，若有谋为，迟而后发。

【多冲开与九天，其事必有散迁。】

若奇仪对冲之宫为反吟，又合开门上临九天，反吟主反复，开门主开散，九天主变动不宁，故遇此局，凡事虽主谋定而行，临期忽生变动，改头易面，另出一番，不可拟议。

【杜死九地朦晦，疾病忧煎难退，更有螣蛇相连，灾疾难退淹缠。】

杜门闭塞不通，死门死丧疾疫，九地阴晦沉沦，故杜门、死门上会九地，主疾病、死丧、晦滞、忧郁、煎熬、难退，若更有螣蛇连，则灾祸、疾病久患、淹滞，不能退敌。

【病有五行所管，水肾金家肺气，火心木是血肝，土乃脾家之咎，生死克旺相参，凶厉反行生气，其灾值用轻看，太弱又加克贼，其身岂敢承当，旺相并休及废，四时本位中藏。】

病原以五行推算，水属肾经，金属肺经，木属肝经，土属脾经，火属心经，皆以天上所加之奇仪八门断之，又以生克衰旺参看，凶格凶门要得休囚之气，其灾反轻；如遇生旺，则灾祸愈重不可当，若奇仪八门不行时令，为太弱，又遇贼克，其人必至死亡，旺相休囚皆随四时而定之。

【飞宫不利财兼贵，伏宫之格有忧疑。】

值符加庚天乙飞宫格。六甲值符是贵神，又为青龙，甲畏庚金之克而飞扬逃避，故不利于贵人与财帛。六庚加值符为天乙伏宫格，亦畏庚金之克，而隐伏不敢动，故多忧愁疑惑。

【朱雀投江在文书，文明不利是真机。】

丁为火，号朱雀，到六癸为投江，主文书失水，文运不振，士子蹇滞。

【庚加癸壬必有阻，六仪击刑事难措，更有自刑为灾祸，搜索气神何所主，遇神多吉一时灾，无吉多凶岂释开。】

庚加癸为大格，庚加壬为小格，遇格之时皆阻隔难行。六仪击刑者，甲子值符到震、甲戌到坤、甲申到寅、甲寅到坤是也，诸事难于措手，更有甲午到离、甲辰到巽，谓之自刑，诸事皆从自己破财祸从自身起，此时当看阴神余气，若阴得吉将，余气得旺相，则虽有灾害，不过出于一时，后终得吉。若无吉神，又值休囚，则灾祸不浅，岂能开释。

【阴直阴阴遇美格，小人作事多利益，值阳阴阴美格逢，贵人作事喜隆隆。】

值符属阴星，而阴神又遇太阴加之，复得奇仪相会之美格，阴星属小人，主小人利益，作事皆成。其符属阳星，而阴神又遇太阴加之，复得奇仪相合之美格，阳星属君子，主贵人喜庆，作事皆成。

【直丙阴气或九天，丙甲六合职高迁。】

六甲值符加丙上，而上之阴神得九天，天上时干六丙加于六甲之上，而上之阴神得六合，主官职高迁；得九天，必是风宪言官；得六合，必是礼户之职，为国家创造规模，治平天下。

【阳直阴时多旺动，经商万里驾车船，白虎玄武重叠见，途中财物君莫算。】

阳星值符上遇太阴，而星门又得旺相之气，利于举动。凡经商出行，水陆咸利，万里无阻。若得白虎、玄武重叠来临，则途中必遇盗贼劫掠，刑伤财物，非其所有，空手回家为幸。

【九地欣欣来卜居，此时定主可安居。】

阳星值符而阴神得九地加之，则人之来也，问卜居之事，此地可以安居，永无灾害，旺财发丁。

【开戊仪乘及九天，此际出行堪万里。】

甲子戊值符与开门相合，而阴神上临九天，则出行大利。开门所向通达，六戊为天门，九天则阳气高升，乘此而行，无往不利。故经曰：乘龙万里，莫敢呵止。

【六仪击刑占官贵，见者休官并罢位，若求财帛问利益，本不归兮安问息，倘乘值符要出行，且自安居免灾屯。】

遇六仪击刑，主刑伤破财。若于此时占官贵，则主休官罢职。若经商谋利，则本利皆失。若遇击刑为值符，欲乘值符方而出行，亦必遭遇灾殃，不如且安居静守。

【刑格之占次击刑，倘与词讼莫相争，忧辱忍之灾祸免，斗战伤身凶莫减，白虎玄武若乘之，出行遇之当避之。】

六庚加己为刑格，其凶祸次于击刑，若遇兴词讼而遇之，则当忍忧受辱，以求免祸。若必欲结讼斗战，必至受刑伤身，难免笔杖之辱，如将神中有白虎、玄武加临刑格之上，凡出行遇事皆当避之，必有盗贼劫掠杀伤刑戮之惨。

【出行莫乘蛇夭矫，途中怪异真不少，水遇水波见殃咎，路行车马定破倒，求救须将救处求，阴神阳将气余搜。】

六癸加丁螣蛇夭矫，出行遇之主前途迷惑，不能进程，且路中颠倒错乱，灾祸非一。若乘船必遭没溺之苦，陆行必车破马倒，如欲救之，必须看阳将阴神重叠相加，查其吉凶，又要查其门之旺相休囚余气，以知其吉中之凶，凶中之吉，若遇阴神余气有救，则灾殃得免。

【遇勃切莫逆，纲常真有失，遇之怒必兴，有斗君莫敌。占之谋望及索求，须看门宫有生克。】

丙加值符为勃符，值符加丙为飞勃，作事遇时切莫用之，必主颠倒错乱，纲纪紊失。若遇斗争必当避之，强与对敌，便致伤败。此时若遇谋望诸事，须看门宫之生克，宫生门利求索，门生宫费力而后成，门克宫求事必遂，有伤体面，宫克门所求不得，反遭诟辱。

【疾病九地言迟滞，父母兄弟各有室，搜之占者气何所，随气占之见端的，反吟之占多反复，伏吟之占为病伏。】

此占疾病之吉凶也。若占疾病，而将神行九地，主疾病属阴，迟滞难退。各以父母兄弟宫分占之，天上时干为本身，生我之干为父母，我生之干为子孙，克我之干为官鬼疾厄，我克之干为妻妾奴仆，比和之干为兄弟，查其干之所克，六亲者即是，病厄以五行定病，以衰旺定迟速。若反吟主势反复，轻重作止，不可定准。伏吟主病势淹滞，不能去身。

【求获去寻伤，过此岂相当，伏吟切莫动，藏伏亦为用，更寻六合处，多吉真堪用。】

伤宜采猎、捕捉、征讨索债，出此门必有所获，若此而别用，他门则无益矣。如遇伏吟则不可用，惟隐避藏匿者宜之，则所求必获，所索必有，不费余力。

【九天临处看杜门，惊死俱皆难动身，求望临于景门上，初然为喜后为忧。】

九天之上动而不息，利于出门。做事若会杜门、惊门、死门，俱难动作，即使有所求谋，百无一成。若会景门便可求望，但初然有喜，后必有忧。

【若论所求之各宫，他生我兮我必荣，交接之宫遇比肩，原来此处气相连，太阴六合文书喜，九天白虎非动兼，位中独戊余无动，戊为动神占为用，六戊若移在三宫，此为击刑必有凶，细将仪将气阴神，进退穷通仔细分，若要所求玄妙处，歌中变化去搜寻。】

凡看所求事之宫，各有专主。如占君看坎离，占四方看子午卯酉，占臣看丙丁辰戌丑未宫，占民看寅申巳亥宫，占看诸所坐之方位，。只要他来生我，则我得吉庆，做事皆成。若是交接事之宫，宫门比和，看此宫之将神相连，定其吉凶。如太阴六合相连，则私谋暗计皆成，文书和合速至。九天与白虎相连，主非祸凶恶立至，莫能抵御。若其宫中止有甲子戊无余仪，则以天盘戊为动神，占事以此戊字为用神，若戊移到三宫是为击刑，必有凶祸。须细查六仪、阳将余气之生克、衰旺吉凶，以分进退，穷通总以歌中搜寻其玄妙也。

【兵分主客，势之相敌，先虑安危，再搜其策，将观将伏，门观变应，宫分两家，穷究无差。】

此以下占行兵之吉凶也。凡行兵要先分彼我之为主客，势之强弱格之吉凶，门之生克，以定安危，当再搜求其余策，八将观其将之善恶，八门观其门之生克，一宫之内分天地两盘，即为主客两家，天盘为客，地盘为主，查其生克衰旺，以知胜负。

【值符旺相莫相迎，但得休囚只半倾，若遇飞宫应我用，他先我后且消停。】

值符是六甲，六甲系贵神，行兵切不可向之而战，若得旺相之气，尤不可迎之，坐值符击对宫大胜，如值符得休囚之气，坐者半胜，迎者半败。若值符加六庚之上得飞宫格，我当为主不可为客，候其先出兵，我且消停，窥其兵势，审其强弱，而后应之必得大胜。

【螣蛇言利半乘虚，追得余气为破期，究得十分真败处，决之用度见高低。】

螣蛇为虚诈之神，九星、六仪、三奇、八门俱得大利，而上有螣蛇临之，止得半虚半实，搜寻门气之旺相休囚以定期，破败之期，查究到十分真败之候，即当速发军兵以征讨之，一战即见高低，而存亡之势决矣。

【太阴用度周全，且莫忽略轻看，若得盘中无恐，我军固守为安。】

太阴之将，阴柔之体，暗计图谋事周全。若轻易出兵，浪静则反致败衄，就是天盘中大利，毫无克害，我军亦当安静固守为上策。

【六合之军畏死，我军雄勇可使。若有降顺当留，令之远调别处。】

六合之将，和合之神也。其神所临之地，兵将胆怯，未发兵先思和。此时我兵可以乘势决战，雄勇莫当。若有贼兵来降，是真心归附，竟当受之。但宜远调他方，不可留在本营。恐其穿合线索，勾引我兵归还旧巢也。

【白虎之军性猛，久迟必退成空。若欲尽力攻取，此将有始无终。若不及时招抚，将来日复兴戎。】

白虎为凶悍之神，其性暴戾，猛烈难当，乘势进战，可以获胜。若迟久则成退缩，有始无终。不如及时招抚，必来归降。若不招降，必成大祸。

【玄武之军多变，机关莫测通神。惟以求荣为美，其心畏死贪生。】

玄武为盗贼、小人，其心多诡诈反复，故其军多变乱反复，机械变诈，不可测识。然中心退缩，畏死贪生，不顾忠义，不惜廉耻。秦强归秦，楚强归楚，惟以强弱为从卫。欣羡荣华，招之即至。

【九地多阴谋，来兵有异伏。逢之莫急进，用之必败覆。】

九地为阴晦之神，将来多阴谋密计，来军多设伏乘虚。遇此时，当相机而动，不可进战，进必全军败亡。只可严营固守，待时而动。

【九天之气多刚暴，转变更迁难测料。遇此兵锋宜避之，可将气神来相较。】

九天为刚暴之神，其性善动更番转变，难以测料。遇此敌锋当坚守，以避之。宜细查门上之阴神及门气之旺衰，而考校其吉中犹有凶，凶中尚有吉，以定其灾祸也。

【值符休门天晴朗，坤维兵伏宜防早。主将虚惊利坐中，客逃西南马车倒。捕捉乾宫丑日擒，出军道路知安好。】

值符会休门，主天时晴朗，三四月有风，六月有雷，十月有雪。出兵道路平坦，至晚有人窥伺。西南方有伏兵，宜防备。有一蜀中大汉，同妇人来降，主将有虚惊，宜安坐申营。遇子日子时方吉。客将车破马倒，逃奔坤方，不可擒捉。如捕捉贼，伏西北方老妇人家，至丑日方可擒捉。

【值符生门雷兼雨，未时方晴北风举。兵利南方不利乾，主将功成午未许。客军丑命来防破，捕在妇人草屋里。】

值符会生门，天时主大雷雨，未时方止。风自北方来，三日住止。行兵利南方，不宜西北方。山冈下有人，别路有楚中兄弟二人来降，贪酒色，不宜收。主将有大功，当于午未时出兵大利，不可迟。客将亦有利，丑命人来防破之，旌旗数易。捕盗捉贼，有妇人引至草屋下擒之。

【值符伤门日象阴，无边风雨不曾停。兵行逆地攻兵速，路远山高不利征。主将急宜防刺客，客逃中矢捕休论。】

值符会伤门，主太阳有亏，有不测风雨至。行兵遇逆地，当速攻打。三山五岭地势险兀，只宜屯营，不利前进。有败兵来降，宜收之。主将当急移营寨，防有内变。三马并行吉，否则，有刺客。客将中流矢而逃奔，速追可擒。捕捉盗贼，已去，不可得，追之三五日可见面。

【值符杜门天大晴，兵遇重关碍不行。上下不谐降可受，将军劳瘁不宜征。客军厌战将和解，捕捉逃亡难获寻。】

值符会杜门，天时大晴，无霜无雨。出兵行过石门重关，往来皆不利。子丑二时有得。有一人贪酒，有二人贪色，上下不和，来将可受。主将劳疲不可征，客将亦不愿战，宜用说客和解，捕捉难获。

【符景云收并雨散，丑日雨霖为军患。进前必败有舆尸，主沐君恩受封拜。客将争伤主则强，捕捉之时在离宫。】

值符会景门，天上云收雨散，至丑日有雨。行兵难以前进，进则必败。长子率师，弟子舆尸。君子用事，又使小人参之，安得不败。主将得功，大君有命，开国成家，小人勿用。客将马虎争冲，客伤主胜。捕逃三人执绳可缚，在正南方。

【符死阴雨坤风晴，若在秋时雷震声。行军车陷城难拔，主将宜畋不利征。三日客擒五日败，小人可捉君子贞。】

值符会死门，主天时连日雨，必待西南风始晴。二八月有雷声，从地起。行兵有陷车之险，城郭完固不破。有正人自吴中来，用之大利于国。主将只宜田猎，出征防小灾。客将三日就擒，五日亡兵散，主降。捕捉小人可获，君子不可捉。

【符惊多雨遇辰晴，地险兵亡祸立侵。若合奇门方有吉，将旗折喜遇天英。客军我往人当败，捕捉惟宜术士临。】

值符会惊门，主天多雨，至辰巳日方晴。出军地阴有陷军之危，过山涉水，凶祸莫救。遇奇得门庶获安全。有间谍者，即因问可知敌情。主将有折旗之事，无咎，得合天英星方吉。客将此往彼必亡，得奇不可亡。捕捉可获，乃术士也。

【符开遇丙必可晴，无丙当霖四十日。敌国空言不见人，行兵宜水不宜陆。有奇则胜无奇退，客败逃亡难捕捉。】

值符会开门遇丙奇，主天时晴。无丙奇主四十日雨。行兵宜舟不宜陆。敌国相约未见来人，只见信至，其人性刚直，难调和。主将有奇，百战百胜；无奇不可出兵。客将不利，士卒宜用背值符击对冲之法。捕捉见影不见形，迟则可得。

【蛇合休，多雨阴，丙日晴明雷电生。老将行兵干有伏，逢奇可进得秦人。主军训练方能胜，客将逢灾捕不擒。】

螣蛇会休门，主天多阴雨，至丙日辰日方天晴。丙日有雷电，行兵须老将。用兵埋伏在西北方，有奇可进。得一近视眼，是陕西人，有不能可用。主将宜练士卒，出则敌胜。客将渡水有难，若天英在宫下可击。捕捉只宜谨防，不宜捉获。

【蛇合生，风雨行，风停雨细巳时止。主客亦合勿讨寻，遇奇得将贤人至。主将宜攻守不成，客从干破捕阴人。】

螣蛇会生门，主天时风动雨生，风止雨细，巳时晴。行兵进则伤主将，宜讲和。穷寇莫追，可得一大将，遇奇更得多贤。主兵利战不利守，客将于十三日后可从西北方破之。捕捉在织机房，妇人隐匿。

【蛇合伤，风雨狂，若逢大雾见阳光。兵宜结寨在平洋，遇奇山谷逢君子。主将刑伤奇不妨，客胜难击捕林藏。】

螣蛇会伤门，主天有雨，若大雾无雨。行兵宜结寨在平洋，如遇奇可进山谷，有君子进、小人退之事。主将防兵及之伤，有奇可救。客将大胜，不可击。捕捉则藏在竹木林中，宜缓捕之。

【蛇合杜，密云布，若遇辅星三日雨。行兵设伏在小路，男女来投切莫用。主将英星称大武，客兵奔败逃难捕。】

螣蛇会杜门，主天时密云不雨，若遇天辅星有三日雨。行兵有山有河，可以伏兵。有夫妇二人来投，不宜重用。主将得英星大利，不然仅可守旧。客将亦不利，宜退不宜进，进则失辎重。捕捉贼已去，不可追。

【蛇合景，天晴光，三日兑上有火起。兵进山前锋莫当，主将有灾得邑免。客军行动将身凶，捕捉坎地剿无妨。】

螣蛇会景门，主天大晴，三日有火起于西方。行兵有前边两大山，后边一小山，此处即可进兵。有一矮子从西方来，可用。主将有无咎之灾，得三邑可免。客将行有凶，无攸利。捕捉在北方，可进剿。

【蛇合死，晴光丽，奇云掩斗三日雨。兵进遇火逢文士，主将举动咸得

宜。客军覆败应子午，捕喜无奇擒即至。】

螣蛇会死门，无奇大晴，有奇云掩斗口二日得雨。行兵则进，须防火来攻。有天蓬星至，得一文士，得术士，是贤人，否则无贤人。主将上下相合，举动皆利，进退不难。客将有覆军杀将之灾，应在子午日。捕捉则遇丙奇可逃，无奇可擒。

【蛇会惊，气蒙茸，丑日艮风云雾散。行兵阻隔路难通，主副将兵冲可进。客贪财帛败无踪，捕在江湖水里逢。】

螣蛇会惊门，主天有云雾相连，欲雨不欲，丑日遇东北风方晴。行兵则左山右水阻隔，不可进兵，平洋可进。有丙子荷兵器来，可用之。主将有水灾，惟利用副将，可进，遇天冲星可大进。客将多贪财帛，若贿之可破。捕捉则其人隐在江湖中，为水客，通医兽者可擒。

【蛇合开，风雨从，神坛社庙防有伏。不利行兵遇老翁，主将出征获匪丑。客来焚死败无踪，捕防格斗有刑冲。】

螣蛇会开门，主天久雨无晴。行兵则神坛社庙内有伏兵，不宜进。有一老年人至，谈神仙事，可用之。主将出征有嘉折首，获非其丑。客将来则焚去则死，应三九日见。捕捉则不利，防格斗，且有伤。

【太阴值休门，天时常遇阴。蓬星有雨半月望，兵无桥渡不能行。有文士，善阴谋，主将病侵休浪战。客军已渡宜坚守，捕捉东南难到手。】

太阴会休门，天时常阴。遇蓬星有雨，二八日应。行兵则前有河水，无桥可渡，不宜进兵。有文士通家来见，善阴谋。主将有疾，不能督兵。客将鸡鸣渡关城，宜守不宜战。捕捉则或东或西，难捉摸。

【太阴值生门，丙丁晴乙雨。兵至鹊巢贼有伏，速宜退步勿前举。医巽来，知贼衷，主将天冲能破敌。客军败北泣如雨，捕捉本家丑日遇。】

太阴会生门，主天时有雨，丁奇天晴多东南风，有乙奇有雨，无奇骤雨至。出兵则前有鹊巢，乃伏兵之所，宜退不宜进。有医士从东南方来，知敌人消息。主将得天冲星，破敌国如摧柯。客将专听小人之计，用兵必败。捕捉则隐伏在本人家，丑日可擒。

【太阴值伤门，艮风晴辅雨。异人指示贼巢窝，整兵进战贼无旅。大将

怯，士卒勇，主似焚巢无穴栖。客军前喜后还输，捕捉无功空此举。】

太阴会伤门，主天晴明，有东北风自巳时起，至申时止，次日晴。若遇辅星，主有雨。进兵则有异人指示贼巢穴。大将有退志，士卒退而不退，终得胜。主将懦弱，如鸟焚巢无穴可栖。客将先胜后败，先喜后悲。捕捉则是远方人，无家，难定其所，不可捉。

【太阴值杜门，丙丁都邑焚。行兵阻水前难渡，固守前津功必成。安心腹，帛与金，主防刺客来床下。客将无能当速侵，捕捉须迅急可擒。】

(注：太阴会景门，及太阴会死门赋，均缺。)

太阴会杜门，主天时本日有雨，来日晴，有西风方晴。出兵则城西南有伏兵，可守不可攻，必候奇到方可破。有高才人可合诸侯连说客，但不可使敌人。主将利西南，不利东北方。客将有三日大利，两日不利，可于坎宫徐击之胜。捕捉则本人在东方进饭后即行，宜速图之可获。

【太阴值惊门，甘霖养万物。震险利我不利彼，进兵征伐破可必。有贼降，不诚实，主将三日可全胜。客将降人贼败北，大将匿离擒难获。】

太阴会惊门，主天霖雨时降万物滋生。行兵则东方多险，我利彼不利，可破之。有人来降，有名无实，不可信他。主将命在冲星，有小灾，或三日出师，可以全胜。客将得降人智力，贼可破，有奇不可破。捕捉则是大将避在离宫，可和不可捉。和则有大功，捉则有大祸。

【太阴值开门，丑日见阳光。兵行路坦宜前进，退则遭殃军败亡。母子来，用不藏，主兵大利东风起。客谍花言智莫与，捕捉阴人男已扬。】

太阴会开门，主天时雨已极，即当日晴，至丑日大晴。行兵则路空亡，可进不可退，退则我军败亡。有人母子同来，子弱母强，不中闭。主将有奇，东风起用火攻，无东风只可固守。客将用间谍来善言。捕捉则女人可获，男子弃逃不可获。

【六合休兮奇至晴，无奇申刻北风生。行兵水阻贤人至，主将谋为多不成。客军得助浑难伐，捕问阴人卯未擒。】

六合会休门，主天时有乙奇实时晴，无奇则申刻起北风。行兵则水道不通，有小人接引。有贤人从震方来，五日后至。主将有谋不成，有为不遂，宜坚守吉。客将得天人力有救，不可伐。捕捉则有女人知音信，在水边，卯日未日可擒。

【六合生兮雷无雨，得蓬星兮雷雨注。行兵宜在西南利，主将守攻咸称意。客军可破阴谋计，捕在僧房捉可遇。】

六合会生门，主天时有雷无雨，如得蓬星则午时有大雷雨。行兵则进入险难恶事消散，利西南。主将进可战，退可守，大吉。客将其士卒不练，多阴谋诡计，可以计破之。捕捉则在念佛人家，可获。

【六合伤兮风雨厉，有兵变兮西南起。行兵奇主干方利，主防火发卯与戌。客贪酒色兵离异，捕在西方土木民。】

六合会伤门，主天时得心星风雨兼至，主西南有兵变，应往吴越。行兵则逢高峻之山，有奇至，兵从西北方可进。有一术士愿投，可信之。主将防火灾，应在卯戌日。客将贪酒色失士卒心，宜协心齐内，作急进兵。捕捉则属土音姓人，在西方木音姓人家可捉。

【六合杜兮久雨频，地阴窄兮敌备轻。出兵九天伏九地，主将家难三九临。客必损将并折兵，捕匿酒房速去寻。】

六合会杜门，主天时阴阳失和，四时失序，时风时雨，四十日方晴。行兵则虽有险途，无埋伏，可进兵。兵出九天方，人伏九地方，士卒可和。主将家有隐忧，三九日有信至。客将折兵，不利。捕捉则藏在酒铺中宿，实时捕之可获。

【六合景兮不时雷，坤兵变兮酉辰推。出兵我利贼就缚，主将遭霖车马亏。客得天心兵不败，捕捉娼家西半隅。】

六合会景门，主天有不时之雷。西北方有兵变，辰酉日起。行兵则我利彼不利，其来可破，三人同心，贼人就擒。主将有车马之厄，出阵遇雷雨。客将天时不顺，人心尚固结不可破。可捕捉，则在娼家饮酒，西方可捉。

【六合死兮无奇晴，路逢陷兮龙虎争。妇作间谍言难信，主军进退事皆亨。客有飞符兵亦精，敌诱我军捕难寻。】

六合会死门，主天时有雷电，无奇主大晴。行兵则一蛇当道，二虎争冲，途中有伤。有妇人来行间在帐下，不可信从。主将天时顺利，人事亨通，无往不利。客将有主意，有飞符至，多顺少逆。捕捉则是一军为敌所诱在西北方，不可获。

【六合惊兮天大旱，城中空兮伏兵悍。偏将奇谋可即从，主防婢害午来看。客军将进须防探，捕有虚言终不见。】

六合会惊门，主天时大晴无雨，有丁奇至大旱。行兵则三里之城有伏兵，城中皆虚设 。有偏将献劫寨之策，可从。主将有一小婢谋害，午未时防之。客将有渡关河之志，宜防备。捕捉则虽有人说信，皆虚诈，军兵为敌所诱，不可捉获。

【六合开兮雷电惊，兵宜守险计谋倾。客自吴来谋可用，主防副将夺权争。客宜固守犯天嗔，捕捉贼勇反遭擒。】

六合会开门，主天时寒露节，多有雷声。若在春时，雷起。行兵则百人守险，万夫难敌。宜用计以破之。有客从吴中来，多出奇计宜重用之。主将有副将争权谋害，不宜进兵。客将天地不交，四时不顺，可守不可攻。捕捉则其人甚勇，捕之反受伤。

【白虎加休天即晴，行兵前路有虚惊。切莫纵兵防中计，百人奋勇敢先登。主将谋为皆不遂，客军利战莫安营。捕捉娼家不可擒。】

白虎会休门，主天时有雨，一日即晴。行兵则有虚惊，若纵兵掳掠，则中敌计，宜慎之。营盘中有百人奋勇敢前效死，宜从。主将谋不成，求不遂；客将利战不利守。捕捉则有一草头姓人，在娼家饮酒，不利，不可捉。

【白虎加生天即霁，午后巽风三日已。行兵险阻破东方，术士谈玄心莫喜。主将贵谋休浪战，客军防烧辎粮地，捕捉火攻大得利。】

白虎会生门，主天时晴，午后有东南风起，三日方止。行兵则有险阻峻小，可从东方破之。有术士着青衣至，谈修玄门事，不可用。主将谋在之我，成之在天，不可强求。客将东南方有火星起，防烧粮食之焚。捕捉则有一将守水道，可用火攻之。

【虎伤若得丁奇会，坎主风雷奇不晦。出兵颠险势堪赢，敌将真降情不说。主宜严厉不宜宽，客将骄盈事机退，捕捉急迫翻有悔。】

白虎会伤门，主天时有丁奇加坎宫，定有风雨雷电，无奇天晴。行兵则前有虎山龙岭，皆兵马出入之所，可破。有敌将来降，是真情，宜收之。主将宜威严用杀戮，不宜放释罪人，放释即祸生肘腋。客将好胜，谋将事多不成。捕捉则待其人再回可获，急则反去不获。

【白虎加杜雾大恶，霾收风起阳光作。行兵守险勿轻狂，敌有文书称主客。主将屯兵防阵亡，客军鼠斗牛翻却，捕捉艮出小桥获。】

白虎会杜门，主天时有大雾，多霾风，起则晴。行兵则有人固守隘口，不可轻进。有使客将文书至，得佳音。主帅出师阵亡，宜守不宜进。客将牛鼠相斗，牛伤鼠无恙，午未日有信。不足则灾东北方，山下有小桥处逃避，可获。

【白虎加景天心合，时雨时晴三日歇。行兵拿伏宜往北，营中心膂生反复。主将色迷用怒激，客将利亥子丑杀，捕捉自来何用缚。】

白虎会景门，得天心星至，时雨时晴，三日后方大晴。行兵则中途有弩来埋伏，宜往北方而进。本营中有腹心人，反复不可同事，宜防之。主将被女色迷恋，不肯出征，以怒激之方行。客将亥子丑出兵利，丑日旺。捕捉则三日后，其人自来降，不必去捉。

【白虎加死黄云乾，五日雨至灾星缠。行兵桥断渡河击，中途谋叛岂真然。主患偷营防袭寨，捕人只在火房边。】

白虎会死门，主天时西北方有黄云起，五日后有雨，有小灾。行兵则有水无桥，被敌所折。渡河击之可胜。行至中途，有人谋致不可信也。主将于丑未日有劫营之殃，宜防之；客将地利人和，可战可守，不宜袭人营寨。捕捉则在火房潜藏，宜急捉可获。

【白虎加惊有异云，三日狂风发屋惊。行兵有险不可进，君差良将丑未临。主不劳兵得土地，客军好战将自倾，捕惟获信纵难寻。】

白虎会惊门，主天时午后有异云铺顶，三日后有狂风坏人房屋。行兵则前有凶险，不可轻进。朝中差委善将至，在午未日时应。主将可不劳兵刃，破人城池，得人土地。客将甘战不甘守，追逐之自败。捕捉则有三五人同谋，在东南方火烧山下，难捉，三日见信。

【白虎加开奇至晴，若无奇合雨相因。行兵宜步休乘马，刺客还防在我营。主军出入兵皆利，客有助扶战即赢，捕在营中可就擒。】

白虎会开门，主天时有奇即晴，无奇即雨。行兵则车马难进，步兵可进。有刺客在小军营中，宜查察防备。主将出入无往不利，客将一朋友带兵助战，主将宜防之。捕捉则本营中隐藏，即营中获之。

【玄武兮休门，白云兮天晴，黄云兮雨生。行兵鹿走前途伏，远客人来谋可听。主将有奇方可进，客军坚守战休轻，捕往他方不可擒。】

玄武会休门，主天时白云盖顶即晴，发霓即大雨，三日后方晴。行兵则有鹿走下有伏兵，仅百余人可进。有朋友果妨，是远方人，见之无妨。主将谋事不成，宜守不宜进，有奇可进，亦无大胜。客将君子道长，小人道消，人心坚固不可破。捕捉则已往他方不可捉。

【玄武兮生门，微雨兮不久，午戌兮应有。巽僧引前险可进，游子告信贼情丑。主将平安称无咎，客军不睦起兵寇，捕捉东方竹林口。】

玄武会生门，主天时微雨不久，应午戌日。行兵则东南方有一僧人接引，入贼营地，虽险可进。有游食人道贼情来，亦可信。主将无咎反利，客将多不和，有越兵为害。捕捉则在东方竹林内人家可获。

【玄武兮伤门，霖雨兮济旱，戌日兮方断。行兵伏遇草头人，商贾人来报逆叛。主将须防忽中风，客军利涉休登岸，贼人久向潢池散。】

玄武会伤门，主天时有霖雨，可以济大旱，到戌日方晴。行兵则有草头姓人埋伏在山中，举火为号，不可轻进。有商人知贼消息而来，宜敬重之。主将有中风之疾，于子午日防之。客将利涉大川，不利山谷。捕捉则贼人久去，不可捉。

【玄武兮杜门，风雷兮电扫，甲寅兮晴好。行兵临渡须防贼，预探方能免折耗。主军谋胜战成功，客好营中防火燎，贼已远去人难找。】

玄武会杜门，主天时风雷至，甲寅日方止，有太阳光见。行兵则渡河时谨防贼于河中设计候渡，勿中其计。主将善谋略，出兵大胜，必成伟功。客军当有火灾焚烧军营。捕捉则其人早已远去，不可寻捉。

【玄武兮景门，半月兮阳光，过望兮雨狂。行兵路坦无埋伏，抵掌谈人

用不妨。主军有疾终无咎，客将收兵宜善藏，捕捉东方五日亡。】

玄武会景门，主天时有半月晴，遇望兮而雨。行兵则无险，可进兵，更无埋伏、奸伪等情。有人至善言谈，谈必可用，用不误事。主将有疾病，无大咎。客将利涉大川，不利出师。捕捉则贼在东方，五日可捉。

【玄武兮死门，蓬会兮雨霖，三日兮不晴。行兵坤地通微径，献策双双一是真。主军利动防车倒，客遇计谋事不成，贼人捕匿在僧庭。】

玄武会死门，主天时得蓬星当大雨，三日不晴。行兵则前有大溪，进退俱不可，西南方有小路可进。有二人同来，一人献策，一人图利。主将出师利于举动，但有车折之咎。客将有小军，用女乐献媚，其计不成，无咎。捕捉则在燃火之处藏躲，多是僧道。

【玄武兮惊门，乍雨兮乍晴，晴后兮复倾。行兵有险休轻进，僧道偏能荐贵人。主军利水乘舟楫，客将将亡木姓擒，贼已离巢不必寻。】

玄武会惊门，主天时有丁奇到，自辰时至午时晴，自午时至未时雨，雨后复转晴。行兵则前有险阻不可进，进则有伤。有僧道引攀龙之客来。主将吉利，登舟楫而行。客将不吉，当败于陆，见擒于木姓人。捕捉则贼知我音信，已离巢穴，不可捉。

【玄武兮开门，庚午兮艮风，风起兮日红。行兵鸟道险难攻，刺客来营信可从。主将有灾无大咎，客宜坚壁固潜踪，贼人已在震之东。】

玄武会开门，主天时庚午日未时有东北风起即无雨。行兵则有鸟道羊肠之险，可守不可攻。有剑客至，宜重用之。主将有灾，亦无大害。客将亦不宜进兵。捕捉则不在原处，当在东方寻之。

【九地会休门，问雨却偏晴，若遇蓬星风雨顺。行兵有地山名火，险极当从西北行。主将升迁在日兮，客军多智莫相轻。捕捉难，何处寻？】

九地会休门，求晴反雨，求雨反晴。如得蓬星，有大风雨。行兵则前有地名火山，甚险。当从西北方而进，不日有天使至。主将目下有升擢，客将有机械，不可轻敌。捕捉难获。

【九地会生门，霖霪久不停。大水瀑淹军营兵。军发宜进退休轻，朝颁恩诏显光荣。主人震怒量非宏，客得坤人助我赢，捕捉近，在问津。】

（注：九地会伤门，九地会杜门赋诀，均缺）

九地会生门，主天时多云，有北风无雨。行兵则陆路可进，水路不可进。有一人骑马至，报敌人消息，甚真。主将三六九日见凶灾，客将利西方，不利东南方，有从巽方发兵击之可破。捕捉则在公吏人家，藏匿西北方上。

【九地会景门，无奇必成雨，奇至巳午晴可许。出兵舟里遇敌粮，文士引儿来见语。主将功成名大遂，客军乃是倭夷侣，捕捉尚在巢窝里。】

九地会景门，主天时久雨，有奇至巳午日见太阳，必久晴，无奇必雨。出兵则从舟中去，获贼辎重货物，大利。有一文士引一儿来见。主将所求必得，所欲必遂，有大功。客将是外国人得胜。捕捉则其人还在，急去可捉。

【九地会死门，天时必大晴，日逢翼轸微雨经。行兵地险雄如虎，奇到贤人来助兵。主将力弱不从心，客军大利士卒精，捕匿在艮巳亥擒。】

九地会死门，主天时大晴，过翼轸星值日有雨，亦不大。行兵则猛虎当道，大旱屏迹。有贤人来谒，有奇到则来助。主将心虽欲战，力不从心，得水姓人来助。客军车马士卒皆利，宜先发制人，独不利于主。捕捉则在东北潜藏，巳亥日可捉。

【九地会惊门，巳午时多风，云上于天雨不逢。行兵险胜平洋否，官道来临福曜从。主将变化如飞龙，客将多疑事不通，贼已投人捕捉空。】

九地会惊门，主天时巳午时有风，密云不雨。行兵则居险地胜，平地交锋不胜。有官人同道士来，是吉星相临。主将如飞龙变化，目下飞腾进退皆利。客将多疑无决断，不敢进兵，有奇至，得太阴相助战，必胜。捕捉则贼已向西北方投降，人去不可捉。

【九地会开门，太阳正当空，有雨骤来意外逢。行兵守吉进则凶，三人交合百谋通。主将转退进成功，客虽小灾亦利攻，捕捉贼盗即报功。】

九地会开门，主天时太阳当空无雨，若有雨必骤。行兵则君子进有厄退有利，有三人交合百事皆成。主将有天功，退兵三舍，宜速进。客将亦利，有小灾。捕捉则盗贼难逃，三日可得。

【九天休门兮，雨散云收兮，午未之日大晴兮。出兵越境而守兮，虎马命人诈降兮。主将褒封敕书至兮，客军不利北面受缚兮，捕得缺唇报信可捉兮。】

九天会休门，主天时云收雨散必晴，至午未日时方大晴。出兵则越境而守，有忧。有虎马命人来是贼人诈降。主将先宜出境，有褒封，敕书至。客将不利，必北面受缚，有奇至可免。捕捉则必得破唇人报信，捕之可捉。

【九天生门兮，遇云连雨兮，严冬之日大雪兮。行兵险阻可击兮，草头姓人知兵兮。主将休征副将坐营兮，客将辅车邻人助胜兮，捕在西方谋事难捉兮。】

九天会生门，主天时得天任星至有连日雨，冬时即连日下雪，欲晴不晴。行兵则有险阻处可击，平易处不可击，击之有灾。有草头姓人见来，知兵法，可用。主将不宜出兵，宜副将坐营中。客将有辅车之势，得邻人助阵胜。捕捉则在西方最高之所居住，欲谋大事，不可轻捉。

【九天伤门兮，天时大晴兮，旱干之灾三月兮。行兵峻岭夏破兮，外亲接见大利兮。主将乘云遇荣兮，客军管鲍莫击其冲兮，捕捉在东知交藏匿兮。】

九天会伤门，主天时大晴，有三月旱灾。行兵则有高山峻岭，六月可破。有外人接引至亲来见，大利。主将步步登云，进退荣显。客将有管鲍之交来，不可击其冲。捕捉则在东方相识人家躲避。

【九天杜门兮，此日乍晴兮，黄云次朝午后雨兮。兵渡大江风起巽兮，两人解粮来妇兮。主将迟疑战将吉兮，客军遂意亦受显荣兮，捕在乾方术精远扬兮。】

九天会杜门，主天时一日晴，如未时有黄云盖顶，次日午后有雨。行兵则利登舟渡大江，有东南风起，有两人解粮革来，又一女人至。主将疑兵有行有战将出兵吉，客将凡事遂意，有荣显至兆。捕捉则是贼在西北方水边住，通术数，不可捉。

【九天景门兮，雨后东风兮，三日之期雨止兮。行兵水阻利西兮，敌信蜀人来知兮。主将成功褒封至兮，客贪师出用法可制兮，捕捉水边顷刻可擒

兮。】

九天会景门，主天时有二三日雨，遇午日东风起，方有雨。行兵则东北方有水阻，不可进兵，利进南方。有一朋友从川中来，知敌消息。主将可安，主收功，不日有褒封至。客将损下益上，师利出师，宜用法之制。捕捉则酒醉在河边人家，即刻可擒。

【九天死门兮，阴晦生风兮。严冬无雨雪飘兮。行兵开山破敌兮，营中忌刻贤去兮。主将利水不宜步兮，客将乖违急攻可破兮，捕捉潜移再来可获兮。】

九天会死门，主天时五更有大风起，即无雨，但阴晦无日。冬时有雪。行兵则执柯，开小破林可破敌人。营中如虎见兔不能容，贤人有去志。主将不利水战，不宜步骑，有奇至亦可用。客将上下各一心，可破之。捕捉则其人已移居，必然捕捉，再来可获。

【九天惊门兮，寅巳日晴兮，午未雨丑子雷兮。行兵危险缓进兮，武夫持戈助吉兮。主将褒封五日至兮，客善谋断贤人辅助兮，捕捉西兑据山难获兮。】

九天会惊门，主天时寅巳日晴，午未日雨，丑子日雷。行兵则如履虎尾，如履薄冰，危险可畏，不可轻进。有武夫持戈相助为吉。主将五日后有褒封为吉，客将多谋断，更有贤人辅助。捕捉则在西方峻山下扎营，不可轻进，殊难捉获。

【九天开门兮，午未大风兮，冬时久雪不晴兮。行兵水火利乾兮，夫妇同至交通兮。主将发火慎防灾兮，客勇宜避亥子相进兮，捕捉动移他往难获兮。】

九天会开门，主天时无雨多晴，午未日有大风起，冬时亥子日有雪，久不得晴。行兵则前有大火，后有大水，进兵利西北。有夫妇同来，上下交通吉。主将军中火灾起宜防之无害。客将步步得进宜退避不宜交锋，亥子丑日进兵得利。捕捉则已往他方难获。

八将会门是值使门会八将也，收用天盘不用地盘。假如阳二局乙庚日戊寅时，甲戌值符加二宫，伤门值使加七宫，上临螣蛇，是螣蛇会伤门。占天时主有雨，若大雾，无雨；行兵则宜结寨在平洋，如遇奇可进山谷，系丁加癸凶格不可进也。主将防兵刀之伤，如有奇可救，系凶格无救，客将大胜不可击。捕捉则在竹木林中，宜缓捕之。余仿此。

【门气休兮机巧藏，生门岂可即相当。】

遇休门，将兵当隐伏埋藏，毋出轻战。遇生门可以出战，坐生击死，一敌万人，若坐死击生必败。

【伤乘金克不安和，杜发生机半是讹。】

遇伤门兵马损伤，若加于兑宫，或合天心、天柱，是金能克木，必然败北。遇杜门，宜闭塞固守不可出营门，虽欲出兵，实系虚诞。

【景气忽闻如霹雳，死中退步是谋生。】

遇景门兵威大震，锋不可挡。遇死门兵马瘟疫死亡，战必败没，惟有退兵固守，始得免祸，敌兵挑战切勿应之。

【惊门气促不为美，开气施威任纵横。】

遇惊门营中怪异虚惊，兵马不久退败。遇开门行兵无碍，四通八达，纵横自如，莫敢阻挡，兵威大震。

【细评诸气之宗，亦可曲尽形容。仔细决之，调度运之，处处成功。】

以上细推八门所到之吉凶，各有不同，宜仔细详审，然后可以调度兵马。遇吉则动，遇凶则止。战必胜，攻必取，无不成功。

【天乙飞宫莫急进，乘之生合可逃生。】

值符加庚为天乙飞宫，甲受庚克，不宜进兵，后应则吉。若乘生门及六仪相合，则可免灾。如六甲加己，六庚加乙，六辛加丙，六壬加丁，六戊加癸是也。

【丙加庚位他不欣，我军急急进前程。】

六丙加庚为荧入白，庚受丙克，贼兵必来，必主败北。我军当急进兵，应之必得胜，利主不利客。

【白临荧位君须避，六乙加辛岂长锐。六辛加乙锋难当，此刻三军真可畏。】

六庚加丙为白入荧，此时贼兵必来。营中当整顿兵马防备以应之，不宜先出兵。六乙加辛为青龙逃走，客兵不利，亦不宜先出兵以攻讨，必主大败。六辛加乙为白虎猖狂，客兵利，宜先出兵，百战百胜，闻风披靡，不利为主，兵甲无存。

【庚癸相加难对敌，加己为刑常遭失。】

六庚加癸为大格，癸为天网，行兵阻格，难与对敌。六庚加己为刑格，为地户，行兵伤残，必遭败北。

【我军值符是六庚，我军须避是丙丁。切莫移军加景门，庚符所畏火来争。再临六丙是飞勃，切莫错认龙回首。如占此时有此格，退则须兮进则逆。】

我军以六庚为值符，则兵马出入征讨，不可犯着丙丁二奇。并不可移军到景门上，值符所畏者火也。若庚符临于丙上，名为飞勃，亦为格勃，切勿认为青龙回首。若行兵遇此时，当速退兵回营，谨守营门，可以免祸。若欲进兵大战，必致杀伤流血。

【阳用下强非真强，阴用上弱非真弱。阴阳强弱仔细分，主客动静须斟酌。进退吉凶要分明，疆场成败要揣度。吉则行兮凶则逃，但取三胜可逍遥。】

甲乙丙丁戊为阳时，己庚辛壬癸为阴时。阳时则神居天上，故当用天盘奇仪星门强盛得地旺相相生，若地盘强，天盘弱，而阳时用之，为无益。阴时则神居地下，故当用地盘奇仪星门强盛得地旺相相生。若天盘强地盘弱，而阴时用之，亦无益。阳时利为客，宜先动，用上强；阴时利为主，宜后应，用下强。为客，利先动，则先进者胜；为主，利后应，则后动者胜。疆场战斗成败在于顷刻，必预先审度，使之成局在胸，然后可以出战，非冒昧而行。既战，求胜，可以侥幸成功者也。吉则行，凶则避。若值符不利，不宜妄动。设或贼兵压境，不能待时，则当取三胜之地以出战。三胜者，一值符，二九天，三生门。坐此三胜之地而击其冲，无有不胜。

【若遇三奇多入墓，求之美格亦为祸。譬如鬼遁用伏藏，此为用格正相当。】

凡局中得三奇者，固吉无不利，然乙木到坤、丙丁火到乾，皆为入墓，虽值美亦不为吉，用之有凶祸。譬如丁奇与开门休合，上临九地，为鬼遁，利于伏藏、偷劫，此谓用格之法。若在艮宫，为丁奇入墓，用之必主败亡。须在他宫则吉。

【自刑伏宫祸自起，请入凶地而击之。】

自刑者，甲午到离，甲辰到巽及伏吟是也。自刑之地，则祸从中起，变从中生。当急速整顿兵士，砍破营寨，以劫掠之。亦须择其门克宫，克主之凶地，冲破而砍击之，必大胜。

【反吟格须求之进，吉凶反掌非为幸。】

反吟事多反复，不利出兵，主中途颠蹶。若得甲加丙、丙加甲、门克宫、吉格，则当立刻进兵。转凶为吉，在于此时，如反掌之易。

【反吟之时利乱之，击刑之时利诱之。】

反吟之时，主反复颠倒，可以扰乱贼营，乘乱砍杀以取胜。击刑之时，或设伏要路，或藏兵暗地，于是示利以诱之，佯北以引之，使敌入我伏中，起而攻击，无有不胜。

【伏吟虽静亦为动，开门九天值符宫。劫寨安民行军得，奇门全在相合同。】

伏吟格，天地两盘奇仪星门皆同和，虽主安静、伏藏，不利动作，然亦有利。动之时要择九天伏吟之宫、值符伏吟之宫、开门伏吟之宫，此三伏吟皆大利。一利偷营劫寨，一利恤众安民，一利行军渡险，三者最利用伏吟天地两盘相合同。遇吉重吉，遇凶重凶，为主为客两者皆利。

【美格占之忌重克，天地两盘与时日。甲日逢庚丙遇壬，地克天兮时克日。】

美格者，如龙回首、鸟跌穴、三诈五假、九遁之类，最忌相克。行兵尤忌下克上，或星相克，或仪相克，或门相克。一克其凶犹缓，两克其凶为重。又逢时干克日干，如甲时逢庚时、乙日逢辛时、丙日逢壬时、丁日逢癸时，皆是时干克日干，主下犯上，主胜客。行兵者，不可不知之。

【三奇要用须符使，乙奇逢己奇旺处。更得休门生气助，莫使惊开来相遇。】

三奇最吉，若要用之，须合值符值使两宫，然后得力。如乙奇逢甲戌己为木克土，又要乙奇到震宫旺地始得力，又要合休门水来相生，助之尤妙。若合惊开二门，乙受金克，虽在旺地，为力减半。地下六己虽受乙克，而惊开之金为己之子，子能报仇。乙木自救且不暇，安能害人？故主军亦不为灾。

【丙奇最喜子逢临，虽得伤门也是欣。若得景门为此助，休门虽吉亦相侵。】

丙奇属火，临于甲子戊上，甲木生丙火，丙火生戊土，此宫最吉。虽合伤门亦伤害，是木来生火，火能助丙，亦主胜捷。若得合景门，火以助火，行军大胜。倘使休门来合，虽是吉门，而水能克火，反主凶祸，避之为吉。

【下在壬兮相合同，但逢伤杜不为荣。遁逃之时若得此，生门吉助足成功。】

六丁加六壬为丁壬相合，若会伤门、杜门，虽曰相生，一防闭塞，一防伤害，皆不可用。若逃亡绝迹者，逢之最利，但要生门相会以助之，定得吉。逃者不得，追者不见。

【用奇用合举兵时，下寨安营但取之。乙在庚兮丁在壬，丙临丁上是同心。奇仪相合两家乘，遇敌应之可罢兵。交合即为和合格，相宜主客议和成。】

用奇门，得奇仪相合，则安营下寨最为吉利，定无凶。天乙在庚上，为乙庚相合；丁庇壬上，为丁壬相合；丙庇辛上，为丙辛相合；戊在癸上，为戊癸相合；甲在己上，为甲己相合。两仪相合，天地和同。主客对垒当议和，罢兵不战而息兵休戈矣。

【安营须用未时占，庚与玄武仔细看。若在山兮樵夫遇，水边渔人更相参。若从大道行商贾，探听军情也是奸。须得拘留无走漏，园林村墅索其潜。】

安营立寨，须用未时推占。日有六庚与玄武，二者所临之宫，主有贼兵来偷营劫寨，所遇皆是奸细。若在山上，樵夫便是奸细；若在水中，渔父亦是奸细。至于商贾、僧道、术士、乞丐等，皆系探听我军之奸细，一切概当拘留，毋得走漏。密遣兵将于村落林木之中搜索伏匿，必有潜躲之贼。

【玄武重重内带格，乙在辛上岂利客。备严来劫贼自惊，生旺收此客情伏。】

阳将阴神两重玄武，俱在时干之上，又六乙加辛为龙逃走，是辛金克乙木，不利客兵。此时宜整兵严备，必有贼来偷劫，自败而还。若六乙得旺气，即当向此一路搜捉前去。

【辛加乙上利来客，此际占之亦是迫。若无开惊动神位，虽得凶兮无可畏。】

六辛加乙为虎猖狂，是辛金克乙木，上克下，客兵大胜，主军破败。若六辛不会合开惊二门，则阴金无力，虽得猖狂，不甚为害。若会休门，则乙奇得助，辛金泄气。主客若交锋，胜败两平分。

【年月日格及兼悖，庚丙之气为相逆。倘或日格月悖之，纪纲法令终须失。甲申六庚丙戌时，此为遇悖遭时格。】

年月日时干逢庚为格，庚复加丙为格勃，诸事皆勃乱阻格，颠倒难成。年干为父，月干为兄弟，日干为己身，时干为子孙，或以生我之干为父母，我生之干为子孙，比和之干为兄弟，天上时干为己身。各看其所格者，分类以推占之。若天上干逢格，地下干逢勃，为格勃，主纲常倒置，法度废坏。如甲申庚值符逢丙戌时，为时格符勃。此遇格勃，先逢阻格，而后遭勃乱，诸事无成。

【天遁生门六丙丁，乘之施令及登程。丙丁气旺生门助，此为用格实精明。】

天上六丙合生门，下临六丁宫为天遁，其方可以发号施令。出兵行营，要丙丁乘旺气又得生门助之，可以兴王定伯，威振天下，从用美格之法也。

【地遁开门六乙己，乙奇得使不为否。设伏安营及埋藏，万用万灵不可比。】

天上六乙合开门，下临六己宫为地遁，又为乙奇得使。其方可以设伏安营埋藏兵马，万举万全。

【人遁休门共太阴，原来此处可逃形。阴神更兼六合气，用事逢之真为利。】

天上六丁合休门，上临太阴为人遁，其方可以藏形隐迹。若阴神更逢六合临之，可以择勇将选贤士，说敌人和仇雠。举兵列阵、招兵买马、设伏埋藏大利。

【青龙回首真美时，值符在丙相辅之。值符贵神为大将，丙气销金性勿迟。甲丙丙甲一同看，总是六庚相畏之。】

值符六甲加六丙，为青龙回首，木来生火，主兵大利，客亦不凶，出师掠地大振威名。值符为贵神，行兵专主大将。丙火为甲木之子，火能消金，性刚烈，遇庚金即克之，不留余地。六丙加六甲为飞鸟跌穴，下生上，客兵大利，主亦无灾，出兵战斗大利。若会合生门相助，则坐生击死，一战百胜。如丙临六庚，则客军大利，所向披靡。惟六庚值符则俱不可用。

【吉门合丙临壬地，雀入江兮实非利。】

时干六丙加于六壬之上，俱为朱雀投江，虽有三吉门与丙奇会合，亦不能救。主兵得力，客军败亡，更有文书牵缠，水火之灾。

【六仪击刑真是凶，值符天乙遇亦穷。六仪非值终无吉，吉凶轻重义相同。此际切宜遁取吉，勿于此地想成功。子三戌二寅刑四，申八辰四午离中。戌刑在未寅在巽，巽有巳兮申缓从。】

六仪击刑，此时极凶，不可举动。行兵败亡，诸将损伤，终受刑戮，只宜固守逃亡绝迹。虽使六仪为值使，遇之亦不可用。若其方位有刑，犯之不吉。即当避之，另择他方之吉利处行事为妙。甲子到三宫，甲戌到二宫，甲寅到四宫，甲申到八宫，甲辰到四宫，甲午到九宫，皆为击刑。

【入墓丁艮乙丙乾，所谋吉事一无成。】

三奇入墓，闭塞不通，暗昧不振，诸事皆凶。乙阴木长生在午墓于戌，丙火长生在寅墓于戌，故乙丙到乾为墓。丁阴火长生在酉墓于丑，故丁到艮为墓。是谓三奇入墓，所谋诸事百无一成。

【刑格之占义实真，庚临己位是凶神。庚癸之格非为鬼，甲寅之将遁从之。本义甲寅在虎上，庚加六癸大格时。庚加壬兮为上格，庚加甲辰非是

敌。只因辰丙巳居之，巳本刑申非是吉。六仪击刑在宫位，三格相逢天地施。甲申遇巳壬癸上，此方用事实难支。】

六庚加己为刑格，加癸为大格，加壬为上格又为小格。三格相逢，出兵车破马倒，中途而止，士卒逃亡，慎勿追赶，反招其咎。贼来冲击，彼亦自受刑伤。

【值符加庚天乙飞，贼行遇此莫进窥。若至前途必有伏，定然此地带伤归。】

值符加庚为天乙飞宫格，贼来当固守以避之，切勿进兵。前途必有贼伏要害以伺候，我军虽强，欲进兵必受败伤而归。

【倘居天乙伏宫中，速去丙丁备来攻。若是安居甲地上，庚凶难抵客成功。】

六庚加地下值符宫，为天乙伏宫格，必有贼兵来攻劫我营，将军当速移账房到天上丙丁方避之。丙丁火能克金，故将军移营此地，贼来必能败退之。而别调精锐于值符方，以防御。贼至，若安居于值符之宫，则必受贼之伤残，反使贼得成功。

【飞格俱从天乙飞，伏宫皆从天乙伏。】

遇飞宫格，则将军当随天上值符而飞；遇伏宫格，则将军当随天上值符而伏兵。飞则远避，勿得进攻；伏则隐伏，勿得举动，庶免灾厄。

【五不遇时时克日，小人作事多利益。更兼玄武相得气，此际占之贼势利。】

时干克日干，为五不遇时，是下犯上，妨贵，主小人得利，君子道消。若遇玄武主贼势猖狂，门宫得气则不可抵御。

【丁临六癸雀入江，为主兵兮喜飞扬。为客强行终取败，定然将士带刑伤。】

六丁加癸为朱雀投江，下克上。遇交战，主胜客败。若欲先发兵攻人，则为客，必主大败，将士刑伤。

【六癸加丁蛇妖娇，主兵冒守莫自骄。倘然遇敌终遭害，急迁戊己可逍遥。】

六癸加丁为螣蛇妖矫，上克下，主军宜固守。倘有贼来攻我，切勿对敌。若交战必败。将军急宜迁移账房到甲子戊甲戌己两土宫，以土能制癸水，贼来不能为害。

【三奇入墓并时日，倘或得一去乘之。所为动作皆无吉，迭迭相逢当避之。丙戌之日莫临干，艮中丁丑一同看。壬辰巽上须知避，乙未应知坤不安。坤方本为甲之墓，乙未木墓日相连。日墓之方奇入墓，纵有铁骑也徒然。】

三奇入墓者，乙未到坤，丙奇到乾，丁奇到艮，又值日时入墓。如乙未丙戌丁丑是也。阴阳各有所为墓，倘遇奇即为凶。若层层迭迭，逢之即当急避。若交锋，必主打败，片甲无存。

【三胜生门及九天，值符天乙最当权。值符更得生门助，万举万全无差误。】

三胜地，看生门、九天、值符三宫也，最为吉庆。行兵交战，坐而击其冲，士卒一可当百，万举万全，敌兵大败。

【丙加值符真为利，客军得用为生气。甲加丙上主生之，此时为主真得地。】

丙加甲，利为客，宜高旗击鼓，呐喊前征，必得大胜。甲加丙，利为主，宜衔枚暗渡，设伏埋藏，后出应敌，必主大胜。

【本宫阳将及门仪，阴神余气细求之。眼前见凶有阴余，阴余有喜终见喜。倘若搜索俱为凶，此际遁逃不为否。】

凡做事行兵出行之木宫，看值符之阳将及使上之阴神，与天盘门仪上之余气，细细推详。若逢凶格、凶门或门宫迫制，或奇仪克墓凶祸相临，须查阴神。得吉将余气复旺相相生，则虽有凶不过眼前一时之灾，终久得胜。若搜索阴神，又无余气又休囚无一善状，则兵败如山崩，不可抵止，宜急移营待吉时再举。

【阴余所喜值符临，兼并六合及生门。但逢吉门必可行，取用伤门及九天。莫逢白虎见伤残，杜门必须藏匿顺。死中有救可逃迁，景门虽喜不为绵。惊飞逢忧必是忧，休门坚守不为愁。】

凡作出行行兵之本营，阴神余气，最喜遇者，值符临之为吉利，行兵必能转祸为福。其次喜六合来临，主将军中有人来求和或求降，事必成就。又要合生门以助之，兵必大胜。但逢吉门，便可出兵。若交战，最利伤门合阴神之上之九天，则战必胜，攻必取。若阴神得白虎，则兵将皆有败衅伤残。得杜门，则伏藏兵马以暗计取胜。得死门则不利行兵，当移营逃遁，避贼凶锋。得景门火性燥烈，虽可出战以取胜，只不耐久，胜后即当收兵自固。若再追便防败衅。得惊门不可出兵，出必遇贼，惊惶自乱。得休门，则宜坚守，安静休兵养锐，各随所合之门，以知兵之胜负也。

【翻变阴神暗余气，阴神八将起于使。余气天盘宫必是，旺相休囚门宫视。龙从此处得其真，展翅飞腾万法生。阴余即是翻与暗，借神搜索真无算。】

阳将阴神者，八将也。阳将者，以八将值符加于天上本将六甲旬头而行。阴神者，以八将值符加于天上值使之宫而行。时干为阳，故干上之将为阳将。时支为阴，故门上之将为阴神。同一人门也，一加于干上，一加于支上，两迁相合而翻出吉凶。吉能变凶，凶能变吉，故曰翻变。如干上之将吉，又要门上之将吉。若干上之将凶，得支上之将吉，则其凶可救。若干上之将凶，而支上之将又不吉，则其凶败不可救矣。余气者，以天上八门之五行，权四时之气候。当时者为旺，我生者为相，我克者为休，克我者为囚，生我者为废。假如休门属水，旺于亥子月，相于寅卯月，休于巳午月，囚于辰戌丑未月，废于申酉月。余仿此。此余气，得旺相相生之气者愈吉，如逢囚死之气，则虽得吉门无所用之。气之旺相休囚各随四时而定，无有行迹，故曰暗余气。是故，星仪门将遇凶，未可竟言凶，遇吉未可竟言吉。必查值使之阴神与八门之余气，然后可以定之。若阴神余气合得奇，始为吉全。凡行兵出阵，进退无阻，纵横自如，展翅飞腾，随我所向，无不胜捷。此乃借神借时令以搜索其吉凶，灵应无比也。

【旺相休囚即从门，吉凶反掌此处论。旺相之义非时候，生不生兮死不死。吉凶全凭余气救，生则生兮死不死。若论八门气何所，开则通兮杜则阻。景门小喜不久长，休为藏聚不飞扬。伤能转运捕捉获，惊是忧惶岂得

昌。】

天上八门当审其旺相之气，此气即所谓余气也。八门之旺相休囚，旺相值时候则吉凶至易如反掌之易。假如休门为吉门，值冬月到坎宫得旺时，居旺地则吉者愈吉。又如惊门为凶门，值夏月到离宫，得囚时居囚地，则凶者不能为凶。若八门不能得生旺之气，则生门不生，死门真死。若余有救，则生门得生，死门不得死。余门皆然。开则四通八达，杜则闭塞阻滞，景门发扬振作得喜而不久长，休门休息聚会而勿扬兵，伤门只可运粮而并捕捉，惊门惊惶忧惧而多一怪异。若未合时候者，吉凶未可遽定。

【天地定位，风雨无差。吉凶自呈，何用易经。天地能变，风雨无算。六甲无主，门气难处。疆场之气最为灵，须自知之即有神。若是占之宜谨慎，何如生克化其真。进退吉凶从此断，门仪神将细搜寻。九星八卦加八门，决此天机真骨髓。】

天高地下乾坤定位，则风雨应期无有差忒。而奇门之天地两盘，亦如天地之安静定位，则风雨自有常期，吉凶自有定准。不必揲蓍求卦，搜寻爻象也。若天地两盘各有生克，八门休旺各随时候，俱难定准，必于盘中参考之。至于疆场争战之事，查看局中胜败存亡，尤为足验。但须占者知之，自以运用神妙之术，要谨慎隐秘，视其生克变化之真机与夫进退吉凶之玄奥。皆从八门、三奇六仪、阳将阴神余气搜寻占断以知之，不可徒事口耳，泄漏玄机也。

【法在天兮用在人，占物之应莫搜奇。壬先射覆奇克应，恍惚之中用使时。忽然午未难分别，或言辰巳是和非。此乃轩辕定时法，静中察物辨其宜。】

奇门之法玄妙难知，如天之高而不穷。天地间事事物物，悉在其中。吉可趋凶可避，造化可以挽回。随问随答，不假思索，顺乎天而不杂以人，自然吉凶之验，如回应声无不灵。切勿以私心搜索玄奇，以涉于伪妄。六壬以射覆为先锋，奇门以克应为微妙。触机即发，物来顺应。凡有所遇，恍惚之中或用当下正时，或随便撮取一时布局推占。云翳雨蒙，皆用此法，不必搜求时刻，只要静心理会，无有不验。

【甲乙自然体象木，丙丁火性定无移。戊己中央必是土，庚辛壬癸金水仪。直木方土金主圆，水形弯曲火形尖。木蓝土黄金色白，火为紫赤水为玄。长胜他兮即木体，偏斜炎削火形占。形兼方正土为主，金末砂尘也是圆。多纹多曲皆为水，五行分属并无偏。】

此以三奇六仪推占克应之法。甲乙属木，体长色青蓝；丙丁属火，体偏斜炎削色紫赤；戊己属土，体方正色黄；庚辛属金，体圆砂碎色白；壬癸属水，体多纹弯曲色苍黑。

【蓬星为白芮星黑，冲是碧兮辅是绿。中央禽将色为黄，心星色白柱星赤。任星白兮亦兼黄，英星紫兮尤兼赤。追体之时有生克，总然消长搜其实。】

此以九星推占克应之法。天蓬水星其色为白，天芮土星其色为黑，天冲木星其色为碧，天辅木星其色为绿，天禽土星其色为黄，天心金星其色为白，天柱金星其色为赤，天任土星其色为白，天英火星其色为紫。而其物之方圆曲直，亦如奇门之法推之。其物之多少、新旧、全缺、生死，皆以生克衰旺推之。

【值符贵物及钱财，体是青龙木属排。螣蛇非丑多形怪，假作空虚异处裁。太阴雕琢文书事，又兼飞物并羽毛。六合原来是布帛，果实相连上下交。白虎物烈多伤损，铁石相兼破及危。玄武通灵不测物，水族胎形字迹随。九地之司光不佳，深藏旧物及神祇。九天利器及盘旋，更得有声与有足。】

此以八将推占克应之法。值符属六甲，为青龙，是贵神，主尊贵之物及金钱财帛；螣蛇主丑陋、怪异、空虚、花假之物；太阴主雕琢、刻镂及文书字迹或羽毛飞动之物；六合是布帛、果实、二体交连之物；白虎是燥裂损伤之物或铁石之类，其体或有破坏兼有锋芒；玄武是水中鱼蛇蛹蛋、字迹、屈曲、多纹之物；九地是故旧、神像、胡涂、暗昧不明之物；九天是刀恤旋、活动、有声、有足、光亮玲珑之物。

【甲乙之气是青龙，木体苍然直瘦同。更有丝麻兼布帛，总然花果属相从。丙丁之物朱雀是，彩体华形状如尖。更有文书兼字迹，羽毛飞舞属相

连。戊己之属是螣蛇，形若盘旋有口斜。物属土形方且厚，沙与磁器真不谬。庚辛白虎属是金，体洁身坚若有声。阳气在时真铁石，阴强必定是金银。壬癸之属玄武是，两体相成形假如。鳞甲水中一切物，更兼水曲及珍珠。】

此以时干推占克应之法。甲乙属木，故其物花卉、直瘦或丝麻、布帛、花果之类；丙丁属火，故其物华彩、偏斜、尖角、文字、飞动、羽毛之类；戊己属土，故其物盘旋有口、方厚、瓷器、砖瓦之类；庚辛属金，故其物坚实、洁净、有声之物，在阳宫是铁石，在阴宫是金银；壬癸属水，故其物多纹、弯曲、鳞甲、珍珠、水族之物，或其形状皆两体合成一物。

【休为坎坑象，包裹亦相同。生是初成物，身如山体隆。伤为转动者，其气附青龙。杜有难通利，乍成无有终。景气必奢华，光芒体似霞。死中无活动，体废定无差。惊气多损伤，有口及歪斜。开门通利物，刚健动相加。】

此以八门推占克应之法。休门属水，故其物有坑坎缺陷，外有包裹；生门属土，是新成之物，其身高大如山之有峰峦；伤门属木，故其物能震动有响声；杜门属木，故其物闭塞不通、尚未成就者；景门属火，其物华彩有光芒，皎洁可爱；死门属土，其物死而不活且废缺不全；惊门属金，其物伤损缺口，歪斜不正；开门属金，其物圆转通利，刚健能动，是官贵家所存者。

【诸物形体有分属，将神主管各归宗。上衣下裳成六合，丝麻布帛是青龙。石为白虎金同主，九天金主石难同。玄武螣蛇俱转变，再观利器九天重。值符常为首领物，玄武多来下物看。太阴六合交合物，有声飞舞入九天。歪异螣蛇伤是虎，玄武乘之有秽污。】

此以阳将阴神推占克应之法。诸物之形体，六合为上衣下裳相和而成物；青龙即值符，为丝麻、布帛之物；白虎为金石之物；九天为金铁之物；玄武螣蛇相合，其物能转移变动者；白虎九天相合，为利器刀枪；值符是首上之物；玄武是下体之物；太阴、六合是两体相合文彩之物；九天是飞扬有声之物；白虎为伤残之物；螣蛇是歪斜怪异之物；玄武是秽污不洁之物。

【击刑之物必无余，定为身伤体不坚。更为刑格占同类，不缺身躯少半

边。入墓之物不遇时，更兼美物不扬之。天乙飞宫将欲损，动之破败真有准。伏宫之格埋藏物，此物当藏不当露。玉女守门物喜食，隐私和合喜盈溢。青龙逃走受损伤，本物身形将有失。白虎猖狂口大开，一般美物忽然衰。白入荧兮因火成，荧入白兮因火败。丁合重重何所主，兼之饮食妇人依。青龙回首钱财进，旺相休囚是总机。飞鸟跌穴文书至，门神气内合其宜。五行为主多全备，一一挨排仔细推。合体合形合其的，总然灵应要相随。取其配合各相当，多生多喜多光辉。多死多伤多破败，阴阳变化依次推。】

此以诸格推占克应之法。击刑、刑格主刑伤破败，故其物必主伤残破缺。奇仪入墓，必非应时之物，暗昧无光彩。天乙飞宫，将损未损，动之方破败。太乙伏宫，其物隐藏不露，无人见者。玉女守其门，物从饮宴中来，阴私和合之物。龙逃走，其物受伤，身形破缺。虎猖狂，其物有口而张开，美物忽变为丑恶。白入荧，是火中锻炼而成者；荧入白，是为火烧毁而败者。上下丙丁相合，玉女重重，当有酒食欢迎，妇人归依者。龙回首，钱财进益；鸟跌穴，文书到家。总以八门阴神余气休囚旺相推断之。天地两盘推排无差，自无不验。其奇仪星门多生，则多喜有光辉；多死，则多伤有破败。

【人取年干为命，主时之局为定。便取本命为题，次看九星何宜。】

推人命运，以本人生时奇门之局为主，然后于局中搜寻本人生干支局，即其为人之本命。取其本命之局，以推其一生之穷通、寿夭、吉凶、祸福、妻财子禄，俱可知也。

【正时推占重时位，符为我兮使为配。】

此不知本命而以正时推占之命运也。天上值符宫之星仪门将为本身，值符下地盘之星仪门将为住宅、为子孙。值使之门为立业、为妻妾、为官职、为客旅，值使下地盘之星仪八门为地头、为任所、为子女。

【生我之干为父母，我生之干为子孙。比肩即是兄弟，克我官禄兼疾。我克妻位及财，阴阳分别宜忌。十干之气本流通，命数相逢有吉凶。合用奇仪评消长，九宫休旺视门中。】

推人年命，以局内年干为主。以正时推占，则以局内天上时干为主。查看各宫，凡奇仪之生我干者为父母，我干所生之奇仪为子息，与我干相比肩之奇仪为兄弟，奇仪之克我干者为官、为疾厄，我干所克之奇仪为妻妾、财禄、为奴仆。皆以奇仪之阴阳分男女贵贱，以八门之生克休旺各属之吉凶。

【父母休兮亲更切，兄弟爱敬心诚竭。子孙不宜聚与藏，官禄安稳病难灭。妻妾当为重似珍，财帛丰隆永不绝。】

休门主休养安和。父母逢休，父慈子孝和气蔼人。兄弟逢休，真心爱敬无分彼我。子孙逢休，少有和合各守家园。官禄逢休，功名妥手职位安稳。疾病逢休，隐虚暗疾延拖难愈。妻妾逢休，幽闲贞静和偕得助。财帛逢休，钱财进益滔滔不绝。

【父母生兮先最重，兄弟和顺自多情。子嗣兴旺及忠诚，官禄荣华无疾生。妻妾和同诚且贞，生平财物自嘉亨。】

生门主发生安闲。父母逢生，财禄旺相安福尊荣。兄弟逢生，和顺爱敬情谊深切。子孙逢生，家道兴隆义高得厚。官禄逢生，官职高升荣华赫奕。疾厄逢生，身躯强壮无灾无病。妻妾逢生，和顺贞洁。财帛逢生，积聚富厚。

【父母伤兮半似萍，兄弟交谊淡无情。子嗣气美多振发，官禄颇佳疾不成。妻妾才德调内治，欲多财帛用辛勤。】

伤门主振动伤残。父母逢伤，残忍寡爱性若浮萍。兄弟逢伤，一生不和无情无义。子孙逢伤，后嗣美丽振作英发。官禄逢伤，显赫威权亦多掣时。疾病逢伤，手足拘挛骨节疼痛。妻妾逢伤，才德俱全内治有力。财帛逢伤，谋远奔走辛勤成家。

【父母杜兮难逢，兄弟不堪交接。子嗣欲得阴功，官禄难兮病息。妻妾性难调和，晚年方许财帛。】

杜门主闭塞无为。父母逢杜，一生蹇滞牢守家园。兄弟逢杜，彼此睽违情同陌路。子孙逢杜，难生少育须藉阴功。官禄逢杜，仕途闭塞难得职位。疾厄逢杜，少病少灾风病宜防。妻妾逢杜，心性闭涩难以调和。财帛逢杜，少年贫窘晚来方裕。

【父母景兮假爱，兄弟面目相待。子嗣生多实少，官禄疾病年少。妻妾初和后怨，财物虚花实算。】

景门主张大虚华之事，事无实济。父母逢景，浮躁虚假狂风疾雨。兄弟逢景，无情少义面上虚文。子孙逢景，生产难有从养螟蛉。官禄逢景，少年早发忽升忽降。疾病逢景，风火暴疾易作易止。妻妾逢景，聪明智慧心性乖舛。财帛逢景，以无为有虚张实少。

【父母死兮难济，兄弟莫伸仁义。子嗣虽有若无，官禄疾厄无气。妻妾见克方存，财帛耗伤聊聚。】

死门主死亡败绝，凡百无成。父母逢死，病不离床死亡相继。兄弟逢死，无情少义刑克伤亡。子孙逢死，刑伤忤逆虽有若无。官禄逢死，功名不遂南亩终身。疾病逢死，有病难疗终致残生。妻妾逢死，必有死亡继室方安。财帛逢死，虚耗伤败聚散不常。

【父母惊兮难稳，兄弟两两存心。子息才多少德，官禄闲职疾危。妻妾口舌不和，财帛虽有若无。】

惊门主惊惶不安。父母逢惊，生平多怨父子不和。兄弟逢惊，乖戾欺妒各使神通。子孙逢惊，恃财矜夸刻薄少情。官禄逢惊，凶险地面散职闲员。疾厄逢惊，卒暴惊险危笃傍惶。妻妾逢惊，诡诈口舌夫妇不和。财帛逢惊，寡少难聚入不偿出。

【父母开兮性似萍，兄弟疏淡半为情。子孙在此多聪俊，官禄丰隆疾不侵。妻妾多能及多德，资材易聚亦易分。】

开门主豁达开畅。父母逢开，性不真切浮泛相待。兄弟逢开，意不相联似亲非亲。子孙逢开，聪明俊秀科甲贵显。官禄逢开，功名显达职位高迁。疾厄逢开，一生少病强健安和。妻妾逢开，正直果决内助贤能。财帛逢开，资材难聚聚亦易散。

【值符天乙为多吉，螣蛇古怪半虚花。太阴谋算非全美，六合多权岂是伪。白虎伤残多破损，玄武心灵诡诈准。九地暗昧少繁华，九天无情面是假。】

此以八将推占年命之法。值符为贵神，加本命非贵即富，正直端方，人皆尊敬，生平有吉无凶。螣蛇加本命，做人必古怪难交，言语欺诳，作事虚花，有名无实。太阴加本命，一生善于计算，阴谋诡诈，终无良策。六合加本命，心性和同，恩仇一类，善恶无分，同流合污。白虎加年命，做人残刻无情，所遇伤损，一生破败。玄武加本命，不是穿窬就是劫盗，立心阴险，做事恶毒。九地加本命。阴晦暗滞，昏迷度日，毫无光彩之色。九天加本命，虚张声势，假装门面，实少情义，不可依仗。

【探取格局命宫占，星吉仪安生气全。若得将神为我用，格高元内占为天。若寻子午卯酉位，临一合一定无偏。五行全备为生气，上下循环为转旋。此乃占之为尊格，五行迫逆莫交连。旺气最喜阳生阴，不堪阴气迫相兼。占问性气何所来，旺相休囚将性看。】

此以年命格局推占之法。凡人本命之宫，要奇仪无克，九星不投墓库、击刑之乡，不合凶格；宫门相生，阳将阴神逢值符、太阴、六合、九天扶助，又落在子午卯酉四正宫，又属阳时阴星生旺，此为最尊贵之高格局。主其人才学出众，安富尊荣，科甲进登，官居极品，出将入相，封先荫后贵极之命。而其气性，即于八将九星仪奇八门之旺相休囚定矣。

【坐命青龙，满面仁风，更和美格，多始多终。螣蛇之性，虚戏无诚，成之败之，多疑多惊。太阴之性，多谋多为，刚柔其性，廉洁其德。六合多情，心性如萍，男无悭吝，女多妖淫。白虎金神，性急无情，女则多伤，男则多刑。玄武诡谲，穿窬盗贼，性多奸诈，暗地筹划。九地蒙蒙，其质多恭，幽隐暗计，为毒为凶。九天锵锵，其气扬扬，无私无曲，为暴为刚。】

此又以八将推占人性情之法。六甲值符属青龙，其人仁厚温和，若得美格更妙，做事有始有终。螣蛇之性虚花不实，无有诚信，多疑猜善呻吟，有成有败。太阴多谋多为，能刚能柔，性则廉洁。六合面上有情，心无专主，不生悭吝，女命逢之淫乱污秽。白虎性刚激烈，逼迫无情，有杀伐之心，遭刀兵之惨，在女人则有伤损。玄武性多奸诈，不是穿窬便是盗贼，暗地谋人，人难防避。九地心性昏蒙，禀质重厚，能阴谋善筹划，做事能下毒手。九天性气发扬，浮躁刚暴，英气逼人，令人难当，然心无私曲，挈日月而行，不为暗昧事。

【十干迫制不堪当，甲乙金宫怕性刚。丙丁坎内宜无吉，戊己原来惧杜伤。庚辛离上为仇敌，壬癸俱愁生死方。】

此以十干迫制推占年命之法。甲乙属木，加于乾兑两金宫，木被金克，金旺木衰则主折伤之祸，木旺金衰则木无恙。丙丁属火加于坎宫，火被水克，水旺火衰则主有灭亡之祸，火旺水衰则火无害。戊己属土加于震巽两宫，土被木克，木旺土衰则主有痈疽疮毒之症，土旺木衰则土无伤。庚辛属金加于离宫，金被火克，火旺金衰则主有痰火嗽痨之症，金旺火衰则金无咎。壬癸属水加于坤艮二土宫，水被土克，土旺水衰则主有下元虚耗之灾，水旺土衰则水平安。凡门宫奇仪同宫相克犯，亦如此法占之。

【九宫最喜是天乙，螣蛇白虎有疾厄。太阴诸宫俱加之，六合不堪女淫佚。玄武最喜疾并财，九地藏财为大吉。九天刚烈何所宜，官禄命宫真有益。】

此以八将推占年命之法。八将之中最喜是值符贵神，命宫及父母、兄弟、子孙宫遇之，必主富贵荣华。螣蛇白虎加之，必主有疾病。太阴吉神不拘何宫，加之皆吉。六合之宫百事和谐，惟妻妾宫忌之，有此必主淫佚无耻、丑声远播。玄武各宫俱不宜，惟疾厄宫加之则终身必少病，财帛宫加之则喜聚金钱必成富翁。九地幽暗闭藏，诸宫俱不喜，疾厄宫遇之尤不喜，必至死亡；惟财帛宫逢之则吉，金银满室，盗贼不能偷劫。九天性烈，他宫不宜，惟官禄宫逢之则主功高显达，职位超迁，并本命宫遇之尤为喜庆。

【宫中合格有忌宜，三遁不宜为中吉。甲丙丙甲诸位尊，疾厄不堪逢此格。金临火位财有耗，火临金位为疾病。螣蛇妖娇俱为凶，朱雀投江厄内厄。小格大格并入墓，天网击刑伤且祸。诸凶最喜疾厄宫，又有相同及不同。螣蛇妖娇生怪异，不堪疾厄最为凶。诸般美格俱喜之，此是疾厄当避时。】

此以所合格局推占年命之法。诸格中有宜有忌。如天地人三遁是吉格，而本命宫中得之则不吉，只可安守家园，不能显达。惟甲加丙、丙加甲，各宫皆利，而疾厄宫得之，则主一生疾病缠绵。太白入荧惑，作事受亏，一世贫穷；荧惑入太白，火旺克金，嗽咳喘急。六癸加丁，昏迷惑乱，事事伤嗟；六丁加癸，忧愁恐惊，自投刑狱。庚加癸为大格，庚加壬为小格，庚加己为刑格，奇仪入墓，天网四张，击刑、自刑诸凶格逢之，俱有刑伤阻格，惟疾厄宫逢之则无灾无疾。若逢关格、反吟、伏吟，则主反胃痞塞。螣蛇妖娇、白虎猖狂，不利疾厄宫，逢之必主久病淹缠，怪异癫狂之病，有性命之忧。其余诸美格疾厄宫中皆喜之也。

【值符九星透羲易，临宫配卦占凶吉。更有门宫配卦法，阴阳动静互相质。爻中纳甲配宗亲，穷通寿夭六位陈。世是命兮身是应，若居吉位显尊荣。大限阳升阴即降，便从命上起初终。小限升沉反于此，周而复始出身中。再查贵神与禄马，刑冲破煞及三凶。】

此以值符、值使所到之宫，配合重卦以推占人年命之法。值符之九星为上卦，地下之宫为下卦，合之成重卦，占男子、占在家及本身之吉凶；值使之门为上卦，地下之宫为下卦，合之成重卦，此以占妻妾、占妇人、占出外经营仕途之吉凶。既成卦象，配纳甲取其生克，加以六亲，世爻为命，应爻为身，大运以轨数取之。视世爻之策若干，分阴阳老少之数，再加纳甲干支先天之数，共得若干，以卦爻六数去之，用余数为初限，倍余数去六数为中限，倍中限去六数为末限。每爻十年，周而复始，此大运也。大限自世爻起，阳爻自下而上，阴爻自上而降，五年一爻周而复始。小限亦从世爻起，阳爻自上而降，阴爻自下而升，周而复始。再查贵神、禄马到何爻，刑冲破煞在何位，则穷通寿夭、贫富、贵贱皆可预知，详具别卷。

【择日须知兼所忌，本命行年宜畏避。三奇要识五行全，六神随运看兴替。莫将次第说盛衰，泊宫本位君须记。数重刑害数重丧，几处凶神几祸至。纯阳不利纯阳龙，纯阴不利纯阴地。自刑一遇便遭凶，造命荒唐岂为功。龙虎二符遇三奇，若得吉地偏多喜。阴阳对照百神藏，胜于九宫数尊帝。此是通玄经内文，句句真谛须细味。】

此是选择吉日法也。凡本命行年，不可遇刑冲破害，待使要得吉星方吉。若遇凶门凶星，必遭殃祸，自刑之日尤不可用。至于通书中选择，必造成一命局尤属不通。甲辰壬、甲寅癸，一为天网，一为地网，俱不可用。然得三奇相合，反能召吉。一切起造营藏，总得太阳对照，百凶皆避，不可为殃。

【阴阳二遁分三元，逆顺诸宫自具陈。第一随年求太岁，次看月建打头轮。月建轮流分善恶，分明更检九宫因。乾坎艮离为吉宿，坤兑震巽是四宾。中宫土宿非良曜，九座惟兹要杀人。超神接气能久悟，择日临方是此真。】

年、月、日、时俱分三元，年、月俱用一四七。日则冬至后用阳局一七四，夏至后用阴局九三六，阳顺行阴逆行。第一要查太岁在何宫，次查月建在何宫，即将年月干支所到宫之星，由入中宫顺飞九宫，以查生克吉凶。假如阳一局，以一宫起甲子，二宫乙丑，三宫丙寅，四宫丁卯。如丁卯年月，即以四绿入中宫，五黄飞在乾，六白在兑。九星所到各有吉凶，惟五黄最凶，到处犯之，无有不伤人口，选择宜慎之。

【随日既能神妙用，再从月建觅游神。从建求来起太岁，只将太岁避凶神。丧门岁前二宫是，官符岁后八宫分。此是三神游地下，犯之立见祸相侵。太岁原为地下君，犯之飞祸入门庭。受祸无非是家长，一家沦落不由人。丧门命要收魂魄，犯之丧祸便临门。死者就中多少壮，常闻哭泣聒比邻。官符自来招官讼，犯者纷纷起斗争。枷锁狱中无计免，他时流泪不由人。岁破之星忧宅母，白虎丧讼小儿凶。病符灾疾忧家长，吊客死符丧祸重。惟有太阳与福德，添丁生子制诸凶。太阴除病家生女，龙德能消瘟疫空。此是仙人真秘诀，凡夫莫与论其踪。】

此论择日以十二支方取太岁定吉凶也。以地盘岁支位上起，一太岁，二太阳，三丧门，四太阴，五官符，六死符，七岁破，八龙德，九白虎，十福德，十一吊客，十二病符，顺行十二宫。犯太岁防宅长大凶。修太阳能制诸煞，移床此方必生子。犯丧门主死丧哭泣。修太阴主生女，散病患。犯官符主口舌官讼。犯死符主灾病死亡。犯岁破杀宅母。修龙德散瘟疫讼。犯白虎主哭泣死亡杀小儿。修福德添丁生子。犯吊客主丧服。犯病符主疾病。

【极究机中玄奥，凡占俱备无空。观之宫内何主，次搜消息吉凶。泄尽天机玄妙，当为圣主图功。虽得千金勿授，妄传小辈兴戎。若将此法轻言，罪犯天诛不宥。谨藏金匮玉函，更应三缄其口。】

此赋发尽奇门玄奥，诸事皆备。先观符使两宫是何格局，有无生克，是否刑墓，然后搜寻其吉凶而详断之。得其要妙之法，可以占卜百事，可以趋吉避凶，可以营造驱遣。战必胜，攻必取，兴王定霸，建功立业，宰制六合，传名千古，真济世之宝也。若妄传匪类，使得真法，兴兵造乱，屠毒生灵，为害不小，慎之重之。

二、遁甲神机赋

两仪主使，三才攸分，步咒摄斗，鬼神存局通乎妙旨。前修删简，灵文裁整，诸经要理 。

夫甲加丙兮龙回首，丙加甲兮鸟跌穴，回首则喜悦易遂，跌穴则显灼易成。身残毁兮乙遇辛而龙逃走，财虚耗兮辛遇乙而虎猖狂。癸见丁兮螣蛇夭娇，丁见癸兮朱雀投江。生临丙戊，天遁用兵。开乙临己，地遁安营。伏干格庚临日干，飞干格日干临庚。庚临值符伏宫格之名，值符临庚，飞宫格之位，大格庚临六癸，刑格庚临六己，按格所向吉凶，百事营为不喜。时干克日干，乃五不遇而灾生；丙奇临时干，名为悖逆而祸起；三奇得使，众喜皆臻；六仪击刑，百凶皆集；太白入荧贼即来，火入金乡贼即去；地罗遮障不宜前，天网四张无路走。值符宫同天乙位而取，如逢急难，宜从值符方而行。

二至顺逆，妙理玄微，阳符左为前数，阴符右为前寻。阳遁从冬至前一十二气，值符后一为九天，后二为九地，前三为六合，前二为太阴；阴遁从夏至前一十二气，值符前一为九天，前二为九地，前五为六合，七为太阴。太阴潜形而隐遁，六合遁身而谋议。九天之上扬威武，九地之下匿兵马；天地备兮难量，神机妙兮莫测，学者欲事有谋，存读斯赋无惑。

是书谓之《选宅三白之法》，出自《都天憾龙经》八十一论。太乙紫薇九总八卦者，天地之骨髓，星斗之神机，八卦五变而及乎无穷，五行推移而应乎无尽。以九星为之九总，以八门为之八卦，上可补天地不全之化，下可助后王不及之功，扶危助吉，发端生祥，非同游一十二分之星图，又殊配二十八宿之格局。

是此书者，正天地之纲纪，明阴阳之经纬，幽深颐隐显达逆元，试看八卦门庭配列九宫，蹊向推迁，六甲驱使六仪，天乙值符星之运局，太乙值日使之指挥，奇以六仪，遇以八节，上下招摇，内外表应，三盘运局，八卦皆通，值其吉则万事堪为，值其凶则一分莫举。

其一曰：都天八卦，其二曰：入地三元，其三曰：行军三奇，其四曰：选宅三白，其五曰：遁行太白之书，其六曰：入山憾龙之诀，其七曰：转山移水九字符经，其八曰：建国安帮万年金镜，其九曰：盖为九宫八福救贫生仙产圣,变祸福如反掌，使贫富似等闲。

倘三叠之遇奇门，若蛟龙之得云雨，见六合之逢合局，如虎狼之产羽翼，忌取休囚，防其击刑。如得奇星旺相，必须吉位门开，位位皆宜，门门皆吉，只要合得其要，仍须各论其时。干神不囚，支神不克，神藏煞没，方之万物皆和，返吟伏吟，定是千殃数集，奇逢旺相，是为富贵之谋，门逢开休，方协英雄之应运；青龙反首为甲乙之妙，详值白虎猖狂，见庚辛之凶祸；若值螣蛇夭矫，知壬癸之峥嵘；倘逢朱雀投江，管丙丁之妖怪；飞鸟跌穴，便云百事皆祥；贵人登坛，管取九宫皆庆；通元机而天地皆用，得妙用则触事咸亨。若为文武官僚修造，职位皆增，或与良民士庶休茔，扶危做福，建州府而民安物泰；兴县镇而富足租平；立宫室而福集人依；做庙宇而鬼安神妥；桥梁船驿，井灶路途，或诸余行事，在选择周详，或有太乙将军尽在拱手，任是九良七煞莫敢当头。

不问诸家运气，不超不开，犯者空亡禁杀。但求此局却要有奇，可保千年皆招百福，最勘动土破山，埋宗葬祖，务有奇星到座，门户得开。有龙山者，必求反首之青龙；有白虎者，大忌猖狂之白虎；有元武者，远其夭矫螣蛇；有朱雀者，怕其投江朱雀；如斯迎避，用意配求。值飞鸟跌穴，则有异鸟宜雕彩禽坠羽鹰集，弃其亡鸟鹤鹭，返以鳝鱼仙鹤来鸣，彩鸾下集，四仲具全者吉，两头破损者凶。贵人登坛，必有旌旗相乘，雷电风云，印鸾文书，金章紫绶，得青龙反首之日时，当有鳞伏藏金鱼落穴，螣蛇蜃化马骡雷轰光焰，金银旛花结彩来应，其时在助其吉，各有克应，合取山头，万无一失之虑，动有十全之吉。分其头绪，布其提纲，具列千端，修明万事，非但谋猷之逢吉，乃天地之献祥，助国安邦，济民利物，得之者，宜什袭于玉匮金滕，真所谓至圣皇家之重宝也。

三、总法天机

凡布演奇门，先观天象，后察细微，总在我一心之所用，不可不知也。如天盘九星奇仪八门属金，加于地盘诸星木上，是金为客来伤主，战利为客，行兵先举放炮呐喊，士卒精强，百战百胜。凡求谋请谒交易等事，破败惊忧，客舍暗昧，遭逢盗贼小人惟行人即至。若金旺木衰，其凶尤甚。如天盘金星在衰墓死绝之时，加于木，无气之金，不能克木。若木在主旺之时，则木星为吉。如木亦衰墓绝之时.而凶终不能免矣。如天盘木星加于地盘火星，是为木能生火，战利为主，谋为一切等事皆如心意。如有重木临生旺之宫，谓之贪生之木，压火无光，火渐自灭。若木临退气之宫，或木少多火，如木生火，大利主兵。如天盘土，加于地盘金，是客来生主，若是土旺，或有重土，虽曰生金，而土重埋金，乃有暗兵埋伏，或英雄矢志，或忠烈受屈。如天盘木，加地盘金，乃主伤其客，宜偃旗息鼓禁声而敌大胜，凡有谋为事多破败，有始无终，惟求名显达，官事得失，出行吉利。如天盘金加地盘土，乃主生客，宜耀武扬威，征兵唱凯歌兵大胜，凡事谋为始终皆耗，劳碌劳力得后安妥。

四、作用妙法

妙用之法，全在年月日时四天干。详临九宫，合为吉凶等格，则知圣君，贤臣，孝子，慈孙，父母，妻妾，奴婢，戚邻，诸事成败可推详。年干为君、为父母，月干为臣宰、为伯叔，日干为兄弟、朋友，时干为妻妾、子女、士卒、奴婢，如天盘年干合吉格，门生宫，或上下相合者，主国泰民安，君臣父子福寿康宁。若年干合凶格，或被冲克，主四海兵戈，身心不宁，骨肉刑伤，灾厄忧惊。若月干得天盘相生，或合吉格，有忠臣烈士辅国安民，加官封爵，万事称心，若合凶格又被克，有奸臣专权休官罢职，六亲参商，贫苦奔波。若日干得天盘八门，生合吉格，主兄弟和睦，贵喜临门，身安友助，求谋遂心；若日干被克合凶格，主兄弟刑伤，六亲不合，身困招灾。若时干得天盘生合吉格，主妻子贤能，士卒精强，奴婢得力；倘合凶格被冲冠，主子刑伤，父子不和，其卒自乱，奴婢欺主。凡六庚加于年月日时干上，或年月日时干如临六庚上，须看六庚加于何人干上，则知某人之吉凶。吉格尤吉，合凶格尤凶，骨肉不和，己身危困。假如阳遁三局，甲己日起丁卯时，时干在九宫离上，开门遁甲子戊，天冲一同临宫，惊门与庚在坤二宫，如己日为飞干格，主兄弟不和，朋友反目，身困招灾。又如阳遁九局，乙庚日起丙子时，得青龙返首吉格，主贵喜盈门，身安友助，求谋遂心，若看年干月干时干，须另起，不可即以此为准。

五、临机变用

人为万物之灵，感通诸事之应，在我一时之动静。取其人事器物以推兵家胜负，人生得失，物之成败。就于出师，或以动众发马立营，或为人事之得失离合，或器物之所得之日时为始，逐日查算，利于何日时交锋得胜，何日时贼来，何方日时埋伏于何处，何日时成功奏凯。如欲知人之寿夭穷通，则取本命年月日处演布，而妻财子禄从可知矣。凡物之破损成败久暂，以所得之时日或方见之时，以及物长短方圆，成五行所属配合遁甲，则物器破损被益可预知矣。如军营凡有一见一闻，或遇移到斜蹲错落金鼓等项，或听言语善恶，或见旗鼓破损，或鸟兽来从何方，但一见一闻怪异之事，俱可为吉凶之兆。或听人言语几声几字，或金鼓不时乱鸣几声，或乐器不时远近响动几声，凡事物遇目一见皆可取占卜之，应在吾心一动，活泼变通，切忌不可取其一，又取其二，以致吉凶无所定也！如取其件或吉凶不准，再取别物占之，又不准是心未定，所以吉凶无验也！如遇一字、一点、一物、一声、一人、一兽即为子时，二为丑，三为寅，如甲己日遁起甲子时，若数有十三，即第一次，丙子时，若数多皆逢于时，即为第三次，第四次，五次，戊子、庚子、壬子，再数过多五干用尽，即作为乙丑、丁丑、己丑、辛丑、癸丑，如此千时，万时皆仿此。若出师须详看领军官，及大小头目，本命，天子，合吉凶等格，或可于征伐，或利于埋伏，或利于冲锋，或利于接应，总视其人利于行事者斟酌行之，则大小三军皆无误矣！

六、奇门主用精微赋

夫遁甲者，轩辕立法，风后演行。运九宫八卦之数，用三奇六仪之灵。八门各主吉凶，九星区分祸福。三光下照百福咸臻，六甲来临千祥骈集。蓬星六乙宜施恩赐赏加封，六丙明堂喜振武杨威发号。六丁玉女宜筑垒安营，六戊天门出师遣将，六己为地户修营强界。六庚乃天刑宜决狱屯兵固守。六辛天庭宜杜塞判断潜形，六壬天狱出兵不利。六癸天藏宜隐遁。阳时利客扬威操鼓，阴时利主伏路衔枚。阳星开而百事可行，阴星阖而诸凶莫作。天蓬筑垒喜安边，天芮迍兵休进战。天冲天辅遣将成功，天柱天心出军欠利。英柱凶而不吉，天禽半吉多凶。开门得胜深征，生门强兵献策。休利出兵，景宜突阵。伤门患害喜索债，不可行军。杜塞不通宜保障，潜形遁迹。死门只许畋猎，惊上还宜进战。直螣阴六虎玄地天，藏兵九地，扬兵九天，螣蛇玄武凶危，六合太阴外避，九天生门天乙三胜地，谁敢相凌，符使天地生门五不遇时，孰能进战。宫克星而利主，星克宫而客胜。门制门害多凶，门义门和大利。入墓击刑而不吉，游仪得使必多亨。开三宜用，闭五非通。玉女守门喜宴乐于公庭，五不遇时忌凶忧而无用。天网四张，高低门式。天辅时逢凶化吉，威德时遇难成恩。春不东伐，夏不南征，秋莫西攻，冬毋北战。太岁之方岂容冲犯，反吟伏吟进退多端，勃兮格兮忧惶不已，朱雀投江兮忌远征，塍蛇夭矫兮防惊恐。虎猖狂兮伤残，龙逃走兮陷阵。鸟跌穴宜出阵，龙返首喜兴师。白入荧而盗来，火入金乡而贼去。六甲置阵用在日干，金方木直，而土圆水曲，丙丁而火焰。五音择将胜负先知，宫商角徵羽音，金木水火土。火御水而被害，木伐金而返伤，我生他克此凶，我克他生彼败。天遁上策出兵，地遁屯军固守，人遁择士求贤，龙遁渡江水战，神遁祷术祈神，鬼遁偷营劫寨，虎遁拘安陟险，云遁噀甲助威，风遁歌谣作乐。通乎此者，良将握战胜之机，士庶神趋吉之用。熟加详玩，万举无差。

七、论主客

太公曰：凡主客动静不定，变化莫测，故主客不动之象，或以先动为客，后动为主，或以动为客，静为主，或以先声为客，或以天盘为客，地盘为主，诸事总有用诀，成败胜负，皆贵乎主客之紧要也。如出兵动众，以我为客，至彼地为主；或贼巢及贼所侵之城廓为主，或以阳为客，阴为主；或反客为主，反主为客。若选将求贤，招兵买马，干谒访友之类是我为客，彼为主。如有人来求我，或通知我，而我未知，是彼为客我为主。如在此对阵，或不在此对敌，再又分主客也。或此时交锋，若利客宜先耀武扬威，放炮呐喊，若利主，惟宜偃旗息鼓禁声而敌，埋伏取胜。

凡发兵，须看贼巢远近，如发兵时交战，或不同时交锋，不可以先动为客，待临敌取主客，到时而用之可也。如此时主客不利，只宜固守，倘若急迫，或被围困，宜以计胜，或运筹，或量敌，或乘天马，或书符念咒等类亦可。如国事都省、府县乡事、家宅官讼、坟茔、求谋名利、婚姻、行人、失脱、逃走、捕捉，即以地盘为主人，天盘为客人，事是多不能细述。大凡天盘诸星，生合地盘为上，地盘生合天盘次之，如客生主为称意美满，进益多端，主生客为耗散迟延必定自败。主客比和，行藏皆遂，主克客，乃半实半虚，自败虚花，事为不果，客克主，则战败无成，求吉皆凶。故善用奇门者，先分主客，然后再明占法。如此时利主，我即为主，此时利客，我即为客，或以进为客，不进为主，在我一心，不可执一，为客为主，任我可也。

八、遁甲穿壬

【详推遁甲所由起，创置乃自于轩辕，得元女阴符之术，战蚩尤涿鹿之野，考星宿兮审方位，律天象兮奠山川，法混沌而立太极。】

注曰：上律天宿之星象，下奠山川之方隅，以九宫合成一局。

【分两仪而遁阴阳】

注曰：自冬至一阳生为阳九局，夏至一阴生为阴九局。

【应四时而分四象，运八卦而周八方。总不外五行之理，爰发明动静之常，相摩相荡为翕为张。布十干而奇仪听令于甲。】

注：奇仪乃甲之使，是六甲符头得三奇之使。

【列九星而吉凶受命于符】

注曰：从符之五行论其生克，门宫俱要生符，六壬在日干，奇门在时干。

【镇中宫而八门环向，无所不利。】

注曰：巡奇乃随局用也，非专用坤之死门，不但用宫要相生，更要所用之宫与门奇星符相生旺相。

【守一甲而三奇得使，休咎先知。】

注曰：如甲午直符下临六乙，则看本日本时乙直某星，以月将加时乙上系何神将，便知未来动静。

【是故用局之法，变转无穷，六甲之除，三方相蒙，直符常加甲之止，直使常加乙之宫。】

注曰：甲之止止于时干，中宫巡寄八门，乃随局更使也。乙终位也，道不空，其终也，必有一门加其上也。

【遇奇而符门分遁】

注曰：奇仪星符俱阳顺阴逆，若八门则阴阳皆顺布，故曰分遁。

【值戊而元首攸同，满十时而法徧，至六癸而数终，星随符而并制。】

注曰：直符周遍六仪而止，吉凶悔吝，故皆以符头为主。

【门异遁而同宫】

注曰：八门飞遁，生克亦随宫断，故伏吟皆则俱归本位。

【毕五日而支干相续，尽三元而而首尾交通，明拆补而归余闰。】

每一节十五日二时零五刻推拆，上局闰于五日之后，中局闰于十日之后，下局闰于十五日之后。

【审节中之所穷，详干支之起义，识伏遁之所从，至消减而成一纪。】

注曰：故甲戌常随六已。坚甲于申而身形更实，故甲申常随六庚；长大于午而更体益辛；妊而后振动，故甲辰常随六壬。

【律穷途而揆革，故甲寅常随六癸。乙为盘曲而萌，丙为昭著而炳，丁为长养而强，东阳之极为日。】

注曰：乙居东为日奇，以日之东升。

【离火之精为月】

注曰：丙居南为月奇，离日而明。

【积阴之着为星】

注曰：丁为太阴星奇。分日月星而为三奇，周一局六甲为六仪。

【列八卦而运八节，列九星而分九宫。是故五行之德，以地承天。】

注曰：天一生水地六承之，地二生火天七承之，天三生木地八承之，地四生金天九承之，天五生土地十承之，此河图之数，五行之始，谓天行炁之象，犹妻承夫之义也。

【镇于五方】

注曰：北方阴气所积水居北，南方阳气盛动火居南，东方阳气所生木居东，西方阴炁所禁金居西，中央吐纳万物，故土居中。

【列为五色】

注曰：青居东象木，赤居南象火，白居西象金，黑居北象水，黄居中象土。此五行正色也。从金生水而一白居坎，水还于地而二黑居坤，以水生木而三碧居东，木坏金炁而绿居巽，五为天地之中，故土变从而生金，则得金之正色而临乾，水从而受丁火，则受火之赤色而归兑，纳丙火则受阴之凝结而归艮，水居北方与南为对，离为阴火积阴之着映带于水，故其色为紫。

【发为五声】

注曰：宫土、商金、角木、徵火、羽水。

【酿为五性】

注曰；即仁义礼智信。

【通为无味】

注曰：通于口者酸苦辛卤甘。

【动为六情】

注文：喜怒哀乐爱恶。

【喜居巳酉】

注曰：西方之情，喜行宽大。金生于巳盛于酉，故巳酉得位而知喜。

【怒征亥卯】

注曰：东方之情主怒，怒行阴贼，木生于亥旺于卯，故亥卯见而征其怒。

【哀占丑戌】

注曰：下方之情主哀，哀行公正，戌为穷火，丑为穷金，金刚火强，各刑其方，穷而无归则哀，火性主无私，金性方刚则公正，故丑戌见而知哀。

【乐归辰未】

注曰：上方之情主乐，乐行奸邪，阳气所萌，辰为穷水，未为穷木，木落返本，水流趋东，穷而傍出，奸邪生，故辰未见而知乐。

【申子主好】

注曰：北方之情主好，好行贪狼，水生于申盛于子，触地而皆行，触物而皆渊。贪而无厌，故申子见而征其好。

【寅午主恶】

注曰：南方之情主恶，恶行廉正，火生于寅盛于午，火性炎猛，无所容受，故寅午见而知恶。

【杓指四方：东动，西齐，南任，北伏。】

注曰：东主震动故曰伤，西主洁齐故曰惊。南主孕育故曰景。北方潜伏故曰休，以斗杓所指而定四方正位也。

【隅开四门，阖辟相倚，生死相承。】

注曰：天门在戌亥之间，秋冬之交之际，由阖而开，地户在辰巳之间，春夏之交，既成而死。鬼户在丑寅之间，春冬之交，死而复生，此八门之定位。

【八门以立，九星以定，禽星居中，相时而出，上应星宿，下占地灵，参为三才，号曰天禽。】

注曰：从古英豪，必炼合禽星，始能召符门周游八极，若天禽无主，符门不灵。

【佐以八星，逐队而轮。】

注曰：趋五飞干正使符游八宫。

【逢坎而休】

注曰：禽土入水而休美。

【入坤而死】

注曰：禽见坤土而收藏。

【冲震而伤】

注曰：禽土入木而震动。

【顺风而藏】

注曰：禽土入巽而闭塞。

【因天之心】

注曰：禽土顺天而开物

【立地之维】

注曰：禽土入兑金坚刚而砥触。

【映发万景】

注曰：禽土入离相火而英。

【阳德则舒，阴刑则惨。】

注曰：甲乙丙丁戊为阳，为德。己庚辛壬癸为刑，星符随六甲而转。

【闭于六戊】

注曰：其法取稗草七节，不拘长短，或暗室之内，或星光之下，取气吸星宿光芒，每一茎稗草行六十六步，放入怀中，其六戊反闭法，载真人炼星篇与六甲六丁篇内。

【遁于六己】

注曰：凡金木水火土五遁之法，手掐地户，暝目运地户之炁，收入尾间，随符而遁也，外有符有呪。

【测于六壬】

注曰：壬占休咎最验，故奇门用遁皆推之。

【六庚为贼，六辛为刑，六癸为网，直符所加，以主制客，若加符门，以客制主。】

注曰：凡占贼之有无，视六庚所临之方，克符则有，无克则无。旺则多而衰则寡，六辛为刑狱，六癸为天网四张，值符头属主，飞符属客，审其所加而避之

【缓则择其门户，急则审符所值。】

注曰：缓审门之吉凶，为出入急，就直符之宫而用其生旺。

【加八卦而考其时干，观变爻而趋避凶吉，卦则从门而加。】

注曰：如休门居离则上坎下离

【爻因奇仪而易，干为主之先兆，支为客之所及。】

注曰：以奇仪所临之宫，照甲己子午九歌内数目逢六除之而测其变化，如甲子戊五爻变，则就本卦变爻而定我克应，如甲子六乙之宫为丑数八除六则就二爻而定敌克应。

【倘干支而或同爻，视旺衰而知所历。】

注曰：如戊五辰五主客同爻，则当以体用审其衰旺

【如游行之八卦，穷九变而不一。】

注曰：静卦为主，一变加盘，二变奇仪，三变从支，四变日干，五变日支，六变去上下二爻，七变时干，八变时支，九变则就主客之体用推之。

【窥六壬之伏匿神将，岂容恍惚或从方位还推。】

注曰：就所临之方位而推之。

【或审时支而测。】

注曰：是指外三传言也，其法以支上壬干临支为初传，壬遁之干为中传，甲辰之上临支为三传也。

【四课兮主客攸分】

注曰：干为主，阴为客。

【三传兮内外并出】

注曰：更看神煞加临，自然休咎有准。

【千八十兮，元女所传七百廿兮，黄帝所立，汉代子房。直符随乎时干，执一局而为则。】

注曰：以直符加时干只考验于一局。

【一十八局兮错综乱变，审伏符兮考验于一。】

注曰：但能考验伏吟之一星一门而八门不能尽合。

【分壬遁而二之】

注曰：局既错乱则贵神不能合式，以直符代之则出于九天，潜于九地，而人莫能御也。

【皆一时使用之法，非门星之极，则佐以洛书之数，按八门而向北，直符即天乙官，据三奇而符门分布，合六壬而来意皆同，审卦爻之克应，议支干之所从，考其主局之定格。】

注曰：乃烟波钓叟歌并黄石公诸篇歌诀。

【佐以壬课之吉凶】

注曰：以壬课诸篇吉凶篇断。

【每一时而宫九列，应四方八面以从容。或是壬申壬子日对星步斗勿失。若是壬辰居中位，习炼天禽从此得，寅午戌日火星明，周徧八宫寻凶吉。天地大开此八门，名贤隐遁无踪迹，会得壬遁合义文，七十二局神出没，八卦静应考图中。】

注曰：静考所加，如乾父坤母之类。

【五行相属卦爻从】

注曰：动求变爻之应。

【更就甲辰明感应。】

注曰：即六壬也。

【二十八宿逞威雄，奇门妙诀无过此，元女天机泄此中。】

注曰：共一十二卷，外加奇门阴符元女诸书而遁甲之用始全矣。

九、外应歌诀

占断先须看神将　森罗万象细推寻
眼前见物分凶吉　耳内闻声辨浅深
竹下犬行应喜笑　人依木畔事须休
见桃可说人逃走　遇李当云得理宜
事成当反锄翻地　破而复合剪衣时
虚声恐怖闻雷震　深计思维看弈棋
乐事雨丝同桂木　破机一石又逢皮
坐卧立分迟与速　圆缺兴衰判合离
带花带酒忧还退　遇酒遇盐事可悲
乌鹊鸣时分善恶　云渥指处说高低
男抱女孩新燕喜　女人抱子叶熊罴
阳人抱着阳人看　必有争喧早晚期
若是女人抱是女　断他奸巧惹官非
丝麻孝服应须见　跛足前行事有疑
丹青画轴宜求祷　钟鼓弦音信必移
鱼雁必知来远信　脍腑当忧骨肉亏
砚水干枯谋不顺　笔头脱落事无成
墨断定知田土散　纸破须防不正人

犬吠一声防哭泣　　鼠来又忌贼相侵
赤朱写字红光动　　叶上书文有怨盟
忽听鸡鸣真可喜　　人惊梦觉事通灵
马嘶必有行人至　　猫过须防毒害人
船上不宜书火字　　楼头宜忌有官刑
有时喜笑歌呼语　　类聚占之课有灵

第九章　文论选录

笔者由于受家庭影响，习易较早，算起来已有二十余载。记得 1990 年参加了河南省文化研究中心的《周易》函授，当时编写教材的主讲老师是吉林大学的金景芳教授和西北大学的费秉勋教授（即后来笔者的恩师），研究中心于 1991 年创办了一份内部发行的小报，每期出一些有一定难度的题让学员写信回答，回答正确者可得到馈赠的易学资料，并在小报上登出名字以示表彰，就这样引出了我写文章的激情，并得到了当时来说比较珍贵的易学资料。到 1993 年小报改版为内部双月刊《民俗文化园》（1995 年下半年就停办了），笔者的《八卦、奇门、六壬预测的综合应用》一文便发表在 1993 年第五期上，由于版面的原因，当时写了八个案例，但只登录了一个案例，其后又在上面发表了好几篇。由此而养成了一种写文章的习惯，在学习中不时写下一些心得出来，后来又在参加各种易学活动时写了一些论文，积累下来也有好几十篇。由于篇幅所限，现从中选录了一些不同时段、不同类别的文章分别附在这次出版的两本书后面，也算是笔者习易以来所走历程的一种表述。文章内容涉及易理、象数、风水、奇门、六壬、命理、六爻等门类，同时有些文章的部分内容在二书中亦有引用，但由于每篇文章都有它的独立性与针对性，单篇阅读可能会更有一种别样的感受，今刊录于此与读者诸君共享。

浅谈奇门遁甲

尹　锋

笔者按：此文曾发表在河南省文化研究函授中心主办的内部刊物《民俗文化园》1994年第二期上。

一、回答问题

《民俗文化园》1994年第一期“自由谈沙龙”栏目，刊登了山西宋红亮先生提出的奇门遁甲中的几个问题，现谈谈我的看法，不妥之处，恳望各位同仁指正。

1. 奇门的定局，分阴局与阳局。阴阳各九局，共十八局，在这些局中，阴遁应为上元至中元推进六宫，中元至下元推进六宫。如果是阴局，则上元至中元逆退六宫，中元至下元逆退六宫。例如：冬至上元阳遁一局，中元向前推进六宫则为阳遁七局，下元在阳遁七局的基础上再推进六宫，因奇门阴阳各九局，所分宫位为九宫，阳七局至离九宫隔二位，再从九宫返加坎一宫至巽四宫，其正好向前推进的宫数为六数，故下元为阳遁四局是也。又如，夏至上元阴遁九局，中元逆退六宫则为阴遁三局，下元退至坎一宫后，再从离九宫逆退至乾六宫，即为阴遁六局，其向后逆退的宫数亦为六数。

2. 置闰是重复一个节气的上中下三元。例如：1993年农历五月初二日酉时交夏至节，甲子符头却在四月二十三日，这样符头已超过节气九天，故要置闰。重复芒种上中下三元，这样重复的三元与原来三元的推演布盘是一致的。但在具体运用中，如上例四月初八日己酉为芒种上元阳六局，二十三日甲子为置闰上元阳六局，这两天的推演布盘虽一致，但日柱不一，预测时必须区别开来。

3. 符头超过节气九天要置闰，但必须在冬、夏至之前，而在其它节气即使符头超过九天也不可置闰，因为冬至、夏至在分阳遁阴遁之前置闰，可平衡每个节气多余出来的五时二刻时间，以防符头离后面的节气太远。在上面的举例中，甲子符头超过夏至九天故要置闰，并非指几个符头超过节气的天数加起来超过九天。

二、提出疑问

1. 奇门遁甲分转盘与飞盘两大类，排局时两种奇门的地盘完全一致，而天盘与门盘则各异。如 阳遁一局，甲己之日，己巳时，坎宫格局。用活盘奇门推演，生门加坎宫为迫，天盘天辅阳星带六辛加临地盘六戊之上，为困龙被伤，屈抑守分，妄动灾殃。用飞盘奇门推演，则开门并天盘天英星带乙奇加临坎宫甲子戊之上，构成龙遁格局，又为欢怡、休诈之吉格。

2. 以《奇门法窍》一书中，有关于拆局补局的论述，如我在上面的置闰举例，则不必置闰。1993 年五月初二日酉时交夏至节，初二癸酉日（酉戌亥三时）则为夏至中元阴三局，初三甲戌日子时至初七戊寅日亥时为夏至下元阴遁六局，初八己卯日子时至十二癸未日亥时为夏至上元阴九局，十三甲申日子时至十七戊子日亥时为夏至中元阴三局，十八己丑日子时至辰时又为夏至下元阴六局，巳时交小暑节，这样一来便无置闰之说。这种拆局补局是否更为科学？

奇门预测方法初探

尹 锋

笔者按：此文在1994年在河南郑州举行的第一届“周易与未来科技国际研讨会”上被评为优秀论文，发表在会议论文专集上。

《奇门遁甲》这门古奥神秘的“帝王之学”，在浩瀚的易学领域中，占据着举足轻重的地位，为历代统治阶级所重用，它融宇宙、社会、军事、策略、天文、气象等为一体，采取造式三重之法，将时间、空间、数理相互溶合，推断天地人生的变化规律及其相互关系。而今研究旨在引导人类趋吉避凶，到达理想的彼岸。

奇门预测方法，灵活多变，形式不拘，《奇门遁甲秘籍全书灵机变用篇》云：“人为万物之灵，感通诸事之应，在我一时之动静，取其人事器物，以推兵家胜负，人生得失，物之成败”。这里阐述了奇门预测是通过人体的信息感应（如所见、所闻自然界的瞬间现象等），从事物的动静变化，时空组合，建立起基本座标而进行预测。虽方法多端，但有章可循，基本可归为三种，既取时之占，取向之测，主客之分。下面我将用实例分别进行剖析，不足之处，恳望得到诸位学者、同仁的指正。

一、取时之占

奇门预测以占时为基础，演盘布局，推断事物之吉凶。就其取时之法而论，“但一见一闻怪异之事，俱可为吉凶之兆，或听人言语几声、几字，或金鼓不时乱鸣几声，或乐器不时远近响动几声，凡事物遇目一见，皆可取占卜之应，在吾一心活泼变通”（引自《奇门灵机变用篇》），由此可见奇门取时是捕捉信息与反馈信息的重要依据，以下将用实例演示奇门取时之法，抛砖引玉，读者可举一反三，掌握规律。

例一、取问占之时预测

1991年农历五月十五日亥时，友屈建军问测妻子有无身孕。

辛未年，甲午月，丁卯日（空：戌、亥），辛亥时（空：寅、卯），夏至上元阴遁九局。

白虎　天冲 甲戌己+甲寅癸 伤　巽	六合　天任 丁+甲子戊 杜　离	太阴　天蓬 丙 甲寅癸+甲辰壬 景　坤
玄武　天芮 乙+丁 生　震	天辅 甲辰壬 寄二坤　中宫	螣蛇　天心 甲子戊+甲申庚 死　兑
九地　天柱 甲午辛+甲戌己 休　艮	九天　天英 甲申庚+乙 开　坎	值符　天禽 丙 甲辰壬+甲午辛 惊　乾

分析：

天盘六癸加临地盘六丙于坤宫。“上人见喜”之象，且日干丁火冲动胎星癸水，已有身孕，天蓬阳星临坤宫，必为男孩，地盘值符临坤宫，百恶消散，产时必然顺利。果于次年农历二月（癸卯日）生下一男孩母子平安。胎星癸水临太岁其年必有身孕。

例二、用数取占时预测

1993年农历二月初三日，在一位朋友家里，其邻居王某写“高得”二字求测，说他的儿子因犯盗窃罪，正处判刑阶段，现在想从有关部门周旋一下，看能否轻判，我以其笔划总数二十二除十二数（为十二时辰基数）余十，取为酉时而测之。干支历为：

癸酉年，甲寅月，乙亥日（空：申、酉），乙酉时（空：午、未），雨水下元阳遁三局。

九地　天柱 甲戊己+甲戊己 生　巽	九天　天冲 丁+丁 伤　离	值符　天禽 乙　乙 + 甲申庚　甲申庚 杜　坤
玄武　天心 甲子戊+甲子戊 休　震	天任 甲申庚 寄二坤　中宫	螣蛇　天蓬 甲辰壬+甲辰壬 景　兑
白虎　天芮 甲寅癸+甲寅癸 开　艮	六合　天辅 丙+丙 惊　坎	太阴　天英 甲午辛+甲午辛 死　乾

分析：

此时三奇六仪伏吟，伏吟者，呻吟之象，时干乙奇为其子居二宫，开门为法官居艮宫，两宫相冲，纵然送礼，法官手下必不留情，恐难以减罪，今甲午辛（为罪人）居乾宫，其数为六，刑期必在六年左右，后果被判刑六年。

二、取向之测

向是指方向、方位，为空间的表达形式。取向之占，是以求测者所处的方位，举事的方向，占据的空间定其宫位，而以此宫之格局，揭示事物的内在规律及其特性，这也是奇门预测法优于其他古典预测法的一个方面。

例三、以发生事件的方向预测

1993年农历三月初七日酉时，我的一位堂嫂来找我，其子在新疆哈密打工，刚收到发来的电服，说生病住院了，要让家里人速去，但又没有说清楚是什么病，甚为焦急，我根据当时的奇门格局进行了推断。干支历为：

癸酉年，乙卯月，己酉日（空：寅、卯），癸酉时（空：戌、亥），阳遁四局。

九天　天任 乙+甲子戊 杜　巽	值符　天辅 甲子戊+甲寅癸 景　离	螣蛇　天心 丙 甲寅癸+甲戌己 死　坤
九地　天柱 甲辰壬+乙 伤　震	天英 甲戌己 寄二坤　中宫	太阴　天芮 丙 甲戌己+甲午辛 惊　兑
玄武　天冲 丁+甲辰壬 生　艮	白虎　天禽 甲申庚+丁 休　坎	六合　天蓬 甲午辛+甲申庚 开　乾

分析：

八门伏吟、呻吟之象，哈密在西北方乾宫，天盘六辛下临地盘六庚于乾宫，为“白虎出力，刀刃相接，主客相残”之象，此子必是为人所伤，而非疾病，好在休门值乾，乾宫又为旬空之宫，近病逢空则愈虽危有救，占子孙又以六合为用神，今六合临乾宫，乾为首，其伤必在头部。我安慰堂嫂，不会有危险，并凑钱让她上哈密看望儿子。后来得知，所测与事实完全相符合，其子骑车外出时与别人相撞，碰伤了头部，当场昏倒在地，送往医院后，及时抢救得以脱险，后完全康复。

笔者按：测事又可以时干主子孙，今时干癸水落坤宫死门之地，主凶。好在死门伏吟于坤宫，动起之力不足，春季木旺，土处死地，凶气未能全发。宫中之螣蛇又主怪异之事，天心吉星加临，凶中有吉之象。

时柱又主事体，日干主求测之人，今时干临坤宫生日干之落宫兑宫，也是凶中有吉之象，天芮病符星加临兑宫，所问之事与疾病有关。

时干与太岁癸水同干临死门，是孩子流年不利的信息。

例四、以各自占据的空间进行推测

1994 年农历二月十七日时，干支历为：

甲戌年，丁卯月，癸丑日（空：寅、卯），壬戌时（空：子、丑），春风上元阳遁三局，天任值符落兑宫，生门值使落兑宫。

玄武 天禽 甲辰壬+甲戌己 惊 巽	九地 天蓬 甲午辛+丁 开 离	九天 天冲 乙 丙 + 甲申庚 休 坤
白虎 天辅 乙 甲申庚 +甲子戊 死 震	天心 甲申庚 寄二坤 中宫	值符 天任 甲寅癸+甲辰壬 生 兑
六合 天英 丁+甲寅癸 景 艮	太阴 天芮 甲戌己+丙 杜 坎	螣蛇 天柱 甲子戊+甲午辛 伤 乾

分析：

笔者的两位长辈，定文叔与学文叔来我家与家父一块下棋，摆开对垒后，定文叔坐于西方兑宫，学文叔坐于东方震宫，几盘过后，学叔连连败北，家父又与其对奕，亦三比一输于对方，论棋艺他们都在伯仲之间，究其原因，开棋之时，生门临兑宫，又为值符值使之宫，死门临震宫，坐生击死之故，占生门者胜，居死门者败这是古代先贤“时空合一”哲理的实践和体现，用于体育竞赛、军事战争等领域，可提供可靠的选择依据。

三、主客之分

主客之分，是遁甲学说的重要组成部分，是周易阴阳动静变化原理的升华与发展，它与时空条件相结合，为人类的行动选择提供了可靠的参数和依据。《奇门遁甲秘笈全书》云：“凡主客，动静不定变化莫测。”又云：“奇门之应候，时有先后，应有主客，以彼此人我而推之”。或以先动为客，后动为主，或以天盘为客，地盘为主，灵活多变，举例证之。

例五、以彼此方位取主客占测

1993 年农历三月初八日戌时，堂兄尹铭问测，堂兄说他的同学马林在嘉峪关承包工程，找他去带工，能否去，财利如何？我灵机一动，运用主客之法，现在是别人来找，故对方为客，我方为主，按方位主方在客方的东南方属巽宫。干支历为：

癸酉年，己卯月，庚戌日（空：寅、卯），丙戌时（空：午、未），清明上元阳遁四局，天心值符落坤宫，开门值使落艮宫。

九地 天任 丙 甲戌己+甲子戊 生 巽	九天 天辅 甲午辛+甲寅癸 伤 离	值符 天心 丙 甲申庚+甲戌己 杜 坤
玄武 天柱 甲寅癸+乙 休 震	天英 甲戌己 寄二坤 中宫	螣蛇 天芮 丁+甲午辛 景 兑
白虎 天冲 甲子戊+甲辰壬 开 艮	六合 天禽 乙+丁 惊 坎	太阴 天蓬 甲辰壬+甲申庚 死 乾

巽为主，为地盘，天盘为客，天盘天任星带六丙加地盘六甲于四宫，构成“飞鸟跌穴”之吉格，谋为百事大利，六甲生六丙，甲食丙禄，同心合力，两方皆宜，且生门临巽更利于求财、巽为四数，天盘天任星为八数，两数之和为十二数，生在巽宫受克，其数减半为六数，必得财在六仟元左右。我告诉他，此次求财必得，应马上去，不必疑虑，秋末果然满意而归，一切开支之外，纯利六仟余元。

《奇门遁甲》做为易学的一个流派，在漫长的历史过程中，经过千百年来的流传、演变，加之历代封建统治阶级及佛、儒、道家及江湖术士的穿凿附会，难免精华与糟粕异存，很多理论研究课题，目前还不能被人们认识和应用，用现代科学观点，认真地研究和探索，不断地充实和发展，取其精华、去其糟粕，脱去其神秘的外衣，揭开遁甲之谜，使这一学说应用于社会，造福于人类，这将对迈进新时代，开创新纪元，做出巨大的贡献。

奇门遁甲与现代经济预测初探

尹　锋

笔者按：此文在1995年河南郑州举行的第二届“周易与未来科技国际研讨会”上被子评为优秀论文，发表在论文专集上。

《奇门遁甲》是我国劳动人民千百年来认识世界和改造世界的智慧结晶，是反映天地人生 变化规律，决断吉凶，防患于未然的一门预测科学，它将时间，空间、数理相互融合，运用十干，八门，九星，九宫，八卦，八神多种机能，组合为天，地， 人三盘，以其阴阳顺逆，五行迭运之理，推断吉凶，上层象天而置九星，共奇仪而一时一易，中层象人，以开八门，断人事之吉凶，下层象地，以分八卦，而置九宫，奇仪五日方移，法地道之贞静，将天时，地利，人和，三者之间的关系，巧妙的运用于三盘之中，反馈出事物的兴衰与人事的吉凶，使周易的阴阳五行原理得到充分的运用和高度的发展，下面借应用的实例，就奇门预测在社会生活实践中所起的经济效应做一探讨。

财为养命之源，不但是国家的主要命脉，也是个人生活的主要支柱，随着我国改革开放、搞活经济这一富国富民政策的实施，人民生活水平得到了改善，国民经济稳步增长，但在这发展过程中，不管是国营企业，还是私营企业，个体商户，其中有一部分或经营不善，或盲目投资，而导致破产或亏损，如何才能使企业和个人减少不必要的损失，取得良好的经济效益，借助于奇门预测学，恰能收到事半而功倍的效果。

一、合资经营或合伙求财

以日干落宫为自己，时干落宫为合伙人或合资者，时干乘奇门吉格来生日干者，益于自己，日干乘奇门吉格生时于者，利于他人，二宫比和，合作公平，各无猜忌，如时干宫乘凶神凶格克日干宫，对已有害而无利，万不可为，更要兼看求财方位之格局及主客动静之关系。

例一：1993 年农历二月初九日戌时堂兄尹铭要我为其预测，与李某合伙去新疆乌市包揽修建工程，能否赚钱？

癸酉年，甲寅月，辛巳日（空：申、酉），戊戌时（空：辰、巳），阳遁一局，天辅值符落坎宫，杜门值使落艮宫。

<table>
<tr><td>六合　天柱
丁+甲午辛
死　巽</td><td>白虎　天冲
甲寅癸+乙
惊　离</td><td>玄武　天禽
甲子戊+甲戌己
甲辰壬
开　坤</td></tr>
<tr><td>太阴　天心
甲戌己
甲辰壬+甲申庚
景　震</td><td>天任
甲辰壬
寄二坤　中宫</td><td>九地　天蓬
丙+丁
休　兑</td></tr>
<tr><td>螣蛇　天芮
乙+丙
杜　艮</td><td>值符　天辅
甲午辛+甲子戊
伤　坎</td><td>九天　天英
甲申庚+甲寅癸
生　乾</td></tr>
</table>

分析：

新疆位我西北，属乾宫，此时天盘六庚临地盘六癸为“大格”之凶，此财难求，并有口舌等事件伴随，日干落宫在坎，时干落宫在坤，两宫相克，必是二人不和，好在生门临乾，不至于赔本，我劝其不宜去，但堂兄称有约在先，不去不成，后果如所测，因工程有变，矛盾激化，二人大吵一场，愤愤而归。

由于此事被测准，他又于农历三月初八日戌时来测，称同学马林在黑阴山包拦工程，找他去领工，能否去？我灵机一动，运用主客之法预测。

癸酉年，乙卯月，庚戌日（空：寅、卯），丙戌时（空：午、未），阳遁四局，天心值符落坤宫，开门值使落艮宫。

九地　天任 丙 +甲子戊 甲戌己 生　巽	九天　天辅 甲午辛+甲寅癸 伤　离	值符　天心 丙 甲申庚+ 甲戌己 杜　坤
玄武　天柱 甲寅癸+乙 休　震	天英 甲戌己 寄二坤　中宫	螣蛇　天芮 丁+甲午辛 景　兑
白虎　天冲 甲子戊+甲辰壬 开　艮	六合　天禽 乙+丁 惊　坎	太阴　天蓬 甲辰壬+甲申庚 死　乾

分析：

奇门云：先动为客，后动为主，故来找者为客，被找者为主，按方位主方在客方的东南方，属巽宫，巽为主，为地盘，天盘六丙加地盘六甲于巽宫，构成“飞乌跌穴”之吉格，谋为百事大利，六甲生六丙，甲食丙禄，同心合力，两方皆宜，且生门临巽，更利于求财，巽为四数，天盘天任星为八数，两数之和为十二数，生在巽宫受克，其数减速半为六数，必得财六千元左右。我告诉他,，此次求财必得，应马上去，不必疑虑，秋末果然满意而归，一切开支之外，纯利六千余元。

二、预测生意求财

以甲子戊为资本，生门落宫为利息，生门落宫得奇门吉格来生甲子戊落宫者，必获倍利；二宫此和；亦得中利，生门落宫克甲子戊落宫，再乘凶神凶格者，生意必亏本,，甲子戊落宫生生门落宫，主加资本，必得利息，甲子戊与生门落于坎艮震巽四宫，阳遁为内为近、又为速，再得奇门吉格者，得之必多，若得门不得奇，或得奇不得门，得之不多，门奇俱不得，不落空亡墓绝之宫，不受地盘克制，得之必少，如甲子戊与生门落于一内一外，得之必迟，二宫俱在外，必求千里之财，财神与生门如落空亡，墓绝、返吟之宫，再有凶神凶格者，不得财，反招是非。阴遁以离神坤兑乾四宫为内、为近。

例二：1993 年正月十一日子时堂弟尹梨求测，次晨光要去签郭煌石棉矿打工的合同，可签否？时为阳遁二局甲子时，门星伏吟不动之象，敦煌位我方西北，六壬加六壬为“蛇入地网”，内外索绕，其身难动。我告之，恐情况有变，其事难成，后如所测，果因合同落空而未去成。

例三：1993 年农历八月二十八日未时，赵某测收购大麦能否赚利？

癸酉年，壬戌月，丁卯日（空：戌、亥），丁未时（空：寅、卯），阴遁六局，天芮值符落离宫，死门值使落艮宫。

螣蛇 天心 丁+甲申庚 开 巽	值符 天芮 甲辰壬 甲戌己 +丁 休 离	九天 天辅 乙+ 甲辰壬 甲戌己 生 坤
太阴 天禽 甲申庚+甲午辛 惊 震	天柱 甲戌己 寄二坤 中宫	九地 天英 甲子戊+乙 伤 兑
六合 天蓬 甲午辛+丙 死 艮	白虎 天冲 丙+甲寅癸 景 坎	玄武 天任 甲寅癸+甲子戊 杜 乾

分析：

此时甲子戊落宫在兑，生门临坤，坤主五谷，又主仓库，屯积求财之象，天盘之奇临之为吉，生门落宫生甲子戊落宫，且阴遁坤兑宫俱为内，近处求财，得之必速，生门临坤，其利必在两千元左右，后果如测，数日之内赚利两千余元。

三、预测坐地求财

坐地求财，指商场、商店、旅社、饭馆等坐地经营的一切行业。此项预测以开门落宫为主，开门落宫乘旺相气带奇门吉格来生日干落宫者，大吉大利，相比和，不克制者次吉，若开门人墓或返吟及落空亡者，大凶之兆。

例四：1994年农历三月二十一日申时，陈某求测，准备开一电子游戏室，但考虑到现在开办此行业的人比较多，不知能否赚利？

甲戌年，戊辰月，丁亥日（空：午、未），戊申时（空：寅、卯），阳遁二局，天心值符落坤宫，开门值使落坎宫。

九地 天任 甲子戊 甲午辛+甲申庚 伤 巽	九天 天辅 甲寅癸+丙 杜 离	值符 天心 甲子戊 甲辰壬+甲午辛 景 坤
玄武 天柱 丙+甲戌己 生 震	天英 甲午辛 寄二坤 中宫	螣蛇 天芮 乙+甲寅癸 死 兑
白虎 天冲 甲申庚+丁 休 艮	六合 天禽 甲戌己+乙 开 坎	太阴 天蓬 丁+甲辰壬 惊 乾

分析：

此时开门落宫在坎，门宫相生为吉，日干落宫在乾，又为值符之宫，且生开门落宫，利于坐地求财，当年便可获利，我劝放起顾虑，大胆经营。今年春节期间，在朋友家碰到他，我问其生意如何，陈说：果如您测，一切令人满意，达到了预期的效应。

笔者按：回头看局象，我们就会发现，投资求财，甲子戊主资金，落巽宫，生门主利润，落震宫，二宫比合，投资获利之象。生门虽落旬空之地，只主投资经营还未开始，正在做前期的准备和打算。日干丁落乾宫，克生门宫，主动求财之象。

例五：1993年农历九月二十七日晚戌时，在朋友陈某处，我县原工商所所长赵某求测，准备承包一饭馆带旅社，前景如何？

癸酉年，癸亥月，乙未日（空：辰、巳），丙戌时（空：午、未），阴遁六局，天辅值符落艮宫，杜门值使落坤宫。

九地 天英 甲辰壬 甲戌己+甲申庚 生 巽	玄武 天禽 乙+丁 伤 离	白虎 天柱 甲辰壬 甲子戊+甲戌己 杜 坤
九天 天任 丁+甲午辛 休 震	天蓬 甲戌己 寄二坤 中宫	六合 天冲 甲寅癸+乙 景 兑
值符 天辅 甲申庚+丙 开 艮	螣蛇 天心 甲午辛+甲寅癸 惊 坎	太阴 天芮 丙+甲子戊 死 乾

分析：

开门到艮，天盘六庚临地盘六丙于八宫，构成“太白入荧”之凶格，因财得祸之象，日干落于离宫，又为朱雀之宫，必有口舌官司之苦，我们奉劝放弃承包这一行业，但赵某不听劝告，将其承包，至1994年夏季，因非法经营，受到法律的制裁。

四、预测市场行情

以时干落宫为货物，生门落宫为利息，日干落宫为货主，甲子戊落宫为资本，生门落宫带吉神吉格，时干落宫与生门落宫相生合者，则物必长价，必有利息，若生门落宫带凶格凶神，又受时干落宫之克者，其物必跌价，而无利，长价及得利多少，须看生门之落宫，旺则多利，相则利平，休则利微。

例六：1993年我预测自家余粮次年出售是否更能获利一事，测时为农历九月十四日巳时。

癸酉年，壬戌月，壬午日（空：申、酉），乙巳时（空：寅、卯），阴遁五局，天蓬值符落乾宫，休门值使落离宫。

白虎 天任 甲寅癸+甲戌己 开 巽	六合 天辅 甲午辛 甲子戊 +甲寅癸 休 离	太阴 天心 甲午辛 丙 + 甲子戊 生 坤
玄武 天柱 甲戌己+甲申庚 惊 震	天英 甲子戊 寄二坤 中宫	螣蛇 天芮 乙+丙 伤 兑
九地 天冲 甲申庚+丁 死 艮	九天 天禽 丁+甲辰壬 景 坎	值符 天蓬 甲辰壬+乙 杜 乾

分析：

生门临坤，丙奇得使，六丙加六甲为“飞鸟跌穴”之吉格，时干落宫与生门落宫相生，次年粮价大有长价的趋势，我当时判断，坤为二数，故每斤可望长二角左右，中寄二坤宫中宫数为五，故单价每斤在五角左右，至1994年夏季，粮价果长至每斤五角，但仍有上涨的趋势，我又对占测格局进一步分析，发现生门落宫为坤，为二数，中寄二坤宫，中宫数为五，两数之和为七，故1994年本地粮食的最高价应为七角左右，果如所测，年底粮价果长至每斤七角。

笔者按：又以日干为求测人自己，时干为所测之事物，日干落乾宫，时干落兑宫，二宫比合为吉象。时干乙奇下临丙奇为吉，生门主财，临坤宫生日、时干之落宫，是粮食涨价获利的信息，但生门宫与时柱落宫俱为日柱壬午的旬空之地，至秋季出空填实之后，也是粮食必然涨价之时。

例七：1994年春季，本县卢堡麻厂在我村推广种植无纤型胡麻，但因初次尝试，人们顾虑很大，不敢大面积种植，我为此而进行了预测，时为农历二月二十日辰时.

甲戌年,丁卯月,丙辰日（空：子、丑）,壬辰时（空：午、未），阳遁九局，天芮值符落巽宫，死门值使落坎宫。

值符 天芮 甲申庚 甲寅癸+甲辰壬 休 巽	螣蛇 天柱 丙+甲子戊 生 离	太阴 天英 丁+甲申庚 甲寅癸 伤 坤
九天 天蓬 甲子戊+甲午辛 开 震	天冲 甲寅癸 寄二坤 中宫	六合 天禽 甲戌己+丙 杜 兑
九地 天心 甲辰壬+乙 惊 艮	玄武 天任 甲午辛+甲戌己 死 坎	白虎 天辅 乙+丁 景 乾

分析:

生门与日干落于离宫，且构成“飞鸟跌穴”之吉格，时干落宫在艮，与生门宫相生，甲子戊落宫在震，生生门落宫，如此格局，必能获良好的经济效益。果如所测，大面积种植后，此同类其他油料每亩增加收入近二百元。

哲学告诉人们，事物的发展是偶然的，也是必然的，经济活动有其偶然的动因，诸多因子有其相互的联系和制约，因果之间有其必然的规律性。当人们形成了某种求财意念，构成该意念的诸多有利和不利因素，便反馈出诸多信息，在求财中奇门预测学以其特定的信息为依据，科学的推断出一种必然的结论，择其善者扬之，恶者弃之，有的放矢，百战不殆，必能顺时运，兴经济。因此，在尊重客观规律的前提下，将奇门预测广泛的应用于各类社会经济活动中，并在实践中进一步得以发展，使之形成新的生产力，其产生的经济效益就能得以充分的发挥，奇门预测的经济效应在上述实例中已窥一斑。

奇门深奥，点滴体会，不揣浅陋，与同仁共商。

1995 年 4 月 16 日

奇门九星运行模式新探

尹　锋

笔者按：此文在2005年青岛举行的在“第二届中华易学文化大会”上获论文一等奖，发表在论文专集上。

奇门遁甲学是先哲通过“仰观”、“俯察”而对宇宙自然变化与万有运行规律的一种哲学表达，是对“自然原型”的一种象数模拟。奇门诸要素的运用，阴阳局的排布，局象的分析判断，无不是在浓厚的天文背景下，依据“观象授时”的历法与万物之间的全息对应规律进行的。这是奇门遁甲原始模式的唯物论基础。

一、奇门九星产生的天文背景

“九星”是指《黄帝内经·素问》中“九星悬朗”的九星。清江慎修著的《河洛精蕴》中云：“北斗七星，一枢、二机、三璇、四权为魁，五衡、六开阳、七摇光为杓。开阳、摇光之旁有小星，左为辅、右为弼，合为九星。”奇门遁甲中又将九星命名为天蓬、天芮、天冲、天辅、天禽、天心、天柱、天任、天英，并与地之九宫相对应。《南齐书·高帝纪》中说：“九宫者，一为天篷，以制冀州之野；二为天芮，以制荆州之野；三为天冲，其应在青；四为天辅，其应在徐；五为天禽，其应在豫；六为天心、七为天柱，八为天任，九为天英，其应在雍、在梁、在扬、在兖。”先哲在观察天象时发现，北斗七星（九星）绕北极星顺时针左旋一周为一年。古人以北极星为体，北斗星为用，以北斗为北极帝星所乘之车。北斗绕北极而旋转，就是北极帝星乘车临御八方之象，谓“太乙下九宫”。根据太乙游宫斗柄旋指的八宫方位，便能推知四时、八节及二十四节气的节令转移和气象变化。《灵枢·九宫八风篇》中云："是故太乙入徙，立于中宫，乃朝八风，以占吉凶也。"《易纬·乾凿度》中又说："太一取其数以行九宫"。郑玄注："太一者，北辰之神名……太一下行八卦之宫，每回乃还于中央，中央者，北辰之所居，故因谓之九宫。天数十分以阳出，以阴入。阳起于子，阴起于午。是以太一下九宫，从坎宫始，坎中男，始亦言无始也；自此而从于坤宫，坤母也，又自此而震宫，震，长男也；又自此而巽宫，巽，长女也；所行者半矣，还息中央之宫。即又此而从于乾宫，乾，父也；自此而从于兑宫，兑，少女也；又自此而从于艮宫，艮，少男也；又自此而从于离宫，离，中女也。行则周矣。"太一下行九宫与地球方位季节的对应关系为：从冬至之日开始，北斗七星的斗柄正好对着北方坎位的叶蛰宫，而地上正值冬至、小寒、大寒三个节气，为期四十六日；然后依次是：东北艮位的天留宫，值立春、雨水、惊蛰；东方震位的仓门宫，值春分、清明、谷雨；东南方巽位的阴洛宫，值立夏、小满、芒种；南方离位的上天宫即中宫（中宫是虚位），值夏至、小暑、大暑；西南方坤位的玄委宫，值立秋、处暑、白露；西方兑位的仓果宫，值秋分、寒露、霜降；西北方乾位的新洛宫，值立冬、小雪、大雪；最后回归到叶蛰宫，周而复始。北斗七星（九星）在天文学上，其亮度、光谱和磁场强度有周期性变化规律。现代天文学证实：恒星与行星有明显区别，行星不是发光实体，如金、木、水、火、土五星及地球、月亮。恒星是燃烧发光体，是气团，是原子核反应堆，如太阳及北斗七星（九星），它发光发热，发出物质流，要消耗能量。像气功师发功消耗自己的能量一样。恒星发射能量的大小方向不同。古人根据这一天文现象，创造出一种模拟宇宙天体运行规律的模型，对各星赋予其不同的特征，且与地之九州分野相对应，反映出古人万物一体和天人感应的整体思想。

二、探索认识九星运行的新模式

奇门是一门融天文、律历、气象、物候等学科为一体的综合性科学。其阴阳局的确定，是依据太阳周年、周日视运动，以及由此产生的节气、节元变化而进行的。其布式原理是依据天左旋而地右旋的太乙下行九宫的天体运行模式而进行的。飞九宫的模式是依据北斗运行与太阳、月亮视运动的关系及太乙下行八卦、日辰之间的模式，运用八卦、干支、五行，显示“九星悬朗”模拟太乙下行九宫的天道运行规律。这种模式以《周易》阴阳五行原理与自然全息原理为基础，以洛书九宫与时空模型为框架，紧密结合阴阳历法，进行奇门排局推演，因而有着确切的天文背景与浓厚的自然科学依据。

古代流传下的奇门遁甲有两种，一种为活盘，一种为飞盘，天盘九星的运行方式各不同。活盘奇门阴阳局都以顺时针方向运行八方，飞盘奇门则阳遁顺飞九宫，阴遁逆飞九宫，九星功能属性各异，随时移位，象天道之运行。以活盘奇门之法，中宫天禽星寄二坤宫与天芮星同位，两星一吉一凶，在具体应用中，吉凶有别，以何为据，实难定论。同时，阴阳九星俱顺时针方向运行，这种运行方式，不符合宇宙间的阴阳变易规律。飞盘奇门，阳遁以九星顺飞九宫，阴遁以九星逆飞九宫，阳顺阴逆表现出阴阳二遁的不同性质和变化。反映了事物运行升降往复的周期变化规律，与洛书阴阳气旋原理相符。但有一点，活盘与飞盘，九星带三奇六仪同步运行，如天蓬为凶星，但是下带三奇，三奇又为吉星，各自属性不同，是吉是凶很难定论判断。笔者在实践中用活盘奇门的模式定天盘奇仪、人盘八门及八神，九星则以飞盘之法运行，使九星、奇仪的功能各自为用。这样就把飞盘与活盘有结合起来，形成统一的新型模式，改变了传统的活盘奇门与飞盘奇门相分离的状况，使之更加贴近客观实际，更具合理性与科学性。

三、应用实例分析

2001年阳历九月十六日（阳历七月二十九日）晚，中央电视台新闻联播报道美国总统布什发表电视讲话，确认本·拉登为策划“9.11”事件的重大嫌疑人，并宣布美国将发动反恐怖主义的全面战争。随测美国何时对阿富汗开战。当时的干支历为：

辛巳年，丁酉月，壬午日（空：申、酉），庚戌时（空：寅、卯），白露上元阴遁九局，天禽值符落兑宫，死门值使落艮宫。

(一) 梅花易分析：

主卦　　互卦　　变卦

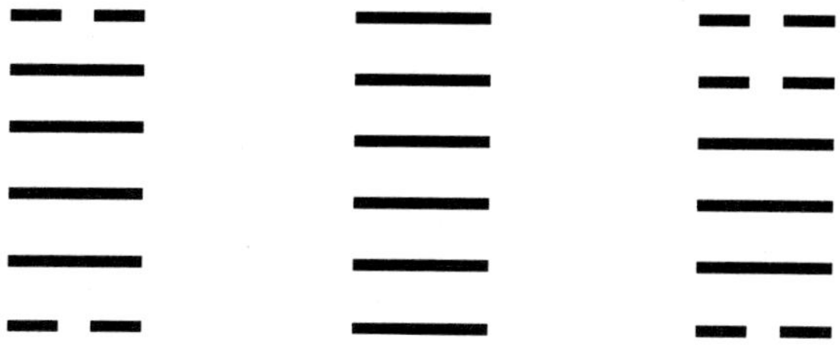

全卦形成了金木相战的局面，主战争必打无疑，用卦为兑卦为主克方，属美国；体卦为巽卦为被克方，属阿富汗。秋季金旺木处死地，胜在美方，主、互、变卦数加动爻数 2+5+1+1+4+5=23 数，离开战日期还有 23 天，与实际情况相符。

(二) 奇门分析：

六合　天芮 丁+甲寅癸 开　巽	太阴　天柱 甲寅癸+甲子戊 休　离	螣蛇　天英 丙 甲子戊+甲辰壬 生　坤
白虎　天蓬 甲戌己+丁 惊　震	天冲 甲辰壬 寄二坤　中宫	值符　天禽 丙 甲辰壬+甲申庚 伤　兑
玄武　天心 乙+甲戌己 死　艮	九地　天任 甲午辛+乙 景　坎	九天　天辅 甲申庚+甲午辛 杜　乾

分析：

1. 八门反吟，主战争必打无疑。

2. 天蓬为大凶之星，主本·拉登，天蓬与白虎、惊门同落震宫，白虎主暴力血光，惊门主战争恐怖事件，象征本·拉登策划制造流血恐怖事件的迹象。

3. 以六庚为发动战争攻击的一方，主美国，六庚加六辛为兄弟联手之象，象征美国会联合盟国参战，六庚临乾官属金，旺于秋令，克天蓬落宫震木，木在秋季处死地，赢在美方，九天临乾宫，美将首先部署空中打击计划。

4. 何时开战，六庚落乾宫，对应戌，亥月令，故美国最快要进入戌月，才会开战。

实际情况，美英于北京时间阳历十月八日（阴历八月二十二日）凌晨零点三十七分正式开战，此日正值寒露节，是进入戌月的标志。

（三）六爻分析：

震宫：泽风大过（游魂）　震宫：雷风恒

六神	伏神	本卦		变卦
白虎		妻财未土▅ ▅		妻财戌土 ▅ ▅ 应
螣蛇		官鬼酉金▅▅▅	○→	官鬼申金 ▅ ▅
勾陈	子孙午火	父母亥水▅▅▅ 世		子孙午火 ▅▅▅
朱雀		官鬼酉金▅▅▅		官鬼酉金 ▅▅▅ 世
青龙	兄弟寅木	父母亥水▅▅▅		父母亥水 ▅▅▅
玄武		妻财丑土▅ ▅ 应		妻财丑土 ▅ ▅

金鬼临螣蛇发动主战争之象，但旬空，出空之日，当为开战之时，阴历八月初三日乙酉日为出空之时，但此时属甲申旬，上六爻未土落空，未土临白虎主血光，亦主战争之象，落空则主时机未到，待未土出空、官鬼酉金值日，方是开战之时，阴历八月二十二日丁酉日，酉金值日，此时上六爻未土已出空，为美英发动战争之时，与实际情况相符。

由于篇幅所限，仅举一例，用九星运行的新模式排局布式，同时以梅花易与六爻法验证新模式的合理性与科学性，得出信息同步的结论（详细论述请参阅拙著《掌上奇门》一书)。易理深邃，易道漫长。笔者才疏学浅，文中纰谬多多，恳请易学同仁赐教。

2005 年 12 月 21 日

周易信息预测的全息思维原理

尹　锋

笔者按：此文曾先后发表在本人易学网与中国易学院网站上。

一、周易八卦结构的符号学原理与方法

易学的全息思维过程是符号去对应研究系统的各种要素，就图象解剖的角度来看易的结构，可以认为它是一个简明严密、变化无穷的符号系统。易学中有简易、变易、不易之理，简易是指，宇宙万物的道理，人人都容易知晓，容易遵从；变易是比拟、象征宇宙万物运动变化的实相原理；不易是指宇宙万物的规律，本身是相对不变的，是可以感知的，说明事物运动规律的相对静止状态和相对稳定性。在实际应用中，易学将复杂的事物用简便的符号系统形式表现出来，取象比类（如将世界的各种事物分为阴阳属性、五行属性及八卦类象等）。在正确理解所规定的内容基础上，以简便和易懂，以及一一对应的方式、方法去表现所属的内容。

符号系统本质上是一种摹拟宇宙外象的数学物理模型，系统的直接目的是预测吉凶，同时易学思想中更广泛的包含了儒、释、道文化的宇宙观、人生观和伦理观。

作为一个整体，八卦组合系统具有爻、卦、图三个组织层次。爻为卦的子系统，卦为图的子系统，反之后者为前的母系统。彼此有机结合，相互依存。每一个卦的各爻集合在一个卦体内，各以自身的性质，所处的位置及与其他各爻的关联程度而在本卦中发生影响和作用，并经平衡形成全卦的整体功能。在这里，爻的性质（阴或阳）及其在卦中所处的位置，对全卦的整体平衡影响最大。一般来说，当阳爻处在卦的一、三、五奇数层位置，阴爻处在卦的二、四、六偶数层位置时，被称为“得位”，反之，则称为“不得

位”，而第二爻和第五爻由于分别处于下卦和上卦的中央层，位置最为有利，所以谓之“得中”。下卦的一、二、三爻与上卦的四、五、六爻相互对应，如对应的二爻是阴阳互异则属异性相吸，称作“相应”，反之，则为“不相应”。在同一卦体中，相邻二爻距离最近，关系最密切，被称为“比”，相比的二爻，上对下名“乘”，下对上谓“承”，上述性、位、正、中、应、比、乘、承等品格属性的确立，提供了系统运行中调整各单位之间相互关系的基本依据。以水火即济卦与火水未济卦为例，即济卦初爻为阳爻、二爻为阴爻、三爻为阳爻、四爻为阴爻、五爻为阳爻、六爻为阴爻，其阳爻居阳位，阴爻居阴位为“得位”，而火水未济卦中，阴爻居阳位、阳爻居阴位为“不得位”。即济卦中的二爻与五爻即“得中”又“得位”，且上下卦中一四、二五爻、三六爻阴阳相互对应为“相应”，未济卦中六爻虽不“得位”但阴阳“相应”。从上可知，六四卦构建起了一个宏观宇宙系统，体现着宇宙自身和所容万物的运动变化及其规律。系统内部，各卦在空间上方位有序，在时间上季节相依。“天地定位，山泽通气，雷风相搏，水火不相射”。系统整体的功能作用，激活着各单元的互联互动，特别是当一对卦象互为“综卦”或“错卦”时，对立统一的关系尤为明显，甚至可以知此知彼，触类旁通。

二、 周易的信息演示功能

前面已讲过，八卦组合是一个符号系统，八卦作为符号系统的直接目地是预测，现代属于决策咨询。易经认为：“无极生太极，太极生两仪，两仪生四象，四象生八卦，八卦重迭构成六十四卦，三百八十四爻，以类万物之情”。这就是说《易经》是用此模式去解释宇宙生成和演化规律的，于是进而引出了太极、阴阳、三才（天、地、人）、四象、五行、六爻、九宫、十天干、十二地支、二十四节气、二十八宿、七十二侯等“象数”体系，去构建宇宙的时空模型的基本框架。天干、地支等各种符号皆载有宇宙信息，用天干、地支、六爻、九宫、等各种符号组成时空坐标系对未来进行预测，比如说：爻有三才之道，奇门有天、地、人三盘等。因此，历史上的多种周易预测方法，无一不是选择一个时空坐标，然后去建立象数模型（例如奇门遁甲的布式排局，天、地、人三盘中配以十干、八门、九星、九宫、八神等)，当人们输入一些相关的信息时，就可以用这个象数模型的变换去摹拟和预测事物的变化。《易》言："天垂象，见吉凶"体现的就是这个道理。

三、 易的预测的实用性

在易学应用方面，古籍中的成功占例数不胜数，有的而且载入经史子集，三国时的诸葛武侯更是利用奇门遁甲之学，运筹帷幄、克敌制胜、决胜千里，至今传为佳话。甚至中国的周易传入日本后，19 世纪，日本明治维新时期出了一位著名的易学家，名叫高岛吞象，他运用周易占卜，预测国际形势、政治经济和社会生活诸事，屡试屡验，积累了许多成功的卦例，并写了一本《高岛易断》的书，书中记录了他亲身进行的大量占卜实例，其中不少预言曾在当时的报刊杂志事先披露而被事后征实，近代易学家尚秉和先生的书中也有很多的成功预测，现在更是有许多的预测高手，这些成功的案例说明易学预测，如果能够运用好，可以为人们认识复杂事物，把握事物总体发展趋势，选择有利的决策方案，提供了一种普遍适用的可行性方法。

易与和谐

尹 锋

笔者按：此文曾先后发表在本人易学网与中国易学院网站上，后又登载于宝鸡周易研究会会刊创刊号上。

周易是一部博大精深、赅括万有的哲学经典，也是世界上惟一部占卜与哲理溶为一体的经世致用宝典。她以独特的结构形势和思想内容，在中国传统文化的殿堂里散发出耀眼的光彩，数千年来不同思想不同学派的学者，从哲学、伦理、科学、医学、军事、社会与经济等领域，以不同的角度和各种研究方法，开辟了一个广阔的易学天地。时至21世纪高科技信息时代也可以为人类解决各种面临的难题。著名科学家爱因斯坦曾在给友人的一封信中说："西方科学的发展是以两个伟大成就为基础，那就是西腊哲学家发明的形式逻辑体系（在欧几里德几何学中），以及通过系统的实验，发现有可能找出因果关系（在文艺复兴时期），在我看来中国贤哲没有走上这一步，那是用不着惊奇的，令人惊奇的倒是这些发现（在中国）全都做出来了"。上世纪60年代以来，闻名于世的十四项重大科研成果，其中有十二项源于周易理论，如耗散结构理论、浑沌理论、分形几何、一元数学、物元分析、生物全息等等……欧洲哲学权威荣格在英文《周易》再版序言中说："世界人类惟一的智慧宝典，首推中国的易经。在科学方面，我们所得的定律常常是短命的，或被原来的事实所推翻，惟独中国的《易经》亘古常新，相延六千年之久，仍然具有价值，而且与最新的原子物理学颇多相同的地方"。

当时间老人迈步到21世纪的时候，迫在眉睫的危机和灾难横亘在人类面前：自然灾害、能源危机、战争掠夺、环境污染、物种灭绝、通货膨胀、政治丑闻、贪污受贿、癌症与艾滋病等等，不断威胁着人类社会，并且日益加聚。面对上述问题中国的《易经》宝典中提出的“保合太和”思想与引申出的“天人合一”学说，为当代社会给出了一套解决问题的方法和答案。

《易经·乾卦·彖传》中云：“乾道变化，各正性名，保合太和，乃利贞。首出庶物，万国咸宁。”是说天道变化，使宇宙万物各得其所，精神自足，保持最高至上的和谐状态，有利于事物的发展。一阳始生，万物萌发，周流不息，由于其“各正性名，保合太和”则天下万国相安和谐，无争无侵。又说：“夫大人者，与天地合其德，与日月合其明，与四时合其序，与鬼神合其吉凶。先天而天而天弗违，后天而顺天时。天且弗违而况于人乎！况于鬼神乎！”一个居有君位与君德的领导者，他的人生修养、思想行为可与天地相参，与日月相合，与四时相序，与鬼神（指自然规律）合拍。领导者一旦认识和掌握了万事万物的规律，开创事业，先于天象行事却不违反天道，后于天象行事，仍能奉行天道运行规律而“与时偕行”。老子《道德经》十七章中云：“太上，不知有之，其次亲之誉之，其次畏之，其次侮之。”其意为最好的领导者，由于奉天道行事，按自然规律办事，人民安居乐业，不感到他的存在；其次领导因为能够顺其民意，人民群众就会亲近和赞美他；再其次的统治者，由于不能完全掌握和运用天道规律，以至高无上权力与法律统治人，人民就会畏惧他；最次的统治者则由于逆天行道，违反客观规律，不得民心，人民群众就会诋侮他反抗他。美国著名学者哈林·克里夫兰在其所著《未来行政首脑》一书的英文版的扉页上引用了老子的这段话，并在其译本序中赞言：“老子关于领导人的座右铭，二千五百年以来，仍未有出其右者。成功的领导艺术标志是：当事成之后，被领导者认为：事情是我们自己做的。”这是领导与被领导者“太和”的结果，领导者的行为不仅要合乎事物发展的客观规律而且更重要的还在于上下和谐，合乎民心，顺乎民意。这样，民众利益不会被压制，自由自在乐其所乐，为其所为。这样一来，一幅和谐社会的蓝图便会呈现在世人面前。这也是周易“保合太和”思想的运用和体现。

周易创立了“天人合一”的生态科学观。《系辞下传》云：“易之为书也，广大悉备：有天道焉，有地道焉，有人道焉。兼三才而两之，故六；六者，非它也，三才之道也。”三才即天、地、人。人在天地之间，与天地并立，与天地相参。天、地为自然万物，人为人类社会。天地万物与人类社会要相亲相和，融为一体，天人合一。

我们知道，当“人定胜天”的自然科学观，指导人类同大自然进行顽强搏斗的同时，人类向大自然索取了无尽的物质财富，凭借大自然的丰富宝藏，使人类文明达到了现代这样科学高度发达的信息时代。但事实证明：若片面强调“人定胜天”，将人与自然转化为对立面，不仅会导致人类宏观上认识自然的错误，而且还将导致人与自然的分离与解体，其恶果是不言而喻的。于是，在当今，人与自然的研究，成为最高层次的科学。其实，东方文化的宝典《易经》，二千五百年前就包含了人统一于大自然规律的精辟见解，“易以道阴阳”。“一阴一阳谓之道”，阴阳的相反相生，周流六虚，运转不息，是宇宙万物与人类社会相互融合统一的根本。易曰：“生生之谓易”。孔颖达在《周易正义》中解释说：“生生，不绝之辞，阴阳变转，后生次于前生，是万物恒生谓之易也。前后之生，变化改易，生必有死”。由此可以发现，生物环境与人类社会永远处于运动之中。“易穷则变，变则通，通则久。”反映了一种动态的平衡系统，阳极阴生，阴极阳生，一动一静，互为其根，循环往复，阴阳协调。老子在《道德经》中提出了“道法自然”的哲学命题，着眼于全人类的发展，人与自然的和谐关系已成为全球性的问题，如果运用《易经》中的“天人合一”学说，从中吸取营养成分，就能贡献于人类，服务于社会，使人类和平，社会和谐。

著名学者成中英先生说：“周易是生命的学问，宇宙的真理，文化的智慧，价值的源泉。周易不仅是中国的，也是东方的，更是世界的；不仅是古代的，也是现代的，更是未来的。”因此，继承、发展、挖掘、提炼我国传统文化精华，将是我们长期艰巨而又伟大的任务。

2006 年 9 月 10 日

试论奇门遁甲的天文背景与科学模式

尹　锋

笔者按：此文在2006年北京举行的第三届“中华易学大会”上被评为特等奖论文，发表在论文专集上。

发轫于《周易》的奇门遁甲在古代号称“帝王之学”与大乙、六壬并称为古传三式，古云：精通三式乃为神。其高深莫测的神秘性不言而喻，如开卷研读，探其堂奥，脱去神秘的外衣，就会显山露水，发现它是我国古代先贤“仰观俯察”的智慧结晶，其阴阳局是在日月运行、九星悬朗、寒往暑来、节气推移的天文历法背景中产生，象数模型则是在八卦与河图、洛书的基础上构建而成的，是先哲宏观把握世界的太极原理的高度体现。

一、奇门遁甲的排局源于古代历法：

所谓历法，就是根据天象变化规律来计量时间，判别气候，划分季节的一种法则。古代先贤通过长期对日月星辰的观察，逐步了解和掌握了地球、月亮和太阳的运行规律，通过月亮的圆缺变化周期（即朔望月），计算出每月长度及回归年长度，并根据气候变化制定出相应的二十四节气，这是中国历法所特有的创造与发明。二十四节气是节气与中气的总称，节为月令之开始，气为月令之中气。二十四节气是根据地球绕太阳公转的运动规律而制定的，因此每一个节气都能真实的反映太阳所在的位置。地球绕太阳运行的轨道不是圆形的，也不是轴线平行的，而是椭圆形的，且倾斜66度34分，绕太阳一周之后，在其赤度上下留一条∽形的轨迹，也就是太阳在天空中周日视运动的轨道称为黄道，∽形的两个波峰一个为“冬至”节气，坎宫一阳始生之地，标志着奇门阳遁局的开始，显示出阳气自冬至开始而递次增强。另一波峰为“夏至”节气，离宫一阴始生之地，标志着奇门阴遁局的开始，显示出自夏至之后阴气递次增强。其中包含“阴极阳生、阳极阴生”的太极原理。地球绕太阳一周为360度，二十四节气的春分点为零点，将黄道等分为二十四段，每段15度，太阳每够行15度就表示到了一个节气。每宫管45度故一宫有三节气，八宫二十四节所尽矣。

奇门在二十四节气的基础上又进一步将每一个节气分为上、中、下三元，每一元五日，三元十五日为一节气，实为古天文历之七十二候，奇门《烟波钓叟歌》中“太公删成七十二”即为此说。在古典名著《三国演义》中，诸葛亮与东吴鲁肃论及“用兵之道”时说：“《七十二候图》，成图于周公，将节气周天三百六十日，分类别之。五日为候，三候为气；六气为时，四进成岁。将一年之中的节气更替，万物衰荣一一道明；何时虹藏不见，何时雷始收声，何时土润溽暑，何时雾霾蒸腾……如此只须谙熟于胸，融汇于心，运用得当，便可胜于百万雄兵！”由此可见奇门遁甲是以二十四节气和七十二候为基础建立起来的一种时空坐标系，用以推断天地万物的生成变化规律。

著名易学家常秉义先生在《周易与历法》一书中云：“易学是一门同天文、历数、气象、物候等科学相结合的综合性实证科学。《周易》是占筮书。筮，数也，筮法源于古历法，而历法本身就是一种准确的预测”。“奇门遁甲占测术共四千三百二十条，六壬占术共三千多条，纳甲筮法共四千零九十六条，加之月建、日建、时辰及六爻占辞，其信息量之巨是难以想像的。不论何种占法，都与天文历数密切相关，如奇门、六壬、太乙、纳甲、风水等等皆离不开河洛数理九宫八卦及节气律历星宿度数。一言以敝之，离不天文历法的时空背景”。

我国著名科学家刘子华先生，1940年以法文博士论文《八卦宇宙论与现代天文》一书在巴黎出版，第一个向世界宣布：太阳系肯定存在第十颗行星，并命名为“木王星”。1978年刘子华博士经过反复运算第十颗行星的周期后，写出论文《太阳系必然存在第十颗行星》，并预测该星将于1982年前后出现。1981年美国合众国际报道：美国海军天文台发现太阳系存在第十颗行星。1987 年 11 月 5 日南京《世界科技译报》说：“美国宇航局发言人宣称：第十颗行星可能正环绕太阳运行。”还说：“虽然这颗行星离九大行星很远，但它存在是勿庸置疑的。”这一事实引起了全世界的震惊。刘子华博士的论证依据便来源于河洛易理。欧洲哲学权威荣格在英文《周易》再版序言中说：“世界人类惟一的智慧宝典，首推中国的易经。在科学方面，我们所得的定律常常是短命的，或被原来的事实所推翻，惟独中国的《易经》亘古常新，相延六千年之久，仍然具有价值，而且与最新的原子物理学颇多相同的地方。”

二、奇门遁甲是古人在河图、洛书基础上建立起来的一种摹拟宇宙规律的象数理时空模型

《周易系辞》云：“河出图、洛出书，圣人则之”。其意为黄河出现龙图，洛水出现龟书，圣人效法“河图”作八卦、效法“洛书”作九畴。古往今来，无数学子为此作出了种种的推理、推测与论证，更有人推测是外星洛书人在远古时期在地球上留下的杰作，是穿越时空的千年智慧，是中华文明的源头活水。

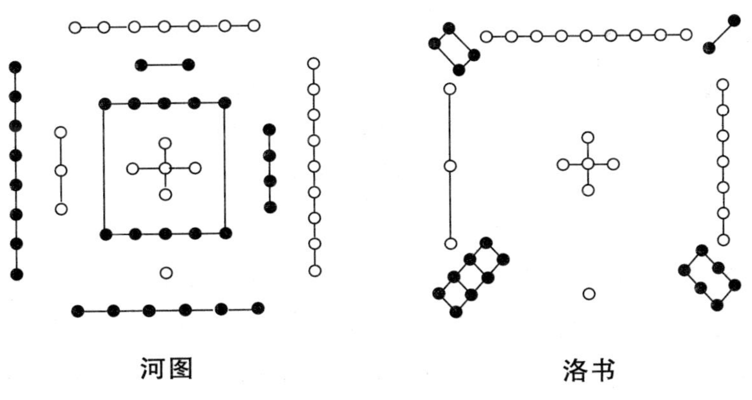

河图、洛书分别是中国古代的天文与地理方位图。

奇门专家张志春先生在其专著《神奇之门》中说：“空间符号主要是河图、洛书、先天八卦和后天八卦。以后天八卦和洛书九宫相配，表示地面上

的九个方位，即东、南、西、北、东南、西北、西南、东北和中央；以先天八卦和河图相配，表示上下左右、正转反转、天高地卑、山泽通气、风雷相搏、水火不相容的立体动态球形空间”。河图反映的是以地球为中心的宇宙空间结构，为先天本体宇宙模式，或称广义宇宙图。河图中共有代表“天地之数”的五十五数，以白点为单数为阳，代表天；以黑点为双数为阴，代表地。一阳六阴，位于宇宙之北，二阴七阳位于宇宙之南，三阳八阴位于宇宙之东，四阴九阳位于宇宙之西，五阳十阴位于宇宙之中，即人类生存的地球。又以一二三四五为生数，六七八九十为成数。北方，阳气初生之地，“天一生水，地六成之”东方，日出之处，阳气渐长，“天三生木、地八成之”。南方，阳气盛极而阴生，“地二生火，天七成之”。西方，日落之处。阴气渐增。“地四生金，天九成之”。中央为中心太极，“天五生土、地十成之”。奇数得阳而合，偶数得阴而居，说明天地之道孤阴不生，独阳不长，而必须阴阳相合，互根互存，其左旋（顺时针方向）表示五行相生，一六水生三八木，三八木生二七火，二七火生五十土，五十土生四九金，四九金生一六水，四正之数相对表示生中有克，寓克于生，体现出奇偶相配，生成相依，阴阳聚会的特点。

洛书为后天宇宙模式，或称狭义宇宙图。洛书是由河图演化而来的（演化过程在此不作赘述）。其结构为“戴九、履一、左　三、右七、二四为肩、六八为足、五居中央、龟背之象也。”（《易楔图书》蔡元定语）。图式总数为四十五数，其纵横对角之数的和均为十五数，以奇数为阳，象征天道运行规律，阳气由北方始生，按顺时针方向左旋转，阳气递增，至东方渐盛，达南方后极盛，阳极则阴生，至西方阴气渐盛，达北方后阴气盛极，阴极则阳生。如此阴阳变化，反映了事物运动升降往复的周期变化规律，五居中央为太极，是三天与二地之和的象征。在洛书五行中起调和作用，体现了事物阴阳平衡，得其中和，来复反转，生化不已的规律，成为世界万物不断变化、发展、更新的自然法则。

欧阳红先生在《易图新辩》中写道：“洛书之‘四正四维皆合于十五’数阵，在易学发展中影响甚广，渗透颇深。自《易纬》首配八卦，到《内经灵枢》成八宫九风篇，《内经太素》有九宫八风图，其后象数易家以及纳象数解易之义理易家，无不广采其说，数术易如奇门遁甲术，兵家易如九宫八卦阵，莫不源于此。”他又说：“洛书用数为九，河图用数为十，较洛书多一数即十。河图用十，是突出生化（生成变化）。0为基，1为初，9为极，10为满；满则进，进而再生，再生又为零。在十进制中，进位的是0，是新一轮的0。因此河图用10，是易理周而复始之义，即再生再造。再生就是复归，转化、升华，是物质之不灭。洛书用九，1为始，9为终，9不进，复为1，是突出循回、周始、孕育、旧的终结为新的诞生之交接。河洛数理宏观论、整体论与微观论、个别论的统一”。

4	9	2
3	5	7
8	1	6

古人在仰观天象、俯察地理，发现了宇宙万物的迁移交换，万物兴衰过程，了解到天地间有一定的规律存在，并根据易理的统计、分析、归纳、在洛书九宫的基础上找出了一条可循的轨迹，建立了一种独特的奇门时空数理模型，这是古人时空观念模型化，系统化的体现。时间和空间的概念来自古天文学，没有天体的空间坐标位置，便不会有时间概念的产生。而任何一门科学都离不开时空。现代科学证明：时间的周期性变化对人类的生存活动有着重要的影响，空间随时间的周期性变化对人类的生存与活动亦有着重要的影响。“周期性不仅是一种普遍存在的现象，很可能是宇宙运动的最基本形式。两千多年前，我国思想家庄子说，天道循环，周而复始。宇宙如果一直膨胀，就会冻死；如果一直收缩，就会热死。宇宙只有周期性的膨胀、收缩，才能保持活力。人类最古老最现代的精英都从周期性的角度思考着宇宙的本质。”（《春去春又回——地球上的周期性现象探秘》代敏编著）。

时空规律是空间中各种物质的规律，反过来说，各种物质的规律就是时空的规律，要认识自然间各种事物的规律，首先要认识时空规律。当某一事物在某一时空坐标里产生和发展，它就是这个时间与空间的一个子系统。它是一种物质，是时空的成分，那么此事物的发展规律就是时空的规律，时间产生于天体运动，天体运动的结果则体现在时间坐标上，时空之间相互联系又彼此对应，古人的这一观点与现代辩证观点是十分吻合的。这就是世界是运动的、发展的、变化的，但却是有规律可循的。人为天地作用的产物，应顺应这种自然的客观规律和社会规律，而不能违背它，改变它，但却可以和利用这种规律，指导人生、趋利避害、设计未来。

著名学者，西北大学教授费秉勋先生（笔者的恩师）说："可以看出，在构成奇门遁甲模式构架的三大要素——空间、时间、数理当中，每一要素都渗透着其他两种要素，空间中有时间和数理，时间中有数理和空间，数理既是时间也是空间。这还是就静态而言的，如果将具体的时辰输入盘中，天盘上的时空数，都按照固有的自然法则，一齐运动飞转，构成千汇万状的格局，反映了世界的复杂性。而且奇门遁甲的任何一个方位都不是固定的，而是游动的，不是绝对的而是相对的。即以中央这个方位来说，同一时间它可以是地球上甚至宇宙中的任一点，随着中央的游动，其他八方也相应的发生游动和变化。如以洛阳为中央，西安为西为兑宫，郑州为东为震宫；但若以开封为中央，西安、洛阳、郑州都成为西方兑宫了。所以我们说奇门遁甲的结构模式是立体的、多维的、运动的，因而它可以演示复杂世界万事万物的运行变化及其相互关系，对自然科学、社会科学、人体科学等的研究，在思维上都会有模式启示的意义和价值。"

奇门时空数理模型，是古人综合摩拟天道、地道、人道的宇宙巨大的系统模型，是反映未来世界趋势的一种造型，从宏观上看，它力求全面探讨天、地、人三才之道，在特殊的环境依照一定的推理依据，输入系统，判断或预测出事物的发展前景，进而选择最佳行动方案，体现了周易变易思维的应用，在处理信息的过程中，特别重视天、地、人三盘之间的一切有关信息，天盘代表天时，地盘代表地理方位，人盘代表人事，将所测事物的信息输入相关的时间与空间之中，作出合乎情理的推演。奇门的整体性要求，在描述宇宙宏观和微观事物中，九宫、八方的分系统和子系统是纳入系统的整体目标，即系统的分项指标具有整体性，各个组成部分的九星、八门、九宫、奇仪、八神之间的互相联系，服从奇门数理模型的整体的目地要求，服从整体功能 ，在整体功能的基础上展开系统符号（九星、八门、九宫、奇仪、八神）之间的活动，这种活动的总和，形成了奇门时空数理模型的有机体，这就是奇门系统的整体性，它全面的说明了宇宙万物对立统一的变化规律。

奇门遁甲遵循“天人合一”的哲学观，将阴阳五行与四时八方相结合，构成了一个动态的平衡的生态系统，由于这个系统的各个子系统每一宫的(天、地、人、神四盘）都包含着整体的全部信息，且分别具有阴阳五行性质，阴阳五行在天、地、人三盘的框架中发展变化，达到“合一”（信息感应沟通)，这种以天人感应为核心的“天人合一”理论，是通过阴阳五行四时八方的组合而构成体系的，是以物类的相似和数的机同为感应基础。常秉义先生在其著作《周易与历法》一书中写道：“80 年代，我国科学界发现了地球与人体相一致的经络和穴位系统，从而首创了地球经络穴位结构理论，在国际科学界引起轰动。这一理论的意义在于，地球经络、穴位结构不仅与人体经络、穴位结构完全相对应，而且与《周易系辞》中天、地、人‘三才之道’正相吻合。这就有力地证明了古人‘天人相应’、‘人与天地参’等命题完全是科学的概念。”他又说：“古人始终认为，万事万物的变化无不依循同一个规律进行，这个规律就是阴阳五行，阴阳五行是宇宙万事万物的全息元。洛书九宫讲天盘、地盘、人盘，是典型的全息盘！其内含阴阳五行生克机蕴，变化莫测，不可一端。只有把它看作为多维的、立体的宇宙空间造型，才能入其奥窍。八卦正是一个内含‘六虚’的模拟天球，人事万物皆在其中。为什么古代各种预测都以洛书九宫为图式，正是基于这种全息观念，从中把握时空节律点上的吉凶。”

站在当代科学的高度和辩证法的高度，我们就会发现，奇门遁甲时空数理模型是建立在科学基础上的，它的理论是唯物的，思维方法是辩证的，从多维立体时空的整体角度，对宇宙万物进行全方位综合分析与论证，体现出天人相应、天人合一、对应平衡、中和一致等思维方式，这种思维方式是科学的是符合客观实际的。

三、奇门遁甲的应用价值

《奇门遁甲》学说，是我国劳动人民千百年来认识世界和改造世界的智慧结晶，是反映天地人生变化规律、决断吉凶，防患于未然的一门预测科学，它将时间、空间、数理相互融合，运用十干、八门、九星、九宫、八卦多种机能，组合为天、地、人三盘，以其阴阳顺逆，五行迭运之理，推断吉凶。上层象天而置九星，共奇仪而一时一易，象天之旋转；中层象人，以开八门，时时易位，象人事变化之多端；下层象地，以分八卦，而置九宫，地盘九星与奇仪五日方移，法地道之贞静。将天时、地理、人和三者之间的关系，巧妙地运用于三盘之中，反馈出事物的兴衰和人事的吉凶。《周易系辞》云："《易》之为书也，广大悉备，有天道焉，有人道焉。""易与天地准，故能弥纶天地之道。"蕴藏了古人探索宇宙自然的经验，并教给人类适变、知变、应变的方法。不但启示事物发生的微妙契机，而且指引人们临机应变，避凶趋吉。因而不是消极的占卜，而且是积极的处世智慧、生活指南。

列宁说："世界上除了运动的物质以外，便没有别的东西。而运动的物质若不在时间和空间中，便无运动的可能。"著名科学家敦俊义教授在其专著（与刘英教授全著）《易经与广义预测》一书中写道："任何事与物，包括预测的任何事与物，它的发展皆在一定的时间与空间中进行。时间与空间是事物发展和变化的形式之一，既不能设想离开时间和空间的事物变化，又不能设想事物的发展变化离开时间和空间。时间是事物运动的顺序性、间隔性、持续性、时间是一维的，时间的流逝是依次相继，永远向前，一去不复返的。空间是事物本身的伸张性、广延性。任何物体的存在都占有一定位置，具有一定的体积和一定的形状，空间就是表示物体彼此间的并存关系和变化状态，表示物体的体积、形状、位置和排序。在客观世界里，事物发展变化的惟一存在形式就是时间和空间，相应的时间和空间离不开物质的运动，离开物质运动的时间和空间是不存在的。"奇门遁甲的结构模式，将空间、时间与物质运动联系起来理解，把它们之间的不可分离性作为不言而喻的前提，并运用九宫中的各种组合因素作出推理，不能不说是正确的。这种时空数理模型本身就是一种统计学和几何学，因为它是依照自然法则，由假设到求证，都有科学的推理方法，对判断宇宙万物的发展变化，荣枯得失，将会起到指导性的意义。

奇门遁甲类归于“术数”学，其原理依据是，人为自然界的产物，人在天地间生存、运动；宇宙万物都在时间与空间中运动，天、地、人及宇宙万物的运动无一不受着一种“无形力量”的制约，这种无形力量，古人称之为“数”，那么“数”是否客观存在着？“数”是怎样的一种存在形势？是点？是线？是力？是波？是场？是联系？是规律？这是当代研究者探索的一个课题，也是急需解决的一个中心问题。我们坚信，通过研究和探索，最终有一天会获得科学的发现和认识。

在历史上，中国“术数”学为天文学、气象学、数学、哲学、军事学、医学都曾发生过启示性和开拓性的作用。但同时也应看到，作为“术数”学中的高层次学说奇门遁甲，与其他“术数”学一样，在历史的长河中，由于历代统治者及江湖术士的穿凿附会，其中有大量的神秘主义和迷信色彩。因此，对奇门遁甲的学术价值和科学价值，应以辩证法的观点去分析和研究，才能揭开长期以来覆盖着的神秘面纱，披沙拣金，取其精华，弃其糟粕。

哲学告诉人们，事物的发展是偶然的，也是必然的，各种事物有其偶然的动因，诸多因子有其相互的联系和制约，因果之间有其必然的规律性。当人们形成了某种意念，构成该意念有诸多有利和不利的因素，便反馈出诸多信息，奇门遁甲以其特定的信息为依据，科学的推新出一种必然的结论，并以此为选择最佳的时间和方位的依据，以取得最佳效果。在当今特别强调效益的时代，选择最佳时间与方位，应该说是最廉价的投资，因此这个原则是应该运用于各个领域之中，在实践中进一步得以发展，使之形成新的生产力，就会产生其更好的社会效益和经济效益。

著名学者费秉勋教授说：“奇门遁甲之所以值得研究，是因为它作为一笔祖国的文化遗产，在认识世界和把握世界的方法和思路上是不平凡的。它将时间、空间、数理互相融通，总体性地、多维地展示出万物的存在形势，即任一事物性状及其与之相关事物的联系性，这对于哲学及科技的发展，在思维方面是有积极的启发意义和范式价值的。这是我们祖先把握客观存在世界的一种迥异于西方文化的认知和学科。”因此，在尊重客观规律的前提下以科学的辩证的态度和方法研究这一古老的传统文化，弘扬其内在的合理性与科学性是十分必要的。

莱布尼次的二进制与八卦原理

尹 锋

笔者按：此文曾发表在本人易学网站上。这篇文章是看了有关论著整理而成，虽有拾人牙慧之嫌，但的确是笔者对先哲圣典的一种更深理解。

在数学上有多位进制，有二进制、九进制、十进制、十二进制、十六进制、六十进制等。其中十进制产生的最早时间也最长，易学中的河图数便是一种“五进制”与“十进制”的混合表述系统；后天八卦与洛书九宫则是一种“五进制”与“九进制”的混合表述系统；十天干与十二地支的组合则又是“六十进制”的系统模式。

17 世纪德国著名哲学家、物理学家、数学家莱布尼次创立了“微积分”，把数学研究的层次推向了一个更高的领域。后来在研究计算机语言“二进制”时确碰到了难题，当他从其朋友白晋（传教士）手里得到了北宋易学大家邵康节先生的易卦图象，即“伏羲六十四卦方位结构次序图”，就是这张图解开了二进制之谜。如果把阴爻当作 0，阳爻当作 1，那么将会有如下排列：

一：两仪：阴　阳

0　1

二：四象：太阴　少阳　少阴　太阳

00　01　10　11

三：八卦：坤　艮　坎　巽　震　离　兑　乾

000　001　010　011　100　101　110　111

四：六十四卦

坤为地　000+000=0　　山地剥　000+001=1

水地比 000+010=2
雷地豫 000+100=4
泽地萃 000+110=6
地山谦 001+000=8
水山蹇 001+010=10
雷山小过 001+100=12
泽山咸 001+110=14
地水师 010+000=16
坎为水 010+010=18
雷水解 010+100=20
泽水困 010+110=22
地风升 011+000=24
水风井 011+010=26
雷风恒 011+100=28
泽风大过 011+110=30
地雷复 100+000=32
水雷屯 100+010=34
震大卦 100+100=36
泽雷随 100+110=38
地火明夷 101+000=40
水火既济 101=010=42
雷火丰 101+100=44
泽火革 101+110=46
地泽临 110+000=48
水泽节 110+010=50
雷泽归妹 110+100=52
兑大卦 110+110=54
地天泰 111+000=56

风地观 000+011=3
火地晋 000+101=5
天地否 000+111=7
艮为山 001+001=9
风山渐 001+011=11
火山旅 001+101=13
天山遁 001+111=15
山水蒙 010+001=17
风水涣 010+011=19
火水未济 010+101=21
天水讼 010+111=23
山风蛊 011+001=25
巽为风 011+011=27
火风鼎 011+101=29
天风姤 011+111=31
山雷颐 100+001=33
风雷益 100+011=35
火雷噬嗑 100+101=37
天雷无妄 100+111=39
山火贲 101+001=41
风火家人 101+011=43
离为火 101+101=45
天火同人 101+111=47
山泽损 110+001=49
风泽中浮 110+011=51
火泽睽 110+101=53
天泽履 110+111=55
山天大畜 111+001=57

水天需　111+010=58　　　风天小畜 111+011=59

雷天大壮 111+100=60　　　火天大有 111+101=61

泽天夬　111+110=62　　　乾为天　111+111=63

按二进制之原理，上图中之数自左至右横写（卦象是自上而下），从右向左进位（卦象是从上往下），每进一位数值大一倍。每个数位只能出现两个数码即 0 或 1，基数为 2，由低位数向高位数进位时是逢二进一。故最右边的个位数如为 1 的话，在同位上再加 1 则变为二，这时则要逢二进一，便出现 10，这个 1 就要读成 2 了，若 2 再加 1，又会逢二进一，这时最右边有个 0，刚好容纳这个 1 所以 3 就变为 11 了，实际上是 2 加 1 的结果。若 3 再加 1，这时就有两个逢二进一，出现了 100，也就是 4……这样就可复合出八卦及六十四卦图。如《革》卦的排列为 101+110，其合成数则为 2+4+8+32=46。又如山天大畜卦的排列为 111+001，其合成数则为 1+8+16+32=57。

伏羲六十四卦结构次序图如下：

《道德经》云：“道生一，一生二，二生三，三生万物”。《易·系辞》云：“太极生两仪，两仪生四象，四象生八卦，八卦定吉凶，吉凶生大业”。反应了古先哲认识和把握世界的宇宙观。就是无极生太极，太极生两仪，阴阳化合而生万物（即延伸出了两仪生四象，四象生八卦，八卦又组合为六十四卦）。二进制的特点是从 0 开始，故 2 的一次方在易经中称“两仪”，2 的二次方在易经中称“四象”，2 的三次方在易经中称“八卦”，以至到“六十四卦”，六十四卦以上易名为“大衍之数”。由两仪的一阴一阳到八卦、六十

四卦的一阴一阳整个是一个辩证统一的系统，从下往上看是一分为二、二分为四、四分为八……三十二分为六十四……以至于无限。由此可以看出：阴爻和阳爻是一种进行特殊计算的“数字”，而且是一种二进制数字，与现代电子计算机所使用的数据位（比特）没有实质的差异。德国数学家、哲学家莱布尼茨正是受到《易经》的启发而发明了使用二进制数字的手摇式计算机。

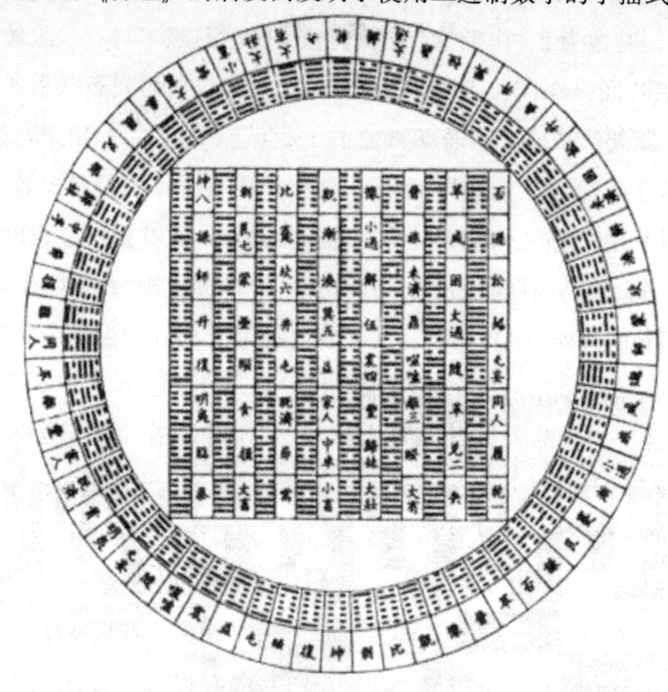

伏羲六十四卦方圆图

当然，伏羲六十四卦图形作为世界上最古老的科学经典，如果仅仅是一种数字结构，即满 2 进 1 的二进制数系。那么它也不会流传成为中国几千年的群经之首。莱布尼次创立了二进制理论，解开了伏羲图中包含的二进制数系之谜，使计算机科学得到了突飞猛进的发展，当人们在享受现代文明来恩赐之时往往会感激莱布尼次的伟大发现的同时，更应该想起这一伟大发明的产生和发现，是受到中国古代先哲智慧的启迪。即使这样，莱氏也只仅仅打开了一个数字化的程序，其实《易经》之精华还在建立了一种独特的时空合一的立体宇宙图式，阴阳消长对立变化的思辩哲理。

《奇门遁甲应用初探》序

尹 锋

遁甲之学，由来已久，号称“帝王之术”，传为轩辕黄帝战蚩尤于涿鹿，梦天神授其符诀，经风后演绎成文，传于后世，后又经吕尚、张良删繁就简，成现行之文。历史上的诸葛武侯、刘伯温用其术佐主而取天下，更是被传为佳话。以上诸说有些方面虽无可考证，但可显其学在史上之尊贵。

奇门遁甲是易学体系的重要组成部分，乃我古代先贤认识世界和改造世界的智慧结晶，是反映天地人生变化规律、决断吉凶，防患于未然的一门预测科学，它将时间、空间、数理相互融合，运用十干、八门、九星、九宫、八卦多种机能，组合为天、地、人三盘，以其阴阳顺逆，五行消长之理，推断吉凶。上层象天而置九星，共奇仪而一时一易，象天之旋转；中层象人，以开八门，时时易位，象人事变化之多端；下层象地，以分八卦，而置九宫，地盘九星与奇仪五日方移，法地道之贞静。将天时、地理、人事三者之间的关系，巧妙的运用于三盘之中，并把所测事物的信息输入相关的时间与空间之中，作出合乎情理的推演，反馈出事物的兴衰和人事的吉凶。

遁甲之学虽源于古代军事上的运筹帷幄、排兵布阵，但其中包含有天文、地理、数学、农学、民俗、经济、军事等多方面的知识，是中华传统文化的经典，也是是易术里面层次最高的决策学。其时空数理是古人综合模拟天道、地道、人道的宇宙系统模型，即反映未来世界趋势的一种造型，从宏观上看，它力求全面探讨天、地、人三才之道，在特殊环境下依照一定的推理依据，输入系统，判断或预测出事物的发展前景，进而选择最佳行动方案，体现了周易变易思维的应用，蕴藏了古人探索宇宙自然的经验，并教给人类适变、知变、应变的方法。不但启示事物发生的微妙契机，而且指引人们临机应变，避凶趋吉。因而不是消极的占卜，而是积极的处世智慧、生活指南。正如《周易·系辞》中所云："《易》之为书也，广大悉备，有天道焉，有地道焉，有人道焉。""易与天地准，故能弥纶天地之道。"

孙小忠先生乃易界之精英，2007年得机缘与之相识而成同道挚友，见其思维敏捷，通三式之学，对遁甲之研究尤为精深，今将多年之心得荟萃成集，结成大作，公诸同好。著述中"观其会通"、"钩深致远"，见解精微，条理明晰，闪烁着真知灼见，所收案例中有许多是在网上为人排忧解难、答疑释惑的实践探索，和盘托出，其真实性可想而知。值此小忠君大作《奇门遁甲初探》出版之际，不揣浅陋，聊缀数语，以之为序，四海同仁识之。

2008年仲春于西安

后　记

《周易》是中国文化的源头活水，是一部赅括万有的哲学经典，也是世界上惟一部占卜与哲理融为一体的经世致用宝典。她以独特的结构模式和深刻的思想内涵，在中国传统文化的殿堂里散发出耀眼的光彩，数千年来不同思想、不同学派的学者，从哲学、伦理、科学、医学、军事、社会与经济等领域，以不同的角度和各种研究方法，开辟了一个广阔的易学天地，时至今日高科技信息时代也可以为人类解决种种面临的难题。

奇门遁甲是易学体系的一个重要组成部分，在古代号称“帝王之术”，与“太乙”“六壬”合称为 “古传三式”。古代有精通“三式”乃为神之说。由于其构建模式是源于《周易》法天象地的思想，通过对时空流转、日月运行、四时交替、昼夜循环等自然法则，建立了一种模拟天、地、人三才之道的象数模型，其排局布式是融天文、律历、八卦、太极、洛书为一体的整体结构，从而体现了天地万物蕴藏的阴阳五行普遍原理及相互间的联系与影响。其阴阳局的排布，局象的分析判断，无不是在浓厚的天文背景下依据“观象授时”的历法原理与万物之间的全息对应规律进行的，从而为人们提供了一个从时间、空间、环境、条件等方面直观认识事物、分析问题的思维方式，这也是奇门遁甲结构模式的唯物论基础。

笔者生于风水世家，传至本人已历五代，家父尹正文先生在家乡河西走廊一带为民间做风水服务五十余载，有口皆碑。笔者由于受家庭影响，对易学中的风水接触较早，后又涉及易理、象数、遁甲、六壬、四柱、六爻等易学门类。20 世纪 90 年代得机缘师从著名国学、易学大家、西北大学中文系教授费秉勋先生，得以聆听恩师教诲，从先生那里不但学到了知识，更重要的是从他身上学到了做人、做事、做学问的正确态度，真可谓今生受用无穷；后经恩师介绍与刘一恒先生相识，刘先生对科学易研究颇有心得，亦使笔者多有收获；2004 年幸遇著名国学、易学大家、国家社科院一级研究员俞长江教授及著名玄空风水学大家、深圳大学教授胡京国先生，得二老错爱，投其门下再求深造；又在参加几次易学活动时结识了常秉义、卢泰、陈汝善等学界前辈，得其赐教，受益匪浅；加上长时间来与众多易友的交流与探讨，方能完成新作《掌上乾坤》与《斗转星移》，二书出版之际，在此对前辈们给予的关爱表示由衷的敬意！对易友们的支持与厚爱表示真诚的谢意！

感谢两位恩师费老和俞老在百忙中抽时间为拙著作序，同时感谢易学前辈刘一恒先生的钟爱，亦为二书作序，甚感荣幸！

还要感谢的就是多年来支持易学事业发展的梁奕明先生，梁先生在二书的出版上，从策划到校稿至最后发行，可谓一丝不苟，尽职尽责，给了笔者大力的支持，二书的出版有他的一份心血包含其中！

尽管笔者在二书中已竭尽全力，但由于学识所限，难免管孔之见，纰缪之处，还望易道同仁匡正。并欢迎易学界同仁和读者与本人作学术探讨交流，通讯地址：西安市南二环西段 395 号亚美伟博广场 21 层，邮编：710075，电话：13991139336 或 13993639338，网址：http//www.zgyxy.com.cn

尹　锋

2008 年 12 月 2 日于西安